U0536461

李建盛◎主编

中国瑶族文化传承研究中心组编

图书在版编目(CIP)数据

瑶学论丛·第三辑 / 李建盛主编. -- 北京 : 中国书籍出版社, 2020.11

ISBN 978-7-5068-8139-5

Ⅰ. ①瑶… Ⅱ. ①李… Ⅲ. ①瑶族-民族文化-中国-文集 Ⅳ. ①K285.1-53

中国版本图书馆 CIP 数据核字(2020)第 230233 号

瑶学论丛·第三辑

李建盛　主编

责任编辑　毕　磊
责任印制　孙马飞　马　芝
出版发行　中国书籍出版社
地　　址　北京市丰台区三路居路 97 号(邮编:100073)
电　　话　(010)52257143(总编室)　(010)52257140(发行部)
电子邮箱　co@chinabp.com.cn
经　　销　全国新华书店
印　　刷　长沙市精宏印务有限公司
开　　本　880 毫米×1230 毫米　1/16
字　　数　331 千字
印　　张　19
版　　次　2021 年 1 月第 1 版　2021 年 1 月第 1 次印刷
书　　号　ISBN 978-7-5068-8139-5
定　　价　98.00 元

前　言

2019 年 11 月 11 日至 13 日，值神州瑶都（中国·江华）瑶族盘王节期间，由中国民间文艺家协会指导，中国瑶族文化传承研究中心主办，中共江华瑶族自治县委、江华瑶族自治县人民政府承办了 2019 年中国瑶族文化传承与发展论坛。论坛活动主题为“新中国成立 70 年来瑶族文化的传承、研究、发展”，面向社会各界征集论文，并邀请国内瑶学研究专家学者参加论文撰写和学术研讨，共收到全国各地来稿 91 篇。经组织专家评选，评出优秀论文 31 篇，入选论文 38 篇。现辑录部分优秀论文正式出版，以供学术交流。

本书所收论文编辑校对工作限于时间和人力，疏漏难免，读者借鉴引用时，需根据自己的具体情况加以考虑。

《瑶学论丛》编委会

目录
CONTENTS

民俗篇

开发篇

文化篇

艺术篇

文献篇

“一带一路”视域下南岭瑶族商贸文化与发展

◎ 李筱文[①]

【摘要】本文以南岭地区瑶族为演绎主角，阐述其千百年来不断迁徙与发展的历史进程中，与古代海上丝绸之路发生的千丝万缕的关系。特别是瑶族经由广东南海岸陆续迁徙到粤北后，有过一段相对安定生息的时期，在史籍称南岭三省交通要塞的粤北韶州、连州曾为“岭南名郡”“粤北重镇”，展开了瑶族历史上初期的商贸活动。当地瑶族在自己的居住地兴建了还盘王愿的“连州大庙”，成为远近闻名的瑶族祭祖宗祠。在韶州乐昌三省交界地，瑶人建起“乐昌大庙”，影响当地乐昌集市，成为热闹繁华的“瑶埠”。表明历史上瑶族的商贸活动，与兴盛的广州—海外的海上丝绸之路贸易息息相关。

【关键词】南岭瑶族；商贸；海上丝绸之路。

瑶族，是我国南方古老而历史悠久的民族，一个勤劳智慧的民族。隋唐时期，瑶族部分居住在湘、桂、粤边境南岭地区，宋至元代，瑶族分布有滇、湘、黔、桂、粤五省；明代瑶族主要分布在滇、湘、黔、桂、粤、闽、浙地（其中实含畲族）。明中叶以后，南岭瑶族跨越广西、云南边境，不断向东南亚移动，走向越南、泰国、老挝等国的山地。清代瑶族主要分布在滇、湘、黔、桂、粤、闽及中南半岛。1975 年战争以后，美国、法国、加拿大等国大量吸收战争难民，不少瑶族人就此机会移居到了法、美、加等国。据有关资料反映，全世界瑶族人口达 378.09 万人，主要分布在中国、越南、老挝、泰国、缅甸、美国、法国、加拿大等八个国家，其中越南 80 万人、老挝 2.5 万人、泰国 5 万人、缅甸 1000

---

① 李筱文，广东省民族宗教研究院。

余人、美国5万人、法国1500余人、加拿大250余人。中国国内的瑶族分布地域辽阔，集中聚居在我国南方的广西、湖南、广东、云南、贵州、江西6个省区的134个县市内。人口已达285.3万人。按照全国第六次人口普查数据反映，中国瑶族人口主要居住在广西171万人、湖南70.5万人、广东20.3万人、云南19万人、贵州4.4万人、江西1198人。

一、海上丝绸之路释解

之所以撰写这篇论文，是因为“一带一路”这个国家战略决策的提出。“一带一路”（The Belt and Road，缩写B&R）是“丝绸之路经济带”和“21世纪海上丝绸之路”的简称，2013年9月和10月由中国国家主席习近平分别提出建设“新丝绸之路经济带”和“21世纪海上丝绸之路”的合作倡议。依靠中国与有关国家既有的双多边机制，借助既有的、行之有效的区域合作平台，“一带一路”旨在借用古代丝绸之路的历史符号，高举和平发展的旗帜，积极发展与沿线国家的经济合作伙伴关系，共同打造政治互信、经济融合、文化包容的利益共同体、命运共同体和责任共同体。

南岭瑶族千百年来的不断迁徙与发展，与古代海上丝绸之路发生了千丝万缕的关系。所谓海上丝绸之路，是指历史上中国与旧大陆其他地方的交往主要是通过陆上丝绸之路和海上丝绸之路。陆上丝绸之路开通较早，自建元二年（前139）和元狩四年（前119），张骞两次出使西域，中国逐渐打通了与西域诸国乃至中亚、西亚和欧洲的交往路径，形成了闻名世界的陆上“丝绸之路”。

“海上丝绸之路”一词是舶来品。1913年，法国汉学家沙畹（Edouard Chavannes，1865—1918）首先提出了“海上丝绸之路”的概念，他在其所著的《西突厥史料》中提出：“丝路有陆、海两道，北道出康居，南道为通印度诸港之海道。”1967年，日本学者三杉隆敏在《探索海上的丝绸之路》中正式使用了“海上丝绸之路”这一名称。1974年，香港学者饶宗颐在《蜀布与Cinapatta——论早期中、印、缅之交通》一文的《附论:海道之丝路与昆仑舶》部分，专门讨论了以广州为转口中心的海道丝路。20世纪80年代以后，北京大学陈炎教授在季羡林教授的鼓励和支持下，研究“丝绸之路”，陈炎把陆上丝绸之路与海上丝绸之路结合起来，先后出版了《陆上和海上丝绸之路》（1989年）、《海上丝绸之路与中外文化交流》（1996年）两部专著，“海上丝绸之路”才逐渐在中国学者中使用。当时海上贸易的商品并不仅限于丝绸，陶瓷、香料、茶叶等也是大宗贸易商品，所以海上丝绸之路也被有些学者称为“海上陶瓷之路”“海上香料之路”“海上茶叶之路”。就瑶族而论，主要是与“海上茶叶之路”有关，还有部分瑶区产香料可能融入“海上香料之路”，瑶族地区所产的茶叶、纸张、香料，也随着商贸集市的发展融入海上丝绸之路。

海上“茶叶之路”，指的是中国15世纪以后，茶叶通过海路对外的运输传播。中国茶叶最早输出在公元473—476年间，由土耳其商人来我国西北边境以物易茶，被认为是最早记录。唐代，于公元714年我国设“市舶司”管理对外贸易。以后中国茶叶通过海、陆“丝绸之路”输往西亚和中东地区，东方输往朝鲜、日本。1606年，荷兰商人从中国澳门贩茶到印度尼西亚，1640年，荷兰商人首次将我国茶叶从广州运销欧洲。此后，英法等国纷纷来华贩茶，17世纪下半叶起，我国茶叶开始大量进入西欧国家，成为世界商品。18世纪中期，整个华茶贸易几乎全为英国东印度公司垄断。采买茶叶多为福建茶，广州为主要出口口岸。茶叶从崇安赤石装船，经崇阳溪、建溪、南平至福州、泉州出海至澳门。18世纪中期，武夷茶经铅山河口镇装船改水运，由信江经鄱阳湖，转赣江而南下往广州出海。鸦片战争前后，是中国茶叶对外输出的繁荣时期。清中期五口通商后，茶叶商品经济有了新发展。洋商纷纷在广州、上海、福州、汉口、九江等地设行抢购茶叶，茶叶贸易急剧繁荣。鸦片战争后很长时间内，茶叶仍是中国对外贸易的核心商品。1886年，中国茶叶出口总量达到历史最高峰。[①]

二、南岭瑶族与商贸文化

商贸文化，作为一种社会文化现象，随着商品交换的产生而产生，与商业贸易实践相始终，迄今已有悠久的历史。早在先秦时期，随着农业、畜牧业、手工业的发展，出现了自由商人，以及洛阳、邯郸、长沙等著名的古代商业都市。至唐宋，我国商业进入了古代商业向近代商业的过渡时期，其重要标志是纸币的流通和对外贸易的崛起。瑶族的商贸文化，或许随着海上丝绸之路的通畅，开始了民族的商业贸易行动。瑶族居住南岭之地，正是“海上茶叶之路”“海上香料之路”的昌盛之路。

瑶人的远祖可溯源于传说时代的“三苗”、夏商周时期的“荆蛮”、秦汉时期的“盘瓠蛮”。瑶人最早从苗瑶语族先民“盘瓠蛮”分离出来，名曰“莫徭”。据《梁书·张缅传》附传三四载：梁大同九年（543），张缅之子张缵，改为使特节，

① 海上茶叶之路［OL］.茶文化网，2012-01-02.

都督湘、桂、东宁三州诸军事、湘州刺史。……州界零陵、衡阳等郡，有莫徭蛮者，依山险为居，历政不宾服，因此向化。可见，当时甚至南岭山脉两侧的山险之地都居住着“莫徭蛮”，便是南岭瑶人载诸册籍的首次记载。从“历政不宾服”的记载，更可证瑶族先民生活在当地的历史还要更加悠久。

至隋代（581年至618年），南岭已成为瑶族先民“莫徭”的重要地区。据《隋书·地理志下》卷三一载：莫徭除以长沙郡为基地外，武陵（治今湖南常德）、巴陵（治今岳阳）、零陵（治今永州）、桂阳（治今郴州）、澧阳（治今澧县东南）、衡山（治今衡阳）、熙平（治今广东连州）皆同焉。当时熙平郡的辖地，共统九县。即桂阳（治今广东连州）、阳山（治今阳山）、连山（治今连山北）、宣乐（治今阳山南）、游安（治今怀集西）、熙平（治今连州西南）、武化（治今怀集西）、桂岭（治今连州西北）、开建（治今怀集西南）。隋代莫徭除遍布湖南境外，并及广东北部地区。

唐代湖南及广东北部仍是莫徭主要分布地。当时连州（治今广东连州），属湖南观察使管辖，当地“有夷人名瑶，自言先祖有功，免徭役也”（见唐·李吉甫《元和郡县图志·江南道五》卷二九，“潭州”条）。因唐代连地莫徭势力极盛，引起世人关注。

宋代，瑶族历史进入发展时期。此时南岭更成了湘南、粤北、桂北瑶人连片聚居区。如《宋史·蛮夷刘传一》卷四九三载：瑶人，居山谷间，其山自衡州常宁县属于桂阳、郴连贺韶四州，环纡千余里。这表明，宋代瑶人居于包括连州在内的南岭山脉两侧。“瑶人自宋时迁入广东，经元而至明，其势乃大盛”。“在瑶人极盛的明代，则广东全省瑶人主要分布地带计有二十一州县，共有瑶山八百九十一座，另瑶村二十六寨，其区域遍布于广东之北部、西部、南部各地。”[①]明代广东是瑶族南迁后人口最为集中的省份之一，当时的瑶族人口归属广州府辖管。

而广州，则是中国历史上长盛不衰的大港贸易。早在秦代，广州就是犀角、象牙、翡翠、珠玑等外来奇珍异宝的集散地。唐代，广州是中国最重要的对外贸易口岸，外商云集，贾耽（730—805）描述的“广州通海夷道”，详细记述了从广州经越南、马来半岛、苏门答腊到达波斯湾的航线、航程。南宋时期，广州虽然被泉州超过，但仍是中国重要的港口。明清两代，由于政府实行海禁政策，中国官方的海外贸易受到严重影响，其间广州成为中国唯一对外开放的贸易大港。而与海上茶叶之路接上干系即缘至瑶族居地出产的茶叶。往南迁来的瑶族定居南

① 刘耀荃，李默编.乳源瑶族调查资料[D].广州：广东省社会科学院，1986.

岭之后，有过一段安定日子。瑶族居地韶州府曾是历史产茶胜地，当地曲江罗坑瑶族口传饮茶已有一千多年的历史。罗坑，地处韶关市曲江县区西南，在这里的深山或半深山中，居住着曲江区 50%的瑶族过山瑶支系瑶民，以采集山林特产茶叶、冬菇、木耳、蜜糖等为生活来源，茶叶是当地较为大宗的土特产品。罗坑茶产地最高的山峰“船底顶”海拔 1568 米，山上遍布野生老茶树，生长于这里的瑶族茶农世代种茶采叶为生，最大野生茶单株可采制干茶 40 多斤。

罗坑茶历史悠久，其发展轨迹可追溯到距今 1200 多年前的唐朝。据唐代陆羽所著《茶经》记载：“岭南茶产于韶州”，当时韶州茶以罗坑茶为代表，说明在唐代罗坑茶已成名。又据中国茶叶研究所程启坤、庄雪岚两位研究员主编的《世界茶叶 100 年》研究论证：“唐朝、五代韶州的曲江……等县均已产茶”，明代生产规模已经很大，明万历《广东通志》：“韶州府，多茶。”清道光年间进士黄培嵘等人编修的《英德县志》中记载：“茶产罗坑、大埔、乌泥坑者，香古味醇，如朴茂之士，真性自然殊俗。”《曲江县志》记载：“罗坑茶，色红味醇，经宿不变，功专消暑。”《韶州府志》记载：“茶产罗坑、大埔、乌泥坑者，色红味醇，经宿不变。”近代《中国茶事大典》对罗坑茶也有记载。罗坑茶，由瑶民生产，茶园分布在 25 度至 30 度之间的山坡上，茶树种植实行“刀耕火种”。开垦茶园只把树木砍完放火烧光杂物后即开始种植。罗坑茶采摘后，瑶族人把茶制成茶团，一是方便储存，二是方便携带。当地瑶民还喜用茶敬客，遇有客至，都习惯敬三大碗，名为“一碗疏、二碗亲、三碗见真心”。有山歌这样唱道：“瑶寨茶水誉四方，千里慕名来品尝。因为那年喝一碗，回家三天嘴还香。”

清代时期，瑶族的罗坑茶由外地茶商收购，销售至广州、珠江三角洲及港澳台地区，并受到他们的喜爱，故罗坑茶一直供不应求。[①]清道光年间进士黄培嵘等人编修的《英德县志》中记载：“茶产罗坑、大埔、乌泥坑者，香古味醇，如朴茂之士，真性自然殊俗。”《曲江县志》记载：“罗坑茶，色红味醇，经宿不变，功专消暑”《韶州府志》记载：“茶产罗坑、大埔、乌泥坑者，色红味醇，经宿不变。”其记述的品质特征相一致，具有现代普洱茶（熟普）的品质特征。[②]

据当地瑶民反映，新中国成立以前，罗坑茶曾为出口外销茶，沿着海上茶叶之路和茶马古道，远销云南、东南亚等地区和国家，在东南亚一带有一定的知名度。瑶族也通过茶叶的畅销，开始了与海上丝绸之路发生关系的商贸文化。

---

① 民国三十年（1941）。《广东年鉴》。

② 瑶族罗坑茶非遗项目申报材料，广东省韶关市曲江区罗坑镇。

三、乐昌瑶族与瑶埠确立

据广西瑶学专家范宏贵先生依照越南瑶族保存的《过山瑶》分析指出：越南瑶族“最早的一批是在 13 世纪从广东迁到云南，再由陆路进入越南……第二批是白裤瑶和贺瑶，于 15 世纪、16 世纪从我国福建、广东，主要是水路，其次是陆路迁到越南。第三批是窄裤瑶、钱瑶，于 16 世纪从海南岛乘船迁到越南，途中遇到台风的袭击，迁徙队伍分散飘落，一些船漂泊到越南芒街，另一些船漂泊到越南清化。第四批是青衣瑶，17 世纪从我国广东迁到越南芒街，然后再转到安市、老街一带。第五批分两部分：18 世纪时，云南的部分瑶族迁到了越南的老街如红瑶，18 世纪继续从广东往广西迁徙，最后抵达越南的高平和河宣如钱瑶和红瑶。”①

此外，范先生在其另一本书《越南民族与民族问题》介绍中：越南的“山由人”人口众多，居住分散，他们成村驻屯居住，与华族、京族、岱族、侬族相依毗邻。若非长期积累了人脉，不能成为永久居民，不能与其他民族相安而居，说明“山由人”懂广东话，或从广东外迁出去，进入越南已有相当的年头。他们自称山瑶人。广东话瑶字读音为“由”（瑶），越南语直接从广东话音译过去，变成“山由”。“据越南资料，现今有山由人还与中国广东省的白罗县人（查无此县，可能是博罗县，今博罗有畲族但自称山瑶）有亲戚关系。从‘山由人’的传说和家谱得知，明末清初即 17 世纪初叶，他们从中国迁入越南，路线是经中国广西防城县黄竹、高山进入越南广宁省河该县万灵，转到先安，沿着海边到芒街、谭河、横蒲、冒溪、东潮……”②

从范教授的研究可以看到，离开中国内地的广东、广西，最早走向东南亚的应是湘南粤北连地的瑶族。他们 13 世纪就已开始离开中国走向越南，那时正是宋元王朝换代交替时期，中原战乱纷飞，流离失所的人们只好不断向蛮荒之地迁徙。当时瑶族离开中国的路线大致是：南京十宝殿（七宝洞）—福建—广东，广西，云南—越南。

瑶族经由广东南海岸（应该实指广东地界），陆续迁徙到粤北后，有过一段相对安定生息的时期，史籍称南岭三省交通要塞的粤北韶州、连州曾为“岭南名郡”“粤北重镇”。唐代诗人刘禹锡特别关注当地瑶族的生活，写下许多描述瑶族风情的诗篇。如《蛮子歌》《腊日观莫瑶猎西山》等。生活的稳定，振兴了瑶族文

---

① 范宏贵.中越两国的跨境民族[A].西南民族历史研究集刊[C]，1987（5）.

② 范宏贵.越南民族与民族问题[M].南宁：广西民族出版社，1999：223-224.

化，当地瑶族在自己的居住地兴建了还盘王愿的“连州大庙”，成为远近闻名的瑶族祭祖宗祠。在韶州乐昌三省交界地，瑶人建起“乐昌大庙”，当地乐昌集市成为热闹繁华的“瑶埠”。据广东韶关学院的黄志辉教授研究：“在宋代之前，岭南人口密度不高，唐天宝十一年（752），广东境内仅有 90 多万人，其中连州、韶州合计有 30 余万人，占了三分之一人口。说明隋唐时期，粤北连、韶地区聚集了相当数量的人口，其中瑶族人口占主要部分。”①

粤北乐昌，有着 1500 多年的建县历史，隋开皇十八年（598）因境内有乐石、昌山两山而改县称为乐昌县，素有“楚粤孔道”之称，西京古道途经境内，曾是粤盐及其他商品南来北往的集散地，亦是南方海丝路的要道之一。又因地处南岭瑶区，“南岭无山不有瑶”，更是大瑶山杉、松、毛竹、银杏、茶叶、香料、原纸、矿产、土特产交易的重要集市，故被誉为“瑶埠”，瑶埠的确立，奠定了瑶族商贸文化的基础。

乐昌瑶族历史上分布区域有二：一为“九峰西坑”，二为“西南各乡山岭中”。据清同治《韶州府志》卷三《列传·瑶蛮》谓：“乐昌县瑶人居县属大岭及龙岭脚二处。”又民国《乐昌县志》卷二《风俗·附瑶俗》载：“邑有瑶，不知始于何代，居九峰西坑者，曰‘熟瑶’，与汉族无异，惟女不适人，招婿入赘。居西南各乡山岭中者，曰‘生瑶’。”1957 年 7 月，“居西南各乡山岭中者”大部分划入新建的韶边瑶族自治县，即今天的乳源瑶族自治县必背一带，而“九峰西坑”瑶族依然留居乐昌县境内。

乐昌县一直是瑶族的聚居地。据中山大学容观夐教授研究 149 份瑶族《评皇卷牒（过山榜）》反映：瑶族历史迁徙“漂洋过海”，到达彼岸更多的是广东南海和乐昌县境。从云南、老挝、泰国瑶族流传的《信歌》反映出：他们祖先的迁徙都与韶州府乐昌县有关，云南富宁县、金平县等地的盘瑶都说其祖先来自广东乐昌县。富宁县洞坡区盘瑶邓有富说，当地邓、李、赵三姓盘瑶都是从广东乐昌迁到田林，然后自转到云南富宁。云南河口县坎洒农场水头寨邓姓盘瑶也承认他们来自广东乐昌县，经广西田林迁入云南，而后部分族人迁到了越南和老挝。广东省民族宗教研究院练铭志教授研究认为：乐昌瑶族从明初到清朝晚期，相继陆续从乐昌县向境外迁，途径：国内由广东往湖南、广西、贵州、云南四省迁移，国外涉及东南亚的越南、老挝、缅甸、泰国。20 世纪 70 年代“印支战争”引发老挝瑶族迁移到了美国、加拿大和法国，目前，全世界 380 万瑶族分别分布在中国、

① 黄志辉.乳源瑶族来往迁徙过程考述［A］.过山瑶的乡源——世界勉瑶（过山瑶）文化学术研讨会文集［C］.北京：民族出版社，2010.11.

越南、老挝、缅甸、泰国、美国、加拿大、法国等八个国家。如今，国外瑶族对广东原韶州府乐昌县怀有特别的感情，迁出乐昌县的足迹被记录在瑶族的《评皇券牒》和《过山图》，是以祖居韶州府乐昌县为累见。

乐昌“瑶埠”的出现，反映当时当地瑶族历史上有过安居乐业的繁盛时期，至少从明初到明正德中的80年间乐昌地方社会安定，生产发展，人丁兴旺，商贸兴盛，瑶族商贸文化有了一个发展时期。乐昌瑶埠的盛兴，给瑶族人留下了不可磨灭的印象。正如美国瑶族赵富堂所唱“广东韶州乐昌县，安居生活得太平”。另美国赵召山的《信歌》唱道：“漂洋过海共船渡，共船许愿共船行。拆散香炉乐昌县，至今分散各州廷。”各地各国瑶族对乐昌县保留了一份难以割舍的情怀。

四、南岭瑶族的商贸活动

湖南瑶族的《盘王大歌》记载了瑶人在南岭三省地区的生活和贸易情况。如:“日头初照三江口，唐王出世连州庙。”“马是广东入阵马，锣鼓一声马一声。”《孤寒歌》唱：“大船打在三江口，小船流下十三滩。”这三江口指哪三江不清楚，但从水路顺流而下粤北连江—北江可直达珠江（广州）。又有《歌花》唱道：“养到三年羊牯大，带到广州人打鼓。”“广州路口逢官女，路逢官女口含笑。广州结子青罗结，四边绞起银锁线。杉木合船撑过海，逍遥快乐上连州。”莽山瑶人在《青山瑶人歌》中唱道：“瑶人出世高州上，登上船头水面撑。船头上到三江口，瑶人分伙入青山。瑶人起尾三江口，瑶人作笑傍山头。”“心心要入桃源洞，桃源洞头雾纷纷。广州买得白凉扇，扇开云雾进桃源。”“三百贯钱郎下广，郎今下广买生铁；三百贯钱郎下广州，郎到广州买红锣。”“香炉不净，广州买来清水洗。”①

瑶族人素居深山，扎木筏放排是长项，从三江撑排顺水而下直到广州非常方便。由此说明南岭一带瑶族从湘粤边境往来广州的贸易经久不断。1992年作者到湖南莽山瑶寨考察，还曾看见当地瑶族妇女的衣服竟然用1820年的英镑硬币做衣扣，从而反映这一带确实保留着商人往来的足迹和瑶人参与贸易的佐证。

另据永州新闻网2016年3月27日报道，湖南省江华瑶族自治县湘江乡麻江源村前漕冲发现了一处清朝乾隆时期的制香工场遗址，名称为颜氏制香工场，距今已有三百多年。该遗址距离麻江源至黄龙山旅游公路仅上百米远，但由于年代

① 赵砚球.过山瑶的迁徙之路[A].过山瑶的乡源·世界勉瑶（过山瑶）文化学术研讨会文集[C].北京：民族出版社，2010：253-267.

久远，大部分建筑已经不复存在，仅剩下当时工场房屋基脚粗大的条石，整个工场大约占地 300 多平方米，旁边还有一条当时连接古江华与蓝山县的挑盐古道。此处遗址的发现，给南岭瑶族制成香料成品输送海上丝绸贸易之路增加了旁证。而当地江华瑶族至今依然保持种植香草的习惯。

此外，位于南岭五岭之骑田岭区域的湖南郴州北湖区仰天湖，当地瑶族聚居地永春乡才口水村至今依然保留着“古法造纸技艺”。仰天湖永春乡盛产楠竹，在靠山吃山、靠水吃水的自然生存条件下，人们用当地的竹子为材料土法造纸。“古法造纸技艺”在当地传承了上百年的历史。至今瑶族人刘老伯一家还保留着这种造纸技艺。“古法造纸技艺”主要分布集中在永春才口水海拔上千米的花竹旗组，村里以前家家户户都会做造纸，成品主要用来祭奠，历史上曾经盛极一时，是村民外出贸易交换的商品，更是谋生的主要来源之一。随着时代更迭，造纸渐渐退出村民的营生。①

以上这些实例表明，当时广东湖南交界的南岭瑶族地区，曾经有过制茶、制香、造纸的盛行期，目的十分明确，就是满足当地民众生活和海上丝绸之路的供需市场。与此同时，瑶族人也有了经常出门商贸的机会，游走于湘粤边境甚至广西—越南—云南—老挝。表明历史上瑶族的商贸活动，与兴盛的广州—海外的海上丝绸之路贸易息息相关。

以上史例反映了南岭地区的瑶族，在休养生息的平安日子默默经营自己的生计。从种茶、制香到造纸，逐步积累了进行贸易交换的资本，并融入盛行的海丝路贸易，点燃商贸文化的薪火。尔后南岭瑶族陆续游走南方并迁往越南、老挝和泰国东南亚，以至于现在越南、老挝、泰国的瑶族，依然可以拿出“大朝”颁发的文榜《评王券牒》展示予世，证明他们来自中国，来自云南，来自南岭地区的广西、广东、湖南。流离迁徙的瑶人，带走了历史，带走了族人和生活用品，也带走了赖以生存的一切，包括可以在海上丝绸之路贸易交换的银器、茶叶、香料和纸张。今天，在“一带一路”视域下，南岭瑶族将依势展现自己的商贸能力，发扬民族老传统，积极融入“一带一路”经济融合、文化包容的利益共同体。

---

① 郴州市北湖区非遗保护中心深入仰天湖瑶族乡进行“古法造纸技艺”非遗田野调查［OL].湖南省文化厅门户网，2016-05-30.

浅谈云南瑶文教材编译工作

◎ 盘金祥[①]

【摘要】云南是个多民族、多语言、多文字的边疆省份，22个少数民族共使用着26种语言，14个民族使用着22种文字，其中，瑶族使用着瑶语支和苗语支两种语言,是瑶族重要的文化资源。瑶语支的瑶族分别使用着勉（mienh）方言和门（munh）方言两种文字，瑶文成为当前和今后传承、抢救、保护瑶族文化的重要工具。因此，要正确处理好各民族语言文字的关系，保障各民族语言文字能够和谐地共存和繁荣发展，对加强民族团结、发展民族教育、提高少数民族科学文化素质、促进各民族的共同进步、巩固边疆稳定等都有着极其重要的作用。云南省在国家教育部的支持下，也编译了大量的瑶文教材和读物，并按有关要求对瑶文教材的编译质量和水平进行了全面的审查和清理，在审查、清理的基础上，从源头上认真抓好翻译人员、审定人员的遴选工作，建立瑶文翻译和审定人员专家库，认真完成瑶文教材的翻译和审定工作，严把瑶文教材翻译和审定质量关，在一定程度上有效抵制了境外各种不良教材的渗透和侵蚀。这些瑶文教材和读物的出版发行，为我们瑶族文化的传承、抢救、保护奠定了良好的基础，有力地推动了瑶族语文工作在云南的发展和使用空间。本文就云南瑶文教材编译工作过程中存在的一些问题进行初步的探讨。

【关键词】瑶文教材；编译工作。

一、云南瑶族语言

云南瑶族人口有20多万，其所操的语言主要为汉藏语系苗瑶语族瑶语支和苗

① 盘金祥（瑶族），云南省少数民族语文指导工作委员会办公室，译审。

语支。瑶语支的语言有瑶语勉方言和瑶语门方言，在民间还使用着宗教语言和歌谣语言，宗教语言、歌谣语言与瑶语的口语有所不同，这两种语言可以说是瑶族的书面语言，但随着社会的发展，掌握这两种语言的人越来越少，已面临消亡的危险；苗语支语言只有布努语的布咋方言。由于瑶族散居于各民族之间，在长期的生产、生活和交往、交流过程中，他们同时还会说附近民族的语言。

（一）瑶语勉方言

瑶语勉方言是指自称为“勉”〔$mien^{42}$〕或“尤勉”〔$jiu^{42}mien^{42}$〕的瑶族所操的语言，是瑶语四个（勉、金门、邀敏、标敏）方言当中使用人口最多、通行范围最广的方言。在我国主要通行于国内六个省、区的七十多个县份内，但语言内部仍保持一致。他们在广西、广东、湖南等省、区被称为“盘瑶”或“过山瑶”等。在云南省的文山州称作“大板瑶”或“板瑶”“角瑶”；在红河州一带则叫作“红头瑶”“广东瑶”“广西瑶”“贵州瑶”“开化瑶”“花瑶”等；在西双版纳州则叫作“顶板瑶”。在云南，勉方言仅通行于金平、河口、元阳、勐腊、富宁、广南、麻栗坡 7 个县，使用人口估计有 7 万人左右。云南瑶语勉方言的人口分布也十分分散。因此，同一种方言的人因居住地域的不同，其语言也产生了不同程度的变化，但在云南境内的勉方言还没有影响到不同地域之间的人的相互沟通和交流。

（二）瑶语金门方言

金门方言是指自称为“门”〔mun^{22}〕或“金门”〔$kiim^{22}mun^{22}$〕的瑶族所操的语言，他称为蓝靛瑶，又简称“靛瑶”，其所操语言属瑶语第二个大方言，主要分布在云南东南部和广西西南部两省交界地区的十多个县份里，即云南的富宁、广南、麻栗坡、马关、西畴、丘北、河口、金平、元阳、绿春、红河、屏边、江城、景洪、勐腊等县；广西的那坡、德保、百色、巴马、田林、凌云、凤山、上思、东兴（十万大山）、金秀等县，使用人口估计有近 30 万。金门方言通行的地域也很广，居住也很分散，但内部的语音较统一，各地的语言基本相通，其语音系统与勉方言相近。其特点是韵母和声调复杂，声母相对简单，元音分长短，有 _m _n _ng 和 _p _t _k 做辅音韵尾，保留了一部分比较古老的复辅音声母，声调一般在十个以上，是瑶语声调数最多的一个方言。金门方言有唇边音，唇边音是指双唇和边音共同阻塞形成的音，有 bl、mbl 两个。也有根边音，根边音是由舌根和舌尖中部同时抵住软腭和上齿龈共同形成阻塞而发出来的音，有 gl、nql 两个。

（三）布努语布咋方言

自称为〔$pu^{55}ʑa^{11}$〕的瑶族的语言属于汉藏语系苗瑶语族苗语支的布咋方言，在我省的使用人口有8000多人，主要通行于富宁县的归朝、洞波等少数几个乡镇。在当地，人们俗称为“山瑶”，自称为“亚”〔$ʑa^{11}$〕或“布亚”〔$pu^{55}ʑa^{11}$〕的瑶族，据说，他们是清朝雍正年间从广西平果、田东、德保等地迁到富宁的，也有部分从越南迁入，至今已有300多年的历史。其语言特点是声母比较复杂，浊鼻冠单声母实际上浊音有微弱的清化，而且浊鼻冠音声母往往表现为送气，送气的特征比浊鼻冠音的特征更为明显，且清辅音都无鼻音。布咋方言不少的词汇与云南省苗族的川黔滇苗语相近，日常生活用语中也借入不少当地的壮语词汇。

（四）在云南消失的瑶族语言

据我们调查得知，生活在云南普洱市景东县的瑶族人口有4000多人。20世纪80年代中期尚有个别老人会瑶族语言的一些词语，但现在已经没人会说自己的母语了，说明景东县的瑶族语言已经灭绝，现在全部已经转用汉语了。由于景东县瑶族语言已失传，过去也没有人记录和研究过这种瑶族语言，因此，景东县瑶族原属哪个瑶族支系，说的是什么瑶语或方言，现已无从考证。在此，我们只能说，母语的灭绝不免让人觉得很心痛，也愧对了我们的祖先。

二、云南瑶族使用的文字

瑶族到底有没有自己本民族的文字？对于这个问题，在学术界，多年来一直认为瑶族没有自己的文字。如《瑶族语言简志》就认为：“瑶族没有反映自己语言的文字，一向使用汉字。”[①] 这一观点常被采用，但近年来，许多语言文字专家研究后认为：瑶族不仅有自己的语言，而且还有自己本民族的文字，应属于“汉字文化圈”的范畴。为了区别于20世纪80年代创造的瑶文，我们姑且称之为“方块瑶文”。历史上有关反映云南瑶族民间使用“方块瑶文”的地志有：清道光《广南府志》卷二《风俗》载：瑶人“男女皆知书”。民国《马关县志》卷二载：（清）瑶人“有书父子自相传习，看其行列笔画似为汉人所著，但流传既久，转抄讹谬，字体文义殊难索解。彼复实而秘之，不轻示人，愈不可纠正矣”。说明这种文字就是今天仍在各地瑶族民间使用的“方块瑶文”，它是瑶族文化的重要载体，对瑶族的文化传

① 毛宗武等.瑶族语言简志[M].北京：民族出版社，1982.

承、保护、发展还在起着重要的作用。另外，瑶文是20世纪80年代才创制的，为了便于各支系、各瑶语方言的拼读、书写、沟通和交流，曾创制了一些瑶语或瑶语方言瑶文。1984年，中国、美国、泰国瑶族派代表团在广东乳源瑶族自治县商讨统一了瑶语勉方言《瑶文方案(草案)》。目前云南省使用的就是瑶语勉方言瑶文和瑶语门方言瑶文。

三、瑶文在云南的应用和发展

从1985年起，为了让瑶文在云南省能够试行推广，我们先后选派学员到广东、湖南、广西等地学习。学成归来后就一直不间断地坚持在昆明、文山、红河等地开展瑶文师资培训和瑶汉双语教学以及编译瑶文教材、读物等工作，并取得了可喜的成绩，有的瑶文教师成为当地的业务骨干，因工作成绩突出，受到云南省人民政府的表彰奖励。近年来，云南省教育厅还把参与瑶汉双语文教师培训以写实方式进入“中小学教师继续教育登记册”进行登记管理。通过培训，很多瑶文教师将所学到的瑶文知识用于现实生活和教学当中，瑶文成了他们开展民族教育和传承瑶族文化的有效工具。我们用云南两种瑶文将党的十六大报告、十七大报告、《中国共产党第十八次全国代表大会文件选编》、《习近平总书记系列重要讲话读本》、《习近平总书记在庆祝中国共产党成立95周年大会上的讲话》等译制成瑶语版VCD光碟、翻译成瑶文出版发行，把党的方针政策传送到边远的瑶族村寨。笔者翻译了《云南民族教育条例》、《云南少数民族语言文字条例》、《瑶族绘画概览》、《瑶族民间文学概况》、《我们是一家人——瑶族》、《宗教事务条例》(新修订）等译文。出版了《瑶语366句会话句》(中国社科文献出版社)、《瑶族语文》(云南民族出版社）等专著。2016年，参与翻译的《云南少数民族绘画典籍集成》，获得中国编辑学会美术读物编辑专业委员会金牛奖。此外，瑶文还应用于学前教育、科技培训、广播影视创作等领域。瑶文在发展过程中，由于认识、人才、经费等多种因素的制约，有些工作虽然不是很顺畅，但作为传承、抢救、保护我们自己的母语，记录我们自己语言的一种工具，它无疑是一种比“方块瑶文”又更为科学、准确、可行的文字，它将会为瑶族文化的发展发挥更大的作用。展望未来，瑶文的发展前景是美好的，它已经应用于教学、网络、手机、广播、电视、微信等平台，并成为从事瑶族语言文字研究、编辑、教学、播音和翻译的专业技术人员申请评定专业技术职称的依据，可以免除外国语考试。笔者已经为云南的好几个教育系统、文化单位的瑶族同胞申报专业技术职称办理了从事瑶文工作而免考外国语的手续，并得到了当地人事职称部门的认可，顺利通过了职称评聘。

四、瑶文教材编译过程和现状

由于瑶文工作起步晚，教材问题一直是影响云南省瑶文传承使用的重要问题之一。刚起步时，由于条件不具备，瑶文教材没有统一的编写原则和编写要求，教材非常简单，也没有公开出版发行的条件，都是由州、县民宗委（局）瑶族干部自编自译的教材，仅有薄薄的几页，知识容量少。云南最早的瑶文乡土教材是由文山州民委语言研究室和富宁县民委合编的，但这本教材对在当时云南瑶族社区的扫盲教育工作发挥了重要的作用。第二本教材则是2002年由云南省科技厅资助，笔者编译的《瑶族语文》，这本入门教材吸收了国内外瑶文教材的很多优点，编入一些瑶族现代生产、生活以及文化习俗等有关素材，深受各地瑶文读者的喜爱，并于2017年进行了再版，《瑶族语文》的出版和再版发行，填补了我国在瑶族语文教材建设方面的空白，对瑶族语文干部培养和瑶族文化传承保护发挥了重要的作用，深受国内外瑶语文工作者和读者的喜爱。为了把云南瑶文工作做好，我们根据国家的有关政策，积极组织瑶文工作者编译瑶文教材，目前已编译出版了学前班、一年级数学一到六年级的义务教育课程标准实验教科书。教材编译的好坏，质量的高低，直接影响到读者的心理。说实在话，瑶文教材的使用对象主要是瑶族。因此，一定要结合瑶族生产、生活、文化的实际，将有关知识纳入教材编写的内容，当然，有些编译方法也要借鉴汉语教材的编写经验，但不能生搬硬套，瑶文教材的编译一定要符合瑶族的实际，要反映瑶族日常的生产和文化生活，这样做，不仅瑶族学生乐意接受，瑶族群众也很喜欢。

五、瑶文教材编译的体会

笔者从事少数民族语文工作30多年，主要负责瑶族等少数民族语言文字的教材、教学、研究、翻译、应用等工作，先后到泰国、美国等瑶族社区进行国际瑶学研讨和学术文化交流，以瑶族的信歌与越南、老挝、泰国、美国等国家的瑶族同胞进行沟通、联络。平时还为省内外公检法、社会救助站等有关部门提供瑶语等少数民族语言文字的翻译、语音识别等服务，消除了语言障碍，促进了社会的和谐稳定和民族团结。现就如何编译、审定好瑶文教材谈点体会。一是翻译者要对自己的母语和文化知识掌握得较全面。二是瑶文教材必须走乡土化的发展道路，要认真研究、解决这个问题，而不能照搬汉语教材的内容，汉语教材不是不能编译，而是编译的分量尽量要少一些。三是要编译一些适用的瑶文入门教材。如：云南瑶语门方言就一直缺少这样一本教材，不利于瑶文的应用和入门者的学习以及传承本民族的文化。因此，编译瑶文入门教材成为我们今后最迫切的一项任务。四是作为一名瑶文编译者应当具备有关瑶族历史、文化、生产、生活方面的知识，否则是难以完成瑶文的编译、审定工作的。如：古诗文的文学样式，对不懂瑶族民间文学的翻译者来说翻译起来非常艰难，但对熟悉这种文学样式的翻译者来说就容易多了。因为，瑶族的很多民间故事都是以七言诗体来记录的。有的年轻的瑶文翻译者不懂瑶族传统文化，不知道瑶族的诗歌有七言体，见到汉语七言诗就不知道如何下手。实际上，只要理解了汉语古诗文的内容，作为一个合格的瑶文翻译者，对汉语七言诗是很容易翻译的。因为，瑶族有与汉族相同的文学表达形式，但有些人把汉语的七言诗翻译成一大串的瑶语，说明他们缺少这方面的知识。五是要处理好借词。在瑶文教材编译过程中借词是避免不了的问题，如何做到活用借词是有讲究的。对于一些新词而言，可以结合在不同领域使用的瑶语来创造一些新词，有些词采用歌谣语来处理比用口语直接表达效果要好得多，而且还激活了这个词的活力，赋予它新的生命力。如："人民"一词，用口语翻译不如用歌谣语翻译好，人们更容易接受后者的译法。

六、结　语

瑶族是个跨境民族，瑶文在云南这个多民族、多语言、多文字大家庭中占有一席之地。全国瑶族人口有两百多万，但目前从事瑶族语文翻译、研究工作的人才匮乏，翻译和研究人才严重断层，且受过专业训练的人员寥寥无几，业余从事瑶族语言文字工作的人员也相当少，势单力薄，仅靠目前的几个工作人员，工作量大，力不从心，压力越来越大。总而言之，说明我们对自己本民族的语言文字资源的工作重视不够。我们虽然翻译、编译了大量的国家政策、法规、教材、科普读物等，但瑶文的规范化、标准化、信息化等工作相当薄弱。因此，各省、区的瑶族同胞要高度重视瑶文的工作，要加大瑶文翻译和研究人才队伍的培养。要进行不同层次的瑶文人才培养和培训，尽快建立起一支数量足、质量高、合格稳定的瑶文人才队伍。同时要加强跨省区的瑶文工作协作和交流，提高瑶文教材的编写水平和质量，扩大瑶文的应用领域。因此，今后的工作要提高瑶文教材的编译质量和出版更多符合瑶族学生使用的乡土教材。瑶文教材的编写要尽量体现瑶语的语音、词汇、语法特点和规律，同时要处理好与汉语文的衔接配合，把听、说、读、写、译等内容融入瑶文课文中，补充一些反映瑶族传统文化和喜闻乐见的知识，增强瑶文教材的可读性和实用性。

源流篇

浅析畲族与瑶族之渊源关系

◎ 黄盛全[1]

【摘要】 本文通过分析畲族与瑶族之渊源关系，揭示了两族起源同源异流，其图腾崇拜、祖先崇拜相似，文化习俗相同，是一对有亲缘的兄弟民族。同时，较详尽地介绍了畲族和瑶族的历史文化及风俗习惯；还针对一些热点问题，提出了自己的看法和主张；根据事实，首次提出畲族母语（传统语言）属于汉藏语系苗瑶语族瑶语支的“勉语”。观点独到，有理有据，对研究畲族瑶族有一定的参考作用。

【关键词】 畲族；瑶族；历史渊源。

畲族和瑶族是我国南方两个历史悠久、文化独特的山地民族。畲族（自称“山哈”，意为住在山里的客人）现有人口70多万，主要分布在福建、浙江、江西、广东、安徽5省山区；瑶族现有人口约300万，主要分布在广西、湖南、广东、云南、贵州、江西6个省区的134个县市。长期以来，畲族和瑶族备受民族学界关心关注。近年来，畲族、瑶族的历史渊源及相互关系引起了民族学界的重视。那么，这两个民族的历史渊源到底如何？两者间的关系又怎样？下面谈谈自己粗浅的看法。

本文先从福建省东部霞浦县溪南镇畲族古村落“半月里”（福建省“历史文化名村”）畲民家里的一副楹联入手阐述。

这副楹联的右联是“傜咏不忘高帝力”，左联是“鹏程欲溯凤山踪”，横批是

① 黄盛全，贺州市科技局二级调研员，广西瑶学学会会员，广西金秀大瑶山尤绵文化促进会顾问。

"凤凰到此"。这副楹联耐人寻味、寓意深刻，隐含了瑶族与畲族之间深深的兄弟情结。

右联"傜咏不忘高帝力"中的"傜"，我理解是"莫傜"之"傜"，而"莫傜"是瑶族、畲族的前身，是瑶族、畲族早期的称谓。这里的"傜"即瑶族（瑶人）、畲瑶之意（畲族 1956 年前就叫"畲瑶"）；"咏"古文通"永"即"永远"之意；"高帝"即高辛帝（帝喾）；"高帝力"即"高辛帝的恩德"。整个右联"傜咏不忘高帝力"就是"瑶族、畲族（畲瑶）永远不忘高辛帝的恩德"之意。同时，这个右联明白无误地告诉人们：畲族、瑶族与高辛帝关系紧密。左联"鹏程欲溯凤山踪"意思是"即使远走高飞、事业有成，总是回眸从祖居地凤凰山出发的踪迹"。横批"凤凰到此"有两重意思：一是有凤凰或祥瑞到来；二是"从凤凰山迁来此地"。

这副楹联堂堂正正挂在畲族雷氏家族的祖屋大堂神台两侧，意义非凡，深刻体现了畲民追根溯源、不忘祖先的情怀，也深刻反映了畲族与瑶族之渊源以及与高辛帝的关系。

一、畲族瑶族起源同源异流

关于畲族的起源，目前学术界有多种不同的观点：有人主张畲族源于汉晋时代"长沙蛮""武陵蛮"（又称"五溪蛮"），与瑶族同源。持此说者比较普遍，理由是自古畲族的他称和部分自称中都有"畲瑶""瑶""瑶家""山瑶""瑶人"等跟瑶族密不可分的称呼；也有"越族后裔说""东夷后裔说""河南夷（徐夷）的一支"和"南蛮说"；还有"外来说""土著说"等众说纷纭、莫衷一是。本人倾向于畲瑶同源于汉晋时代"长沙蛮""武陵蛮"（又称"五溪蛮"）之"外来说"。

本人认为，畲族和瑶族同源共祖，是两个历史悠久的古老民族。据《史记·五帝本纪》等历史文献记载，早在五千多年前，其远祖蚩尤率领的九黎部落集团便同炎帝、黄帝部落联盟"逐鹿中原"，共同开拓了黄河中下游地区；后来九黎部落集团在与黄帝部落集团冲突中失败，蚩尤被擒杀，九黎部落集团中的一部分臣服于黄帝集团，融入华夏族，而大部分则越黄河南下流亡于汉江流域的长江中游一带，形成"三苗"部落集团。四千多年前，畲族、瑶族先民"三苗"部落集团与尧舜禹部落集团，共同开拓了长江中下游地区。这个时期，尧舜禹部落集团对"三苗"部落集团进行了长达数百年的征伐，禹最后战胜"三苗"，剩下的"三苗”成员便在洞庭湖、彭蠡一带形成“荆蛮”集团。西晋《帝王世纪》就有“诸侯有苗氏处南蛮而不服”的记载；《晋元康地记》也有“荆州于古蛮服之地”之记录。“蛮”是中原华夏集团对南方各民族、部落的泛称，除了“荆蛮”，还包括卢戎、夷越、庸和群蛮等南方少数民族。汉晋时期，畲、瑶先民被称作“盘瓠蛮”。“盘瓠蛮”的得名，因盘瓠传说而来。而盘瓠传说在畲、瑶民间广为流行，这是他们同根生的有力证据。

汉晋时期的“盘瓠蛮”以长沙、武陵或五溪为居住中心，而其中的“长沙蛮”“武陵蛮”及“零陵蛮”“桂阳蛮”与畲、瑶先人关系很密切。汉代，湘、资、沅江和洞庭湖流域一带，属长沙、武陵郡，历史上把居住在这些地区的少数民族，统称为“长沙蛮”“武陵蛮”。由于流经武陵郡的沅江有五条较大支流，文献记载又把武陵郡的部分地区称为五溪，居住在五溪地区的少数民族又被概称为“五溪蛮”。畲族、瑶族先民是庞大的“盘瓠蛮”集团“长沙蛮”与“武陵蛮”“五溪蛮”的核心成员。南北朝时期，“盘瓠蛮”部落集团与南方其他少数民族先民进行了一次更大的融合，“盘瓠蛮”分布地域更广，大抵以江、汉、淮水流域为中心，达到鼎盛时期。至此，畲族、瑶族在民族更大融合的历史发展进程中逐渐形成。

南北朝时期，畲族、瑶族先民以衡阳、零陵等郡为居住中心，被称为“莫徭”。据《梁书·张瓒传》载：“零陵、衡阳等郡，有莫徭蛮者，依山险为居，历政不宾服。”这是迄今所见历史文献中对畲族、瑶族族称的最早记载。《隋书·地理志下》记载：“长沙郡又杂有夷蜒，名曰莫徭。自云祖有功，常免徭役，故以为名‘莫徭’”，大概就是不需服徭役之意。唐代诗人杜甫当年也在洞庭湖边亲睹过畲族、瑶族先民“莫徭”。他在一首题为《岁宴行》的诗中说，在一个北风呼啸的日子，只见“渔父天寒网罟冻，莫徭射雁鸣桑弓”。唐代中叶李吉甫所著《元和郡县志》中，还出现了直呼为“徭”的记载：“潭州，其俗杂有夷人名徭，自言先祖有功，免徭役也。”

那么，畲族、瑶族是什么时候分流的呢？从《宋史》《桂海虞衡志》《续资治通鉴长编》等史料来看，在唐宋以后逐步形成今日的畲、瑶两族。长期以来，由于历代统治阶级的剥削压迫、镇压驱赶，加之刀耕火种生产方式的需要，“盘瓠蛮”不断南移，至隋唐时期，湖南南部已成为其居住的重心地区。以湖南为起点，瑶、畲开始分道扬镳：由湘南越南岭，分道进入粤桂者为瑶；由湘南东迁，入赣南，再至闽西南、粤东潮汕等地即在赣、闽、粤三省交界处，逐渐形成有别于瑶族的畲族族群。对此，《辞海》有载：“畲蛮，瑶民之一种，广东旧潮州府属有畲蛮，号百家畲，其人刀耕火种，因以畲名。”畲族历史上曾被称为“山越”或“畲瑶”“山輋”，畲、輋皆与畲同。

宋代畲族又陆续向闽中、闽北一带迁徙，约在明末清初大量出现于闽东、浙南等地的山区。江西东北部的畲族原住广东潮州府凤凰山，后迁福建汀州府宁化县居住，大约在宋元之后至明代中叶以前迁到赣东北居住。安徽的畲族约在100年前从浙江的兰溪、桐庐、淳安等县迁来。尽管如此，各地畲族都以广东潮州凤凰山为其民族发祥地，传说他们的始祖盘瓠就葬在这里，并认为妇女的头饰扮成凤凰形式，就是为了纪念他们的始祖。这是畲族、瑶族同源异流的理由和依据之一。

理由和依据之二：从畲族、瑶族的姓氏上看，也证实畲族和瑶族关系密切。畲族传统的盘、蓝、雷、钟四姓，在瑶族传统的姓氏中能找到盘、蓝、雷三姓。而且，盘姓和雷姓是瑶族中最大的支系——盘瑶支系（信仰盘王为始祖的支系）中的传统姓氏，盘姓是盘瑶支系传统12姓中的第一姓，是12姓瑶人的“老大”（即“大哥”之意）。可见，畲族的姓氏，也证实畲族和瑶族之近亲关系。

理由和依据之三：畲族人群和瑶族人群基因的一致性，证实了畲族和瑶族是近亲关系。据奉恒高主编、2007年6月民族出版社出版的《瑶族通史》(上卷)记载：2001年10月，上海复旦大学现代人类学研究中心与广西民族大学、广西瑶学学会合作，在广西、广东、湖南、云南等地区进行了大规模瑶族人群DNA抽样调查，对这些样品进行了最适合于研究东亚人群的13个YSNP遗传标记基因分型，对苗族和瑶族与其他民族人群Y染色体进行比较分析研究，确认瑶族、苗族、畲族是同源异流的近亲关系。这在民族渊源关系上是一项为数不多的分子生物学和遗传学的重要科研成果，增强了畲族、瑶族、苗族是同源异流观点的可靠性、科学性。

二、畲族瑶族图腾崇拜相似

每个民族都会有属于自己民族的图腾，民族图腾代表了民族文化、民族标志。畲族、瑶族的图腾是畲族、瑶族的文化符号。一个民族的图腾是一个民族精神与文明的传承。畲族、瑶族图腾不仅是畲族瑶族人民精神的源泉，更是一个民族历史的永久记忆。

畲族、瑶族都是信仰盘瓠（盘护）的民族。盘瓠传说和盘瓠崇拜形成了畲族、瑶族最原始、最基本和最核心的民间信仰和民族神，是畲族、瑶族精神文化中最重要的组成部分。

在畲族中世代相承、广为流传着含有与瑶族相类似的“盘瓠传说”：上古时代，天下由帝喾（亦称“高辛帝”，中华上古时期部落联盟首领）治理。帝喾的夫人刘皇后耳痛3年，后召名医从耳中取出一条形状如蚕的金虫，置于盘中，忽然变成遍体闪光的龙犬。帝喾大喜，为龙犬赐名龙麒，号称盘瓠。时值犬戎（戎吴）部落十分强盛，屡次侵犯边境，帝喾虽多次派兵讨伐，但屡战不胜。于是帝喾传令：谁能取犬戎头领的首级，就把三公主嫁给他。盘瓠听罢，挺身而出，潜往犬戎，趁犬戎头领酒醉时咬断他的脖子，把首级取回献给帝喾，帝喾随之发兵击败犬戎。

帝喾不便食言，但因盘瓠是条龙犬而感到为难。盘瓠看出帝喾的心思，忽然开口说：“你把我放在金钟内，七天七夜不要打开，我就可以变成人形了。”盘瓠入金钟六天，公主怕他饿死，打开金钟。见他身已成人形，但头未变。于是盘瓠与公主结婚。婚后，盘瓠不贪图荣华富贵，不愿在帝喾手下做官，便与三公主入居深山，以狩猎和耕山为生。帝喾顺其意，并颁榜牒：“凡盘瓠儿女子孙所居山地，任其开垦种植，粮赋差役全免。”后三公主为盘瓠生下三男一女，老大出生时放在盘子里，帝喾赐他姓盘，名自能；老二出生时用蓝布裹着放在篮子里，帝喾赐他姓蓝，名光辉；老三生下一岁还没有姓，盘瓠向帝喾求赐姓，恰逢天上响雷，帝喾就赐他姓雷，名巨祐。小女儿长大后招钟志深为婿，所得子女随父姓钟。从此，盘自能、蓝光辉、雷巨祐、钟志深被尊为得姓始祖，奉盘瓠为共同的祖先。

传说内容，在闽浙粤赣皖，虽有地域性的差异，但基本情节相同。畲族称“盘瓠”作“忠勇王”“盘护王”，闽东浙南畲族称作“龙麒”“盘护”，皖南畲族还称作“龙猛”，粤东畲族还称作“盘护王”“盘大护”“盘古大王”等。“盘瓠”的原型构成有龙犬、龙与麒麟等诸多说法。这是畲族原始图腾崇拜观念的形象化表现形式，作为一种历史久远的民族民间传统文化，千百年来，一直是民族认同的基本标识，是维系民族团结的重要纽带。

畲族关于盘瓠的传说，族内的文字资料是置于畲家诸姓谱牒之首端的《敕书》，或密藏于族内的《重建盘瓠祠铁书》《广东盘皇铭志》《开山公据》(《抚瑶券牒》)等。刊于宗谱的《历朝封赠》《会稽山七贤洞记》《重修潮州凤凰山总祠记》《龙首师杖记》等也记载了这方面的内容。还有，畲族史诗《高皇歌》也世代传诵着这个传说故事。祖杖又称“龙首杖”“法杖”，是畲家显示远祖的象征物。

与畲族所不同的是，瑶族的“盘瓠（盘护）传说”在瑶族民间保存的《评皇券牒》(又名《盘王券牒》《过山榜》)中，敌对双方不是高辛氏和犬戎（戎吴或番王），而是“评皇”（评王）和“高皇”（高王），把“评皇”（评王）描绘成正义的一方，把“高皇”（高王）描绘成负面的一方，是盘瓠咬杀的对象；把“盘瓠”写为“盤護”（或盘護，也有少数牒文称其为“盘大护”“盘太宁”），并尊称为“始祖盘王”；把“龙麒”写为“龙犬”；把盤護和三公主入居的深山，写作会稽山或南京十宝殿；盤護和三公主所生子女为六男六女，“评皇”（评王）一一赐姓，传下瑶家12姓。

关于瑶族12姓，各地讲法不同，广西金秀瑶族自治县盘瑶中保存的《过山榜》中的12姓为：长男盘姓，名启龙，次男沈姓，名如飞，三男包姓，名文敬，四男黄姓，名文虎，五男李姓，名思安，六男邓姓，名连安，长婿周姓，名文旺，次婿赵姓，名瑞封，三婿胡姓，名广道，四婿唐姓，名元瑞，五婿雷姓，名元祥，六婿冯姓，名敬思（以上见金秀盘瑶博物馆《盘瑶12姓》）。广西龙胜各族自治县龙脊镇白水源头村黄姓瑶族中保存清朝道光年间手抄本《盘王券牒》中记载的12姓为：盘、沈、黄、李、邓、周、赵、胡、郑、冯、雷、蒋。据著名瑶学专家黄钰先生考究，瑶族传统姓氏有28个之多。

畲族、瑶族人民世代相传和歌颂盘瓠的功绩，把盘瓠塑造成神奇、机智、忠勇的民族英雄，并尊崇为本民族的始祖，还通过设节（如畲族的“祭祖节”“三月三”乌饭节、瑶族的“盘王节”）立庙（立有盘瓠庙、盘王庙、盘古庙）等方式祭祀、崇敬和缅怀。

畲族、瑶族民间始终保持对始祖盘瓠的信仰，这个信仰贯穿在祖图（按盘瓠传说内容绘制的连环画式的彩色图像）、族谱、祖杖、传说、山歌、服饰、习俗、祭祀、节庆等方面，保持着自己的文化特点和民族意识，在畲族、瑶族文化中占有重要的地位，对于维系民族内部凝聚力和加强民族自我意识起着重要的作用，还成为畲族、瑶族子孙后辈开疆拓土、建功立业、继往开来的一种精神力量。正如畲族学者雷国强指出的：“盘瓠传说群系使以盘瓠崇拜为核心的原始图腾信仰文化群系趋于稳固和统一，成为畲族生存发展必不可少的社会文化基础。”

然而，在畲族、瑶族中，也有少数知识分子不这么认为，他们不承认本民族有“犬”“龙犬”图腾崇拜，更不承认盘瓠是本民族的始祖。他们认为，《风俗通义》《山海经》《玄中记》《搜神记》《后汉书·南蛮传》等史籍中记载的“盘瓠神话”“盘瓠传说”荒诞不经，把畲族、瑶族与“犬”“狗种”联系在一起，是在宣扬“狗种论”和“犬辱文化”，是对畲族、瑶族的偏见和歧视；还有的认为：官方史籍中的“盘瓠”，与《评皇券牒》《过山榜》等民间文献中的“盤護”是两码事，

“盘瓠”是“犬类”，而“盤護”是活生生的人；史籍中凡是写作“盘瓠”者，均为“狗种论”和“犬辱文化”，皆不能引用；必须为盘护“正名”。更有甚者认为祖宗传下的《开山公据》(《抚瑶券牒》)《祖图》和《评皇券牒》《过山榜》是民族的糟粕，并将其烧掉。他们还专门召开座谈会（统一口径、发表声明）、印发宣传资料，并通过网络、微信转发等形式，开展“去盘瓠化”。

本人认为，应实事求是和一分为二地看待史籍中关于“盘瓠”及其族群活动的记载。古代有些史籍关于畲族、瑶族等少数民族的记载，确实有歧视和侮辱的写法。如南朝盛弘之《荆州记》、清朝屈大均《广东新语·人语》就称：“盘瓠子孙，狗种也。”这种赤裸裸的表述，确属“狗种论”，有损畲族、瑶族形象，必须加以批判和摒弃，后人在写作时不能引用、也不应该引用此类史料。

而对于“盘瓠神话”“盘瓠传说”，我们剔除其“荒诞”“神话”的成分，就会发现其中有两个对研究畲族、瑶族早期历史有重要价值的信息：

一是它反映了畲族、瑶族先民在氏族部落时代的“犬”图腾崇拜现象。在远古氏族部落时代，生产力水平极为低下，犬在看护家园和满足人们各种基本的物质需要方面起着决定性的作用。特别是在部落冲突中，犬的机敏、忠诚和高度警惕性及冲锋陷阵时的勇猛顽强特性，在氏族部落生存、发展中起着很关键的作用。历史上许多部落最终消亡，与没有犬的帮助有很大关联。因此，鉴于犬在畲瑶先民生存、发展中的重要作用，同时由于当时人们对客观世界认知能力的极端低下，以及受“万物有灵”观念的影响，人们便将犬视为保护神，加以供奉，并对其产生崇拜。随着时间的推移，这种幻想表象进一步具象化、拟人化，甚至认为其与人有某种亲缘关系，因而在亲缘意识中萌生、衍化出对本族始祖先人的敬拜思想，形成祖先崇拜。

由图腾崇拜转化为祖先崇拜的现象，在其他民族中同样存在并沿袭至今(如：彝族、白族、纳西族、土家族等以虎为图腾崇拜，白族保存了许多和虎有关的称谓，怒江沿岸许多白族人都自称是虎的子孙。在湘、鄂西聚居的土家族，至今仍尊虎为祖。鄂伦春族称公熊为“雅亚”，意为祖父，称母熊为“太帖”，意为祖母)；同时，在科学技术高度发达、社会文明程度很高的今天和民族平等、民族团结、社会全面进步的中华民族大家庭里，没有人会认为“××民族是狗的后代”，也没有人会相信狗是一个民族的祖先，更没有人明目张胆地宣扬“狗种论”和“狗的后代”等“犬辱文化”，除非其脑子有问题或别有用心。而且，在新中国成立前，所有汉文史籍中，记载畲族、瑶族、苗族历史、文化及其先民生产生活、风俗习惯等之文献资料，皆使用“盘瓠”而非“盘护”（即使《评皇券牒》《过山榜》等瑶族民间文献中写为“盤護”，但它也源于“龙犬故事”）。如果使用“盘瓠”就是宣扬“狗种论”、就是“犬辱文化”，这些文献均不能引用，那么中华人民共和国成立后的《畲族简史》《瑶族简史》《瑶族通史》等史书怎么写？《瑶族通史》下一步如何修订？况且，“盘瓠神话”“盘瓠传说”是整个民族的历史记忆和文化符号，是畲族、瑶族以及苗族传统文化的重要组成部分，少数人要“去盘瓠化”就能去得掉吗？所以，在当今社会，那些提议“狗种论”“犬辱文化”和烧掉祖宗留下的历史文献的“去盘瓠化”之举，实属偏激。但是，对于那些明目张胆、别有用心的民族歧视言行，则必须予以坚决的批驳和反击。

二是它反映了四千二百多年前的高辛帝（前2275—前2176）时代，以“犬”“龙犬”为图腾的盘瓠部落，帮助高辛帝（帝喾）打败犬戎部落和平定燕氏族部落骚乱的历史事件。在这一历史事件中，部落首领盘瓠（盘护）因战功卓著，被高辛帝封为“忠勇王”，后又加封为“盘护王”。因而几千年来，一直流传着畲族、瑶族祖先盘王对朝廷有功、是护国卫民的大英雄的故事传说和“自云祖有功，常免徭役，故以为名‘莫徭’”的历史记载。

不过，盘瓠也有可能是春秋时代（东周平王姬宜臼执政时期）楚国的一位历史人物，在公元前744年的楚国与卢戎战争中，盘瓠率领部族帮助楚王反败为胜，最后把卢戎国和罗国灭掉。盘瓠杀敌立功、受封（楚王上报朝廷，以周平王的名义表彰盘瓠）以及与公主结婚，是对历史的真实记载。

笔者认为，“盘瓠传说”“盘瓠神话”是畲族、瑶族、苗族先民和古代汉族文人把图腾崇拜与当时的历史人物盘瓠、历史事件混合而成的产物。它之所以能演变为神话传说，也正是图腾标志使然。“盘瓠传说”是具有神圣的民族起源的信仰，是畲族、瑶族、苗族先民的图腾崇拜，有共同的“氏族标记”。畲族、瑶族、苗族先民把“盘瓠”视为始祖和至高无上的尊神，确定了畲族—瑶族—苗族具有紧密的历史联系性。

三、畲族瑶族文化习俗相同

文化是一个民族的灵魂和精神支柱，是维系民族团结的重要桥梁和纽带。民俗是依附人民的生活、习惯、情感与信仰而产生的文化。民俗文化（又称为传统文化，是指民间民众的风俗生活文化的统称）可以增强民族的认同感，强化民族精神，塑造民族品格。畲族、瑶族的文化习俗有很多相近或相同的地方。

一是历史文献内容相似。畲族的代表性民间历史文献主要有《开山公据》

(《抚瑶券牒》)《祖图》;瑶族的代表性民间历史文献主要是《评皇券牒》(又名《盘王券牒》《过山榜》)《盘王书》和《千家峒流水部》《千家峒古本书》《千家峒源流记》。经比较得知，畲族、瑶族民间历史文献之内容大体上是一致的。这些历史文献虽名称各异，版本多样，长短也不尽相同，但其内容基本上都包括了关于民族起源的盘瓠故事、畲族瑶族先民的迁徙和封建王朝授予畲族瑶族先民名义上的官爵及耕种山场、蠲免国税夫役等“特权”；有的券牒文后还附上本地历史事件和当地山林土地的占有划分的记载及本姓氏的宗支谱系。它为研究畲族、瑶族的早期历史和唐宋王朝的民族政策以及畲族、瑶族的文学艺术、哲学思想、宗教信仰提供了重要史料；同时，对于人们认识和了解畲族、瑶族人民开发祖国南部山区的贡献以及加强各民族的团结，也有着重要的现实意义。

二是原生态民间文学（民族史诗）内容相近。畲族民间至今保存有追述本民族来源和迁徙经过的长篇叙事诗歌《高皇歌》(亦名《盘王歌》《盘古歌》《盘瓠王歌》《麟豹王歌》)；瑶族有《盘王大歌》(又名《盘王歌》《还愿歌》《盘皇歌》《大歌书》)。《高皇歌》和《盘王大歌》是畲族、瑶族原生态民间文学的典型代表。《高皇歌》是畲族一首长达 500 句的七言史诗。它以盘瓠生平为主线，在 125 条 500 句 3500 字的篇幅中，展现了畲族从创世到起源、从征战到发族、从创业到迁徙的整个过程。作为畲族口承文学的代表，《高皇歌》能从更全面的角度向人们提供畲族远古历史和近世生活的信息。《盘王大歌》是瑶族在祭祀始祖盘王之活动中唱的歌，是瑶族民间歌谣之集大成，由 24 路、36 段（约 8000 行）主歌和副歌、杂歌、杂曲组成，内容包罗万象，叙述了人类、民族、天地万物的形成和发展，是集歌谣、音乐、舞蹈于一体的大型瑶族文化的历史史诗，有瑶族“百科全书”之称。《高皇歌》和《盘王大歌》是畲族、瑶族历史文化的浓缩和反映，是研究畲族瑶族文化的活化石，对增强民族归属感，振奋民族精神，加强民族团结，构筑和谐社会，增强民族凝聚力和畲族、瑶族经济社会可持续发展都有重大的意义。

三是民间宗教信仰相同。畲族、瑶族民间传统宗教信仰以道教为主。畲族、瑶族民间对道教的信仰主要表现在对道教神（道教神有三清、三官大帝、真武帝、福德正神、将爷等）的崇拜以及运用道教教义为本民族服务上。据瑶学专家张有隽教授考证，道教至晚在南北朝时期传入畲族、瑶族地区，元明清时期获得发展。畲族、瑶族地区的道教主要是梅山派（也称“梅山教”)，其次是正一派（也称“正一道”)，也有一部分盘瑶地区是梅闾两教合一。畲族、瑶族地区对道教的信仰主要通过民间系列道教活动来体现和维系。畲族地区民间至今沿袭过“招兵节”和举行“做醮”（又叫“度身”“学师”）祭祖仪式。特别是在“招兵节”仪式中，会重现畲族先祖盘瓠王坐龙坛，学法于闾、茅二山等情节。瑶族地区民间尤其是操“勉语”的盘瑶支系，也不时举行“度界”“打醮”活动。值得一提的是“度界”活动中的“上刀山”“下火海”“上天楼”（也叫“翻云台”）仪式，神秘、惊险、刺激，最具民族特色。中华人民共和国成立前，此项活动唯瑶族独有。畲族、瑶族的这些道教活动根据活动规模的大小，由不同职级的师公主持，极具神秘色彩和民族特色。道教活动为信教畲瑶民众提供慰藉，人们通过道教教义的学习和为人处世条规的教化、训诫以及不断重复的仪式行为，使道教信仰的理念和精神以及道德规范逐渐渗透到人们的价值和行为系统之中，从而达到规范言行、促进和谐、维护团结的目的。

四是语言有不少相同相近的地方。语言是人们进行沟通的主要表达方式，是民族的重要特征之一。畲族有本民族语言，没有本民族文字，历来通用汉字。现代畲族使用三种语言：一是山客话（福安畲语），属汉藏语系汉语族汉语支，约有 5 0 多万使用者，是畲族主体当下使用的语言，分布在福建、浙江、广东、江西、安徽等省的山区；二是东家话（贵州畲语），属汉藏语系苗瑶语族苗语支的川黔滇方言。主要分布在黔东南自治州的麻江县、凯里市，黔南自治州的都匀市、福泉市。三是活聂话（惠东畲语），属汉藏语系苗瑶语族瑶语支，跟瑶族盘瑶支系中的“勉语”比较接近。畲族虽近 80 万人，但“活聂话”只有广东的海丰、博罗、惠东、增城、河源及汕尾市深汕区（红罗村）等 6 个市县（区）10 多个山村、约 2000 多自称“活聂”的畲族人在使用。此语言被汉语专家认定为真正的畲语，属于畲族自身的语言。本人赞同“活聂话”为真正畲语之说。

笔者认为，畲族母语（传统语言）应属于汉藏语系苗瑶语族瑶语支，跟瑶族盘瑶支系中的“勉语”相同或比较接近（而不是之前不少学者认为的“属于汉藏语系苗瑶语族苗语支，跟瑶族中的布努语炯奈话比较接近”之论断）。原因和理由如下。

第一，从畲族的族源来看，畲族与瑶族中的盘瑶支系同源异流。盘瑶支系是瑶族的主体主源，人口占瑶族总数的 70%，其所操“勉语”就是瑶族语言的代表（瑶语就是指“勉语”，“勉语”就是瑶语）。畲族起源与盘瑶支系是同源异流，那么，畲族母语（传统语言）应与“勉语”一致或比较接近。

第二，广东潮安县凤凰山的畲族目前虽然操潮州话或客家话，但在《潮州府志》中却记录下这一带的畲族在历史上曾经使用过一种语言，与今天海丰、惠阳、增城、博罗一带畲族所使用的瑶语支的语言很相似。

第三，在民歌音调上，虽然有不少地方的畲族民歌类似客家的山歌词，但福建宁德地区却存在着完全不同于客家山歌的四种畲族传统的基本音调（福宁调、福鼎调、霞浦调、罗连调），这四种基本调和自称“尤绵”的“过山瑶”（盘瑶支系）的基本调有惊人的类似之处。“过山瑶”唱的民歌传统基本调是“拉发调”（亦称“呐发调”），“拉发调”中长调的“跟声”唱法与畲族的二声部合唱“双条落”有许多类似之处。“过山瑶”的“拉发调”又和罗源、连江等县畲族的“罗连调”在音调（包括音列、调式、节奏）的基本特点上是相一致的。

第四，通过讲“勉语”的代表与讲畲语的代表现场对比，也发现有一半以上的畲语单词与“勉语”单词相同或相近。十多年前，时任湖南省郴州市民族事务委员会副主任的赵砚球女士（过山瑶，讲“勉语”）在参加全国畲族古籍征录培训会时，用“勉语”与来自浙江景宁畲族自治县讲畲语的学员交谈，结果发现有50%—60%的“勉语”单词与畲语单词相同或相近。广州市民族宗教事务局的赵云梅女士（过山瑶、讲“勉语”），2017 年 8 月到增城、河源及汕尾市深汕区畲族村寨作田野调查时，用“勉语”与当地中老年畲民座谈，也发现有 60%左右的“勉语”单词与畲语单词相同或相近。民族语言的亲属关系反映其民族渊源关系十分密切，民族近亲是语言亲属关系的基础。

四、结　语

从上述我们可以看出，畲、瑶两族起源同源异流，其图腾崇拜、祖先崇拜相似，文化习俗相同，无论从哪个方面入手比较，两个民族都具有很大的一致性或相似性，是一对有亲缘关系的兄弟民族。两个兄弟民族同为中华民族大家庭的重要成员，共同为中华民族创造了光辉灿烂的文化，为中华文明做出了应有的贡献。而今，进入新时代的畲族、瑶族人民，在中国共产党的正确领导和习近平新时代中国特色社会主义思想的指引下，在祖国大家庭中更加团结友爱，共同繁荣发展，共享伟大祖国繁荣富强的荣光，他们将为建设美丽富饶家园，为祖国现代化建设、为实现中华民族伟大复兴的中国梦做出新的更大的贡献。

再探瑶族夷勉的来历

◎ 郑德宏

【摘要】 瑶族夷勉（过山瑶）的先民是古东夷部族中的古徐夷，是少昊氏鸟图腾中的一支。他们在春秋战国乃至西汉“七国之乱”时从祖地安徽霍山、六安广大地域迁徙南下，渡长江进入江西北部，历经数百年乃至千年的南迁过程。他们饱经战乱、风霜雨雪的磨难，终于找到了无战乱波及、土地肥沃、气候宜人、水源丰富、森林茂密、交通便利的江西石城县，在福建宁化县（古称黄连峒）以石壁为中心的地方，停下了他们奔波疲惫的步伐，在这里开山辟土，休养生息。他们从古徐夷的母体中剥离出来，在这块宝地上形成了瑶族中夷勉群体（集团）。

【关键词】 先民；祖地；迁徙；定居；痛失家园。

瑶族夷勉（过山瑶）的历史文化方面的研究论文不多，但从瑶族这个大集团的历史文化等方面研究的论文作品确实不少，其中有关瑶族夷勉历史的探索却很少，瑶族夷勉人口在瑶族这个大集团中为最多，约占瑶族总人口的70%，分布面最广。其分布在中国南方的广西、湖南、广东、云南、江西五省区，还有的移居越南、老挝、缅甸、泰国、美国、法国、加拿大等，跨越了亚、美、欧三大洲。瑶族夷勉是这个大集团中的一个群体，其形成历史对于瑶族历史的研究有重要意义的。

原全国人大常委会副委员长、社会学家费孝通老前辈，在广西金秀瑶族自治县调研考察瑶族情况时指出:“从语言上暴露了五种不同自称的人可能有不同的来源，或者说他们很可能原来不是一个民族的人，进这个山区之后才形成在大瑶山的瑶族。他们不是出于一个根本的枝条，而是不同支流汇合而成的一条河。如果称他们是支系，只是支流的意思。我觉得不如避开支系这个说法，而称作不同的集团。大瑶山的瑶族就是由这些集团凝聚而成的一个民族共同体。”

笔者认真地学习领会了费老在大瑶山金秀瑶族自治县调研瑶族情况时所指出的瑶族是几个不同的集团凝聚而成的一个民族共同体，受益匪浅。就此，笔者曾在 2017 年，对瑶族夷勉这个集团是如何形成的做了一点尝试，写了《瑶族夷勉支系的形成》一文，刊登在贵州荔波国际瑶文化研讨会的资料汇编和湖南永州瑶文化促进会 2018 年研讨会的资料汇编中。笔者这一短而粗陋作品，是抛砖引玉，请专家学者们共同探讨。今天笔者对瑶族夷勉的来龙去脉的拙见，仍然是抛砖引玉共同探讨，把瑶族夷勉的来龙去脉梳理梳理，让其更加明晰。

一、夷勉先民

瑶族夷勉的先民，原出于古老的东夷部族，这一观点在当下而言，已是多数学者的共识。古代的东夷族是鸟图腾崇拜的部族。上古的姓氏多为图腾感生演化为姓。

学术大师郭沫若在《甲骨文研究》中指出:“风姓起源于凤鸟图腾：卜辞风字均作凤……古有风姓之国，春秋时有任宿、须句、颛皆风姓。古云，太昊之胤，案其实乃以凤图腾之古民族也。”清初顾炎武从《春秋》三传中考订的 22 个古姓中，除风、子、祁、华、董、归、熊、漆、允十姓属上古图腾感生外，其余都来自母系社会。太昊伏羲氏、少昊金天氏是东方风姓部落的首领，图腾感生演化为风姓，是太昊伏羲氏所传的中华第一古姓。瑶族夷勉群体中至今仍保留和传承着古老先民东夷部族的鸟图腾崇拜和鸟图腾感生演化为姓的痕迹，或称历史的遗留或者说印记。据笔者调查所知，在湖南江华瑶族自治县湘江乡的田冲村、庙子源村，水口镇的黄茶坪村、大风坳村，蓝山县的荆竹瑶族乡，这种东夷族图腾感生演化的风姓夷勉约有千人之众。

此外，夷勉在敬祖睦宗的厅堂神龛上将野鸡尾毛或鹇鸟尾毛插在神龛旁的习俗，20 世纪 60 年代前在少部分夷勉家中仍保留着，这些历史的遗留告诉我们，瑶族夷勉的古老先民是东夷族，具体而言，鸟图腾东夷有九夷，夷勉是九夷中古徐夷的后裔。

二、先民祖地

徐夷是鸟图腾东夷族群里的一支，他们在夏代之前建立了国家，称徐方。史中载他们居处的地方广大（约500里），西周时，徐子驹王在东夷联盟中势力强大，在周成王时，曾经联合淮夷抗周。

《历史研究》（1996年第4期）中载述："凃山氏就是徐夷，徐夷在古文字中，有余、凃诸种写法，正如徐中舒先生所言，（徐）、舍等字都是古代南方民族巢居的象形。徐凃二字可通转，本为一字，为徐夷之名，只不过凃表示该族居于水滨而已。皋陶应为凃山氏（即徐夷）的首领。"

《皇览》云："皋陶承在庐江六县。"即皋陶少子封地"六"——今安徽六安县一带。徐国的都城在今安徽泗县北，为汉代徐县所在地。丁山著《甲骨文所见氏族及其制度》一书中记载："……凤夷故地当今求诸汉六安国之安风县。"《水经注》云:"淮水又东，为安风津，水南有城，故安风都尉治，后立霍邱。安风当今霍邱之南，西周文献，犹或谓之东夷。"从这些古籍所云，夷勉先民徐夷祖地（不是发祥地）在今安徽的霍山、六安、泗县等广大地域。《盘王大歌》中的《十二姓瑶人游天下》中唱道："瑶人世出武昌府，满目青山四处游。龙头山上耕种好，老少乐业世无忧。"武昌府的"府"是误写，应是武昌湖的"湖"，府乃唐时方立府。《辞海》载：武昌府，元大德五年（1301）改鄂州路为武昌路……明初改为府，辖境扩大至黄石新阳、通山、大冶等。勉语府湖同音，武昌湖在安徽南长江北岸龙头山即江西省的龙虎山。瑶族夷勉先民徐夷，在这片广大地域中繁衍生息。

三、先民徐夷南迁

一个民族、一个群体的黎民百姓的迁徙，主要原因就是无休止的战乱。纵观中国历史上三大战乱时代：春秋战国时期、两晋南北朝时期、五代十国时期，那时候，真是"你方喝罢我登扬"，中华大地上、战火纷飞，封建割据，改朝换代，军阀奋战所造成的战争浩劫，使广大民众流离失所，背井离乡，举族迁徙，避乱求生。

《后汉书·东夷列传》："管蔡畔周乃招诱夷狄。周公征之，遂定东夷。后徐僭号，乃率九夷师伐宗周，西至河上，穆王畏其方炽，乃分东方诸侯，命徐偃王主之……自称徐偃王，江淮诸侯皆伏从，伏从者三十六国，周王闻之，遣使乘驷，一日至楚，使伐之。偃王仁，不允残害其民，为楚所败，逃走彭城武原县东山下，百姓随之者万数。后遂名其山为徐山……"

战国时期战乱频仍，夷勉先民徐夷渡长江南下进江西（从安徽祖地）。瑶族民歌《十二姓瑶人游天下》唱道："瑶人出自武昌湖，进入青山四处游。龙头山上耕种好，姊妹宽游世无忧。"歌中的龙头山，即江西鹰潭南的龙虎山。广西金秀瑶族自治县的瑶族原生态传统文化《尤棉历史、风情歌舞诗》中的漂洋过海述"从辽宁的辽河漂洋过海来到石壁定居"，笔者认为，这个"辽河"应该是江西南昌西南面的潦河，"石壁"是江西石城与福建交界的石壁。

《左传》昭公三十年："吴子灭徐，徐子章禹断具发，携其夫人以逆吴子。吴子唁而送之……"奔梦，徐子奔楚后，被楚统治者安置于今江西北部一带。1979 年江西修水县、潦河、北源靖安水口乡出土春秋末期"徐王义楚盘"及"雁（偃）君之孙徐之君形盘"等窖藏徐器。光绪十四年，高安县清泉市出土"王义楚"铜牌等 12 件徐器，这些都是徐人奔楚后所遗。今南昌县《大唐徐氏族谱》载："徐子章羽为吴所灭，偃王子孙遂迁江西""世为南昌著姓"。

西汉时期的"七国之乱"。西汉时，汉高祖刘邦为了巩固刘氏天下政权，分封一大批刘氏子弟为王，汉景帝时，这些分封的诸王势力发展到足以跟中央政权分庭抗礼的地步，其中齐、楚、吴三个封国势力强大。汉景帝深感政权不稳。时吴王刘濞、楚王刘戊、赵王刘遂、胶西王刘昂、胶东王刘渠、济南王刘辟光、淄川王刘贤联合起兵武装叛乱，战乱纷纷，民无宁日。

西汉时期瑶族夷勉先民的迁徙，在瑶人民歌《过山根》中唱道："刘王登殿走天下，山山水水行千程。意即汉高祖邦登殿为王以后，瑶族先民又大举南迁，"七国之乱"就是先民从江西北部向南迁的主要根源。

四、夷勉摇篮千家峒

夷勉先民们在"山山水水行千程"的南迁中，约在西汉晚期迁来江西石城福建宁化（古称黄连洞）及其周边的地域，在黄连洞的石壁为中心的地方停下了他们疲惫的双脚，在这片兵革未及、社会安定、地广人稀、森林茂密、水源充足、土地肥沃、气候温和，这片远离北方战乱的世外桃源，宜于民众谋生的乐土上繁衍生息。

唐以前，中原汉人迁入这里的并不多，在此之前，黄连洞及其广大周边还是以土著为主（时称蛮獠）。这个边远山区集中的中原流民和原来当地居民（包括少数民族如畲、瑶和早期来的汉人）杂处为邻。

客家人的先民来到宁化（古黄连峒）石壁，与这里的土著民族的交往，文化的交流，在其族谱祖先名字有一个时期，最先是普通汉名，但下几代有几十、几百、几千的所谓“郎名”“法名”，而后来的祖先又改为普通的汉名。郎名、法名是畲族和瑶族命名的习俗。所以李默先生说：“客家人的先祖与畲族、瑶族有着密切的联系，不言而喻，这反映出民族间的文化交流或民族融合。”瑶族夷勉的美食中有山珍“老鼠干”。宋经文先生在其《从食文化谈古石壁》中述：“在古石壁有几道菜肴是很值得研究的，首先关于老鼠干的问题，现在一般都说是客家菜，但本人以为它在更多成分上，应该是属于原居住民的菜肴。”原住民在史上称“东夷”“南蛮”，是一片未开垦的处女地，在大量的中原汉民尚未南迁之时，他们依然处在“刀耕火种”“黥面文身”或者是筑木为巢的阶段。

先民们来到这片乐土定居后，至隋末唐初约700多年，以这片地域的独特条件，形成了共同的生成地域、经济生活、社会心理素质、语言——勉语，从徐夷集团这个母体中剥离出来形成了新的群体夷勉。据此夷勉群体的形成孕育期是西汉末年至东汉时期，其成熟时期是三国两晋南北朝时期。他们住在江西一侧的自称kò311seien31，是江西地方的勉，这一称谓延续到20世纪80年代。这一称谓在汉语中译为“莫溪”或“溪人”，住在福建宁化石壁的自称beì3l te22 mien31意即石壁地方的勉。广西金秀瑶族自治县《瑶韵深牌》中述：住在石壁上段（即江西一侧）的称石面勉，住在石壁下段的称石底勉。林开钦著《论汉族客家民系》书中述：“唐以前，史籍里没有福建地名，福建最古名称叫闽（民族的称号而非地名），郑玄（东汉经济学家）引《国语》中的一句话‘闽蛮之别也’，作为七闽的注解，说闽是蛮之别种。”我认为闽与勉是同音字，可以说勉是古时七闽中的一闽，在当地古代将勉称为了闽，郑宗泽先生著《江华勉语研究》一书中述：“……从徐夷和众舒来说，徐夷和众舒的徐与舒都是瑶族和畲族的先民部落名称的译音，据此可以肯定现在勉语方言和金门方言的瑶族祖先是从江西地区迁徙到广东、湖南、广西等地的古徐夷后裔……”

先民们在这里开田造土，繁衍生息，把这片肥美的大地建成了富饶美丽的家园，石壁上段（即上峒）、石壁下段（即下峒）扩展开辟了一、二、三、四、五、六、七个居峒，在以古黄连峒即今宁化县与石城县交界的石壁地域内建起了号称千户人家的千家峒（当地称千家寨）的政治中心、经济中心、文化中心。他们在这个美丽的家园里过着安逸舒适、富裕快乐的生活。《千家峒歌》唱道：

日上东山白石岭，半边当日半边阴。
红光洒满三江口，青山添彩水染金。

日头出山照塘溪，寒鹏野鸭水上戏。
迎着红日洗翅羽，上岸理毛拍翅啼。

日头出山照山村，千家峒里雾腾腾。
风吹雾散天晴朗，牯牛犁田早出门。

日上东山白石岭，峒里庄稼壮又青。
千家担禾门前晒，日落西山担回厅。

胡姓弟兄田地宽，门前田塘屋后山。
日子宽甜透心快，唱歌不怕喉咙干。

周姓弟兄住三峒，山间里面好田园。
人丁兴旺年成好，夏有足粮冬有棉。

五、痛失家园

自从汉末，特别是两晋南北朝、隋唐之际的灾荒战乱，中原汉人南迁入闽的人数越来越多，“在西晋太熙年间（290）已有中原移民徙入石壁”。《宁化县志》卷三载：“中原汉人至东汉起已有入境定居，在唐至宋时南渡的第二次客家人大迁徙中，更加大量涌入，致原有土著民族或移居县外。”

千家峒里民阜物丰，这块宝地对于饱受战火、瘟疫、灾荒之苦的中原南迁的人来说，是一块极有吸引力的地方。当时，这里还有一种历史现象不得忽视：闽西赣南一带是闽越族世代聚居之地，土著有比较强大的势力，并与汉族移民及封建朝廷之间经常发生一些矛盾与冲突。诸如开荒造田所占的山界、木材资源、耕作所需的水源以及生存空间所受到的威胁和一些人为的矛盾激化等……土著与汉人的关系，骤然紧张起来，土著的生存空间受到严重威胁，因此暴发了各种反抗斗争。贞观三年前，黄连峒这个地方仍是以土著为主（时称蛮獠）的地方。隋大业之季群雄并起，土寇蜂举，黄连峒人巫罗俊者，年少负殊勇，就峒筑堡卫众，寇不敢犯，远近争附之。罗俊开山伐木泛筏于吴，居奇获赢……”“贞观三年，巫罗俊自诣行在上状，言黄连峒土旷齿繁，宜可授田定税。朝廷嘉之，因授巫罗俊一职，令归剪荒以自效。”《宁化县志》附录：“清康熙年间（1662—1722）李元仲编纂《宁化县志》时有一个叫巫亦侯的人，向李元仲先后称巫罗俊系‘神策指挥使’‘刺史’等职，然李元仲只认定“……坐镇收税，为镇将事实”。我认为巫罗俊者，以南迁来此的移民人众势强，跟这里的土著（夷勉等）争夺资源，挤占人居空间，他伐木泛筏于吴，居奇获赢。所谓筑堡卫众，实抢夺土著资源的野蛮行为。如此，还不能满足他抢夺土著民财的野心，故于贞观三年自诣在行上状，言黄连峒土旷齿繁，宜可授田定税。获官一职，坐镇收税。当地土著（夷勉）不愿纳粮交税，巫罗俊镇将率众大举进军黄连峒（夷勉称千家峒），一时黄连峒战火纷飞，夷勉势单力薄，无奈之际逃离家园。《瑶族过山榜选编》中《立置十二姓徭民过山榜文书存照》述：“……贞观三年内立置王徭子孙，永晓世务，分耕青山田源，各处山场……入山居住，刀耕火种，山田坑处管业，蠲免国税……”《千家峒歌》唱道：

京差进峒要官粮，
蒋（将）大官人发大兵，
老少商量应变计，
退出千家山外行。
人逢乱世难躲开，
朝廷兵勇进峒来，
蒋大官人（将大官人）发兵到，
二十七营马围上来。
层层官兵人马众，
峒中老少难阻拦，
众人商量离峒走，
千家大峒又抛荒。
日也行来夜也行，
走过千山万重岭，
来到广东乐昌府，
珠玑巷地又落根。

巫罗俊镇将发兵进峒镇剿夷勉退出了安居乐业的千家峒，举族南迁，夷勉历史歌《过山根》唱道：“刘王登殿走天下，山山水水行千程。改换唐王来坐殿，瑶人退出殿门前。”西汉刘邦称帝时战火纷飞，民无宁日，夷勉先民南迁；唐高祖至太宗李世民时，夷勉逃离千家峒扶老携幼又南迁。《过山根》这首历史歌将夷勉的迁徙、定居又迁徙做了全面完整的概括。

浅述湘桂走廊在瑶族历史上的地位

◎ 周生来

【摘要】 湘桂走廊是南岭民族走廊瑶族聚集的中心。千百年来，在漫长的历史进程中，湘桂走廊为东南、华中地区的经济交流、文化传播和民族融合做出了重要的贡献。在瑶族几千年的繁衍发展过程中，湘桂走廊既是瑶族迁徙的目的地，也是瑶族迁徙的出发点，它是瑶族迁徙史上一个重要的中转站。瑶族人民长期在湘桂走廊居住、生产、劳动、生活，创造了丰富独特的文化。这些文化主要体现为众多的古籍、多彩的艺术、独特的民俗，使湘桂走廊成为瑶文化的富集区。

【关键词】 南岭民族走廊；湘桂走廊；瑶族历史文化。

20 世纪 80 年代，费孝通先生提出了著名的中国三大民族走廊的概念。较之其他两大民族走廊，“南岭民族走廊”是一个少数民族人口最多、经济相对发达、文化独具特色的民族走廊。

在南岭民族走廊里有一条连接湖南和广西的通道，学者称其为湘桂走廊，它是历史上瑶族的主要聚居地，境内瑶族人口众多，文化特色鲜明，是南岭民族走廊瑶族聚集的中心，也是瑶族向西南迁移的重要通道。本文拟就湘桂走廊的形成及其在瑶族历史上的影响，作一个粗浅的论述。

一、湘桂走廊的时空范围

“湘桂走廊”是一条交通要道，它最早是指桂东北的桂林市和湘西南的永州市之间，由都庞岭及其余脉海洋山与越城岭及其余脉舜皇山、四明山围夹而成的狭长的河谷地带。它是自古至今，连接湖南和广西、中原地区和东南沿海的一条重要通道。千百年来，在漫长的历史进程中，湘桂走廊为东南、华中地区的经济交流、文化传播和民族融合做出了重要的贡献。

湘桂走廊的区域范围随着时代的变化而发生变化。

公元前 221 年，秦始皇统一六国后，派屠睢率领 50 万大军攻打岭南，为了解决秦军的后勤补给，公元前 219 年秦始皇派监御史禄率士卒在广西兴安境内修建了一条长 37.4 公里的运河，把湘江和漓江连接起来，从而沟通了长江和珠江两大水系，从此以后，秦军的粮草和武器源源不断地从水路得到补充。公元前 214 年，秦军基本攻占岭南，秦始皇便在岭南地区设“桂林、象、南海”三郡。这时的湘桂走廊指的是沟通湘漓两水，连接零陵和桂林郡之间的通道。这是湘桂走廊最早的空间范围。

其时，秦军南征时，在上古山民开辟的“五岭峤道”的基础上，组织民工重新整修了五岭峤道，开筑了五条“新道”。这五条道路有两条是连通中原与广西的，除前面说的“湘桂走廊”以外，还有一条是萌渚岭道，即沿湘江上溯至湖南零陵（今永州）后，再沿潇水上溯至湖南道县，分别从江华、江永改陆路穿越萌渚岭，与广西贺州的贺江相接，再沿贺江下西江至广州，古称“潇贺古道”。

秦时的桂林郡面积在 20 万平方公里，郡治设在布山县（今贵港市），桂林郡管辖的地方很广，包括现桂东北的桂林、贺州、梧州、玉林和桂西北的河池、柳州等地，因此，可以说，秦时“湘桂走廊”也好，“潇贺古道”也罢，都是连通湖南和广西、中原和岭南、长江水系和珠江水系的重要通道，都是湘桂走廊的区域空间范畴。

自秦以后，历代封建王朝不断拓展中原与广西的联系，湘桂走廊的交通进一步发展，不仅桂北与湘南互相连通，而且向南经柳州、南宁出镇南关至越南，向东连接广东，向西到达贵州的驿道也陆续开通，而湘桂走廊则处于枢纽位置，为民族迁徙和经济、文化交流提供了便利。

如今，在 2000 多年前开拓的湘桂走廊里，铁路、高速公路、国道、省道构建成日益快捷的现代交通网，永州市现正拟在江永和富川之间开挖联通潇水和贺江的新的“湘桂运河”。湘桂走廊正以崭新的姿态迎接新的伟大时代的到来。

二、湘桂走廊是瑶族的居住中心

由于土地肥沃、水利便利、交通便捷，湘桂走廊自古至今都是移民迁移的目的地，也是瑶族的居住中心。

1. 零陵是史料最早记载的瑶族居住地之一

瑶族的族源最早可追溯到中华民族的三大始祖之一蚩尤，即古代的九黎、三苗集团，其原始居地在黄河下游与淮河流域之间。后来因为战乱和生活环境等原因逐步南迁入楚湘，当时被称蛮或荆蛮。瑶族成为独立民族时叫莫徭、徭，应该是在南北朝或隋唐时期。唐初姚思廉著《梁书·张缵传》云："州界零陵、衡阳等郡有'莫徭蛮'者，依山险而居，历政不宾服。"这时的零陵郡，治所在今永州市。

元鼎六年（公元前 111 年），汉析长沙园置零陵郡，郡治在零陵（今广西全州县西南），辖今永州大部和桂林东北、邵阳、娄底一部分。新朝王莽时，零陵郡改名九疑郡，辖地未变。东汉时，复置零陵郡，迁郡治于泉陵（今永州市零陵区城北 1 公里）。隋唐时期，零陵郡辖五县，包括现永州的冷水滩、零陵、东安、双牌、道县、宁远、江永、江华和广西桂林的全州、资源、灌阳、富川等地，即湘桂走廊的大部分地区。可见，包括零陵在内的湘桂走廊是瑶族最早的居住地之一。

2. 千家峒是瑶族重要的聚居地

在瑶族几千年的迁徙过程中，有一个叫千家峒的地方，它是瑶族曾经居住过的美好家园，是瑶族的发祥地，也是国内外瑶胞至今向往的圣地。

根据史料记载，瑶族的始祖盘瓠因帮助高辛王平定戎王吴将军的叛乱，被封为南京会稽山王，并许三公主为妻，生下六男六女，遂为瑶族十二姓。郭璞在《玄中记》里说"昔盘瓠杀戎王……帝以女妻之于会稽东南，得海中土三百里而封……"后来，在不断向南的迁徙中，瑶族曾经在一个叫千家峒的地方住过相当长的一段时间。

根据瑶族民间珍藏的《千家峒流水记》《千家峒古本书》《千家峒歌》等记载：很久以前，瑶民因战乱被迫迁徙，漂洋过海后到了千家峒。峒内住着一千户瑶人。千家峒在青山白云之间，四面高山，青山浩渺、林木葱郁，只有一个洞口可出入。峒内则是一马平川、土地肥沃、气候温和、雨量充沛，种出的谷粒有拇指那么大，种一年可以吃三年。千家峒不属朝廷管辖，不交粮，不当兵，人们过着自由自在的日子……从以上的传说可以看出，千家峒不仅是瑶族迁徙过程中的一个美丽家园，而且也是瑶族浓厚的怀念故土意识的精神圣地。

类似名叫千家峒的瑶族美丽家园，在瑶族迁徙路线上，有很多处。但大部分学者经过实地考察和研究，认为千家峒"以都庞岭主峰韭菜岭为中心，包括广西壮族自治区灌阳县东部，湖南省道县西部、江永县西北部地区”[①]，这一地区正是湘桂走廊的属地。

3. 湘桂走廊是目前全国瑶族人口最多、居住最集中的地区

湘桂走廊自古至今都是瑶族的主要聚居地，历史上的千家峒据说“峒内人居住非常密集，居户在千家以上，按三代同堂推算，瑶族离开千家峒时人口接近万人”[②]。经过几千年的迁徙繁衍，湘桂走廊目前是全国瑶族人口最多，居住最集中的地区，根据2010年的人口普查，全国有瑶族人口285.3万人。其中，湘桂走廊范围的永州、桂林和贺州三市的瑶族人口约有125万人，几乎占全国瑶族人口的一半。其中瑶族人口在15万人以上的有江华、恭城、江永、富川等县，其中江华瑶族人口34万人，是全国瑶族人口最多的县，恭城有瑶族人口28万人，江永有瑶族人口17万多人，占全县总人口的比例达63.2%，是全国瑶族人口比例最高的县，在湘桂走廊有江华、富川、恭城三个瑶族自治县，占全国瑶族自治县总数的四分之一。江永则是瑶族人口过半县。同时，居住在湘桂走廊的瑶族支系繁多，除过山瑶、平地瑶等主要支系外，还有寨山瑶、东山瑶、顶板瑶、勾蓝瑶、清溪瑶、扶灵瑶、古调瑶等支系。上述材料证明，湘桂走廊是历史上以及目前全国乃至世界瑶族居住最集中、人口最多的地区，是世界瑶族的发祥地。

三、湘桂走廊是世界瑶族的中转站

瑶族被誉为“东方的吉卜赛人”，他们不停地迁徙，在迁徙中生存、在迁徙中繁衍。在瑶族几千年的繁衍发展过程中，湘桂走廊既是瑶族迁徙的目的地，也是瑶族迁徙的出发点，它是瑶族迁徙史上一个重要的中转站。

1. 千家峒事件造成瑶族的大迁徙

千家峒是唐宋时期瑶族的重要聚居地，境内土地肥沃、物产丰富，瑶族先民生活在这里，安居乐业，从未向官府交粮纳税。元大德年间，官府派员进峒征税，被瑶民每户轮流好生招待，数月不归，官府以为被瑶民杀害，遂派兵围剿。瑶民战败，被迫逃离家园。元大德九年（1305），瑶民将一只牛角锯成12

---

① 宫哲兵.失落圣地的重新发现[A].千家峒运动与瑶族发祥地［C].武汉：武汉出版社，2001.

② 盘福东.瑶族千家峒在灌阳的历史文献学和考古学根据［A].瑶族千家洞高峰论坛文集［C].南宁：.广西民族出版社，2013.

节，瑶族十二姓每姓保留一节，约定500年后返回千家峒，凭牛角相认。此后，千家峒瑶民开始了历史上的大迁徙。

瑶民逃出千家峒后，走了三天三夜，在道州浮桥遇官兵阻击，浮桥被毁，已过浮桥的一支到了宁远九嶷山，后又从九嶷山经江华、蓝山到达粤北和桂东。未过河的一支退回江永县，经源口进入了广西富川、恭城、平乐、荔浦、金秀等地。[①] 后来，千家峒瑶民继续迁徙。如贵州榕江县塔石瑶族水族乡的原始瑶民祖先被迫离开千家峒后，一支大约在元末明初迁徙到广东的韶关、乐昌，一支经柳江、到贵州，住在四川泸州一带，一支经贵州上云南，出交趾（今越南），并不断向缅甸、泰国迁徙……总之，千家峒十二姓瑶民被迫离开千家峒后，四处奔走，流落他乡，后来，虽然有少部分又回到了瑶族千家峒，但多数人却奔走异国他乡，散落在华南、西南的崇山峻岭中，少部分人走出国门，至今分布在东南亚、北美和欧洲等地。[②]

2. 零陵、道州的瑶族向广东迁移

隋唐时期，湘桂走廊的零陵、道州、全州均有瑶族先民居住，当时称“莫徭”。宋代，湖南瑶族处于历史上的鼎盛时期，人口之众，地域分布之广，势力之强，都是前所未有的。“瑶洞轻海、屡世寇暴，若防敌国，亦莫徭极盛之时也”[③]。宋神宗熙宁年间，随着政治中心的南移，为扩大地盘，增加劳力，巩固统治地位，宋王朝加紧了经营开发和控制瑶区的步伐，如熙宁五六年间，宋王朝任用章惇、蔡煜等官员收复梅山，他们主要采用和平方式，在梅山置安化、新化两县，并建立军事据点，收瑶民置于中央王朝统治之下，同时这一开化政策也使大批瑶民加入反抗行列，被统治者追赶，被迫离开祖居之地，纷纷向南迁徙，加上为了生计而迁徙的瑶民，因而形成大规模的移民迁徙。

湖南瑶族南迁主要是经湘南、湘西的零陵、郴州、道县、叙浦迁往两广地区。湘桂走廊是湖南瑶族南迁的重要通道，而迁往广东的瑶民主要是通过零陵、道县、郴州迁往粤北地区。《广东通志》说：瑶本盘瓠之种，由楚省蔓延至新宁、增城、曲江、乐昌、红源、东安、连州等七州县（《列传》卷三百三十、六十三）。“排瑶传说歌谣和族谱证明，排瑶大部分来自湖南，少部分来自广西”。[④]

---

① 宫哲兵.失落圣地的重新发现［A］.千家峒运动与瑶族发祥地［C］.武汉：武汉出版社，2001.

② 盘祖湘.瑶族千家峒内在价值与外在价值论［A］.瑶族千家洞高峰论坛文集［C］.南宁：广西民族出版社，2013.

③ 王闿运，汪敩灏.同治桂阳直隶册志（卷二三）“洞瑶”条.岳麓书社，2011.

④ 练铭志.从考古地名及民族学资料看粤北排瑶的来源［A］.瑶族研究论文集［C］.南宁：广西民族出版社，1992.

据在连南瑶族自治县收集到的一份盘石村保存的《八排瑶人理书》(理，瑶语意思是历史）记载，八排九姓人原住湖南桃源洞，举族迁徙时，先到道州，然后由道州而连州，到连州后跟水入山，分布在八排二十四冲。在收到的13份族谱中，记载瑶族十二姓中由湖南迁到八排的有：

唐姓：油岭排，道州→连州三江镇→油岭。

房姓：南岗，湖南道州→东保塘→横坑东→南岗。距今十八九代。

盘姓：三排，道州→英德县曲岭→连南排。16代。

邓姓：南岗，道州→广西→连州九陂→南岗；内田：湖南江华→连南里八洞→内田。

沈姓：里八洞，道州→东南南岗→油岭→里八洞。

龙姓：三排，道州→英德→连南三排。

这些族谱不仅交代了连南排瑶的来源，而且也说明了他们迁移的路线：道州、江华、阳山（英德）、连南。类似的记载在湖南道州、江华、江永收集到的民间传说文献中也有，说明广东北部的瑶族，如排瑶，很大一部分都是自湘南的道州、江华迁徙过去的，亦即是自湘桂走廊地区迁徙过去的。“至少有部分排瑶，其先祖是从道州、江华、连州等地，逐渐进入连南境内的”。[①]

3. 江华、富川、恭城的瑶族向国外迁徙

瑶族是一个分布广泛的国际性民族。中国是瑶族的原始居住地，世界上其他国家的瑶族都是从中国迁移过去的。

瑶族向海外迁徙起于明代中叶，“明末清初加快了速度……到20世纪70年代，分徙于欧美各国”[②]。瑶族向海外迁徙的原因，一方面是迫于生计。瑶族是一个靠刀耕火种、采食猎毛为生的民族，生产力十分简单低下，只能吃尽一山之后向别处迁徙，如果遇到天灾人祸，更是饥寒交迫，必须另寻出路。而与中国交界的越南、泰国、缅甸边界有广阔的土地供人耕种生活，“真广岭头青美美，四边河水上鲤鱼……此地种禾本是好，每年收得五六仓……玉米一个有尺五，收满家中任人贪……此山住得千万家，祝报从亲齐专来”。[③] 另一方面，因朝廷征调，如永乐四年（1406）征调广西荔浦县“瑶丁”到越南平叛。“永乐年间，安南外国大反时，外省兵远调不及，本省各宪速查瑶山……吾太祖

---

① 谢剑.连南排瑶部族历史［A].排瑶研究论文选集［C].广州：广东人民出版社，2013.

② 张有隽.瑶族向海外迁徙的时间、过程、原因、方向、路线和方式［A].人类学民族学文集[C]..北京：民族出版社，2011.

③ 范宏贵.瑶族从中国进入越南浅谈［J].广西民族研究，1986（4）.

奉调……委太祖统带瑶丁，会同营协兵征……因此之前在此山场窄小人众，安栖不下，访择名山安居。”① 清代由湘桂走廊迁往国外的瑶族越来越多，特别是嘉庆年间，迁徙越南的这些瑶人在越南定居下来之后，纷纷邀请尚在家乡的亲人来越南讨生活，如恭城的瑶人黄道升、冯朝易、赵富荣先到越南万言山定居后，发现当地生活富裕安康，便分别给仍然住在恭城的亲人黄通鉴、冯朝唐等人写信，约亲人迁入越南相聚共居。信中列出了行走的路线图：恭城—平乐—荔浦—来宾—武鸣—田阳—百色—云南富宁—广南—文山—马关—河口，由河口县南溪镇进越南，最后到达万言山。②

许多从湘桂走廊迁到越南、老挝、泰国、缅甸的瑶族，后来又迁入了美国、法国、加拿大等地，如美国加州赵万珠寿先生收藏的《置住赵万珠寿记流水壹体万代祖图流水步在内》记载：赵法良家先，葬在湖广道江华县锦田汛管入乌江源石门天子岭，坐东向西。同妻冯妹盘家先，葬在湖广道江华县管入背江冲大义……赵法定家先，葬在湖广道江华县岭东洞背江冲鲁桂口大寨内……同妻赵妹坛家先，葬在湖广道江华县管入背江冲小黄南冲……赵钱三郎家先，葬在贺县马头岭上马头连平奉家地住，坐南向北……赵完五郎家先，葬在富川县沙江冲宗家地住，坐东向西。同妻赵民一娘家先，葬在恭城县管入西乡西水里斗平源管入上林江黄刘二姓地住，坐东向西。

这张祖图记载的是赵万珠寿一家由古至今家先（祖先）埋葬的详细地点，说明赵万珠寿的祖先是经过贺县、富川、江华、恭城等湘桂走廊地区后迁入老挝，从老挝再迁往美国的。

四、湘桂走廊是瑶文化的富集区

瑶族人民长期在湘桂走廊居住、生产、劳动、生活，创造了丰富独特的文化。这些文化主要体现为众多的古籍、多彩的艺术、独特的民俗，使湘桂走廊成为瑶文化的富集区。

1. 瑶族古籍文献众多

湘桂走廊记载瑶族史料的主要是一些史籍文献、民间典籍和地方典籍。

在史籍文献中，最早记载瑶族的是隋朝的《梁书·张缵传》：“州界零陵、

---

① 莫金山.中越边镜瑶族迁徙往来的实例、原因、路线及规律［J］..广西民族大学学报（哲社版），2015（5）.

② 李少梅.浅谈世界过山瑶之乡——乳源［A］.过山瑶的乡源［C］.北京：民族出版社，2010.

衡阳等郡，有莫徭蛮者，依山险为居，历政不宾服。”不仅第一次记载瑶族的名称，而且第一次记载零陵——湘桂走廊的瑶族——莫徭。此后，不仅历代王朝的正史中都有对湘桂走廊中瑶族的记载。就是在一些别史、杂史中也有诸多记载。如元泰定四年（1327）“道州、永明县瑶为寇”。而且元虞集在《平瑶记》也载：贺州、富川瑶起事后，曾进入永明、江华等县。这些记载证明了元代湘桂走廊是瑶族的重要聚居地区。

虽然瑶族无文字，但湘桂走廊地区瑶族民间仍然留下了大量的用汉文刊印或瑶民手抄的典籍文献，包括《评皇券牒》《千家峒古本书》《盘古大歌》《瑶人经书》等。仅《广西瑶族社会历史调查》（第八期）一书就搜集了《评皇券牒》(《过山榜》)89份，其中大部分流传在湘桂走廊的瑶族地区，只有少量的属于广东及广西其他地区。又如《千家峒古本书》等有关记载千家峒的古文本有50篇左右[①]，这些珍贵的民间文献主要分布在湘桂走廊的江华、江永、富州、灌阳、恭城、钟山等地。如江华涛圩镇《千家峒木本水源》、江永松柏乡花楼村《千家峒源流记》、江永上江圩葛塘村《千家峒永远流水部》。恭城莲花乡势江村《千家峒古本书》和《千家峒》;钟山县两安瑶族乡沙坪村同治二年石碑碑文,灌阳县黄关镇陡水村《千家峒水记》;等等。

此外，明清以来，湘南桂北瑶族地区还出现了大量地方典籍，记述了当地瑶族族源分布、类别、性习、科考等。如道光《永州府志》不仅在卷四《学校志》中记载了瑶族地区(江华)的义学,在卷五《风俗志》中专辟了《瑶俗附》记述境内瑶族的来源、分布、经济、社会、贡赋、诉讼、习俗、音乐、服饰、反抗斗争、瑶防并较为详细地记载了零陵、祁阳、东安、道县、永明、江华、新田等县的瑶族名称、分支、人口等具体情况。

2. 瑶族文学艺术丰富多彩

湘桂走廊地区作为瑶族自古至今的重要居住地区，千百年来，瑶族在生产、生活中创造了丰富多彩的文学艺术，包括民间文学、音乐舞蹈、工艺美术和碑刻遗址。

湘桂走廊瑶族民间文学主要包括神话、传说、故事、歌谣等。其中神话传说和歌谣最有特色。流传在湘桂走廊的瑶族神话传说，既有开天辟地神话，如《盘古》,也有人类起源神话,如《伏羲兄妹造百姓》,还有族源神话,也是图腾神话如《盘瓠神话》,这些神话传说大多保存在《评皇券牒》或者《盘王大歌》中。此外，流

---

① 梁宏章.瑶族千家洞研究综述［A］.瑶族千家洞高峰论坛文集［C].南宁：广西民族出版社，2013.

传在湘桂走廊的传说和故事还有《千家峒的传说》《漂洋过海的传说》《赵金龙的传说》《刘三妹的传说》《蛇郎》《鲤鱼姑娘》《老虎怕漏》等。

瑶族是一个能歌善舞的民族。全州瑶山流传着这样一首山歌："野鸡过岭尾拖拖，三岁娃仔会唱歌，唱歌没要爷娘教，聪明肚子是歌窝。"[①] 在湘南桂北，有许多经久成俗的歌节和歌场。在江华白芒营镇、大石桥乡、涛圩镇一带，改革开放前，逢年过节和赶闹子，许多瑶族青年男女都出来对歌，不管白天还是晚上。很多男女青年由于对歌而相互了解、产生感情，最后成亲结婚。全州的东山瑶族乡每年的农历正月十五、三月初三、六月初六、八月十五、九月初九、十月十六都是瑶族唱歌的节日，清水村和竹坞之间的插排岭，上塘境内的割草岭，黄龙境内的塘底坳是三个固定的歌场。恭城、灌阳、荔浦等县都有这样的歌场和歌会。并且各地都有著名的歌手。瑶歌题材广泛，内容十分丰富，主要有创世古歌，如《发习冬奶》《盘王大歌》；历史迁徙歌，如《千家峒歌》《瑶人迁徙歌》；劳动生活歌，如《十二月生产歌》《榨油歌》；时政歌，如《瑶人穷》；还有大量的情歌以及各种仪式歌、风俗歌，如《哭嫁歌》《孝歌》《信歌》《地名歌》等。这些歌谣形式多样，感情真挚，语言通俗，具有很强的感染力。

瑶族音乐曲谱和民间乐器以及舞蹈种类也十分丰富。瑶族诗歌不分家，歌谣中包括音乐，不同支系曲牌曲调也不相同。仅江华就有 100 种以上，主要有仙拜、拉发、互溜、高山、留西拉里、蝴蝶等。由于长期受统治者压迫剥削，不断迁徙，因而除生产歌、酒歌较欢快外，大多悲痛而深沉。个别曲调中华人民共和国成立后受环境变更和其他民族的影响，变得欢快高昂，如桂西北富川的《蝴蝶歌》和贺州的《飞溜飞》等。瑶族民间乐器有打击乐，如长鼓；吹奏乐，如牛角、唢呐和芦笙等。长鼓和牛角是湘桂走廊地区很有特色的乐器，长鼓既是伴奏乐器，又是舞蹈道具。长鼓舞相传是瑶族子孙祭奠先祖盘王而产生的，是瑶族的主要舞蹈，相传一般有三十六套动作，最复杂的有七十二套动作，不同的地区有不同的打法，繁衍出不同类型，主要有羊角短鼓舞、芦笙长鼓舞、锣笙长鼓舞、盘古长鼓舞等，如广西贺州瑶族的《三十六套做屋长鼓舞》、湖南江华瑶族的《桌上长鼓舞》就很有特色。此外，湘桂走廊地区瑶族比较有代表的舞蹈还有关刀舞、伞舞、度曼尼舞、串春珠等。它们都是瑶族人民智慧的结晶。

和其他地区的瑶族一样，湘桂走廊的瑶族民间工艺美术也很有特色，主要有道州瑶人生产的"贡白纻"，江华平地瑶编织的"八宝被"，江永松柏瑶族乡

① 农学冠，李肇隆.桂北瑶歌的文化阐释［M].北京：民族出版社，2008.

上江圩流传的“甲马木刻画”和剪纸等。

湘桂走廊瑶族地区至今遗留了大量的文物，主要有古遗址、古建筑、古村寨、古石刻、古墓葬等。如东安坐果山瑶族先民早期遗址，江永、灌阳、千家峒遗址，潇贺古道遗址，多地大量的盘王殿遗址，江永勾蓝瑶寨古村落以及富川《平瑶碑》，宁远《奉诏抚瑶颂有序碑》，恭城、灌阳文庙，富川大成殿等众多石刻碑文。

3. 瑶族习俗独具特色

湘桂走廊瑶族习俗历史悠久、特色浓郁，最具特色的主要体现在婚恋、饮食和节庆等方面。

在婚恋方面，湘桂走廊的瑶族男女青年以歌为媒，通过对歌互相了解、加深感情，然后男方拉媒人上女方家提亲。对歌的形式有两种，一是坐歌堂，二是“赶闹子”。歌堂主要是在隆重节庆和新娘出嫁时或者男女青年到别村走亲访友时设立。“赶闹子”则是每逢赶圩，各村的瑶族亲年男女成群结队，在马路上或是树林里互相对歌，逢年过节空闲日子更盛。瑶族男女青年对歌成习，由此衍生了江华平地瑶的“拿篮子”、江永勾蓝瑶的“四个蛋子”订婚习俗，同时湘桂走廊地区瑶族婚姻还有唱“哭嫁歌”“背妹出门”“拦门洗脚”“招郎”以及全州东山瑶的“两头扯”婚姻等习俗。

湘桂走廊的瑶族岁时节庆习俗最有特色。除与汉族相同的春节、清明节、端午节、中元节、中秋节外，还有许多自己独特的节日，而且每个节日都有它的深刻寓意。如广西全州东山瑶正月十二有“送老鼠”节、湖南江华正月十六有“老鼠嫁女节”。江华大圩镇正月十九有“炮节”，又叫“开春炮节”。二月初一江华、富川有“赶鸟节”，也有叫“粘鸟节”“麻雀节”，这是一个为纪念瑶族姑娘“芳美”（瑶语“三妹”）唱歌替鸟催眠，保护瑶山庄稼青苗成活的故事而产生的节日。四月初八，富川瑶族认为是牛的生日，人们用酒和鸡蛋拌饲料给牛吃，将牛洗净，才赶回家，并且焚香放鞭炮祭祀牛神。这天，江永的瑶族姑娘着盛装成群结队，到野外自带食品玩耍，在小伙子面前展示自己的才艺，过“斗牛”节，也叫“阿妹”节、“女儿”节。五月十三江永勾蓝瑶有“洗泥节”，瑶民们插上一季稻后，将人、牛和犁耙上的泥洗掉，砍牛祭盘王，跳长鼓舞，耍龙舞狮游村狂欢。六月初六，全州、江华、江永等地的瑶民采摘新禾做饭、摆酒设宴、欢度“尝新”节，庆祝丰收。十月十五、十六，全州东山瑶、江华平地瑶等地，有“罢稿”节（“倒稿”节），这一天也是全体盘瑶地区的盘王节，是最隆重的节日。瑶山里男女老幼出动收割庄稼，因为过了这一天，任何人都可以上山下田收捡庄稼，归为己有。然后，家家户户做好吃的、烧纸鸣炮，唱盘王歌、跳长鼓舞、祭祀盘王。此外，全州东山瑶族二月初二的“治虫节”，江华平地瑶六月初六开始的“仁王节”，恭城每隔十二年一次还清兵愿，江华瑶族的还娘娘愿，全州、恭城、灌阳歌节，金秀、江华瑶族五月立夏后的“分龙节”等，都是很有特色的节日。

除婚姻、节庆外，湘桂走廊的瑶族在饮食、丧葬、祭祀等方面也很有特色，如在饮食方面，恭城、江永、蓝山的油茶，江华的“十八酿”，江永的无骨板鸭等都很有特色。

瑶族宗教信仰研究之管见

◎ 赵家旺 [①]

【摘要】 瑶族宗教信仰研究，要彻底清除盘瓠神话的负面影响，彻底否定盘护盘王即盘瓠的论说。瑶族宗教信仰文化要去旧创新，融入新时代的民族新文化。

【关键词】 彻底清除；突破局限；去旧创新。

瑶族宗教信仰是以祖神崇拜为核心的多神崇拜。祖神祭祀是主要表现形式，是主要大型瑶族群体活动，又是居住海内外瑶族中“勉”这一支系族群认同的重要标志，是维系族群亲情的纽带。

本文就如何彻底清除盘护神话在解读瑶族宗教信仰文化方面造成的负面影响，认清瑶族祖神崇拜的源流，如何突破局限，融会创新，走向大众化、现代化有以下管见，与学界同仁探讨。

一、要彻底清除盘瓠神话的负面影响

以盘瓠神话解读瑶族宗教信仰文化，学界皆知，盘瓠是否为瑶族的祖源是争议的焦点。

据中国社会科学院民族文学研究员吴晓东考证，盘瓠神话的民间叙事起源于河南商丘，由大量南下的中原汉人带到南方，广为流传。[②]

---

① 赵家旺，男，瑶族，广东连南瑶族自治县人，广东技术师范大学退休干部（原广东技术师范学院副院长兼民族研究所所长），研究方向：民族宗教信仰与传统文化。

② 吴晓东.盘瓠神话中原考［A].盘瓠神话文论集［C].北京：学苑出版社，2017.

据中国社会科学院民族文化研究所重点学科“中国神话学”课题组的搜索统计，用“盘瓠”一词为篇名可找到178篇文章，用主题搜索可找到571篇，用全文搜索则为4758篇，找到关联中文图书729种，用“盘瓠”可找到相关条目2.0518万条。盘瓠神话在内陆、海南岛、台湾广为流传。日本、东南亚地区也发现有盘瓠神话的流传。从以上数据可以看出盘瓠神话的影响力以及学界的重视程度。

盘瓠神话的汉文记载，始见于东汉应劭《风俗通义》、干宝《搜神记·盘瓠》，公认为定型之作。南朝宋人范晔《后汉书》卷七十六《南蛮传》被奉为集前人大成之作，认同为古八蛮、长沙蛮、黔中蛮、五溪蛮、岭表诸蛮族源的史证。这些论说，学界皆知。吴晓东认为，“盘瓠”一词来源于汉语，盘瓠神话诞生于中原汉族地区，盘瓠并非如前人所认为的那样代表着南蛮的身份。

史学家把《搜神记》定性为志怪小说，是道听途说的街谈巷语，“混虚实”“记神异”的“鬼作”，不足入史。对范晔将盘瓠神话录入正史，有褒有贬。肯定之作引注为蛮族族源的史证，其中又以瑶族、苗族、畲族最为引人注目，被称为“盘瓠蛮”。

对盘瓠神话入正史，从唐至清千年间，也不乏否定之作：唐刘知几《史通》、杜佑《通典》；南宋罗泌《路史》、章如愚《群书考所》、程大昌《禹贡论》；元俞琰《席上腐谈》；明方以智《通雅》；清汪琬《尧峰文抄》。杜佑认为盘瓠神话入史，不仅不足为据，并且是“皆荒诞不经”。罗泌《路史》卷三十三《发挥二·论盘瓠之妄》总结性地质疑了盘瓠神话之虚妄，否定了它的正史性。但史学家的否定论辩，并没有彻底撼动《南蛮传》作为史证的传承。古代文人沿袭范晔书，以“瓠”易“护”，把“盘瓠”置换为“盘护”，把盘王称为“盘瓠王”“狗头王”，把盘王的后代子孙称为“盘瓠种”“狗王之后”“莫瑶，狗种也”，这种种贬称被记入官修地理志和明清时期大量修编的地方志。也不乏儒著，如《知录》《夷俗考》《文献通考》《岭南杂志》《广韵·肴韵》《桂海虞衡志·志蛮》《阮通志》《长乐县志》《典江县志》《海丰县志》，以及刘禹锡《刘梦德文集》、刘克庄《后村集》、顾炎武《天下郡国利病书》。这些记载，广为流传，造成了长期的负面影响。明嘉靖《惠州府志》卷一四：“瑶本盘瓠神，自言狗王后，家有画像，犬首人服，岁时祝祭甚谨。分盘、蓝、雷、钟、苟五姓。”清乾隆于卜熊《海丰县志》正集·卷下，光绪·李登甲《饶平县志》卷四，道光·侯坤元《长乐县志》卷六、《浮山志》卷三，咸丰·张鹤龄《兴宁县志》卷十二，都有同样的记载。学者著文论瑶者引注这些记载为史证，把盘王的形象定型为“犬首人身”，用世界图腾信仰理论，把盘王崇拜推论为犬图腾崇拜。“盘、蓝、雷、钟、苟”是畲族姓氏，是畲族识别的标志之一。不看姓氏，瑶畲不分，指畲为瑶，给人造成很大的错觉：瑶族是盘瓠信仰最盛的民族。这种错觉，在统治阶层和文人中固化了对瑶族的轻蔑歧视，造成了长时期的负面影响，同时在民众中催生了歧视瑶民的心态，如把瑶童防寒保暖的帽耳说成是狗耳，把瑶族服饰与狗的毛色和尾巴相联系，把瑶人到汉区集市舍不得花钱进店，蹲在街头巷尾吃自带食物，说成是“盘瓠狗种，蹲地而吃狗性未改”。

古代文人把盘瓠神话异化为瑶族始祖盘王，是外部强势异化，不是出自瑶族内部异化，得不到瑶族先民的认同。盘王信仰，从传抄文本到祭祀仪式，没有被强势异化所撼动，表现了很强的独立性、稳定性和排他性。

独立性。瑶族是多神崇拜，祭神仪式，祭外神和祭祖神界限划分得很清楚，严格分开。祭外神祭的是天府、地府、水府、阳间的天尊、上帝、大帝、真君、星君、仙官、灵官、判官、水官、龙王、城隍、土地、灵神、山神、庙王和功曹众多神灵，主旨是祈福求财、消灾解难保平安和挂灯拜师学法。主要表现形式是喃词、道白、榜文、咒语、符箓、上刀梯、过火海、啥犁头红砖、撒法米、喷法水、行罡步，坛场气氛是庄严、肃穆、敬畏、神秘莫测。仪式最后程序是送圣回宫，请到坛的天神地祇海底龙王有庙归庙、有殿归殿、有位归位。没有固定神位的游神远走他乡。然后清坛，把祭外神的神像、香炉、供品撤下，把剩下的纸钱、香烛、榜文串挂、竹木法具、竹幡等物品集中焚烧，把香炉送到十字路口，能抛多远抛多远，意为把外神全部送走。最后抹台、扫地、洗杯碗，告一段落，吃饭休息过后，重新布设祭坛开坛祭祖神，称为“请翁”。

祖神的主神位是伏江庙盘王圣帝，标志是红罗帐，左右两边是行平庙十二游师、伏江庙五婆圣帝、连州庙唐王圣帝、姓氏宗祖神位。供品要有大、小整猪各一头、公母鸡各一只、老鼠肉四碗、糯米酒一缸。坛场布设、供品摆放与祭外神完全不一样。拜祭盘王的全过程是极力制造乐神娱人的欢乐气氛，以歌舞、竹笛、唢呐、锣鼓为主要表现形式。歌唱是歌师歌娘唱的神歌《盘王大歌》，歌词有二千余行，以始祖盘王的源流、功绩、庇护子孙为主线（见后文），又叙说了盘古创世、人类起源、民族由来，对自然生态的认识如植物枯荣、气候变化、山居农耕。观念叙说婚姻爱情观、贫富观、道德观，对英雄人物、能工巧匠的赞美，等等。学界认同是反映瑶族社会经济观念形态的“史诗”。《盘王大歌》的唱曲有黄条沙曲、相逢贤曲、万段曲、荷叶杯曲、南花子曲、忆江南曲、梅花大碗曲等七种唱曲。舞蹈有上元棍舞、请圣舞、合兵舞、招五谷兵舞、神头罗带舞、献四府舞、长鼓舞和表现耕山犁地、播种、育苗、收割、种树、伐木、锯板、打猎捕鱼、打铁、修路架桥的舞蹈。整个过程，唱歌、跳舞、摆横连大席、欢声笑语，吹竹笛、唢呐、敲锣击鼓，忆祖酬恩，再现盘王新婚的喜庆场面，人神共乐。盘王祭典，充分表现了与众不同的独立性和独特性。

稳定性。盘王祭典神歌的唱腔声调、笛、唢呐曲调、舞步锣鼓敲击，海内外瑶人的表现形式，按传统习俗而为。分散各地与其他民族杂居的瑶人，日常生活大多入乡随俗，但始祖祭祀仪式大同小异，成为族亲认同的重要标志。盘王信仰根深蒂固，没有受地域文化和民族文化的影响而改辙。

排他性。瑶族盘王崇拜有很强的排他性，传承瑶族原生态文化的家藏传本，不随意展示给外人看。盘王祭典不准汉人观看，祭坛内不准讲汉话，违者罚喝三碗辣椒水或用辣椒粉灌鼻孔。瑶师不招汉人为徒。瑶人不出家当和尚尼姑道士。瑶家抱养的汉家子女、瑶家招郎入赘所生的子女没有资格充当盘王祭典的童男童女。

盘瓠神话，不是瑶族盘王崇拜的源头，瑶族不认同盘瓠为始祖。盘瓠神话在瑶族宗教信仰文化中造成的负面影响必须彻底清除，必须彻底摆脱盘瓠说的思维框架，才能正本清源，以瑶族普遍认同的构架解读盘王崇拜，保留原生态的传统特色，才能避免盘瓠说造成的偏颇。

盘瓠神话在瑶族宗教信仰文化中造成的负面影响必须彻底清除，盘瓠说对盘王及其后代的种种贬称，必须彻底给予否定。

二、要正本清源，认清盘王崇拜的源流

瑶族自成体系的盘王传说，主要的传承方式是神歌《盘王大歌》，本文以郑德宏、李本高译释、岳麓书社本为依据。评王一统江山，天下太平，高王争位夺地，天下大乱。

七十二国成一统，评王管下千万年。
高王起心争天地，争夺江山扰乱天。①

评王提笔写奏章，由金轮传送到天庭，玉帝闻讯，差遣太白下凡。

太白下到凡间，先是以普通人的身份查看凡间战乱实情，继而化身为犬进入评王殿，得到评王喜爱，赐名盘护。因是评王爱犬，群臣众人称盘护为龙犬。太

① 郑德宏，李本高译释.盘王大歌（下集）［M］.长沙：岳麓书社，1988.

白金星如果不是化身为犬，那他就是来历不明的陌生人，别说上评王殿，连王宫的门都进不了了。

评王出榜招贤平乱，无人揭榜。一天早上，盘护把挂在城头的红榜扯了下来，守榜差人大吃一惊，认出是龙犬盘护，骂他真是雷公胆，胆大包天，乱扯红榜是要砍头的。盘护不予理会，口含红榜走进评王殿。

盘护来到评王殿，伏在王前唱三声，
手拿榜文拜三拜，评王开口问根源。

盘护突然以人声回答，他要去把高王的头取回来答报王主之恩。评王说，你揭了红榜就要承担起平乱的重任。你如能成功，本王有厚赏，当即承诺：

重重报答除恶恩，许你宫女为花英，
天下江山送一半，赐给千金和万银。
盘护拜别评王出，城腾云驾雾而去。

盘护突然出现在高王城，高王大感意外，大吃一惊，大为疑惑。定神下来，他暗自思忖，评王爱犬都投奔他来了，看来评王气数已尽，他必能得天下，转惊为喜，不但没有把盘护赶走，反而大摆酒席庆贺。

盘护进殿喜来临，搭台唱戏敬天神，
高王闲游护随伴，三更半夜守床前。

盘护虽然日夜陪伴高王，但护卫戒备森严，日出日落一直过了四十九天，还没找到杀贼的机会，心急如焚。终于，一天晚上：

高王饮酒醉醺醺，不省人事丢了魂。
手举七星八宝剑，斩杀高王头离身。

盘护拖起高王头，星夜飞奔回朝，献上血淋淋的高王头颅。经文武百官辨认，盘护拖回来的确是高王首级不假，除贼大功告成。评王大摆宴席庆贺，宴席上评王赐盘护名盘太宁。

评王坐在金銮殿，赐封盘护给金印。
当朝赏金千百万，花英许配盘太宁。
万顷江山给一半，太宁花英合为婚。

评王为花英盘太宁举行了盛大的婚礼。婚宴结束，太宁花英拜别评王，被众官拥送出殿。一出殿外，盘护就立即由犬身变回人身。从此以后，人神合一，再没有以犬身出现在世人面前。

花英王女配太宁，白云山下立瑶厅，
生下六男又六女，六男六女无姓氏。

《评王券牒》记述，评王得知太宁花英婚后数年生下六男六女，喜笑颜开，赐十二姓，盘姓为始祖姓。敕令男娶外人之女为妻以传其后，女招外人之子为夫以继其宗。六男姓名依次为盘启龙、沈贤成、黄文敬、李思安、邓连安、周文旺；六女之夫姓名为赵才昌、胡进盛、郑广道、冯敬忠、雷元祥、蒋朝旺。[①] 以上就是瑶族十二祖姓的起源，称为王瑶。此后的子孙后代，皆称王瑶子孙，繁衍至今，王瑶子孙的姓氏已经远远超出了初始王瑶十二姓，瑶女招郎上门，所生子女可随母姓也可随父姓，是姓氏扩张的主要原因。

盘太宁、花英在白云王百峒立下瑶人根基，耕山生息，教会子女种苎麻、造织机、织麻布缝衣服、绣罗花、做芦笙唢呐和造犁耙耕山种田，维持山居生活的吃住衣着娱乐，使子孙后代能够延绵生息。盘太宁被子孙尊称为盘太宁王、太宁王主。

盘太宁喜欢游山打猎，“游山打猎有奇能”。98 岁那年，在天台山打猎，拉弓搭箭把野兽射杀，不料脚下石头松动，随即滑落山崖，意外身亡。

翁爷王主盘太宁，失足落崖树上悬。
八九高龄崖下断，王主命终去九泉。

王瑶子孙从四面八方聚集而来，披麻戴孝为太宁王主举行了三天三夜的隆重葬礼。子孙商定今后三年五载再聚集举行酬恩会，缅怀翁爷深恩。

---

① 黄钰辑注.评皇券牒集编［C］.南宁：广西人民出版社，1990.

翁爷深恩世代传，子孙代代苦思念。
三年五载酬恩会，花童百对歌满天。

王瑶子孙立伏江庙供奉太宁王主，尊崇为盘王大帝、盘王圣祖、盘王圣帝。法事仪式全称“伏江庙盘王圣帝”，“盘王”是口语简称。“伏江”“福江”“付江”表达的都是同一个意思，瑶语之意即降彩虹。传说建盘王庙动土时辰，彩虹罩地，此乃祯祥之兆，庙建成后，就称伏江庙，不直称盘王庙。“伏江”“福江”“付江”不是具体地名，庙的遗址后人无从查找。但瑶族“优勉”这一支系，无论迁徙到什么地方，举行群体祭典都要遥请伏江庙盘王圣帝到坛居主神位，无一例外。“香烟一起，神知千里。香烟沉沉，神必降临。”

王瑶子孙“开发千枝之木，皆本乎根；如水之分流，皆本乎源；后世子孙如蚁多者，皆出一穴；儿孙众多者，皆出一脉”（《券牒语》）。王瑶子孙分枝散叶，分布在国内的湖南、广东、广西、云南、贵州、江西等省区，迁移国外分散在越南、泰国、老挝、缅甸、美国、法国。无论迁移到什么地方，都不会忘记同源共祖，祭祀伏江庙盘王圣帝的显著标志是独具特色的红罗帐。

《大歌》“十二姓瑶人游天下”唱段曰：“十二姓瑶人各立寨，安居乐业敬祖人，后人要记当初事，供奉盘王代代传，始祖根源莫抛落，添香换水万万年。”

盘太宁归天为神，多次显灵，护佑子孙平安度过危难。如漂洋过海时，派五旗兵马平息海上狂风大浪，使子孙平安上岸，另寻生息之地，开山造田，搭棚立寨，得以为继，传宗接代，后裔绵远无穷。

《盘王大歌》有关盘王传说叙事，在天神化身为盘护时段，有龙犬盘护、盘龙王犬盘护、盘太龙护、盘龙盘护的称呼，没有盘瓠的称呼。人神合一转人身至归天为神时段，有盘太宁、太宁王主、盘太宁王、盘王、盘王大帝、盘王圣祖、盘王圣帝等多种尊称，唯独没有“盘瓠王”的称呼。瑶族信仰的天神地祇、家神外鬼，有名号的就有300多近400位，唯独没有盘瓠的神名。瑶族宗教信仰法事仪式的经书、神歌、符咒、榜文，看不到有“盘瓠”二字，看不到有盘瓠神话的痕迹。1950年至1955年，全国人大民族委员会组织的少数民族社会历史调查组，在各省区瑶族地区的调查报告，未见有盘瓠神话在瑶族地区流传的记录。以上足以说明，尽管盘瓠神话广为流传，但居住深山、远离市井的瑶族先民，对盘瓠神话一无所知，更无缘读懂《搜神记》《后汉书》，瑶族坚守的盘王信仰与盘瓠神话无关。瑶族不信仰盘瓠，不认同盘瓠为始祖。瑶族祖源不是盘瓠狗，不是犬图腾，而是太白金星的源流——远古时期的星辰崇拜。

瑶族盘王传说的故事，自然、浅显质朴，符合逻辑，充分表现了瑶族先民的自豪自尊自信和自强不息，这种情感世代相传。

三、要辨别清楚几个问题

1. 要辨清龙犬盘护与帝犬盘瓠的区别

将《后汉书·南蛮传》与《盘王大歌》“源流歌”两相对照，盘护、盘瓠有天壤之别。“盘护”是瑶语，“盘瓠”是汉语，此盘护不是彼盘瓠。

其一，来历不同。盘护是天神太白金星下凡化身，评王赐姓盘名护。盘护与评王女花英成婚后，立即脱去犬形仙身转人形为盘太宁，从此再没有以犬形出现。太白金星是民间传说的重要神仙，起源于人类对星辰的崇拜，星座为西方太白（金星），古人说的太白星、亮星、启明星、长庚星指的都是金星。金星被崇敬为神祇，上古时期的太白金星的形象是英勇善战的战神。广东、广西瑶区流传的《盘王大歌》有“盘王出世在西天”“盘王出世伏江庙”，表述不同，但盘王是天神下凡的定位是一致的。

帝犬盘瓠是高辛氏宫内老妇人耳疾挑出的异物异化而成。《魏略》曰：“高辛氏有老妇，居王室，得耳疾，挑之，得物，大如茧，妇人盛瓠中，覆之以叶，俄顷为犬，因名盘瓠。”《邑旧志》曰：“高辛氏出猎，获大血卵，归覆以盆，数日化为犬。乃长，异状惊人，命名‘盘瓠’。”河南商丘帝喾陵周边汉族民间传说：“帝喾不能胜敌，就贴出红榜，以授之高官厚禄，封许为驸马奖赏贤者助战。皇榜贴出无人敢揭，只有他饲养的一条名叫盘瓠的狗用嘴揭了皇榜。盘瓠揭皇榜的第二天，就衔着敌方主要将领的头回来了。帝喾大喜，既想对其封赏，却又不愿将女儿许配给一只狗。帝喾女儿这时站了出来，劝帝喾不可戏言，主动要求嫁给盘瓠。帝喾最终履行了承诺。”①

其二，事主不同。龙犬盘护的主人是评王，盘瓠的家主是高辛帝。评王、高王是兄弟之争，瑶族传说，评王、高王原是和睦相处的兄弟，父亲去世后才为争地盘打起来。盘护剑杀高王立功，评王在奖赏盘护的同时，又念及曾经的兄弟之情，吩咐将高王头焚化，将骨灰装入瓦瓶，厚葬在青山秀水之地，受万人祭祀。瑶族法事仪式，在众多神名中有“龙城庙高王圣帝”的神名。盘瓠所取戎吴将军

① 贾若晨.从商丘走出的盘瓠［N］.京九晚报，2016-7-1.

头为高王除戎寇之暴。盘护、盘瓠各有其主、各事其主。盘护介入的是评王高王兄弟之争，盘瓠参与的是辛帝与戎吴之战。

其三，婚配不同。盘护立功，婚配的是评王二女儿花英；盘瓠婚配的是高辛帝三宫女。

其四，评王招盘护为郎婿，婚礼办得热烈隆重，被浩浩荡荡的送亲队伍鼓乐喧天、热热闹闹送到白云王百峒安居，立下瑶人根基。

高王以三宫女配盘瓠，虽然盘瓠有功，但认为"不可妻之以女，又无封爵之道"，想悔先前的承诺。经宫女劝说，才不得已为之，根本无婚礼可言。盘瓠得高王女，独自负入南山石室，荒凉险绝，人迹不至，凄凄惨惨，冷冷落落。

其五，子女婚配不同。盘太宁与花英婚后数年，生六男六女，男娶外人之女为妻，以传其后，女招外人之子为夫，以继其宗，是血缘外婚。

盘瓠"妻帝之女，三年生六男六女，盘瓠死后，自相夫妻"是兄弟姊妹血缘内婚。三年生六男六女且自相夫妻，荒诞也!

其六，王瑶子孙，刀耕火种为生，久居一山，人众山穷，难以为继，评王准令分枝散叶，迁徙外出，另择山场营生。迁徙途中，逢人不作揖，见官不下跪，过渡不用银钱。另择山场居耕，种地不纳税，耕田不纳粮，免除差役。

盘瓠死后，高王怜惜其子女"先父有功，母帝之女，田作贾贩，无关梁符传、租税之赋"。仅此而已。

2. 要辨清"犬首人服"是指畲，不是指瑶

前文已述，明清时期地方志记载的"瑶本盘瓠种"，家有画像，犬首人服，是不看姓氏，瑶畲不分，错把畲族指认为瑶族。畲族宗教信仰还保留着"犬首人服"的显性标识，招兵大典悬挂的《祖图太公像》有犬首人服的画像。潮安凤南犁村雷氏《图腾画卷》、文祠李工坑村雷氏《图腾画卷》，湘桥意溪雷厝山村雷氏《图腾画卷》、凤凰石古坪村蓝氏《图腾画卷》、河源龙川田心甘陂村蓝氏《图腾画卷》等多处畲族村存藏的《图腾画卷》，或称《祖图》，或称《太公像》，均有犬首人服的画像。畲族法师所持的祖杖，杖头刻成狗头形状。瑶族宗教法事仪式悬挂的大堂神像，没有犬首人服的画像。《过山榜》记述，评王"准令男女敬奉先祖，描成人貌之容，画出神仙之像，广受王瑶子孙之祭"，并非犬首人服。举行法事仪式，瑶族师公所持的上元棍，棍头刻成圆球形或八方形。以上说明犬首人服画像是畲族独特的宗教信仰文化的表现形式之一。不要不加区分，把畲族特有的文化事像，错指为瑶族盘王画像，并引申为瑶族"犬图腾"崇拜。

对瑶族犬图腾崇拜，早就有学者给予否定，1941 年 4、5 月间，中山大学杨成志先生率领调查组到乳源乌坑、荒洞等瑶族村寨做田野调查，对乳源瑶人的历史、社会、房屋、工具、衣饰、农作、经济、信仰、风俗习惯进行了实地调查，调查组成员按分工各自撰写了客观描述的调查报告。担任巫术宗教专题的梁钊韬先生，在调查期间，虽然未遇上机会亲见瑶人重大的法事仪式，仅现场观看了瑶人祭猎神的全过程，但拜访了瑶人师公，从师公存藏的文本抄录了大量的经典、神咒、表文，收集到一批法事物件，取得了丰富的瑶族宗教法事原始资料，对瑶族的宗教信仰有了直接的了解，从实地调查中了解到瑶人对狗没有任何特别的崇拜仪式，不存在犬图腾崇拜。他在《粤北乳源瑶民的宗教信仰》一文中写道："乳源瑶人崇拜盘王，相传是他们的老始祖，婚丧二事亦举行祖先崇拜，至于图腾崇拜，他们尚无拜狗之事，则除了他们头巾及高帽还保留着一点象征之外，相信没有人敢说他们是以狗为图腾的，而且现在他们更不愿告诉你，瑶人对狗有任何特别的崇拜仪式。"①

这在当时还是盘瓠说在学界占主流的情况下，梁钊韬先生不为盘瓠说束缚，从实地调查中得到客观认知，感悟到瑶人并不存在犬图腾崇拜，实在是难能可贵！

3. 要认清"时节祭盘瓠"不是祭盘王

"时节祭盘瓠"成了古籍史志的常用语，用以表述瑶族祭祀始祖盘王的行为。实际上，从古到今，从瑶族先民到子孙后代，时节不用祭拜民族始祖盘王，只祭拜本姓家祖和地方社神。

瑶族村寨祭盘王，起始于盘太宁葬礼，继而是三五年一次的酬恩会，从起始就是大型群体活动，传承至今，逐步演变为集祭祀始祖、酬神、祈福消灾、老少平安、六畜兴旺、五谷丰登、招财进宝、人欢神乐为一体的盛大祭典。从选定吉年吉月吉日启动，到请祭师（主祭师、招兵师、祭兵师、赏兵师、造钱师、五谷师）、男女歌师、吹笛师、唢呐师、鼓锣师、长鼓客，筹集费用物质、组织歌舞鼓乐队、后勤服务、选定场地、搭建寮棚、布设祭坛、制作供品，要花大量的时间和人力物力，根本不是时节所能作为的。

逢年过节，瑶家先去祭祀的是本村寨的地方社神。瑶人每迁徙到一个地方居耕，都会建立公众土地庙，如同客家村落的伯公庙。名为庙实际是因陋就简用石块砌成的祭坛，以大石头为神位，用石块砌成长方形的祭台，摆放香炉、供品。每月初一、十五会有人去上香敬茶；嫁娶、做寿、小孩满月都要先祭拜土地神，然后才回家祭拜本姓祖先。神坛的神祇主要有本方土主、峒社庙王、

① 盘万才、房先清收集，李默编注.乳源瑶族古籍汇编（下集）[M].广州：广东人民出版社，1997.

土公龙神、守寨郎君、五谷灵王、禾花姐妹、养财土地、养畜婆婆、管岭地官、管水地官、飞山打猎大王、收耗童子、赶耗二郎。非年节，每逢围山打猎、久旱求雨、疫病驱瘟，也要众往祭拜土地神。这些是瑶寨的守护神，最贴近瑶人祈求瑶寨平安、人寿年丰、六畜兴旺、猎有所获的心理需求。所以瑶寨都有这样的神坛，被广泛祭祀。如果把土地庙视为盘王庙，把祭祀地方神祇视为祭“盘瓠”，那是大错特错。

祭盘王，是缅怀往古，回念民族的本始，不忘民族的由来，延续民族的亲情，提升民族的凝聚力。祭祀家先，是追思忆宗，牢记自己生命的由来，不忘祖先的养育之恩。祭祀土地社神，则是对最贴近瑶民生存方式和心理需求的山神膜拜。

4. 瑶族敬狗、忌吃狗肉的风俗，不是对狗的崇拜

公元前10000—公元前3500年，人类进入新石器时期，就驯化了狗，作为家畜饲养。过山瑶先民在山居以游耕游猎为生的年代，狗是瑶家的得力助手和亲密伙伴，形成了禁吃狗肉的风俗习惯。猎手对出色的猎狗视如至亲。狗守寨看家，防野兽猛禽侵害家畜家禽。传说狗从山外带来粮食种子，对瑶人的生存有恩惠。古时候，瑶山有一位聪明美丽的姑娘盘姑，家里养了一条很有灵性的大黄狗。她听说山外平地人种禾做出来的米饭，比山里番薯芋头好吃多了，想去讨些种子回来，自己也种上。但要翻山过河，她一个人不敢出山。在稻子收获季节，她灵机一动，何不叫大黄狗下山去弄些种子回来？她把自己的想法自言自语于大黄狗。大黄狗似乎听懂了她的意思，伏地叫了三声，转身跑下山。到了平地人那里，趁人不备，跑进晒谷坪滚了几滚，身上粘上谷粒跑回山中，抖身摇尾，金灿灿的谷粒掉落地上，盘姑把谷粒捡起如获至宝，装在瓦罐里。第二年开春，她把谷粒播在山地上，精心培育。功夫不负有心人，稻谷生长结穗成熟，这就是平地人的水稻传到瑶山变成岭禾的由来。盘姑第一次煮出白米饭，因大黄狗有功，先喂给大黄狗吃，自己才尝吃。盘姑把谷种分给左邻右舍，从此旱稻岭禾在瑶山传开。每年收获旱稻过尝新节，煮好新米饭，大家仿照盘姑的做法，先用过节饭菜喂狗，家人才开餐。瑶家这种很特别的节日风俗，意在不忘盘姑和她家大黄狗的功劳，是一种怀旧感恩的情怀，不是对狗崇拜的礼仪。一如客家人过尝新节，用菜叶包节日的糍粑、新米饭喂给牛吃一样，是因为新禾丰收，有牛的功劳，是对牛的感恩。瑶人崇尚狗，爱狗、对狗有特殊感情，不随便打狗，忌吃狗肉，这些在山居生活中形成的风俗，被牵强附会推论为犬图腾崇拜的遗俗，完全脱离了瑶族节日风俗的原意。因带来粮食种子，对族人生存有恩惠，所以崇尚狗。忌吃狗肉的民族还有土族、纳西族、拉祜族、哈尼族，但都与犬图腾无关。

在现代学者中，大多沿袭盘瓠神话解读瑶族宗教信仰文化，认同盘护、盘王即盘瓠，表述为“盘护（瓠）”“盘王（瓠）”。著文论瑶宗祖，把关注重点集中在盘护立功这个短暂时段，在关注点上，又忽略了盘护仙身转人形剑杀高王的情节，采信了盘瓠咬杀戎吴之将的说法，同时又忽略了盘护被评王招为郎婿在白云王百峒立下瑶人根基，与花英生儿育女，种山游猎，直至为归天为神这个漫长的人生时段，无视盘护的来历是天神化身，不是盘瓠狗，陷入了不加区别，认狗不认人的思维误区。

就目前所知的资料，湖南江华收集到的南宋咸淳元年（1265）的《盘王大歌》抄本，有盘护立功的唱段。在广西金秀长垌田头村收集到的明宣德年间的抄本，广东乳源邓龙富清道光的抄本，邓石养清咸丰的抄本，以及在曲江、乐昌、始兴收集到的抄本，已看不到有盘护立功的唱段。这就说明盘护立功在明清之际就淡出了盘王祭典。笔者的理解，立功是盘护与评王的从属关系，与盘王子孙没有直接关联。但学者聚焦点依旧固化在盘护立功，并以盘瓠代之。

瑶族传承盘王信仰的主要文本是《盘王大歌》，内容有盘古开天辟地创世，日月星辰、沧海桑田、山川湖泊的形成，四季竹木花草荣枯，五谷种子来源，虫鱼飞鸟百兽，祖源追忆，对祖师、圣人贤士能工巧匠的崇敬，对神灵的敬畏，对天灾病祸的抗争，迁徙移居的艰辛，节庆嫁娶，生活习俗，贫富观，伦理道德，行为规范尽在其中，瑶人视之为传家宝，学界有学者认同其是瑶族原生态传统文化的记录，是“百科全书”“史诗”“活化石”。也有学者不以为然，认为其不是正统的汉文典籍，不足为据。这里对汉文记事的盘瓠神话的荒诞，盘瓠说派生出来对瑶人的种种贬称歧视，避而不加评论，不予批判。

研究瑶族宗教信仰，是延续盘瓠神话，还是把重点放在破解“活化石”，让更多的人能读懂理解，认清瑶族宗教信仰文化的源流，这是摆在我们面前的选择题。

以愚之见，要彻底抛弃“狗”论，回归以人为本，不要再受盘瓠说的误导。要走出盘瓠说的思维框架，反思用盘瓠说解读瑶族始祖崇拜的失误，才能去旧创新，开拓新的思路。要彻底清除盘瓠神话的负面影响，不要让残留成为新时期民族团结、和谐，促进各民族交往、交流、交融、共进的障碍。

四、要突破局限，创新发展

瑶族祖先崇拜、忆祖酬恩的观念根深蒂固，还会坚持传承下去，瑶人不会忘祖。但祭祀仪式已大为简化，拜师学法面临后继无人。多神崇拜，以神力制约人的行为观念正在逐渐淡化，这是历史发展的必然，是时代巨变，社会进步。

纪念盘王的群体活动，以举办盘王节为契机，以纪念祭祀盘王为特色主题，同时举办招商引资签约，新建项目动工或落成剪彩，土特产品展销，学术研讨，文艺展演，徒步穿越群众体育竞赛，受到广泛欢迎，踊跃参加，多民族人民同欢同乐。

瑶族宗教信仰文化，完全可以突破局限，去旧创新，古为今用，在表现形式上保持特色，吸纳多种文化要素，与兄弟民族深化合作，互促共进，开拓新的思路，创造出与时俱进的新文化。从单一的族群活动，走向大众舞台，全民共享。从瑶寨祖神祭坛走向都市，走出国门，走向世界，以新的姿态、新的面貌，参与多民族文化交流。

例如挂灯度戒仪式中的上刀梯，可舍去开天门、请天神、迎祖师、招五谷兵的原意，略去施符念咒、喷洒法水、烧纸钱、下禁收邪、解秽藏身等程序，保留赤脚踏着锋利的刀刃上梯而不伤脚的惊险神奇，成为独特的表演项目。

再如在盘王祭坛师公表演的献香舞、上元棍舞、招兵舞，表现各路神仙乘仙鹤、骑白马，腾云驾雾降临神坛，和表现瑶人刀耕火种、开山锄地、播种收割，种、砍、抬树、架桥修路，打猎钓鱼的欢乐，与长鼓舞、锣鼓唢呐极力制造“娱神乐人”的欢乐气氛，舍去“娱神”取其“乐人”，重新编排，以新的舞姿献给大众。

又如神歌《盘王大歌》有黄条沙、相逢贤曲、荷叶杯曲、南花子曲、飞江南曲、梅花大曲、献酒曲等多种曲调，唱腔优美动听，独具风格。可舍去忆祖酬恩，求神护佑的旧唱词，重新谱写讴歌新时代、新事物、新风尚的唱词，瑶曲汉（语）唱，既保留瑶歌的传统特色，又具时代风貌，何乐而不为？

需要提醒的是，瑶族不是同根一树分枝，是支流汇集成河，盘王信仰是居住海内外讲“勉”语这一支流，不是瑶族全部，不宜以一概全。

盘古是开天辟地创造万物的创世神，盘王是瑶族“勉”支系始祖神，盘古信仰和盘王信仰不可相提并论。

民俗篇

瑶族民间信仰的现代审视

◎ 王施力　王明生[①]

【摘要】 本文通过对瑶族民间信仰的现状进行梳理，对其存在的问题进行归类分析，提出了对加强瑶族民间信仰的引导路径和管理办法。

【关键词】 瑶族民间信仰；现代审视。

一、瑶族民间信仰的现状梳理

（一）瑶族民间信仰特点

1. 客观的存在性

瑶族民间信仰属于历史文化范畴，不管人们接纳与否，都是历史文化传承的结果，也是现实的客观存在，它不完全依赖于经济发展和政治变革，它是相对独立性的、自发发展的、不可遏制性的。它不会因为人们认识能力的提高，而很快消亡，而是要待人类认识和驾驭自然的能力极高，达到完全认识自然界的发展规律的时候，这种信仰才会自然消亡。

2. 广泛的群众性

瑶族大部分分布在交通不便、经济文化落后地区，信仰观念和信仰习俗多以村寨、宗亲和家庭为根基，在经济落后，社会地位较低，文化程度不高的瑶民群众之中传播广泛，信士众多。据江华河路口镇盘达玉老人的手稿“唐朝敕封朝显

---

① 王施力，1983 年生，女，瑶族，湖南江华瑶族自治县人，湖南省民族宗教事务委员会主任科员。王明生，1954 年生，男，瑶族，湖南江华瑶族自治县人，永州市委统战部退休干部，现任中国瑶族文化传承研究中心副主任、永州市瑶族文化促进会会长。

仁王的简历”记载：在民国时期至新中国成立初期，仅江华瑶族自治县上五堡地区就有54座大小不一的庙宇，基本上每个自然村都有一座庙宇。有庙宇处必有信众，基本上家家户户都有信士。2002年，仁王庙重建落成典礼时，举办了祭祀仁王活动，参加活动的群众近10万人，占当地总人口60%左右的群众都参与了。据2013年5月我们对永州瑶区100名18岁至60岁的瑶族群众的问卷调查结果显示：有宗教信仰的群众占85%，其中信仰盘王和祖神并参加祭祀活动的占68%。每逢盘王节时期，各瑶族地区都举办规模不一的还盘王愿活动，参加的信士更是不计其数。

3. 特殊的复杂性

瑶族民间信仰的复杂性主要体现在四个方面：一是神灵的多样化。瑶族民间信仰的神灵涉及方方面面，种类繁多，有对自然物的崇拜，有对祖先神灵的崇拜，有对历史英雄人物的崇拜，也有对道教、佛教神灵的崇拜，信仰的神灵多种多样。这是由瑶族民间信仰“多神崇拜”的自身特点决定的。二是信仰目的的功利性。瑶族信众普遍带有很现实的功利思想，他们大多按照自己现实生活中的需求解决现实生活的某一难处，头痛医头，脚痛医脚。三是管理的松散性。瑶族民间信仰是繁衍于民众当中的非正规宗教信仰，其活动大多数是自发的、游离于政府管理之外开展活动，只是在开展大规模活动时，才借助政府或村寨组织，组织临时的专门班子开展相关活动。四是活动方式的变化性。瑶族民间信仰在延续传统活动的特点和内容的同时，活动方式也出现了明显的变化。如祭祀盘王活动，在过去，完全是瑶民自发的比较封闭的活动，改革开放以来，由瑶族社团组织邀请全国的瑶族代表共同商定，命名为“中国瑶族盘王节”，并形成了较为统一的祭祀规制。在整个盘王节活动期间，不仅有祭祀盘王的内容，而且还有文化展演、经贸交流、旅游观光等内容，其内容丰富多彩，给信仰活动赋予了现代色彩。甚至像瑶族度戒这种较为神秘的信仰活动，也将其精彩片段如上刀山、下油锅、过火海等展示在节庆活动中，给人耳目一新的感觉。

（二）瑶族民间信仰活动形式

瑶族民间信仰主要以对神灵的信仰为主，信众普遍认为万物皆由神灵主宰，时时处处都希望得到神灵的护佑和恩赐，于是便有许多敬神和取悦于神的形式。一是到固定的场所祭祀。如到盘王庙、仁王庙、土地庙、神山神树下摆献祭品、烧香化纸、跪拜叩首、许愿祈祷等。二是在自家设立神龛、贴挂画像、设立神位进行祭祀。每逢初一、十五和过年过节都要进行祭拜，以显其虔诚而求庇佑。三是参加集体性祭祀活动。瑶族有很多群体性的祭祀活动，如一年一度的祭祀盘王、祭祀仁王、祭祀密洛陀、祭祀甘王等群体性活动，还有不定时的集体度戒活动等。瑶族信众普遍认为，神灵有天神、地神和人神三大类，取悦于神灵就会给人以福报，忤逆于神灵就会给人以灾难。

（三）瑶族民间信仰的生存状态

概括地讲，瑶族民间信仰的现实生存状态是价值彰显与陋俗复燃同在。

1. 良俗仍然处于强势地位

瑶族民间信仰中有许多内容与民族精神契合、与传统美德一致的成分，长期以来一直受到瑶族群众的珍视，已转化为良风美俗，经世传承，大量保留在瑶族民间信仰体系中，并占有强势地位。它是瑶族传统文化的重要组成部分，为美丽乡村建设提供了可以利用的宝贵思想文化资源。此外，瑶族民间信仰在对外联谊工作中也发挥着独特的作用。如盘王节活动特别是盘王祭祀活动已成为全世界瑶人联系的一道桥梁和纽带。

2. 文化的意蕴得到了彰显

经过长期的演进，瑶族民间信仰的部分内容实现了功能转换，已变成颇具韵味的民俗文化现象。它以独具魅力的内涵和雅俗共赏的形式，吸引着越来越多的人。在一些大规模经济活动中，经常可以看到文化交流活动的身影，文化与经济形成了相互融合的局面，而瑶族民间信仰成为文化交流的重要组成部分。例如，长鼓舞，最早是用于祭祀盘王的舞踏，如今已转换成最具代表的独具特色的瑶族民俗文化，瑶族的各种大型活动中，包括经济活动、文化活动、接待活动，等等，都能看到它的身影，发挥其重要作用。

3. 功利性较强

由于瑶族民间信仰是基层瑶民自觉自发的行为，自然会表现出较强的功利性和实用性。人们祭祀盘王及祖先，多数是为祈求盘王及祖先的庇佑，都是为了实现福、禄、寿、财等方面的价值期望。

4. 迷信色彩较浓

目前，我国瑶区的民间信仰仍然带有较为浓厚的封建迷信色彩，有相当一部分瑶民常到庙宇或老树下烧香许愿，祈求神灵庇佑。他们崇信神灵庇佑的原因很多，或者是因为遭受诸如不公平对待、疾病、横祸等各种打击，需要精神上的慰藉，或者是为了升学、求子、升官、发财等美好愿望。

（四）信仰场所的经济收支情况

改革开放以来，瑶族民间信仰场所的建设、维修、神像雕塑、节庆活动经费的收支情况都是较为透明的。其来源主要是当地政府组织筹款，部分来源于民间主动捐助。例如，江华瑶族自治县县城所在地的盘王殿、瑶族图腾广场、江永千家峒的盘王广场都是政府提供土地，并负责筹措资金、组织建设，并提供大型活动所需资金。一般的小型活动场所的建设资金，完全是当地群众自筹和乐捐的。如江华瑶族自治县涛圩的仁王庙的恢复重建资金，是由群众推举产生的筹备委员会进行筹资和老板捐助的。这些经费的收支情况基本上是公开透明的，张榜公布后再刻石纪念，很少出现侵占资金的问题。

二、瑶族民间信仰的问题归纳

（一）信仰盲从导致不稳定因素存在

由于瑶族民间信仰没有正规的组织机构，没有完整的教义，没有严格的教规戒律的约束，与封建迷信相互掺杂，信众盲目地参与，很容易上当受骗。加上活动内容与形式的混乱复杂，在一定程度上给普化宗教势力、甚至给境外敌对势力渗透以可乘之机，这将会影响当代瑶族民众的正常生活，给当代社会生活带来不稳定因素。

（二）认识模糊导致崇拜对象复杂化

瑶族民间信仰的一个典型的特征，就是把传统的神灵与其他宗教的神灵进行反复筛选、淘汰、组合，构成一个复杂的神灵系统。不问各路神灵的出身来历，有神灵就有香火，没有至高无上的崇拜对象，没有创教祖师等最高权威。这鲜明地反映了瑶族民间信仰的多元化、复杂化和功利性。

（三）无法可依导致管理松散无序

从总体上来讲，瑶族民间信仰在管理上一直处于松散无序的状态。中央有政策，要求对民间信仰要切实加强管理。但是最关键的问题就是没有一部法律和法规明确要求对民间信仰进行管理，所以一直处于无法可依状态。直至 2009 年 8 月，湖南省人民政府颁发了《湖南省民间信仰场所登记管理办法》之后，才算有法规可依，但这也只限于对民间信仰场所的登记管理，至于信仰活动、组织机构、信士人员、财务收支等方面的内容仍然是无法可依，仍然处于无序混乱的状态。

（四）有法不依造成信众思想混乱

由于瑶族民间信仰长期以来处于无法可依、无法管理状态，不少干部群众对民间信仰管理认识模糊。有的人认为，民间信仰几千年来都是这样过来的，让其自然发展、自生自灭就是，政府管理就是自找麻烦；也有一些人认为，民间信仰的庙宇是乡村群众自筹资金自觉自愿建立起来的，应由他们自己管理，不必纳入政府管理范畴；还有一些人认为，民间信仰活动经常聚众开展的话，容易导致地方宗派势力的滋长，影响社会安定团结，必须坚决予以取缔。

（五）机构体制不顺导致管理力量薄弱

宗教工作机构是执法机构，理应是政府部门管理民间信仰的职能部门，但在机构改革中，有的地方已经撤销了，还有的地方将民族宗教部门与其他部门合并，合并后宗教工作力量不仅没有得到加强，反而削弱了，不仅人员编制少，而且工作经费也严重不足。宗教工作人员平时管理其他的宗教工作还力不从心，更没有精力对民间信仰进行有效管理。另外，管理体制不顺，管理混乱。目前还没有对瑶族民间信仰形成一套行之有效的管理办法。民族部门、宗教部门、文化部门、旅游部门、村民组织等多头管理的现象还比较严重；庙宇内部的管理也没有健全的管理组织和管理制度；借庙敛财现象仍然存在；民间信仰中封建迷信活动也还较为突出。这些突出的问题和混乱的局面，不仅严重影响了广大瑶族信众生产生活，而且还影响着整个社会的精神文明建设和美丽乡村建设工作。

三、瑶族民间信仰的引导路径

瑶族民间信仰作为一种瑶族传统文化现象客观地存在并影响着广大瑶族信众的生产生活。如何在精神文明建设和美丽乡村建设中管理好瑶族民间信仰，团结和引导包括瑶族信众在内的广大人民群众投入美丽乡村建设大局？我们认为，放任自流、围堵消除显然都是不正确的态度和方法。应该从四个方面加以引导：一是加强先进文化对瑶族民间信仰的引领作用；二是深入挖掘不断吸收瑶族传统文化精华；三是努力提高瑶族同胞的思想文化素质；四是规范瑶族民间信仰的管理制度。以上“引导路径”待后再作专章论述。

金秀瑶族传统生活用具设计文化的“中国生活学”阐释

◎ 谭嫄嫄[①]

【摘要】从“中国生活学”的研究视角，以“世界瑶都”金秀瑶族为研究对象，在田野调查的基础上，分析金秀瑶族传统衣食住行等生活用具设计和使用行为的特征，揭示其中蕴含的“朴素至真”审美心理、“自然为之”生活思维、“自主顺应”社会心理等设计文化内涵。

【关键词】金秀瑶族；中国生活学；衣食住行用具；生活方式；文化内涵。

设计是有目的的创造活动，萌芽于人类的生存活动中。人类为了满足生活的各种需求，总会因地制宜地运用现有条件设计各种造物。《辞海》释义“生活”包含生存、生计，泛指一切饮食起居动作、工作和手艺等四个内容，造物设计中所形成的使用方式则会变成生活方式的一部分。日常生活的器物，提供了人们生活的物质基础，镶嵌在人们的生活中，与特定的生活方式有着紧密的关系。设计不断地在影响人们的生活方式，同时也会被生活所影响，呈现运动变化的因果关系。在传统造物的设计研究中，如何能更客观地揭示生活方式与设计之关系呢？用具设计、使用背后的习惯行为就是生活方式的体现，“中国生活学”[②]学说也许能另辟蹊径。我们这里把食、用、住、行作为研究对象，其大体内涵是这样的：食（不是食物本身）即盛放及制作食物的器物；衣即服饰本身（而暂不研

---

① 谭嫄嫄（1980-），女，广西钦州人，桂林电子科技大学副教授、硕士生导师，主要研究方向为产品设计和数字人文。

② 黄现璠遗稿，甘文杰整理.试论“中国生活学”的构建［J].广西社会科学，2007 (3) .

究重点设计与制作服饰的器物）；住即建筑本身（而暂不研究设计与建造建筑的器物）；行（非行的行为本身）即辅助与支撑出行交通的器物。

一、“中国生活学”的理论模型与应用研究思路

“中国生活学”由我国著名人类学家黄现璠先生在20世纪80年代初提出，是“研究中国人衣食住行生活的起源、相互关系、变迁发展和规律的科学”，为了尽可能地描述中国人衣食住行的历史和现状实态，揭示其中所体现的生活思维、伦理、社会心理、文化与艺术的特质。笔者通过对黄现璠先生后人的访谈，更进一步理解了“中国生活学”创立的意图，“不为了提出高深的学说，而是提倡进行完整的、客观的中国生活史记录”，在此基础上构建衣食住行相关造物及其使用行为特征所体现的生活方式，更利于客观、全面地揭示生活方式中所蕴含的社会心理、生活思维、审美心理等文化内涵。笔者认为“中国生活学”学说具有完整的研究体系和独到之处，尤其肯定了由衣食住行构成日常生活研究的学术价值。已有的研究更多的是从地理环境、文化传统、政治法律、社会伦理等多种宏观角度，自上而下地综合分析生活方式的具体特征，自下而上的衣食住行生活微观研究不多见。虽然，现代日常生活的内涵更广，不仅仅是衣食住行，但是不管何时，衣食住行总是人们生活的基本也是重要组成部分。生活用具则是构成人们衣食住行用生活方式的物质载体。对于少数民族传统生活用具的设计研究，“中国生活学”的视角提供了创新的方向，可以尝试将研究从艺术、文化价值高的手工艺物件转向突显功能价值、生活统一性的日常造物对象，以最基本的传统生活用具为主要研究对象，从日常的角度勾勒日常的生活方式。从个体创造的关注转向群体创造的关注，有利于带来更为客观、更有说服力的生活方式轮廓呈现。如许平先生所说，各种各样的生活器具是在无数生活者、使用者的共同努力中共同完成，它排除了任何个人行为的具体动机，仅仅汇集了生活中的创造性的群体意识[①]。对群体的关注更利于清晰群体生活方式的轮廓。

中国历代瑶族为了反抗封建统治压迫而散居山林，长期过着刀耕火种的游耕生活，随之，生活方式体现了明显的特殊性。由于瑶族的“大散居、小聚居”

① 许平.《中国民具研究》导论 [J].浙江工艺美术，2003（1）.

的生活特点，随着历史发展逐步细分支系。地处广西中部偏东大瑶山区的金秀县就杂居有五个支系的瑶族，自元朝中期起，花篮瑶、盘瑶、茶山瑶、坳瑶、山子瑶为避战乱从贵州、湖南、广州、广西武宣和桂平等地迁入大瑶山，开始定居生活[①]。金秀瑶族也由于支系较多、本民族表现最典型的特点，被誉为世界瑶都。由于瑶族只有本族语言而没有本族文字，关于其生活文化的特征只能从传统生活用具、习俗、民间艺术形式（传说、民歌、舞蹈）等方面管窥一二。因为历史原因，金秀瑶族生活相对封闭，生产力水平低，虽说有着丰富的民俗文化遗产，但是民俗文化生活无法构建其生活方式的全貌。出于上述思考，笔者拟借助“中国生活学”的研究方法，对金秀瑶族传统的衣食住行生活用具进行记录和分析，尝试从瑶族人民衣食住行之“用”建构金秀瑶族传统的日常生活方式，把握传统生活方式所传达的文化内涵。研究力求相对完整、客观。

二、金秀瑶族传统衣食住行生活用具的整体考察

通过实地的田野考察和对相关资料的查阅，发现金秀瑶族五个支系的传统日常生活“用”需比较接近，除“衣”用以外，世代沿传下来的满足日常生活“用”的实用器物和工具也基本一致，因此笔者仅从“食”用、“衣”用、“住”用、“行”用四个方面呈现金秀瑶族的日常生活，不进行细分瑶族支系的比较。

（1）金秀瑶族的传统“食”用用具设计以实用功能为核心，以满足“食”生活的基本要求为先；除了铁质用具由山外汉壮地区输入，其他木质用具皆就地取材而作，用具的设计和使用反映了其对生态环境的适应性，部分看似简单粗糙的用具也偶有设计智慧；部分用具经过雕刻艺术处理，转而承载社会交往之文化功能。

大瑶山区山高岭陡、交通闭塞、自然环境比较恶劣，中华人民共和国成立前瑶族人们生活极其贫苦，以游耕、刀耕火种的生产方式为主，广种薄收。在使用铁器耕作工具之前，大多是将木、竹或牛角等磨尖削利当作锄、锹，用以开荒种地，清末民初开始引进、使用铁质农具。主要的农作工具有犁、耙、锹、铲、镰刀、禾剪、柴刀、钩刀、锄头、刮子等，大部分铁器工具是由外传入，

---

① 中共金秀瑶族自治县委员会，金秀瑶族自治县人民政府编.金秀瑶族文化丛书 [M].德宏：德宏民族出版社，2012.

后为适应山地劳作的需要，当地瑶族进行了局部的改良，如犁的形状与壮族使用的牛犁大致相仿，但犁梁则较长，且犁头很小，犁口是鸭嘴形（附近壮族使用的犁口是鸡嘴形）。因当地的水田泥浅面窄，所制的耙架要比汉区低窄一些，耙齿也短小一些[①]。其中，柴刀和刮子是使用频率最高的工具，即使是生活最贫苦的瑶族也都每人拥有一把柴刀和刮子。尤以形如半月、口呈弧状的刮子这一农具（由汉地传入）最能适应大瑶山的耕种环境，两旁的尖角可以掘土石，弧状刮口可以铲土，一物两用提高耕作效率，使用普遍。部分用具如柴刀鞘、禾剪、烟筒等瑶族人们的必备用具，由于其对生活的重要性，经雕刻艺术加工后的用具留以自用，亦有作为定情信物送给心上人。可见，重要用具除了凸显实用，还承载着社会交往之文化功能。

金秀当地饮食主要以大米为主粮，蓄养少量家禽，常用捕猎弥补肉食之不足。大瑶山野生动物比较多，用机关猎装的用具多种多样，有石按、铁夹、拦踏、木按、索套、鼠筒等，最常用的是石按、铁夹和鸟盆。装鸟盆是金秀瑶族最特殊的捕鸟方法，不同于张网捕鸟的形式，而是将 70 厘米左右长、35 厘米半径的圆木对半剖开，挖成水槽状鸟盆，按地势从高到低、前后斜度落差控制在 15—20 度左右，间距 4 米绕山排列摆设在较多野果的林下，用竹笕引来溪水循鸟路依次下流（以有水流声响为佳），在盆上放一根略小于筷条的竹条，上涂鸟漆，两端用石头压住。秋末冬初，当地人称雪鸟的候鸟飞到大瑶山时，雪鸟吃野果后循溪声而至鸟盆饮水，就会被鸟漆粘住无法逃脱。为了一次尽可能捕到更多的候鸟，有的鸟路（当地人将鸟盆竹笕组成的捕鸟设施称为鸟路）延续几公里长，设置鸟盆少则数百个，多则千余个。设鸟路的做法常见于茶山瑶、盘瑶、山子瑶。鸟路的设计具有取材容易、加工简单、省人工、效果显著等优势。尤其是利用溪水的声音吸引飞鸟驻足从而猎捕，注重水声的天然环境模拟的设计意图颇有智慧。近年来，金秀为了保护野生鸟类资源禁止猎捕，大山里的鸟盆全都荒废了，但是由于是竹木材料制作而成，废弃对环境也未造成坏影响。除了简单的生产工具外，金秀瑶族加工粮食的工具，诸如木臼、石臼、杵、舂堂、石磨、簸箕，形制和用法都和汉、壮族无异。日常用的炊具就是普通的鼎锅，要么垒架在地上，要么用长杆木钩挂而煮食，锅碗瓢盆壶等食具多是就地取材，用当地盛产的毛竹、楠竹，还有木头，按照功能需要或凿或削加工成型。

---

① 廖建夏.生态与文化的选择——近代瑶族农具的生态与社会文化研究［J］.民族论坛，2013（12）.

手工制作食具费力耗时，每个家庭一般不会多做，以够用就好为原则，以至于家庭办喜事的时候借完一个村屯都不够用。

(2) 金秀瑶族的传统“衣”用形态丰富，皆以实用为上，民众好穿五色衣，头饰差异明显；农闲时的织绣集会，使技艺得以自然地传承；织造工具的简单原始并不阻碍瑶族妇女对美的追求。

瑶绣历史悠久，早在后汉时期，就有瑶族“好五色衣”的记载，在自制的黑、蓝、青等色的土布底上，用五彩（多以红、黄、绿、紫、白为主）线，以十字绣、错针绣等挑花技法绣出各样花纹装点衣服。金秀瑶族的五个支系服装的基本套件相同，由开襟上衣、披肩、腰带、或长或短的裤子、绑腿、头饰、耳饰、首饰等组成成套的传统服饰式样，所用服装面料来自自制的黑色土布，服装的斑斓色彩主要是来自黑色土布上绣的图案。各支系喜用的图案各异，是除了头饰之外，区分五个支系服饰差异的元素。金秀瑶族有自制服装的传统，田野考察发现老辈人还保留着这个传统，除种植棉花外，脱籽、扎花、纺纱、织布、靛染、挑花、衣服缝制等整个过程，都出自妇女的双手。金秀瑶族女性是很爱美的，从一些老照片上看到，她们在劳作的时候也会身着完整的传统服装。金秀瑶族女性常用布帕包裹头发，既方便劳作，夏天也利于散热，是各支系女性的着装特征，形态各异，内部用木条或竹条进行轮廓支撑以为布帕造型。头帕基本是由于头发清洁而一周摘取一次，常年佩戴不摘取利于夏天遮阳散热、冬天防寒保暖。佩戴方式可分为巾帕包裹型和布条缠绕型等形制类型，具有造型层次丰富、图案均衡缜密、色彩明快悦目、织绣合一的工艺等艺术特征。金秀瑶族所处的生态环境及瑶族的历史发展进程影响并决定了金秀瑶族女性头饰所具有的艺术特征，使其形成了美观实用、多元融合、寓教于美的审美特点。服饰纹样有人形、花草、动物等，但由于采用十字绣横平竖直的绣法，绣出的图案都是折线叠加，整体呈现几何图案的纹样效果。这是由于经济落后和生活环境的封闭，所带来的制作工艺上的局限性，也使他们的服饰装饰工艺相对单一，纹样、绣法并不似与他们有原始亲缘的、居住环境开放的、经济富庶的苗族那么丰富。服装都是自制，据金秀坤林屯赵姓婆婆介绍，一个村屯的盘瑶妇女在农闲时喜欢聚到一起挑花、刺绣，大家相互学习、精进技艺，传统织绣技艺得以自然地传承。笔者发现，金秀瑶族的图案装饰多出现在衣领、上衣下摆、袖口、腰带、绑腿上，不仅美观，而且能通过刺绣加固布料，减缓这些部位在生活、劳作中对衣物的磨损。一切都是以实用为先。金秀瑶族的纺纱织布工具与周边汉壮地区的差异不大，比较特别的是茶山瑶织锦带用的原始腰机——长竹竿工具，以人体腰部支撑织杆，以此替代机架，人成为工具的重要组成部分。织带方式是以织杆为基础，在杆的不同位置打上可调间距的横档插孔，根据需要调整锦带的长度。在两横档之间绕上不同颜色的经线，同时经纱按奇、偶数系上提拉绳以分经引纬，提拉不同经线再根据需要配合挑子、撑子（分经棍）、打纬箝，加上不同颜色的纬线，可以得到预想的彩色图案[①]。工具的设计简单实用，材料唾手可得。

(3) 金秀瑶族的传统“住”用建筑多因势而建，安全为上，兼顾信仰和社会关系；室内生活以火塘为中心，用具简单粗糙，木雕美化主要受汉文化的影响。

金秀瑶族自迁徙进入大瑶山后，房屋建造的结构大致经历了木架篱围、黄泥注墙、泥砖架土瓦的演变。比较传统、特殊的做法是用模板围模，将砍短的稻草搅拌黄泥浆，用建筑用的舂锤敲打夯实，反复循环构成墙体。明清时期，金秀瑶族人们受到官府的迫害，基本村落选址都选择建在容易防守的地势上，防患于未然。同时，为了安全，茶山瑶和花篮瑶的房屋户户相连，开小门相连通，可以有效地预防外来势力的入侵，因此，建筑为狭长式的住房。而盘瑶、坳瑶、山子瑶的房屋多为平列式的。坳瑶的房屋大门比较特殊，有阴阳门。房屋左边的是阳门，是平日进出之门，意为从阳门带进吉祥；房屋右边的是阴门，平时关闭，只在给家中老人送终时抬棺往外才开，意为从阴门带出邪恶。金秀县门头花篮瑶的房屋结构设计在堂屋（上座）前设有小间（下座），供来访的客人住，主客的关系在居所的物理空间里呈现清晰；花篮瑶还有结婚对象在婚前会面只能在下座的小间见面，不能进入堂屋的风俗，社会关系的处理在居所的空间结构中得以传达。堂屋对于家屋的意义不言而喻。可见，各支系瑶族因为生活环境的不同，房屋呈现不同的功用和形式。金秀瑶族不擅长木料加工，所以居所家具简陋，大部分家庭的床铺都是几个木桩支撑几块木板成床板而作床用，木板上铺设稻草作席，睡前用艾叶熏赶蚊子。居所堂屋以火塘为中心，在金秀县六段村可见堂屋围绕火塘陈设有床、桌椅、土灶、衣柜等多样生活起居用品，足见堂屋的多功能。仅有一些瑶族学会制作一些小家具，如桌、凳、柜等比较粗糙的东西，较大的家具如床、椅等用具，绝大多数都要雇请汉壮工匠代制。听当地老人介绍，经济条件好的人家喜欢请外地木匠驻家打制家具，并且在神龛、屋檐、亮窗、门匾、床柜上雕刻龙凤鸟兽花草等图案。笔者在金秀

---

① 谭嫄嫄，汤志坚.金秀瑶族传统生活用具的设计文化管窥——甲骨文溯源 [J].新西部，2014 (11) .

县博物馆看到传统建筑木雕刻和月亮床都是民国以后的，上面的图案多以花草为主，有明显的汉族文化特征，这在一定程度上说明了金秀瑶族的“住”用自身文化特色根植较少，主要受周边地区的文化影响，也说明了经济发展决定了一个地区的文明程度。

（4）金秀瑶族的传统“行”用畜力少，出行多靠步行，开路柴刀和多用瑶袋（当地人称自制的双肩背袋为瑶袋）是必备“二宝”。

金秀地处大瑶山腹地，谷深壁悬，自古以来仅有崎岖的羊肠小道，无车马船可行。开门见山、出门爬山就是他们的生活常态。成年男女但凡出门，不管是劳作还是走亲访友都喜欢腰系柴刀，有“瑶不离刀”之说，柴刀一般是作开荒砍伐树木或翻山出行开路之用，亦可砍竹子自石崖取水之用。柴刀一般刀宽5—7厘米，刀身长25—40厘米，刀身连手柄长60—80厘米，配有专用的竹或木质刀鞘，刀鞘两端穿绳以用于系附在腰上，方便出行，刀柄和刀鞘都是个人量身自制。瑶族婚俗中，男女方若情投意合，男子即送女子手镯或刀鞘。刀于金秀瑶族的作用和意义可见一斑，甚至发展成为服装配饰的一部分。此外，金秀各支系瑶族都能用竹子编织简单的背篓、箩筐用于挑运东西。他们深居山林，使用箩筐极为不便，因此学习编织的人并不多。在山区，爬山、下坡、钻林子，背篓、袋子比箩筐方便得多，在大瑶山行走，背篓绝对是必要的。而背篓与粗布做的瑶袋相比重量要重，除非是拾柴火、背货物等重物，金秀瑶族基本都是背瑶袋出行，方便山区的行动。瑶袋也成为他们出门必备的用具之一。瑶族人天生爱美，不管是背篓还是瑶袋，都会在上面装饰花纹，以美化生活。在瑶袋的设计中，一是绣花布袋，内边原底布，外边挑绣精美花图，系花丝带或线绳锁口，以装背实物。二是网袋，用适当粗的棉线或其他线，像织渔网式的织成袋，其密度可装玉米粒，也适合装带实物。家家户户都有好几个，甚至每人有一个或几个，深受盘瑶人喜爱，因为镂空，重量轻，网状袋子空间的延展性好，调节装实物的量比较灵活。除了盘瑶使用类似渔网织法的双肩背网袋，其他四个支系瑶族都是使用有刺绣装饰的粗布瑶袋。瑶袋上的装饰花纹逐年简化，人们不再追求细节，而只是在大形上保留民族的传统。

三、金秀瑶族传统生活用具设计文化内涵

设计文化是人类在对自然理解的基础上，运用材料和技术智慧力量，并通过艺术的表现手法来追求更具生活品质的行为。金秀瑶族的传统生活用具中，

围绕食生活服务的用具最多，其次是衣、住、行。用具设计凸显实用性、低廉性、公有性等特征。一切生活用具的设计核心皆是突出功能、实用，多为就地取材，处处反映出它们对生态环境的适应性；部分用具随着功能的突出逐渐变成具有特定象征意义的，能承载社会文化功能的生活方式“代言物”，例如雕花的刀鞘作定情信物之用，通过艺术的美化赋予了物品设计文化内涵，使形而上的“定情”文化概念通过设计具备了可视性或可感知性。用具的设计一开始不会预设这样的转变，但是它们的使用习惯一旦成为特定的生活方式，必定会变为生活方式的“代言物”，从中能折射出代表该群体的社会心理、生活思维、审美心理等文化内涵。

设计文化是文化信息的综合载体，它综合信息又创造信息。任何一个合适的设计都能向人们展示一种标记时代和社会的文化信息。金秀瑶族传统生活用具设计的实用前提反映出金秀瑶族人们“朴素至真”的审美心理，用具设计的环境适应性反映出“自然而为”的生活思维，而用具的文化象征、作用转变则反映出“自主顺应”的社会心理。在一定的客观条件（经济落后、文化闭塞）制约下的生活方式有着自身的独特发展规律，它的活动形式和行为特点具有相对的稳定性和历史的传承性。本文的研究是在“中国生活学”学说的视野下对相对稳定的生活方式的文化解读尝试，而金秀瑶族在改革开放之后受到经济发达地区文化的冲击，生活用具的变更改变了传统的生活方式，年轻人不再甘于驻守家屋，不再乐于身着传统服装，民族文化的走向去往何处值得深思。

瑶族民俗表象符号与瑶族文化本质特征初探

◎ 金锦云

【摘要】 作者通过对瑶族《评皇券牒》、祭祀信仰、婚姻形式、瑶族服饰、瑶族刺绣、八宝被、挑花刺绣、瑶族银饰、瑶医瑶药、瑶族音乐舞蹈、吊脚楼、徽居瓦房、老窗花等一些常见的瑶族民俗表象符号进行研究，从中发现瑶族先民迁徙历史、民俗文化、历史文化传承、生产生活习俗、宗教祭祀等一系列瑶族文化本质特征。

【关键词】 瑶族民俗；瑶族文化。

瑶族《评皇券牒》又称《评王券牒》《过山榜》，它是瑶族民间长期流传和珍藏的一种汉文文书，是一份历史悠久的珍贵档案，在湖南江华、蓝山、道县、城步，广西的龙胜、临桂、来宾及广东的连山等地均有发现。据专家学者研究，该《评皇券牒》传抄于南宋理宗景定元年十月二十一日，已有 800 多年历史，其品相完好，色彩斑斓、图文并茂，幅面长 48 厘米，宽 186 厘米，详细地叙述了评皇、高王之争。书中记述，评皇屡败，出榜招募贤，无人敢揭，盘瓠扯下皇榜，计谋高王，评皇大获全胜。赐三公主与之为妻，后夫妻被送到会稽山的白云深处安居乐业，赐彩衣若干：送斑衣一件以遮其体，绣花带一条，以缚其腰，绣花帕一幅以束其额，绣花裤一条，以藏其股，绣花布一双，以裹其胫。数年后盘瓠夫妇生育六男六女。盘瓠死后，评皇敕赐盘瓠为始祖盘王，六男六女为王瑶子孙，并赐盘、沈、包、黄、李、邓、周、赵、胡、冯、雷、唐 12 姓，瑶族从此诞生。

有史载，瑶族先民古称“尤人”，“尤”为九黎、三苗之后，九黎、三苗最初活动范围在长江以南，由于人口繁衍，进入黄河中下游地区，与东进的黄帝、炎帝部落发生战争，九黎、三苗战败，又被迫南迁，到秦汉时期，瑶族先民以长沙武陵或五溪为居住中心，与其他少数民族合称“武陵蛮”“五溪蛮”，至南北朝时期部分瑶族被称为“莫徭”。《梁书·张缵传》记载“零陵、衡阳等郡，有莫徭蛮者，依山险为居，历政不宾服”，这里的莫徭，就是瑶族。唐末五代时期，湖南资江中下游以及湘黔之间的五溪地区有较多的瑶族居住。隋唐时期，瑶族主要居住在湖南大部、广西东北部和广东北部山区，形成“南岭无山不有瑶”的现象，宋代，瑶族从湖南境内开始向两广北部进入。元代，由于战争压力，瑶族不得不大量南迁深入两广腹地，到了明代两广成为瑶族的主要分布区，明末清初部分瑶族又从两广向云南贵州迁徙，基本上形成了大分散、小聚居的特点，自明中叶始，部分瑶族由广西、云南进入越南、老挝、泰国等东南亚国家。20 世纪七八十年代，由于东南亚战乱，不少瑶人迁入欧美各国，瑶族向海外迁徙。瑶族成为世界民族。瑶族自称为“绵”“门”“敏”人口最多，约占瑶族人口的 65% 以上。他称则更多，称谓多与瑶族崇拜、政治、经济、居地、服饰、姓氏等密切相关。例如因崇拜不同而称盘古瑶、盘王瑶、布努瑶等，崇拜盘瓠的称盘瑶，江华多属盘瑶；以居地称呼的有过山瑶、平地瑶、茶山瑶等；以服饰称呼的有红瑶、白瑶、黑瑶、花瑶、蓝靛瑶、白裤瑶、青衣瑶等；现瑶族主要也是分布在广西、湖南、广东、云南、贵州等省，居住在山区，有自己的语言。

瑶族民俗文化研究中，祭祀是重点，瑶族信仰道教，崇拜多神，有自然崇拜和祖先崇拜及其他宗教仪式等。瑶族的自然神崇拜源于瑶族先民对自然现象缺乏科学认识，认为山水万物都由神灵主宰，生、老、病、死及人间祸福、兴衰成败均是祖先神灵是否保佑的结果，从而产生天地风水等的崇拜并认为自然诸神对人类的主宰作用，对自然诸神顶礼膜拜。

瑶族婚姻形式有嫁女和招郎入赘，还有“两边走”。中华人民共和国成立前瑶族一般不与外族通婚，婚姻一般先由青年男女通过节日唱歌或其他途径建立感情，以歌求爱、以物定情、自由恋爱。瑶族拜堂之夜灯烛通明，唱歌堂三天三夜，堂屋正中摆着一张方形桌，围瑶家绣品，插茶花枝条，亲朋满座。新郎和新娘穿着盛装，系红花站于厅堂中央，司仪主持跪拜礼。跪拜的主要对象是：拜天地祖宗，拜祖父母父母，拜叔叔伯伯和兄弟姊妹等。“两边走”婚姻，后婚夫妻在夫家和娘家轮流居住和劳动，所生子女第一个随母姓，第二个随父姓，舅舅很受尊重。

瑶族服饰，据《后汉书》所述，瑶族先人“好五色衣服”，史籍也有瑶族人民“椎发跣足，衣斑斓布”的记载；清道光《庆远府志》记庆远府瑶人事说：“瑶人素不著履，其足皮皱厚，行于棱石丛棘中，一无所损”，写到了瑶族的衣鞋。瑶族衣裤大都以蓝、黑色为主。部分生活较富裕的男性和妇女穿厚底翘头的龙头鞋和青布做的布鞋，上衣饰有银扣，共同特点衣脚左右开衩。不少瑶族妇女戴银手镯及耳环、项圈、针筒等。江华瑶族服饰的特点分别为过山瑶、平地瑶（梧州瑶）两种服饰特点，过山瑶服饰色彩鲜艳明亮，与平地瑶服饰色彩拙朴青黑形成鲜明对比。我所了解的过山瑶瑶胞的服饰比较艳丽是源于盘王狩猎和盘王娶三公主的传说，说盘王在狩猎时追逐羚羊，不慎坠入山崖，锋利的树枝刺入了盘王的胸膛，盘王的鲜血映红了树枝，也映红了胸前的衣衫！为了纪念盘王，过山瑶瑶族同胞的衣服胸前红色醒目，五彩斑斓，配之以袖口、裤腿也十分鲜艳。体现为瑶族“好五色衣裳”，是对先祖纪念的一种标志。《评皇券牒》记叙的故事中讲述了盘瓠迎娶三公主着五色衣裳，评皇《广东新语》曰:“盘瓠毛五彩，故今瑶姎徒衣斑斓。”五色是指赤、青、黄、白、黑，古代称之为正色，是质地纯正、凛凛不可侵犯的象征。为纪念盘王，瑶族用五色刺绣各种花纹图案，配在服饰上，代代相传，这也许就是瑶族刺绣的起源。

江华瑶山姑娘在出嫁时配有一种嫁妆，名叫“八宝被”。用手工纺纱、织布，织有我国民间流传的八种传统图案：犀牛望月、双狮抢珠、麒麟送子、金龙出洞、丹凤朝阳、葫芦藏宝、蟠桃庆寿、富贵有鱼等。这类织锦富有浓郁的诗情画意，民国以前的八宝被上还有一些诸如山、水、禾、苗之类的象形文字符号，现代织锦还织上了歌颂祖国歌颂党等正能量的诗句，凝聚着瑶族妇女的艺术智慧。

瑶族同胞还喜欢用精美的刺绣来装饰自己的生活，独特古老的刺绣技法，象形、写意融于一体的精美图案，口耳相传的传承模式，平绣、堆绣、卷纹绣、破线绣、马尾绣、辫子绣等，工艺精美绝伦。

瑶族的挑花刺绣工艺精致细巧。女性6—7岁就习作挑花。长大成人时，已成为刺绣的能手。瑶绣花纹图案的取材，主要有表现树木花草、飞禽走兽的，又有表现云霞水纹的，也有表现几何形和文字形以及人物形象的，名目繁多。而且各支系有各支系的花纹图案，千姿百态，鲜艳夺目，令人称奇。

瑶绣配以银饰，美轮美奂。瑶族银饰的特点与苗族最为接近，与藏银也相差不远，唯一的特点是瑶族银饰尤其是银扣上的类似景泰蓝工艺十分蹊跷！有关专家根据史料分析，景泰蓝“铜胎掐丝珐琅”大约于13世纪末，由阿拉伯国家传入中国。明景泰年间，工艺水平到达顶峰。由于产品又大多以孔雀蓝为主，所以人们就把这种工艺品叫作景泰蓝，其色彩以湖蓝为主色调，配以少量红、白、绿、黄等色。色调统一、讲究，装饰得体，装饰铜活造型优美，粗细结合，掐丝整齐、磨光细润、镀金匀实、重点突出。景泰蓝工艺成熟期，以其绚丽多彩、富有民族气息的艺术风格而闻名于世。釉色具有内涵的亮度和纯度，放射出宝石的光芒。广西贺州博物馆胡庆生先生撰写的一篇文章《从瑶山走出来的明朝皇太后李唐妹》讲到，天顺六年（1462），明大军到贺州，李唐妹被选入宫中，后生下皇子，继承皇位，为明孝宗，李唐妹被追封为孝穆皇太后。明景泰年是 1450 年至 1457 年，正好是景泰蓝工艺最成熟的时期，一种皇家工艺因何流落民间且流落到瑶族地区，这篇文章似乎可以引发些许线索去思考，广西贺州市桂岭镇、新华、善华两处按明朝皇家待遇建立起来的古墓群是否可以暗示我们，身为贵妃的李唐妹把景泰蓝的工艺带回了南方瑶族地区呢？查了许多资料，没有得到确切的答案。景泰蓝的瑶族银饰掐丝点蓝工艺来源依然是一个谜！

同样是一个谜的还有许多的瑶医瑶药，瑶族同胞过去生活十分艰苦，居于高山，交通偏僻，缺吃少穿，缺医少药，而且长期居无定所称为过山瑶，游耕于高寒山区深山老林之中，长年与瘴气寒气湿气打交道，气候多变，毒蛇猛兽侵扰，防不胜防，生活环境十分恶劣，防病治伤，历经磨炼，瑶医瑶药因此而生，瑶族民间草医，大多用单方、验方，在传承上，瑶族没有自己的文字，瑶医药的传承方式全靠口耳相传，牢记于心，多为祖传、父传子、子传孙，且多为单传，有的则传媳不传女。在采药与治病实践中逐渐掌握各种草药的名称、形态、功能、作用，积累的各种秘方、偏方和使用方法就这样流传下来。

瑶族地区的一些师公或者民间的族老、智者，往往懂得一味、几味草药，治一些貌似说不清、道不明的疾病，点上三炷清香，摆上一碗清水，口中念念有词，小儿惊厥的不惊了，啼哭不止的不哭了，迷了路的找到方向了，“臭耳风”之类的淋巴结炎症也好了。更有一些神志不清、念念有词的“大侠”据说也能痊愈，有关口诀之神秘功能，笔者反复咨询过身边会瑶医瑶药的朋友。探问究竟，会者笑而不答。

瑶族音乐与舞蹈，多与宗教祭祀有关，瑶族长鼓舞主要流行于盘瑶支系的瑶族地区。《盘王大歌》和长鼓舞都是国家非物质文化遗产，《盘王之女》高亢悠远的音乐演绎瑶族漂洋过海迁徙的悲伤和无奈。牛角作为瑶族吹奏乐器，历史久远，与原始狩猎宗教祭祀等活动有关，多用水牛角制作，音色浑厚悠扬。常与响器合奏，在瑶族“跳盘王”“上刀山、下火海”等大型祭祀活动中使用。瑶族民间文献《过山榜》中还有长鼓、长笛、笙、琴、瑟、铜鼓等器乐记载。宋代《岭外代答》卷七《乐器门》文中，有“瑶之乐，有芦笙、铳鼓、葫芦笙和竹笛”等器乐记载。

瑶族建筑特征是什么？众说纷纭。吊脚楼、徽居？定义不准。瑶族是个山居民族，其村落大多位于海拔 1000 米左右的高山密林中，一般建在山顶、半山腰和山脚溪畔。解放之前，边远山区瑶族大部分住竹舍、木屋和茅屋，过山瑶民居因地形特点，先用木头支撑起一个平面，再建住房，俗称“吊脚楼”，林子里多有“獠棚”，供狩猎之用，与诸多山地少数民族雷同。建筑中的瑶族元素，似乎也各有不同。笔者以为，规律必有一致之处，即靠山吃山，靠水吃水，居高山林密者因地势陡峭多为吊脚楼，居丘陵旱土者多为徽居瓦房，居喀斯特岩溶地貌，多石头屋，就地取材，方便经济。在这无甚显著民族特点的民居里，笔者仔细观察、分析、比较，似乎有一些瑶族元素在幽暗处熠熠生光！

在众多的老窗花中笔者发现，除了喜鹊、蝙蝠、鹿等瑶汉通用的吉祥动物雕刻和菊花等植物外，木雕上最多的植物是向日葵，几乎普及。多子多福的观念根植瑶胞内心？极少姓氏族内通婚的习俗与当时社会现实需要的众多人口的矛盾逼着瑶民壮大，多生子嗣？向日葵是否“瑶族之花”？关于长鼓，瑶民族的主要文化象征，在现存的瑶族古建筑中，基本没有这一瑶族元素符号！笔者仅在涛圩镇旦久村一处清晚期房屋建筑残垣上发现一个长鼓的石灰堆花图案，与现国家公布的瑶族图案的长鼓形状相近，线条通达流畅，简洁明了，轮廓优美，有唐风之大度雄浑，亦有宋画之柔美蕴藏，匠心之作！长鼓元素之少，又谓何？三是牛角，千家峒瑶族迁徙的传说，十二节牛角是今后瑶族十二姓重逢的信物，牛角也应在瑶族民居中多有体现。事实上，瑶族民居除窗子上方遮雨的砖檐两角向上弯曲类似牛角而有所运用外，其余的地方如门槛、梁雕等多以麒麟、龙凤、狮鱼、老鼠配以莲枝、铜钱等构成，大肆运用“五福临门”“福禄寿喜”“龙凤呈祥”等汉族传统文化词义，文化融合、民族融合力量之强大可见一斑。

论瑶家米酒的历史底蕴与文化传承

◎艾　莉[①]

【摘要】 瑶家米酒是瑶族聚居地采用农村传统土方法酿造的高度粮食酒。此酒富含多种微量元素和维生素，健脾益肾；酒液风味独特，口感极佳；酒质醇甜净爽，清甘淳冽。瑶族地区酿酒历史源远流长，瑶家米酒的制作方法虽然算不上很独特，却也有着很大的文化价值，可以作为少数民族地区中瑶族非物质文化遗产在文化创意助推民族旅游中的传承与发展以及作为瑶族文化特色的挖掘与展示，一种可以代代相传，具有历史底蕴的文化传承。

【关键词】 瑶族；瑶家米酒；文化传承；历史底蕴；品牌。

本文从几个方面对瑶家米酒做了简单概括，虽然瑶家米酒暂时无法登大雅之堂，不像北京的二锅头，上海的石库门，湖北的白云边酒，河北的衡水老白干，河南的宋河粮液，贵州的茅台，江苏的洋河大曲，广西的桂林三花酒，四川的五粮液，西藏的青稞酒那样全国乃至全世界有名，但也希望瑶家米酒能作为一种文化传承打出自己的品牌，走出瑶山，走上千家万户的餐桌。

一、追寻瑶家米酒的历史溯源

中国是最早发明米酒的国家。早在公元前 1500 年，中国的甲骨文中就提到用酒祭祀之事。公元前 8 世纪，中国古代诗人也曾作诗描绘人喝醉酒的情景。至迟在公元前 1000 年左右，中国就发明了发酵酿酒的技术，使酿出的酒中酒精

① 艾莉，瑶族，湖南省作协会员、湖南省民间文艺家协会会员。

浓度比普通啤酒至少高三倍。中国优越的造酒技术，在于最早使用曲来酿酒，并且还发现要提高酒中的酒精浓度，只要在发酵过程中不断加进熟的并经过浸泡的谷物即可。这是世界第一流的酿酒技术，它酿出了高浓度的饮料。这种技术只是在数世纪前才流传到日本以及世界各国。因此，可以讲最早发明米酒的是中国。

人工酿酒是由于陶器的制造。否则，便无从酿起。在仰韶文化遗址中，既有陶罐，也有陶杯。由此可以推知，约在6000年前，人工酿酒就开始了。《孔丛子》有言："尧舜千钟。"这说明在尧时，酒已流行于社会。"千钟"二字，则标志着这是初级的果酒。《史记》记载，仪狄造"旨酒"以献大禹，这是以粮酿酒的发端。自夏之后，经商周，历秦汉，以至于唐宋，皆是以果粮蒸煮，加曲发酵，压榨而后酒出。不少西方人都以为米酒是日本人的创造，但岂知，它实际上是中国人首先酿造的含酒精的饮料。而日本酿造清酒的技术则是从中国引进的。

瑶族先民源于中国古史传说时代的东夷集团中的九黎部落，蚩尤是其部落首领，在与炎黄部落的征战中，瑶族先民迁徙的总体趋势是自北而南，瑶族人民是一个喜欢迁徙的民族，也是一个热情奔放的民族，"无山不成瑶，无瑶不成山"。瑶族人民居住在深山密林里，但凡外乡人踏进任何一家瑶族人民的大门，即进门为宾客，主人除了奉上好菜好饭深情款待之外，必会奉上自家配制的米酒，从早晨喝到深夜，从一家人陪客人到全村人来陪客，从男人敬酒到女人敬酒，从老人到小孩，都能陪客人畅饮。

瑶家人喝酒不用杯，用碗，瑶家人喝酒不是一口两口，而是一碗一碗干，要看感情深不深，就看喝酒是不是一口闷。

瑶家人喜欢大清早起来做事，在正午之前把一天的劳活都干完，下午太阳毒辣，温度升高，瑶族人民一般不出去劳作，就怕人和牲畜都受不了。因此，中午做完农活回来，瑶家人就会炒几个小菜，或者几粒花生、黄豆，倒上一壶酒，自饮或者是与家人一起慢饮。

其次，瑶家人深居深山老林中，气候潮湿，农活繁重，喝酒可以驱寒、去湿，喝酒可以壮胆，喝酒可以解乏，去疲倦，除劳累。

再者，瑶家人喜欢单独居住，每家每户的院墙相距二十米以上，甚至更远者是"看到屋，走到哭"，因此，如若平时互相串门，或者哪家办大事，全村寨人有机会聚在一起时，便以酒待客，慢慢喝慢慢聊，谈感情，讲古，讲传说，猜拳划枚。而且，瑶族人民天生豪爽，耿直，重情，讲义，好客，酒越喝得多就表示感情越深，看得起对方。自然，瑶人之间更是英雄不问出处，以酒相待，开怀畅饮，村民更不会因为一年见不到几次面而疏远。

二、瑶家米酒的酿制过程与营养价值

酿制瑶家米酒的原料就三样，粮食、酒曲、水。俗话说粮为酒之肉，曲为酒之骨，水为酒之血，好粮好曲好水才能出好酒。粮食是瑶家人自己种出来的水稻，施的都是些农家肥，长出来的自然也是环保绿色的纯天然植物。酒曲也是祖辈们口口相传遗留下来的，精心采摘各种植物材料配制而成。水是从高山上引下的无污染的泉水，山脚下石缝里流出来的水，是瑶家米酒质量好坏的重要保障，自来水是没法比的。当然这在农村不是什么难事，每天喝的、用的，农田作物全是用山泉水种出来的。

瑶族有喝酒的嗜好，男子饮酒不用杯，节日喜庆和贵客上门更要痛饮，由于劳作辛苦，特别是山区寒湿严重，因此喝酒能活经络，通血脉，祛湿祛寒，强壮身体。酒多为自酿，主要是瓜箪酒，还有米酒、红薯酒、高粱酒、粟米酒、小米酒、苞谷酒、木薯酒、刺梨酒、丁郎果酒、杨梅酒、甜酒等。

1. 瓜箪酒

瑶人特别喜欢喝瓜箪酒。酿制瓜箪酒以杂粮为原料，将苞谷、小米、红薯丝等混在一起蒸，再将八月十五上山采集的山药制成特种酒曲粉撒在蒸饭里拌和均匀。因多种杂粮混合，粗细不一，长短不一，干湿不一，且四时气温不一，对温度的讲究很特别。须在湿热适中时加拌酒曲，盛入缸中压个半实，中间开一个小碗口大的酒井，加盖，保温，两天后，揭开缸盖，只见酒井中已是满满的“酒水”。这时，将其盛入坛中腌放保存，数月或半年后，便是瑶家醇厚的“老酒”。

饮用时，将酿好的酒从坛中取出，加水用大锅熬煮后再用瓜箪舀出。这瓜箪通常长约50厘米，形状像一个扩大了的弯把烟斗，又如同一段握紧了拳头的臂膀，圆圆的箪头有小碗般大小。细观之，会发现这原来是瑶家房前屋后种植的一种葫芦瓜，成熟后在瓜头上开一个圆口即成。也正因为酒具独特的外形，所以酒才被称为瓜箪酒。

瑶胞饮酒豪放、热烈，大家举碗，均须一饮而尽，不容细品慢咽。酒宴开始时，女主人手持瓜箪，依坐序给客人面前的酒碗斟满，男主人便率先站起来举碗，同客人们一饮而尽。女主人再依次给大家斟酒，嘴里用瑶语念叨着“年温年恩一瓜箪”，意思是，各位吃这瓜箪酒感觉是浓了还是淡了呢?由于酒仍在大锅里，如果浓了可添水，淡了则可加酒糟，酒精度可随意变化。饮上几碗后，女主人会适时把瓜箪酒的度数再降低一些，以免酒量浅的客人不胜酒力。在瑶家饮“瓜箪酒”时，常可听到“苦年，苦年，再来一瓜箪（瑶语即好酒，好酒，再来一碗）”的赞酒声，饮酒的客人们无不连连叫好，沉醉于这瑶家佳酿之中，流连忘返。

瓜箪酒苦甜相混，酒精浓度低，酒味醇和香甜，既能止渴，又能充饥，夏秋上山劳动，用竹筒盛着带到山上，休息时，将山泉水兑入酒中，清甜而凉爽，席地而坐，开怀畅饮，其乐无穷。

2. 红薯酒

瑶族人民喜欢喝酒，酒多自酿，原料多为红薯和大米，故称之为红薯酒、米酒。秋天红薯收获后，先放置在土窖里，待农活差不多干完了，再从土窖里把红薯挑出来，洗干净砍成小块，用大锅煮熟，待其稍冷后放于大木桶内，放入酒饼，搅拌好，盖上盖子，封好缝隙，使其发酵。待充分发酵后蒸酒。蒸酒的工具为灶、铁锅、围桶、酒缸。将发酵后的红薯加水稀释后倒入灶上铁锅内，放入直径稍小于上下铁锅的围桶，上面再放一铁锅以盛冷水。围桶靠底部的一侧开个小口，横杠着一条可以接纳水流的管道。加热后逐渐增加的热能促使红薯里面的酒精随着水分子形成蒸汽，蒸汽上升到装满冷水的铁锅底部后，凝结成水珠并沿着铁锅向下流，经围桶的出酒口流入酒缸中，美味的红薯酒就制成了。

红薯在 2006 年被世界卫生组织列为蔬菜之冠。专家研究表明红薯能起到抗癌、减肥、排毒、调节人体酸碱平衡的功效。沿用多年的传统红薯酒酿造工艺，精选本地优质红薯以及独特的山水，经自然发酵精酿而成，保留了红薯的原汁原味。长期饮用可均衡营养，强身健体，延年益寿。男女老少四季皆宜，实为绿色、健康、时尚之佳品。

3. 红薯丝酒

红薯在阴风处晒干晾去水分洗净后切成细长条，便是红薯丝。

（1）洒水：将干红薯丝摊在干净的地面上，用喷壶洒清水，边洒边拌，使红薯丝均匀湿润。

（2）蒸料：摊晾翻动红薯丝，使它松散后装入蒸桶内蒸，直到蒸气上升 1 小时后，取出蒸熟的红薯丝摊晾，使温度降到和室温接近。

（3）拌曲：将白曲磨成细粉，均匀地撒在已摊凉的料坯上，边撒边搅拌均匀。每百斤红薯丝要加 6 斤酒曲。

(4) 发酵：将拌好曲的料坯放在木桶里，扒平后上面覆盖一层厚度约 1 厘米的稻壳，再用泥土密封，让料坯发酵。等料温由原来的温度升高 3—4℃，然后又自行下降时，证明发酵已结束，具体的时间要根据料温在发酵过程中的变化情况来决定，一般约 4 至 5 天。

(5) 拌糠：将已发酵的料坯倒在洁净的地上，每 100 斤红薯丝拌稻谷壳 15 斤。拌匀后，即可蒸。

(6) 炊蒸：将发酵拌谷壳的料坯，装入蒸桶内，每百斤红薯丝，加清水 60 斤，进行蒸炊。炊蒸时由蒸馏器冷凝管出的液体就是红薯酒。炊蒸的时间要 3 小时。剩下的酒糟可作为饮料喂猪。

4. 葡萄酒

第一步是买葡萄。选购葡萄时，可以挑选一些熟透的葡萄，哪怕是一颗颗散落的葡萄也不要紧。这些葡萄一是容易发酵，再就是价位相对较低。常见的葡萄、提子、马奶子等，都是可以用来制作葡萄酒的。

第二步是洗葡萄。由于葡萄表皮很可能残留农药，清洗葡萄的环节就相当重要，最好能够逐颗清洗，再用自来水反复冲洗，同时剔除烂葡萄。一些爱干净的人，喜欢把葡萄去皮后酿酒，这也未尝不可，但是少了一些葡萄皮特有的营养。

第三步是晾干葡萄。把葡萄盛在能漏水的容器当中，等葡萄表面没有水珠就可以倒入酒坛了。

第四步是选择容器酒坛子。可以是陶瓷罐子，也可以是玻璃瓶，但不主张用塑料容器，因为塑料很可能会与酒精发生化学反应，并产生一些有毒物质，危害人体健康。

第五步是捏好葡萄。把葡萄放入酒坛中，双手洗净后直接把手伸进容器，抓起葡萄使劲一捏，直到所有的葡萄被捏碎。再把糖放在葡萄上面，葡萄和糖的比例是 10：3，即 10 斤葡萄放 3 斤糖（不喜欢吃甜的朋友，可以放 2 斤糖，但是不能不放糖，因为糖是葡萄发酵的重要因素，冰糖或白糖都可以）。

第六步是加封保存。如果是陶瓷罐的话，可以到卖黄酒的小店要点酒泥，加水后糊住封口，将酒坛子密封。加封后，酒坛子需放在阴凉处保存，平时不要随意去翻动或打开盖子。

第七步是启封。天热时，葡萄发酵时间需要 20 天至一个月左右，如凉快点的天气做葡萄酒，发酵时间需要 40 天左右。启封后，捞出浮在上面的葡萄皮，就可以直接喝葡萄酒了。注意，如果喜欢酒劲足一点，只须延迟启封时间就行了。启封后，每一次舀出葡萄酒后，别忘盖好酒坛的盖子，以免酒味挥发。

5. 糯米酒

所取的糯米皆为瑶人自家种植的上等糯米。

第一步是选米淘洗。选上等糯米用清水浸泡，水层约比米层高出 20 厘米。浸泡时水温与时间为冬春季 15℃以下 14 小时，夏季 25℃以下 8 小时，以米粒浸透无白心为度，夏季更换 1—2 次水，使其不酸。

第二步是上甑蒸熟。将米捞入箩筐冲清白浆，沥干后投入甑内蒸熟。在蒸饭时火力要猛，至上大气后 5 分钟，揭盖向米层洒入适量清水。再蒸 10 分钟，饭粒膨胀发亮、松散柔软、嚼不沾齿，即已成熟，可下甑。

第三步是拌曲装坛。米饭出甑后，倒在竹席上摊开冷却，待温度降至 36℃—38℃不烫手心时，即可撒第一次红曲，再翻动一次，撒第二次红曲，并拌和均匀，用曲量为米量的 6%—7%。温度控制在 21℃—22℃左右，即可入坛。按每 100 千克原料加净水 160 千克—170 千克的比例，同拌曲后的米饭装入酒坛内搅匀后加盖，静置室内让其自然糖化。

第四步是发酵压榨。装坛后，由于内部发酵，米饭及红曲会涌上水面。因此每隔 2—3 天，要用木棒搅拌，把米饭等压下水面，并在坛盖加盖麻布等，使其下沉而更好地发酵。经 20—25 天发酵，坛内会发出浓厚的酒香，酒精逐渐下沉，酒液开始澄清，说明发酵基本结束。此时可以开坛提料，装入酒箩内进行压榨，让酒糟分离。

第五步是澄清陈酿。压榨出来的酒通过沉淀后，装入口小肚大的酒坛内，用竹叶包扎坛口，再盖上泥土形成帽式的加封口。然后集中在酒房内，用谷皮堆满酒坛四周，烧火熏酒，使色泽由红逐渐变为褐红色。再经 30 天左右，即可开坛提酒。储存时间越久，酒色就由褐红色逐渐变为金黄色，成为佳酿美酒。

每 100 千克糯米可酿造米酒 200 千克。

中医里记录说“糯米甜酒甘甜芳醇，能刺激消化腺的分泌，增进食欲，有助消化”。糯米经过酿制，营养成分更易于被人体吸收，是中老年人、孕产妇和身体虚弱者补气养血之佳品。用糯米酒炖制肉类能使肉质更加细嫩，易于消化。糯米酒还有提神解乏、解渴消暑，促进血液循环、润肤的功效。对面色不华、自汗，或平素体质虚弱、头晕眼眩、面色萎黄、少气乏力、中虚胃痛、便清等症状也有一定作用。

中医认为，其味甘、性温，能够补养人体正气，吃了后会周身发热，起到御寒、滋补的作用，最适合在冬天饮用。糯米的主要功能是温补脾胃，所以一些脾胃气虚、常常腹泻的人吃了，能起到很好的治疗效果。此外，它还能够缓解气虚所导致的盗汗、妊娠后腰腹坠胀、劳动损伤后气短乏力等症状。中医典籍《本草经疏论》里对糯米的养生保健作用做了充分的说明，说糯米是“补脾胃、益肺气之谷。脾胃得利，则中（指人体胃部）自温，力便亦坚实；温能养气，气顺则身自多热，脾肺虚寒者宜之”。

糯米酒还有“百药之长”的美称，是医药上很重要的辅佐料或“药引子”。中药处方中常用糯米酒浸泡、烧煮、蒸炙某些中草药，或调制人参再造丸及各种药酒。

西医里记录说“糯米甜酒是糯米或者大米经过根霉（还有少量的毛霉和酵母）发酵后的产品，化学成分以及物理状态都发生了很大的变化”，其中的淀粉转化为小分子的糖类，蛋白部分分解成氨基酸和肽，脂类的变化以及维生素和矿物质等结合状态的变化都为它的营养功能的提高产生了有效的促进作用。它的营养功能也正是基于这种化学和物理变化而产生的。而且，在发酵的过程中产生的一些风味物质对于它的口味也有很大的提高。

在酒类中，糯米酒用途最为广泛，不仅具有一般的饮用功能，还有着其他多方面的用途。

比如可做调料。糯米酒香味浓郁，富含氨基酸等呈味物质，在烹调荤菜时，加入少许，不仅可以去腥，而且可以提鲜。

糯米酒还具有药用价值和保健作用。冷喝有消食化积和镇静作用，对消化不良、厌食、心跳过速、烦躁等有疗效；烫热饮用能驱寒祛湿、活血化瘀，对腰背酸痛、手足麻木和震颤，风湿性关节炎及跌打损伤等有益。如与鸡蛋、红糖同煮或冲服，则补中益气，强健筋骨，可防止神经衰弱、神思恍惚、头晕耳鸣、失眠、健忘等症；如分别与桂圆或荔枝、红枣、核桃、人参同煮，有助阳壮力、滋补气血之功效，对体质虚衰、元气降损、贫血等有疗效。在糯米酒中打个蛋花或加入适量红糖滋补效果更佳。口服，每次服 50—100 毫升，日服 1—2 次。阴虚火旺者忌服（引自《药酒汇编》）。糯米酒不宜久存，冬季注意保暖，3—4 天后也可食用；夏天在酒中加少许水煮沸，可延长贮存时间。

冬季不同病症的人吃糯米主要有以下几种方法：由阳虚导致的胃部隐痛，可用糯米、红枣适量煮粥食用；若脾胃虚弱、腹胀、倦怠、乏力，可用糯米、莲子、大枣、山药一起煮粥，熟后加适量白糖食用；由脾胃虚导致的腹泻、消化不良，可用糯米酒煮沸后加鸡蛋煮熟食用。糯米适合所有人食用，温中益气、补气养颜。中老年人、孕产妇和身体虚弱者更加适合。

但由于糯米黏滞、难于消化，所以吃时一定要注意适量，儿童最好别吃。

6. 纯米酒

制作纯米酒需要的工具有大锅、小锅、大酒缸子、酿酒蒸笼、废旧棉絮、干净白布、大盆子或豆腐盆、大酒缸。

第一步需要把大米淘干净，用漏斗装好，这时可以一边烧水一般准备。水不宜太多，一般水米各半，或水略多于米。水开后把大米下入锅中煮，米下锅后需要用锅铲适当地搅动，防止粘锅。

第二步待大米煮至快熟时减小火力，直至把锅中米饭完全煮熟，熟后即可把火撤掉，待其略冷却后再铲出锅装入酒缸中，当温度冷到30—40度左右时，即可用米酒粉兑好水和入米饭中（一般米酒粉中会写明一包可酿多少斤大米）。完全搅拌均匀后把米饭压平，再在上面撒一些酒粉水，然后用干净的白布盖上。

第三步入窝，这是很关键的一个步骤。先找一些废旧的棉絮、毛毯，把它们放入大盆子中弄好一个能容得下酒缸的窝，把酒缸放入窝中后，再在酒缸上面盖白布并压好，最后用保暖的材料（废旧棉絮等）把酒缸完全裹好，放于房间内24小时后即可掀开酒窝。

第四步把发酵好的酒倒入锅中，加入适量的水煮，在锅上面套上酿酒的蒸笼，在蒸笼的上面再放置一口小锅，再在小锅内加入冷水，最后再用打湿的碎布把蒸笼和锅的界面处密封好即可。

第五步待锅中的米酒煮开后即会有热气往上冒，遇到蒸笼上的小锅时则会凝结成水珠，水珠到一定程度后即会掉下，顺着刻有刻痕的木板流至末端，此时末端需要用一个酒缸接着流出来的酒。一般来说第一锅水的酒精度数都会相对较高，甚至能点着火。待蒸笼上面的那小锅水热了后其出酒的速度也就慢了，这时需要把小锅里面的水舀出来倒掉，再换上冷水，如此几轮即可。一般一锅酒糟可以酿三至五锅水（上面的小锅），当然具体每次的量则需要根据锅的大小来决定。

酒酿出来后找酒瓶酒坛装好密封保存即可，这就是瑶家米酒了。

7. 苞谷酒

瑶民把玉米称成苞谷。制作苞谷酒第一步是精心选取当年收获的新鲜苞谷，籽粒饱满、无霉、无虫蛀，将苞谷晒干或火炕烘干后，用石磨粉碎成粒，筛去渣滓。

第二步是搅拌。将过筛后的苞谷粒加温水搅拌，每50公斤苞谷粒加水90—100公斤，拌匀后用手撮揉，以感到湿润但又不结团为好。

第三步是蒸料。将搅拌好的苞谷粒与清水按 4：1 配比，把清水喷洒在苞谷粒上，充分搅拌均匀，然后置于铺有纱布的蒸笼中，用大火加热汽蒸。气压较大时，保持压力，约蒸 5 分钟后揭开笼盖，将苞谷粒移出笼，及时清理结块，再喷洒比第一次稍多的清水，继续上笼，用大火汽蒸；待气压增大时，保持压力约蒸 30 分钟，当苞谷粒松散、不呈稀糊状、熟透无夹生时，出笼摊开晾凉。

第四步是糖化。待苞谷粒蒸熟，出锅后摊晾，温度降到 35 摄氏度左右时下曲。每 100 公斤苞谷粒用酒曲 1.75 公斤。搅拌均匀后装入缸或桶内，此时苞谷粒温度保持在 30 摄氏度为好，糖化 18—20 小时即出甜味。

第五步是发酵。取晾凉的熟苞谷粒与甜酒曲按 160：1 的比例混合，充分搅拌均匀后装入陶瓷大缸，密封缸口，放置在比较干燥的地方，发酵 25—35 小时后取出。在发酵快要结束时，可取出少许尝尝味道。若呈酸味，说明快发酵好了，应降温、减缓发酵；若呈苦辣味，则表明发酵已过。因此保持适度发酵很重要，要依据发酵时的具体情况进行调整，这个本领全靠经验。将发酵好的酒醪装入洁净的布袋过滤，滤液静置两天左右，然后虹吸上层澄清液，即得苞谷甜酒。

第六步是蒸馏。开始要旺火蒸，中间保持文火，最后再旺火蒸馏 15 分钟，让处理好的料全部蒸出酒。成品酒的酒精度一般为 40 度，最高一般为 50 度。

做出来的苞谷酒放在酒缸中，随着时间的推移，会越来越香。

苞谷酒外观呈橙黄色，澄清透明，无杂质和异物，酒味醇香，味道甘甜且营养丰富，香味沁人心脾，补肾养血，滋阴润燥，健脾益胃助消化，滋肾益精，降低血糖，延年益寿，增强抵抗力，降糖降脂，明目，利膈宽肠，明目，提高机体免疫力，保护肝脏，降三高。

8. 杨梅酒

杨梅酒是由杨梅、纯米酒和冰糖按一定比例制作而成的。

杨梅酒味香甜，含葡萄糖、果糖、柠檬酸、苹果酸及多种维生素。早在元朝末期，古人就知道配制杨梅酒，据《本草纲目》记载，杨梅具有“生津、止渴、调五脏、涤肠胃、除烦愤恶气”的功效，实为老少皆宜的佳品。

杨梅酒口感独特，香味浓郁，口味香醇。以预防中暑和解除轻度暑热为主，不适于暑犯心营、肝风内动等症。

杨梅酒可以平衡酸碱、和谐养生。杨梅果酒经人体代谢分解最终产物中的钾、钙、镁、钠等阳离子含量较高为强碱性食品，能有效平衡如肉类食品和米饭、面包等主食内含有的氮、氯、硫、磷等酸性物质，达到酸碱平衡，增强体质。

9. 螳螂果酒

也叫金樱子酒。

选择金樱子果实 2 千克，45 度以上的白酒 5 千克，冰糖适量。将金樱子放入干净的瓶子等容器中，加入白酒浸泡，将容器密封好后，置阴凉干燥处贮存。一般浸泡一个月就可以饮用，其风味独特，有蜂蜜味和幽香，营养极丰富，内含糖（主要是果糖等还原糖）、柠檬酸、苹果酸、鞣质、维生素、氨基酸等，并含有锌、硒等 18 种矿物元素以及树脂、皂甙等成分，尤以维生素 C 和还原糖含量较高，对人体大有裨益。

三、瑶家米酒的品种

红豆酒、甜酒、瓜箪酒、丁唧果酒、杨梅酒、葡萄酒、米酒、红薯酒、高粱酒、粟米酒、小米酒、苞谷酒、木薯酒、刺梨酒等。

四、瑶家米酒的历史底蕴与文化传承

在此引用盘尚仁撰写的《盘王酒秘方呈世感言》如下：

我的老太公名叫盘进庭，是中华人民共和国成立前千里瑶山里最出名的师公之一，据说道行极深。太公生前誉满业界，崇拜者甚众，足迹遍布湘粤桂三省，难得在家休息。偶有闲暇，必在家摆弄他的两大爱好，一是制香，二是酿酒。

制香事略，酿酒则不得不提。太公逝世前，将他从先祖（清光绪三十一年手抄）处获得的“传大不传小，传内不传外”的盘王酒酿制秘方珍而重之地传给了我的公公，公公传给父亲，父亲再传给我，已不知传了几代。我不嗜酒，对酿酒兴趣也不浓，拙于生计，忙于奔波，虽于植物分类情有独钟，却对太公等先辈极为重视的盘王酒疏于经营。如今年事渐高，华发丛生，蓦然回首，徒惹浩叹之餍，愧疚良多。

瑶家好酒，自古皆然。盘王酒则是瑶家酒中翘楚！太公生前凭借其醇美芳香的盘王酒广交朋友，遍访名师，终成一代道学大家。若论学道，较之太公，我逊若云泥，然则我在新社会成长，曾受高等教育，虽无公禄奉享，却也广交林学界之朋友，人送瑶家“林学家”之美称。

盘王酒秘方在我手中多年默无声息，蒙尘日久，我膝下仅二女，早已嫁人，绝无酿酒之能，若硬以秘方托之，既违祖训，亦怕秘方从此湮没不闻，瑶家顿失瑰宝也。每念及此，我汗涔泪潸，愧疚甚深。此等矛盾心理，告之邱明会长后，他则力劝我莫若公之于众，让有志于此的瑶家后辈人人得享，造福乡梓，功莫大焉！

今逢《原生态瑶歌》鸿篇问世之际，特借巨制之隙，呈盘王酒秘方于世，传我瑶家奇术，世人共享，幸甚至哉！

1. 盘王丰都敬主造酱法（盘王酒）。造酱法：旱谷、年尾红糯、黑糯用谷雨甘露泡一对时，两蒸实熟，加酱药。一九成银酱，五九采天地之精灵、百草之精华而成金酱。

造酱药：桂叶、四角草、细药、诱土凉、镂腾、盘龙草、红草、乌仔草。

注：此方传大不传小，传内不传外。由江华县湘江乡庙子源盘尚仁提供。

2. 瑶山酒。瑶山酒曲由16种中草药配制而成。瑶山米酒及瑶山糯米甜酒的发酵用酒曲。

制作方法：

(1) 将中草药研成粉末

(2) 与10斤面粉充分混合均匀，加适量水

(3) 用手揉捏成大小差不多的丸子

(4) 10斤糯米大概使用3粒曲丸，再根据甜酒的质量调整每次酒曲的使用量（使用时，可将曲丸掰开）

饼药（邓先贵）：麻黄30克，法下10克，苍术30克，桔梗10克，桂枝30克，当归15克，正兄10克，肉桂6克，云苓10克，附子6克，白芷10，陈皮6克，神曲1块，白芍15克，甘草10克，干姜10克。

五、瑶家米酒与原生态瑶歌的文化传承

瑶族人民无歌不成生活，瑶族恋人无歌不成情侣，因此，酒与歌也是一种生活乐趣，有着必然的联系。

瑶族人民的情歌也有以酒为题的，每一杯酒一首情歌。

一杯酒，把郎引到妹家来；
二杯酒，妹问情哥庚几何；
三杯酒，酒苦哥喝情意深；

四杯酒，年少正是连双时；

五杯酒，端午莫吃烦妹酒……

每一杯酒都注满了情妹妹对情哥哥的深情。歌词生动，形象，有趣味，饱含真情。

《十杯酒歌之一》：

一杯酒来请上台，妹今吃酒哥来筛。
哥是从来不饮酒，今日和妹饮一台。

二杯酒来是一双，哥今筛酒妹来装。
两人吃了双杯酒，仁义好比水样长。

三杯酒来竹叶青，劝妹吃酒莫变心。
想了别人丢了我，死在黄河不甘心。

四杯酒来四季香，四季花开在园中。
二人交情要到老，劝莫丢哥在途中。

五杯酒来五金号，劝妹吃酒不要推。
二人吃了五杯酒，还有五杯在端杯。

六杯酒来是六合，六合同春喜事多。
只望贵妹生贵子，早生贵子早登科。

七杯酒来七仙姑，要学仙女爱凡人。
牛郎织女来相配，恩爱夫妻日月亲。

八杯酒来八仙漂，八仙漂海各显能。
妹是仙女在天上，哥是牛郎在凡间。

九杯酒来久久长，吃了九杯再思量。

久久思量仁义在，二人相交得久长。

十杯酒来是团圆，百年归寿共桃源。
若是那人先去世，奈何桥上等三年。

八仙桌上玉石镶，肉又甜来酒又香。
千杯万盏饮不尽，哥今还要妹思量。

《十杯酒歌之二》:
十杯酒，请上台，哥哥吃酒妹来筛。
同哥同喝一杯酒，难为千里走拢来。

二杯酒来香又香，情哥筛酒是一方。
哥有情来妹有意，有情有义喝一双。

三杯酒来渴又青，情哥喝酒汗淋淋。
有钱买块金丝帕，拿出丝帕当手巾。

四杯酒来是四逢，我劝情哥要做工。
有钱有米不爱惜，有吃有喝也会穷。

五杯酒来五金魁，情哥喝酒妹来陪。
情妹从来不饮酒，哥哥从来不猜枚。

六杯酒来是六合，我劝情哥心莫多。
妹是一心来连蒂，看哥愿和不愿和。

七杯酒来是七星，我问情哥哪月人。
哥是丙寅妹丁卯，丙寅丁卯配成亲。

八杯酒来进花园，手摇花树泪涟涟。
花树开花年年有，问哥开花要几年。

九杯酒来是重阳，重阳酿酒桂花香。
哪年哪月闰九月，过了重阳又重阳。

十杯酒来酒又清，情哥饮酒过南京。
妹想陪哥南京耍，人大脚小路难行。

没成喝酒先动杯，没成落雨先响雷。
没成连双先得梦，一连梦了几多回。

又想吃烟又无火，又想连双又无媒。
有媒就喊媒人讲，无火就把柴头吹。

一张凳板四脚栽，哥哥吃酒妹来筛。
刚刚喝下几杯酒，两朵红花脸上开。

《十杯酒歌之三》：
一杯酒来香又香，酒壶里面有文章。
妹今吃出文章酒，哥今饮出桂花香。

一杯美酒引郎来，引郎引到八仙台。
八仙台上好饮酒，无事不到郎家来。

二杯酒来请上台，哥今吃酒妹来筛。
讲好吃了二杯酒，问妹明日几时来。

二杯酒来酒又青，妹问情哥何贵庚。
哥是正月十五生，妹是元宵闹花灯。

三杯酒来是三迁，哥今吃酒醉昏昏。
一头倒在桌子上，情妹有话不敢言。

三杯酒来酒又酸，酸酸涩涩要哥吞。
酒若不好看妹面，人一亲来水也甜。

四杯酒来四季红，情哥情妹要做工。
做工还有几年好，贪花冒有几年红。

四杯酒来倒四杯，花开花落月月鲜。
花开花谢年年有，老年何曾转少年。

五杯酒来五进魁，哥今和妹要猜枚。
妹是从来不饮酒，哥是从来不猜枚。

五杯酒来是端阳，龙船鼓响吊长江。
劝哥多吃妹碗酒，免得情哥有主张。

六杯酒来六六合，哥今劝妹心莫多。
哥是一心来连妹，不走二心连别人。

六杯酒来热茫茫，抛条板凳哥乘凉。
手扯衣衫留郎睡，问哥思量不思量。

七杯酒来七七生，十八小妹哪年庚。
妹是丙寅哥丁卯，丙寅丁卯共长年。

八杯酒来进花园，手搬花树泪涟涟。
花树花开年年有，人老何处转少年。

八杯酒来桂花香，红漆踏板象牙床。
红罗蚊帐绸缎被，鸳鸯枕头结成双。

九杯酒来是重阳，重阳酿酒喷喷香。
镰刀响起千条路，金谷堆起万个仓。

九杯酒来月偏西，情哥睡在妹情里。
轻轻拍郎三巴掌，拍醒情哥听鸡啼。

十杯酒来赴南京，手拿凉伞脚步轻。
哥想送妹十八里，人大脚小路难行。

十杯酒来难下喉，情哥又把妹来逗。
情妹拉哥房中睡，后生年幼爱风流。

《一杯烧酒请上台》：
一杯烧酒请上台，哥哥吃酒妹来筛。
与哥同饮一杯酒，谢哥千里走拢来。

二杯酒来酒又香，情哥筛酒是内行。
哥有情来妹有意，有情有义喝一双。

三杯酒来清又清，情哥喝酒汗淋淋。
有钱买块金丝帕，拿出丝巾当手巾。

四杯酒来是四红，我劝情哥要做工。
有钱有米不爱惜，有吃有喝也会穷。

五杯酒来五进魁，情哥喝酒妹来陪。
情妹从来不饮酒，哥哥从来不猜枚。

六杯酒来是六合，我劝情哥心莫多。
妹是一心来连哥，看哥愿和不愿和。

七杯酒来是七星，我问情哥哪月人。
哥是丙寅妹丁卯，丙寅丁卯配成亲。

八杯酒来进花园，手摇花树泪涟涟。
花树开花年年有，问弟开花要几年。

九杯酒来是重阳，重阳酿酒桂花香。
哪年哪月闰九月，过了重阳又重阳。

十杯酒来酒又清，情哥饮酒过南京。
妹想陪哥南京耍，人大脚小路难行。

开发篇

新时代瑶学研究如何服务瑶族地区发展的思考

◎ 黄志坚[1]

【摘要】 作者结合自己在江华瑶族自治县长期基层工作的实践体会，对新时代瑶学研究如何服务瑶族地区发展做出思考。认为文化与经济相辅相成，瑶学研究应具有研以致用、民间为源、民族为根的特征，文化研究与经济发展无法割裂。瑶文化研究的目的就是为了弘扬传承瑶族最珍贵的精神智慧遗产，要立足本土，定位当下；文以载道，成风化人；古为今用，继往开来。瑶族地区发展迫切需要瑶文化的特色文化创意支撑。为此作者从思想、行动、社会层面上，提出瑶文化研究服务瑶族地区发展的几点对策建议。

【关键词】 瑶学研究；瑶族地区发展。

本人结合自己在江华瑶族自治县长期基层工作的实践体会，就新时代瑶学研究如何服务瑶族地区发展，谈一谈如下几点思考，纯属个人管窥之见。

一、文化与经济相辅相成的特征注定文化研究与经济发展无法割裂

1. 研以致用

本人长期工作在基层，中国基层，特别是江华这样的老少边穷民族地区，迫切需要发展，特别是经济的大发展，是永远摆在首要位置的一个极其现实的问题与挑战，因此特别渴望瑶文化的研究，多以如何服务于本民族地区的经济发展，作为重要的方向。

---

[1] 黄志坚，瑶族，江华县人大常委会主任。

2. 民间为源

民族地区基层最喜欢接地气的文化研究，据本人在基层多年的体验，无论工作还是研究，越接地气，就越能走进人们真正的生活，更能够得到老百姓的认可和理解，也才能够与经济发展融合为一体。这就如同当前人类学所倡导的田野调查，和很多新的发现一样，很多好点子、好思路，同样也常常来自民间。譬如本人在几年的库区移民工作中，看到那么多的吊脚楼等原生态的文化景观，以及诸多瑶寨里的文化形态，常会发出感慨，这些文化，太迫切需要挖掘出来，传承下来，去真正服务于我们民族地区的发展。库区移民新镇发展旅游的最大优势资源就是瑶族瑶民千百年来形成的民族文化特色。

3. 民族为根

江华作为全国瑶族人口最多的瑶族自治县，瑶族文化底蕴深厚、源远流长。根据相关史料记载和考证，自唐宋以来，江华一直是中国瑶族重要的中转站、大本营和发祥地。这些文化里的正能量，怎么才能得到最大限度的挖掘和传承？传承传承，关键是要找准传和承之间的关联点，架构起传和承之间的那座桥梁。本人粗浅认为，这座桥梁，就是让文化和当地发展相辅相成、完美融合的那个文化创意产业思路。只有让文化像盐一样消融于当地经济发展的这口“汤锅”中，它才能得到真正的长久流传和弘扬。“越是民族的，越是世界的。”“越是古老的，越是经典的。”古老和今天只是一个时间之分，只要有益于经济发展的，从来不会过时。很多古老的、“土”得掉渣的文化，譬如瑶家织锦，土里土气的，但是照样能被服装设计师“点石成金”，江华“凤妹子”瑶服，“客姑妹”瑶族织锦服饰成为享誉湘粤桂瑶族地区最具魅力的瑶文化服装服饰。从中不难看出，服装设计师的设计创意正充当了传和承之间桥梁的作用。

二、瑶文化研究的目的就是为了弘扬传承瑶族最珍贵的精神智慧遗产，服务于当下与未来的发展

1. 立足本土，定位当下

对民族地区基层而言，最希望各位学者专家能立足本土、本民族的文化，选取那些最有现实指导意义，最能与时代相统一，最有现实启发意义的题材和课题来做文章，让理论与实践相结合，助推当地经济社会的健康快速发展。为此，江华县委、县政府对文化建设一向高度重视，于 2011 年在县第十一次党代会上便提出“以神州瑶都建设为总揽，加强瑶族传统文化的保护、传承、开发，把江华

建成为中国瑶族文化的研究中心、传承中心、开发中心、展示中心”，将“神州瑶都”作为江华在中国瑶族发展史上的定位，作为江华的民族形象和文化品牌。基于此，在中国民间文艺家协会的大力支持下，中国瑶族文化传承研究中心于2017年成功落户江华，我们最大的心愿就是希望中心能多为当地、当然也包括其他瑶族地区的发展做一些实实在在的文化研究、挖掘、传承和保护工作。

2. 文以载道，成风化人

近年来，江华的发展比较快，被誉为江华速度，其中一条重要的经验就是县委、县政府一直在鼓励号召大家从提振民族自信心这一点来做精神激励文章。江华提出了“为江华的尊严和光荣而奋斗”的口号，极具感召力，深入人心。当然，要想让文化研究成果真正有实效地推动地方发展，最迫切的自然是需要从本民族文化里寻找到那个符合当下发展的思路和对策。譬如，如何利用瑶文化元素来打造品牌，做好旅游发展和乡村振兴这些文章？这都是地方政府迫切渴望瑶学界能给予积极指导、建言献策的现实问题。“神州瑶都，歌里江华”“瑶嘟嘟”旅游形象的推出，凝聚了瑶学专家和瑶族群众的共识。为传承瑶文化培养瑶文化人才，我们推动瑶文化进校园、进机关，引入社会资本办江华瑶族艺术学校，办涔天河书院研学基地；县瑶族瑶学专家潜心全力投入打造千年瑶寨——桐冲口；领衔担纲创办瑶医药研究所，等等。

3. 古为今用，继往开来

“观今宜鉴古，无古不成今”。正如费孝通先生所说，搞好瑶文化研究，需要从具体情况出发，要按各地的具体情况来观察、分析。只有这样，民族地区的发展才能从丰富的本民族传统文化资源宝库里吸收取之不尽的力量，其发展才有生生不息的源泉和动力。多年前，人们提出“文化搭台，经济唱戏”的口号，现在人们又提出“经济搭台，文化唱戏”的观念。谁是主导其实都不重要，文化、经济等要素原本就是有机结合在一起的，究竟谁搭台谁唱戏，都只是手段与目的的互换，应时而为。关键是如何协调好双腿走路，如何取得双赢。近年来，江华在重视抓经济发展，全力招商引资的同时，文化建设工作也得到了大力发展，文化与经济相辅相成的作用也日益明显。我们在旅游业态建设、城镇建设、乡村振兴上，都越来越重视瑶文化的特色彰显。

三、瑶族地区发展迫切需要瑶文化的特色创意支撑

1. 特色是地方名片

笔者一直在思考，我们的瑶族文化，不论是物质文化，还是非物质文化，永远都是如此鲜活，充满了生命的活力，这也是瑶文化最显著的一个重要特色。随着时代的发展，钢筋水泥建筑取代了吊脚木楼，山间小道变成了沥青街道，瑶寨的特色又该如何体现呢？结合自己在工作中的体会，比如像涔天河水库扩建工程，淹没江华52个瑶族村寨，搬迁安置人口近3万人，其中瑶族人口占80%以上，如何让移民在新的生活空间不至于产生疏离感和割裂感？首先，我们珍重移民不出县安置的意愿，并且让移民在规划的5个集中安置点自己选择去向。其次，我们在安置点的设计上力求突出瑶族建筑特色，力求把瑶族原生的传统文化以各种形式再现出来。这种再现，既包括我们策划设计的房屋建筑立面风格，也包括公园、文化墙、雕塑小品、路灯、标识标牌等营造的瑶文化硬氛围，也包括在日常生活中对传统习俗、传统礼仪的保留与恢复，还包括后续工作中瑶族婚俗、瑶族节庆、瑶族饮食、瑶族医药等特色旅游项目的打造。地域特色文化的挖掘与弘扬，既是瑶民精神文化生活的需要，也是文化旅游产业发展的需要。通过安置移民建起的水口爱情小镇、涔天河湖湘风情小镇等成为传承弘扬民族文化的特色小镇，对外来游客最具吸引力的，更是这些小镇居民属于自己的、不可替代的文化，包括物质形态的，更包含居住在这里的人们的生活习俗和状态。

2. 文化是地方之魂

的确，文化正是一个地方的灵魂。结合本人长期在瑶族地区的工作生活实践，个人认为，追溯瑶族的木本水源，彰显瑶族精神，才能找到这个地方、这个民族的灵魂。我们在打造涔天河移民新镇时，专门成立瑶学专家组出思路设计，出美术作品，就试图找到涔天河移民与瑶族迁徙史的契合点，以历史文化、时代变迁为线，赋形传神，综合反映瑶族的拓荒精神与进取精神。在设计该镇民居墙绘与街区小品的内容选择上，我们力求大俗大雅兼容并蓄，既有各级非遗保护名录里的瑶族文化遗产，也有瑶山日常起居中特有的生产生活细节，还有代代口耳相传、朗朗上口的瑶族家风民谚，该方案的实施将为世人展示一个立体的、活态的瑶文化。

3. 创意是发展杠杆

谈到本地文化产业发展，不少人都认为，我们有文化没创意，有文化没产

业，有文化没运营，最终的结果是在外人眼里我们没文化。有人还以一部叫《功夫熊猫》的影片为例，问：为什么功夫是中国的，熊猫是中国的，而票房大卖的《功夫熊猫》是美国的？个人认为，究其原因，就是创意的魅力所在。的确，我们的文化软实力打造，太需要面向现实，服务当地的经济发展了。再以我们在涔天河镇对文化景观的设计方案为例，我们就并没有停留在为文化而文化的层面上，而是注重了三个结合：一是与民族发展结合。既要向后看，挖掘瑶族历史积极向上的精神；又要向前看，展示瑶族未来乘势而上的愿望图景，以历史启迪未来。二是与产业规划结合。主要是街区小品布置上，要与城镇乡村的产业布局相结合，一街一品，一村一品，为瑶家饮食、土特产、民宿、节庆等特色街区代言，为瑶族特色产业发展助力。三是与市场需求结合。所有文化景观的策划设计，围绕风情旅游小镇、古老瑶寨的定位进行，从整体布局到细节设计，都充分考虑如何激活旅游市场需求和游客的兴奋点，以需定产，顺势而为。从中不难看出，创意正是连接文化和产业，使之与经济融合发展的唯一支撑。唯有如此，才能最大限度地充分利用一个地域、一个民族自身独特的文化资源，打出别开生面即差异化的这张王牌，才能彰显出民族地区的特色，挖掘出潜力裂变，推动文化与经济的共同繁荣。

四、瑶文化研究服务瑶族地区发展的几点对策建议

1. 思想层面上，建议将瑶族文化的传承与研究纳入当地发展战略

也就是说，地方党委政府要高度重视优秀瑶族文化的传承与研究，只有得到当地党委政府的重视支持，瑶文化的传承发展才能有所作为，这也是体现一个地方决策者的思想上有没有瑶民族、瑶文化的位置。正是得力于江华县委县政府高度重视，将“以神州瑶都建设为总揽，加强瑶族传统文化的保护、传承、开发，把江华建设成为中国瑶族文化的研究中心、传承中心、开发中心、展示中心”纳入了全县发展的战略，中国瑶族文化传承研究中心才得以落户江华，并且从人财物等方面给予了大力支持，才有今天江华瑶族文化的传承研究、吸收利用上的可喜发展。

2. 行动层面上，建议从意识形态的高度将瑶族文化转化为物态、活态的形式，以得到最大限度的展示与弘扬

今天，从中央到地方，都高度重视优秀传统文化，采取了一系列传承发展传统文化的措施。的确，这也是党的意识形态工作的重要内容。据本人多年的观察

和感受，对一个瑶族地区而言，只有积极将瑶文化不断转化为人们喜闻乐见的各种物态、活态的多种形式，瑶文化才能潜移默化地得到最大限度的传承、展示和弘扬。比如，江华湘江桐冲口村，湖南省广电就将其挖掘打造成一座千年瑶寨，大力发展瑶文化旅游以达到助推精准脱贫的目的。江华县委、县政府还在原两岔河乡九个瑶寨瑶民享受国家易地扶贫搬迁政策后，对需拆迁的村寨，使之再争取政策扶持，着力将两岔河片黄土冲墙屋瑶族村寨打造成高山瑶的活化石保存下来，通过招商引资打造集高山瑶的特色文化+高端精品民宿为一体的特色瑶寨，其实质就是要充分利用当地的自然与人文资源，融旅游体验、产业经济与社会效益为一体，实现互相共赢的一种创意产业模式。

3. 社会层面上，建议抓好学研用三结合，让瑶文化全方位展示、融入当地人们的生活中

江华近年来，通过出台文件，将瑶族文化元素融入全县经济社会民生的各个方面，就是一种很好的做法。譬如，将瑶族传统建筑文化融入新型城镇化、特色村镇建设中；将瑶族传统的服饰文化、歌舞文化、体育文化、饮食文化、民俗节庆文化融入校园文化建设、群众文化生活和旅游文化中；将瑶族医学医药融入中医学中。特别是在举办各种节庆活动上，如“盘王节”是我们瑶族最悠久最神圣最隆重的传统节日，是集瑶族传统文化之大成、增强民族向心力、维系民族团结的民族盛典。我们通过打造“盘王节”，加强了与瑶族各族系之间的亲密联系与交融，实现了全国瑶族的团结奋进，共同繁荣。现在我们的 “盘王节”已成为湖南省四大民族节庆之一，成为中国瑶族文化的传承、发展和集中展示的重要载体。

剪纸与女书在瑶族服饰中的应用

◎ 曾凡忠[①]

【概要】 瑶族服饰是江永瑶族人民生活的记录与情感的表达。他们把剪纸艺术和女书充分运用到瑶族服饰上，这些形式多样、制作精美、色彩瑰丽、具有民族风格和乡土气息的服饰，生动地体现了瑶族人民的生活情趣和聪明才智，反映了瑶族人民对生活与大自然的热爱，是他们智慧的结晶。对融女书传统文化于一体的江永瑶族服饰的继承，有利于创造出具有新时代特色的瑶族服饰文化。

【关键词】 剪纸；女书；瑶族服饰。

绚丽多彩是瑶族服饰的共同特点。据《隋书·地理志》载：瑶族人“承盘瓠之后，故服章多用斑布为饰”。《后汉书·南蛮传》曾载瑶族先民“织绩木皮，染以草实，好五色衣，裁制皆有尾形”，瑶族先民流行“狗头冠”和“犬尾”衫。有缠头巾、扎绑腿、穿鸡公鞋的习惯，造型极似五色犬。如红头瑶妇女喜欢在衣服襟边、后背、衣角绣出精美的桃花图案，袖口对接蓝布，绣红色桃花。桂东地区瑶族服饰上的“红花”刺绣挑花图案花纹，或以红色花系花瓣为元素，或以桃红色为花纹底色，主要装饰在袖口、裤筒、衣肩、胸、襟、背、头、腰、裙下摆等部位，花纹比例和谐，反映了瑶族丰富的历史文化，也体现了瑶族人民热爱生活、勤劳智慧的审美内涵。瑶族过去因其居住和服饰等方面的特点不同，曾有“过山瑶”“红头瑶”“大板瑶”“平头瑶”“蓝靛瑶”“沙瑶”“白头瑶”等自称和他称，这从一个侧面反映了瑶族服饰的色彩、款式之丰富。在风俗习惯方面一直

① 曾凡忠，瑶族，文学博士，工作单位黔南民族师范学院。中国文艺评论家协会、中国民间文艺家协会、中国瑶医学会、贵州省作家协会等协会会员，出版著作17部。

保持本民族传统特点，尤其在男女衣着上更为明显。瑶族妇女善于刺绣，在衣襟、袖口、裤脚镶边处都绣有精美的图案花纹。发结细辫绕于头顶，围以五色细珠，衣襟的颈部至胸前绣有花彩纹饰。男子则喜欢蓄发盘髻，并以红布或青布包头，穿无领对襟长袖衣，衣外斜挎白布"坎肩"，下着大裤脚长裤。2014 年 11 月 11 日，瑶族服饰经国务院批准列入第四批国家级非物质文化遗产名录。

一、剪纸纹样在瑶服上的充分运用

剪纸是遍布于我国传统民间社会的一种特有的民俗文化形式，至今已有 1500 多年的历史。它是中华各民族文化的重要组成部分，其创作者和功能之多，流传之广，影响之深，价值之大，都是其他艺术种类无法相比的。中国民间剪纸的传承主体是中国亿万劳动妇女群体，它如同漫山遍野的野花，凭其朝气蓬勃的旺盛生命力，在人民的生活中年复一年地开放与生长，是一种民间自发传承的文化现象。传统民间剪纸也被广泛应用在刺绣、陶器、印染、铜镜、面妆、漆器等方面。

剪纸作为广大瑶族人民逢年过节、生日祭祀等家中必备的装饰品，同时也被广泛用作刺绣花样、印染底版。特别是瑶族妇女儿童的服饰都离不开刺绣，而剪纸与刺绣是一对呼声共存的姊妹艺术，做刺绣底样的就是剪纸。一个地方刺绣艺术发达，那这个地方的剪纸肯定也是风行的。妇女们不仅会"闭门"自己剪纸刺绣，而且民间出现了很多专门提供剪纸花样的艺人。江永瑶族地区流传下来的刺绣花样实物品类还有不少，像绣在肩、领、鞋、荷包、枕头、帐檐、帽、肚兜等上的刺绣花样，题材内容广泛，包括花鸟虫鱼、飞禽走兽、人物故事、神话传说、生殖图腾、名胜古迹、瓜果蔬菜、吉祥图案等，体现了广大瑶族人民增寿、添喜、生财、祈福、进禄的美好理想。

瑶族服饰主要由头巾、帽子、衣领、衣襟、挎包、衣摆、围裙、裤子、绑腿组成，服装从头到脚都有饰品，并配以太阳花、龙凤、鱼虾、蝴蝶、玉米花、蝙蝠等各种纹样图案，以及头饰、耳饰、胸饰、肩饰、背饰、首饰、腹饰、脚饰等刺绣和银饰，呈现出一种特殊的文化语言。图案色彩鲜明，线条简练，有极强的视觉效果。其蓝、酱、黑等颜色底布与黄、红、绿、白四色搭配，白色底布与黄、红、绿、黑四色搭配，冷暖对比，于沉稳中显活泼明媚。颜色的搭配变化与图案相互映衬，刺绣与银饰精美组合，使瑶族服饰更显华彩。"综观乳源东山瑶服饰上的图案花纹可以细分为五大类，即：人形纹、动物纹、植物纹、图形纹和象征纹。这些刺绣属于配色绣。所谓配色绣，就是刺绣时将各种颜色的丝线按照民间约定俗成的标准进行搭配。常用的色线有红、黄、绿、白、黑红五种。”妇女服饰有穿大襟上衣，束腰着裤的；有穿圆领短衣，下着百褶裙的；还有穿长衫配裤的。瑶族头饰特点更为突出，有“龙盘”形、“A”字形、“飞燕”形等。

刺绣的底样是剪纸，民间剪纸作为刺绣的一对孪生姐妹，两者紧密联系。贴绣本身就是用不是纸而是布或者皮进行剪纸的一种形式，很多刺绣纹样都与剪纸纹样密不可分。瑶族民间刺绣纹样大多以剪纸做样本，街坊邻居在走亲访友中，根据自己的需要向心灵手巧的剪纸娘子讨来较好的花样，贴在布料上用针线绣制，以求吉祥与喜气。与刺绣纹样相比较而言，剪纸纹样概括且夸张，虽不如刺绣纹样细腻、丰富，但是剪纸中的阴阳剪却成为其独特的艺术语言。透过阴阳错落、面积的大小分布即可表现出形式美感和空间感，通过光线的折射，变化玄妙，展现出无穷的张力，把有限的形象延伸到无限的想象中。

在过去，瑶族妇女们为了找一个好丈夫，很重视自身条件的培养与提高。她们从小在奶奶、母亲或街坊乡邻的熏陶下，学女红练铰花，努力使自己成为一个巧手。女红中最能表现妇女心灵手巧的，要数绣花。为了生活劳动有一个宜人的好环境，衣帽穿戴和卧具都要用绣花来装饰美化。花样要想绣得好，首先要有好花样。花样不光要好看，还要适合刺绣工艺要求，花样中每一个形象的轮廓线都要清晰，不能互相连成一片，正像妇女们自己说的：“要闪枝闪叶，清清楚楚。”花卉的花瓣、枝与叶、鸟兽的头尾和上肢，以及人物动态、五官等都要分清楚，不然不便于刺绣针法的安排使用，影响绣线的应用分色，也不利于物象的艺术形式表现。过去在一些瑶族山村，常见到农村妇女剪些幅面很小的剪纸花样，用来装饰儿童的帽子，由于是直接把花样贴上使用，不再绣刺，这些花样剪得都很精致，形成一种精巧的小品风格。它们大都由带娃的妇女剪成，也有上年纪眼神好的老太太，她们都保存着一些自己喜欢的花样。

据了解，瑶族民间有一种专供周岁儿童穿的老虎头鞋，花样是用纸折叠一次剪成正侧面虎形，抻平贴在鞋帮上绣好，做成鞋让小孩穿上，从左右两边无论怎么看，两只脚都是两只小老虎。我们把这张虎形剪纸花样展开成为一个平面，会发现展开过程中，老虎身体沿脊背中线分离成为一个正面头，两个侧面身体的形象，两个侧面通过头部中轴线呈对称状。这样做一是想让老虎佑护孩子平安，也希望孩子能像虎一样健壮，二是出于她们对审美情趣的追求，这是她们采用这种艺术形式最根本的动机。

制作瑶族服饰的工艺主要有挑花、刺绣、织锦三种。织锦是瑶族都喜欢的服饰工艺，然而过山瑶还偏爱挑花，平地瑶则偏爱刺绣。织锦是用断纬的办法编织，配以黑、红、黄、绿、蓝等颜色纱线，通过浆、洗之后，分纱成轴，以棉作经，彩丝线作纬，按花色设计，所用图案构思精巧，凸花用挑，凹花用压，织成绚丽多彩的瑶锦。挑花、刺绣、织锦工艺，是民族文化的象征，昭示了瑶族的精神价值。挑花和刺绣都是在深蓝、青蓝、酱红、黑、白等色彩的底布上，使用红、白、黄、绿、橙等多种彩色丝绒线，挑刺出各种不同的花式图案。

此外，瑶族染织业发达，瑶族人民精于蓝靛印染，有一套完整的蓝靛印染技术。她们将自己种植的蓝草经过浸泡加工后，提取蓝靛，加入白酒，经草木灰过滤、发酵呈黄色后便可染布。在染布过程中经过数次浸染、晾干，直到布料呈深蓝带暗红色为止。为了使布坚挺耐用、颜色深重，还把已染好的布放入炖缩的牛皮溶液或猪血溶液里，进行蒸晒。服装均用自染的土布制作，在蓝靛布上染花，有蜡染、针线折染两种方式。瑶族人民以娴熟的蓝靛印染和印花技术，制作出了驰名国内外的“瑶斑布”。瑶族同胞将“剪纸元素”完美融入生活服装设计中，表现出民族化原有的本土气息，凸显了瑶族服装独特的风格，使衣饰的色彩更加艳丽夺目。这都显示了瑶族服饰的多元化特点，体现了他们在精神上追求自然美与人工美的结合。

剪纸纹样以其特有的装饰性、文化性、民族性，在传统瑶族服装中以其多样的造型、丰富的吉祥寓意和深厚的文化内涵被广为采用。瑶族服饰的“剪纸符号”不仅有色彩丰富的外在形象和妖娆的姿态，还有中华民族赋予其人格寓意和精神力量，是瑶族人民从事农耕生活的体现，对现代服饰的设计有着重要的借鉴作用。

二、女书文字在瑶服上的独特体现

产生于江永的“女书”作为人类历史上一个独特而神奇的文化奇观，也是中国语言生活中一个植根甚古、牵涉面颇广、信息含量十分丰富的文化现象。它既是江永瑶族女性的交流工具，又是一种特殊的文字载体，这种独特文化现象所蕴涵的是江永瑶族女性在创造、传承、使用、发展女书过程中所彰显的一种精神魅力，涵盖了江永瑶族女性心理需求的各个方面，展现了江永瑶族女性特有的审美情趣和强烈的认知需要，以及江永瑶族女性主体的能动性和创造性。

“女书”元素是江永瑶族服饰文化的一个重要组成部分，其主要体现于“女红绣品”，它也是江永女书文化的重要组成部分，是当地女子以针线为载体，通过纺织、编织、缝纫、刺绣、拼布等手段，经手工制作出的传统物品。它以其实用和对生活的装饰点缀，表现出浓郁的生活气息，与当地“坐歌堂”“四月八斗牛”“结拜姐妹”等特定女性生活习俗紧密联系在一起，具有丰厚的民间生活基础并与女书文化相辅相成。

在女书物品上，绣有女字的物件主要是女巾。有的还用经过特别制作的墨汁写上去，已经保存了近百年，即使浸入水中，文字的墨迹仍清晰可辨，也有的女巾是用白、蓝、红、黄四色丝线绣上去的，四周或四角绣有花鸟图案，端庄、飘逸而又秀美。

在江永女书园博物馆里，我们看到的还有一种绣有女书文字的花带。刺绣的主织花带是女书之乡传统工艺之一。《江永县志》载当地妇女纺织花带：“多编喜、寿、福、禄等字样，也有吉祥图案，八根花带缝合在一起，就成了珍贵的八宝被面。”当地妇女织出的花带都很精美，而且每根带子上都有竹叶花、苦瓜骨花、蝙蝠花、梳子花、鲤鱼跳龙门、姜太公钓鱼等精美图案，其中有些带子上还织有与女书“王、甲、田、日”等字形相似的符号。瑶带上花纹图案很多，有龙凤、花草、山水、虫鱼等等，还有很多古老图案及文字，如“田”“万”“草”“王”“芒”“寿”“旧”字等。她们还常把男字、女字织在花带上，有的是一首女歌，有的是一篇文书，有的是几句吉祥话，有的是作为图案的几个女字，几乎所有的平地瑶妇女都能织瑶带。

女扇是写有女书文字的纸扇，既可作日常用，也可配瑶族服饰同时使用。无论是红色纸页、折叠花扇，还是手帕绢帛上，都写满了清秀的女字，其周边画满了花花草草，文字细腻精致，文学观赏价值和艺术欣赏价值融为一体。在精致的三朝书里，有的还在写满女字的每页正中都画有图案，有的在空白页上画着彩色花枝啼鸟，纤巧妩媚。据了解，在女书文字组成的物件中反复出现的、最有代表性的“八角花的图案”已有近二十种。“八角花”图案实际上源自上古九宫八卦之数，八角花里面通常画有蝴蝶寿桃图、金瓜蝴蝶图、鸳鸯戏莲图、富贵牡丹图、兵书宝剑图、葫芦笙箫图等。女红花样保留了工整对称的八角形框架，其外框状如蛛网，八角八边，内框绘以花鸟瓜果组成的吉祥纹样。有的边框内还绘出八个卦像符号，充分显露出女书传人在艺术传承上的创造精神，与女书文字相得益彰，完美地融合在一起。

此外，女书文字也常用于瑶服上的鞋、帽等物件上的空白部分。

三、剪纸与女书在瑶服上的完美结合

刺绣作为瑶族妇女的终生手艺之一，她们常通过加减针数、变换丝线色彩等方法，变换出各式图案样式。如自然景象的日、月、山、河、雪花、水波；动植物形象的鱼、牛、龙、鸟、花草树木；图腾象征的盘王印、狗耳；宗教标识的阴阳太极、八卦、神仙鬼怪；抽象几何纹中的曲折纹、波浪形、锯齿纹、之字形、人字形、十字纹、万字纹、米字纹、火纹、正方形、三角形、菱形、圆形；具象写实纹的人形纹、太阳纹、稻穗纹等。

瑶族服饰图案纹样多以几何作对称式、水波状，二方、四方连续排列，纹饰细腻，韵律感极强。如过山瑶妇女服饰为大领对襟花衫，裤脚绣有纹饰细腻的花边。盘瑶衣襟挑花，常在黑底上用大红、玫瑰红、粉绿等色相配，且构图完整，形式多样，疏密自然，纹样简洁，物像突出，造型生动。头巾的彩饰有如下特点：两端用不同颜色的丝线绣成大小不一的水波状或直线形的条状彩饰带，相连排列；中间是文字区，大都与女书文字结合，寓意“吉祥平安”。有的则直接在服饰绣以女书文字，通过图案与文字的巧妙结合，形成了江永瑶族特有的女书传统艺术体系和特有的艺术精神。

在瑶族服饰图案中，各个纹样图案有不同的寓意，如“万字纹”“太阳纹”在瑶族女书中表示吉祥如意。在瑶族女子头巾上的太阳纹、飞禽走兽和鱼纹图案，寓意有劳必有得、如意称心；姜花、八角花、苦菜花、梧桐花则寓意丰收富有；乌龟纹、缠枝纹寓意长寿；桂花、桃花、山茶花、蝴蝶花寓意生活美满幸福；山水图案寓意瑶族人民对美好生活的向往和追求；绣在衣襟上的禾苗纹，生机盎然，郁郁葱葱；简单明了的几何纹形状类似于“井”字，传达出当时人民对水的渴求。有的还有一排小人手拉手的服饰图案，反映了瑶族人民对人丁兴盛的愿望。

瑶族服饰图案和剪纸图案相同，大多为花鸟虫鱼，如凤穿牡丹、喜鹊登梅、石榴、梅花、鹿、蝙蝠等，蕴含着荣华富贵、福寿绵绵、鸾凤和鸣、金玉满堂、喜上眉梢、连生贵子、瓜瓞绵绵等寓意，体现了江永瑶族妇女对生活的美好愿景。其绣品从图案设计、工艺制作到成品交流展示的过程，也是瑶族妇女之间进行思想交流、情感交流和技艺交流的过程。一般是在布上或绸缎上描绘好或者剪贴好要绣的图案，再用彩色丝线依样刺绣，大多用于套袖、衣领、头巾、围裙、腰带、裤脚边、鞋面以及童帽、腰带、袖口、帐帘、床单等方面上，除绣上美丽的花纹外，还在空白处绣上女书文字，其常用的色彩为红、蓝、白、黄、黑、绿等颜色，搭配协调，图案组合奇丽，别具民族特色。

最长的刺绣物件是背带，也叫织花带，是当地重要的日常生活用品，常常用作背带、缝制带子被、扎脚包、捆包袱、拉幼儿学步、扎裤带等，仔细观察，在漂亮的花带上，一排排的女书文字错落有致，极富美感。

云肩也叫披肩，也是江永瑶族服饰文化中一种独特的服饰款式，装饰图案内涵丰富，女书符号化的艺术语言及数字喻意，具有浓厚的文化底蕴和深邃的哲理。云肩多在岁时节令或婚嫁时佩戴，成了婚嫁时青年妇女不可或缺的衣饰。常是当地女孩参加坐歌堂、结拜姊妹等喜庆活动必须穿戴的饰物，每片云子上都绣有寓意荣华富贵、金玉满堂的牡丹花开、凤伴牡丹图案、多福多寿、连年有鱼等吉祥主题，与女书文字融为一体。一件精美的云肩需要很长的时间才能绣成，其工艺之精巧，令人赞叹。云肩多以丝缎织锦制作，大多数云肩用四个云纹组成，叫四合如意式，还有柳叶式、荷花式等。

还有当地妇女、小孩穿戴的帽子（鳅尾帽、凉帽、狗头帽）、小孩佩戴的口水片、香囊钱袋、三寸金莲鞋等物件，很多都能看到女书文字"嫁"在刺绣（剪纸）图案上，让女红艺术更添神秘性。

据了解，当地女书老人的剪纸作品也绚丽多姿，花样百出，给节庆增添了喜气，展示着她们的才华。著名女书传人义年华，多才多艺，剪得一手好花、好字。每到娶亲嫁女、订婚生小孩，喜欢送红蛋，常常是四个，一个蛋上贴一个字花。附近农村的人都要来请义年华剪花纸，把剪纸"荣华富贵""长命百岁"贴在红蛋上。高银仙也留下不少剪纸作品。像胡美月、义运娟，锦江村的邓铺德，夏湾村的唐其玉都会剪纸。

瑶族女书艺人设计服饰图案大多喜用美丽的、吉祥的、富于诗情的、充满生机的题材，或象征对幸福美好生活的追求，或含有趋吉避凶之意，其内容所反映的多是人类健康的、积极向上的情感；热爱家乡、热爱生活、歌颂正义、歌颂勤劳始终是其主题，很少出现伤痕和眼泪，充分体现了瑶族人民对生活的坚定乐观信念。她们化抽象为具象，将瑶族人民追求幸福、自由、爱情的心愿用人们熟悉喜爱的具体题材表现出来，托物寄情，借物寓意，用剪纸图案或者女书文字，物化了瑶族人民的美好愿望和理想，使之融入了瑶族人民的炽热感情和审美情趣，从而具有一种质朴的艺术魅力，给人以美的享受，引起人们心理上的共鸣。

剪纸与女书已成为瑶族服饰文化的两个重要组成部分。我们可以在继承瑶族传统服饰精髓的基础上，运用丰富的想像力，加以敏锐的时代触觉重新演绎，充分结合现代女书文化元素，根据其流行趋势并加以改进，让之融民族化、时装化、生活化于一体；以传统江永瑶族服饰为蓝本，融女书传统文化、图腾、历史与自然生态、民族审美文化于一体的、富有原汁原味的文化元素的构思与创作，定会创造出具有时代新特色的瑶族服饰文化。

传承上伍堡优秀传统文化
开创中国平地瑶文旅目的地

◎ 文 霖

【摘要】 把江华瑶族自治县上伍堡打造成中国平地瑶文旅目的地，需要成立上伍堡文旅发展目的地有限责任公司，要做好长远规划，要请文化人、旅游人、策划师等充分论证，要有远见，真正做好上伍堡旅游资源的开发，致力于商业开发的同时保护文化遗产。在保持上伍堡古镇原貌和韵味的同时开发旅游、传承文化，实现可持续发展。打造上伍堡文旅板块，创建上伍堡文旅目的地，需要政府导向、市场运作、公司营销，强强联手，需要核心团队和社会支撑，才可能产生综合效应。

【关键词】 上伍堡；平地瑶民俗文化；文旅融合；旅游目的地；联动合作。

一、上伍堡历史沿革

上伍堡隶属于湖南省江华瑶族自治县。上伍堡是古地名，就是今天涛圩镇一部分和河路口镇大部分范围。历史上的上伍堡就是湖南省最南端姑婆山北面山脚下，东、南、西三面群山环境。上伍堡地形像一头甜睡的大水牛，又像一把大纸扇。上，东至南面从黄贯源至白草营长 70 余里；下，从四方井至富田冲长 40 余里。中，从马头岭至大地坪宽 30 余里。此范围上高下低，避北朝南，村庄林立，人口密集。东与本县的三卡冲、两岔河交界，南与广西贺州里松、黄田圩、富川瑶族自治县白沙镇相连，西与富川县新华镇香草坪接壤，北与本县牛牯岭北的刘家、山背、小尖山、杉木根、罗家寨、大塘等村相接。

上伍堡有三条九隘，三条即东八排、西八都、南罗溪。九隘即东草岭隘、流车隘，南牛步隘、红花隘、梅子隘，西石梯隘、斜栎隘（集栎干、石墙隘、香草隘），九隘横直百里瑶岗。

上伍堡东南面大岭林立，有大塘源、琵琶源、黄贯源、杨梅源、姑母源、白头源、旦久源、流车源、红花源、春头源、扎塘源、大关塘等大岭。各源溪流，除大关塘溪流流往广西外，其余溪流都流入境内，到集栎干西山汇合，称江华西河，也就是长沙马王堆出土地图上标志的大深水，流下沱江与东河汇合入湘江。西面从斜栎隘（集栎干）至界碑井都是石灰石大山。北面是牛牯岭大草岗。

百里上伍堡，山清水秀，气候宜人，土壤肥沃，地上万物生长，地下有数十种珍贵宝藏。有一个说法是：上伍堡，上伍堡，四面八方都是宝，一方没有宝，石头上也长龙须草。

当地人一直称自己为上伍堡人，上伍堡是平地瑶诗意的栖息地，是一个世外桃源之境。上伍堡环境优美，自然生态优美奇特，民间生活习俗多姿多彩。上伍堡有三大水源：旦久源、流车源、春头源。奉、唐、李三姓各居一个水源：奉姓居旦久源、唐姓居流车源、李姓居春头源。上伍堡全称“伍堡三宿”，“伍堡三宿”称谓中的“三宿”经历宋、元、明、清、民国、新中国的历史变迁，内部村庄不规则的搬迁挪移，以固定的三个水源（旦久源、流车源、春头源）称谓的“三宿”，现在地名衍变不大。大概布局是：旦久源管到上半宿、下半宿，流车源管平岗宿，春头源就管到竹子尾宿。

上伍堡三宿的具体范围大致是这样：旦久上半宿包括东边岭，旦久、黑石、栎湾、屋下、汉冲、庙背、山崽上、岗头上、白竹塘、宋家、富田冲一带；旦久下半宿靠近西边岭，有山崽脚、马头峙（位于八田峒上牛牯岭路口）、来富、牛母洞、上游、下流、流车江、大竹凹、洞尾、胡山本、茅苟坪、枧头、老木泽、新木泽、清明塘、大路铺（流车江人搬去的）、上西水、下西水、峰湾等。旦久上半宿、下半宿是来上伍堡最早的，有“奉、唐、李”三姓。当地有句民谣：瑶有奉、唐、李（指三姓），民有蒋福春（汉族人名，后来蒋姓变迁成了瑶族）。竹子尾宿包括拔岗头、白沙塘、黄牛岗、木园峒、火烧峒、泽水峒、春头源、小冲口、杉木源、大地坪、牛路、下岗、源头岗、大地窝、桑母塘、大岗头、沙子坪、平栎、岩口庙、山尾、石井、猪头山、缸瓮井、打鼓石、白马塘、新厂、门柱山、河路口、拱桥头、新铺、塘底湾、黎家、麻子湾、欧阳山、腊面山、布里坪、河路口、岗凹、黄泥氹、尖山、上峒、下峒、大关塘、麻子湾、老鼠岩、下岩坪、老屋地、青石板、茶冲、白草营、牛背地、青石板、尖山、村尾、老屋地、山背等沿207国道一带。竹子尾宿是这样取名的，在牛路和下岗各有一棵大竹子，两棵竹子的尾巴翘弯下来挨在一起了，所以就取名叫竹子尾宿。平岗宿包括鲁塘、峰头、招礼、柴塘、白马岗、岭脚、沈家峒、屋柱塘、林家、红花园、上任、下任、老车、新车、罗家、钟家、下队、秀鱼塘、赤水冲、陈家、高家、下柏、上峒等，因这里有十六个山坡，坡顶都是平敞的，所以叫平岗宿。上伍堡三宿地区范围，共有上述108个自然村。

汉元封五年（前106），汉武帝把"交趾刺史部"从羸类（今越南河内西北）移至苍梧郡，治广信县（今梧州市区），与广西都庞岭、大瑶山以东，广东肇庆、罗定以西，湖南江永、江华以南，广西藤县、广东信宜以北的广大地区属苍梧郡的管辖。因为江华县古代为苍梧之地，所以就有了梧州人之称。二是自称梧州人的瑶人是在宋朝皇祐五年（1053）驱赶寨山人即梧州人，部分从梧州进入江华，明代又有大批进入。

洪武八年（1375）至洪武二十年（1387），上伍堡入户44户。明宣德二年（1427）岁末，上伍堡瑶民与蒋复春、唐斗亨合立江华户籍，正式归江华管辖。

民国三年（1914），江华划40个团，11个瑶总。上伍堡为大尖山团、太平团、梅子团、楼子团、平岗宿团。民国二十年，江华划10个区，设44个团，上伍堡属第三区，驻地白芒营，设尖山团（尖山）、太平团（旦久上、下半宿）、梅子团（河路口）、楼子团（牛路）、平岗宿团。民国二十四年，江华划分6个区，12个乡，1个镇，348个保，上伍堡属第三区，驻地白芒营苍梧乡。民国二十七年，江华撤销区置，设13个乡，1个镇，348个保，上伍堡属苍梧乡，驻地河路口，分若干个保。民国三十一年，江华设13乡，1个镇，改设为200个保，冬又改为108个保，上伍堡属苍梧乡，驻地涛圩镇鹏沙庙。民国三十六年，江华设7个乡，1个镇，上伍堡属苍梧乡，驻地涛圩鹏沙庙，分若干保。

中华人民共和国成立后，1949年，江华划分4个区，上伍堡属第三区，驻地大圩。1950年，上伍堡属第五区，驻地涛圩。1956年6月，撤区并乡，上伍堡分别属河路口、下流、涛圩3个乡管辖。1958年9月实行政社合一的人民公社体制，上伍堡分别属尖山、河路口、新铺、牛路、白沙塘、上任、高家、旦久、大路铺、下流和罗家寨、新寨管辖。1984年春，撤销人民公社体制，公社开始改名，乡公社管委会改为乡人民政府，大队改名为村委会，上伍堡的平岗宿、竹子尾宿除杉木源大队划给县林业采育场涛圩分场管辖外，其余村属河路口乡管辖，旦久大队分旦久、汉冲两个村委会，栎湾大队分栎湾、屋下、老木泽三个村委会，集力干大队分为集力干、刘家村两个村委会，山背大队分为山背、黄家寨两个村委会。1986年，河路口乡改乡为镇。

二、上伍堡得天独厚的环境优势

要想把上伍堡打造成中国平地瑶文旅目的地，需要成立上伍堡文旅发展目的地有限责任公司，要做好长远规划，要请文化人、旅游人、策划师等充分论证，要有远见，真正做好上伍堡旅游资源的开发现状和开发思路。

1. 制定目标，把上伍堡打造成中国平地瑶文旅目的地。上伍堡平地瑶从资源禀赋到文化传承，都有绝对的优势，以上伍堡古地名为依据，建立中国平地瑶旅游文化目的地，形成观光旅游、田野调查、体验农耕文明，这里涉及平地瑶歌、音乐、舞蹈以及姑婆山（湖南江华境内）的秀美风光。建造一批休闲度假、观光旅游的基础设施，真正利用好河路口中国瑶族第一街的基础设施。

2. 保护好上伍堡明清时古建筑，保护和恢复这里的古书院、古祠堂、古寺庙、古牌坊，古民宅、古井、古道，古树、古街（如尖山古街）、古店铺、古作坊等文化遗存。古村落房舍要穿衣戴帽，街面、店铺恢复平地瑶的文化元素和风格，同时适当融入现代市场元素，形成文化策划与旅游设施的配套与实施。

3. 上伍堡古朴的民风里，有着浓烈的瑶族族群谱系，让广大瑶族群众参与到旅游目的地的建设，做好精准扶贫与产业扶贫相结合，发扬地域文化遗产的风格，开拓上伍堡旅游文化新市场，提升其文化素质。

4. 平地瑶族的宗教信仰、考古发现、变迁史、祭祀活动等。祭祀盘王活动是上伍堡人的民族图腾，同时祭祀仁王，彰显出多民族文化大融合的历史佐证。

5. 上伍堡是江华苦茶的重要原地之一，这里有牛牯岭茶场，盛产灌木野生茶——江华苦茶。苦茶文化孕育了平地瑶的坚韧顽强与勤劳善良，独特的民族风格孕育了上伍堡的瑶族文化、道教文化、地方体育特色和饮食文化，如清明节水煮粑粑，四月八牛王节对歌，吃鸡油粑粑，采茶歌、情歌、山歌、哭嫁歌等。姑婆山是萌渚岭山脉的主脉，这里有着丰富的森林、地质、人文资源，姑婆山特殊的地理环境，形成了南岭最丰富的动植物宝库。

6. 打造“上伍堡农耕文化生态游园”，形成田园观光区、古村生活区、茶文化自然体验区、姑婆山风光景区等。

三、传承上伍堡瑶民俗文化，助推上伍堡特色旅游

处于涛圩镇和河路口镇的古地名上伍堡汇聚了平地瑶地区的瑶族文化、庙宇文化、饮食文化，汇聚了平地瑶的历史、建筑、民俗、宗教、艺术等方面的文化精髓，可以通过著书编册，成立专业化系统化的联络会、研究会等方式，为打造上伍堡中国平地瑶文化文旅目的地奠定基础。

上伍堡属地，至少有下列民俗文化活动：

1. 元宵节耍火龙（草龙）。
2. 二月初一赶鸟节。
3. 四月初八牛王节对歌（牛牯岭茶场）。
4. 六月初六尝新节（盘王出巡）。
5. 上伍堡特有的体育运动：曲棒球、棍术。
6. 倒水湾村的赶歌圩（瑶族村民自发对歌）。
7. 平地瑶的婚嫁习俗（哭嫁歌）。
8. 农历十月十六的平地瑶民间盘王节。
9. 羊角短鼓舞（也叫野羊撬）、度曼妮、老人公等舞蹈或戏曲。
10. 上伍堡丰富有趣的民间故事、传说，可以汇集成书。
11. 瑶族瑶歌、山歌，瑶族长鼓舞，瑶族织锦艺术。

具体要注意如下几方面。

第一，建立田野调查博物馆，收集有关学者文章、学者田野调查的照片或图片、第一手资料、访问学者对于上伍堡瑶峒片的实地考察文献资料等。

建立上伍堡平地瑶民俗文化博物馆，促进当地有娱乐、有访问、有吃住一条龙的基础服务项目与设施，切切实实发挥上伍堡的旅游效应和文化效应。

挖掘上伍堡文化当地的民间故事、传说神话，整理出书，让世人真正感到上伍堡的厚实之气，从而让上伍堡平地瑶文化传得更远更坚实。

上伍堡平地瑶文化底蕴深厚，上伍堡有休闲的实在真味，本地人士可以把当地的传奇人物故事素材整理成舞台剧或歌舞，到古戏台表演与娱乐。不仅要挖掘当地的瑶歌、舞蹈、音乐，还要整理成书，与时俱进地提升文化的品质，把一些专家、学者或在读博士、硕士的论文征集起来整理成书，让上伍堡有故事、有学术、有分量，这些一手资料有利于打造上伍堡平地瑶旅游文化目的地，有助于整体上提升神州瑶都江华的知名度。

第二，长远规划萌渚水森林漂流体验、峡谷体验、姑婆山主峰马鞍山野外宿营基地等。对上伍堡范围内的姑婆山景区进行科学考察，挖掘其地质资源的科学价值，找到上伍堡生态旅游价值的真正内涵，如石瀑与峡谷的开发，把上伍堡瑶族文化体验与森林旅游体验结合起来。做好古树挂牌、森林树种群落调查、负氧离子含量测量等基础工作。可以从姑婆山山脉打造多种健身强体的项目，如攀岩、走峡谷、爬高山、漂流、寻访姑婆山迎客松、体验高山草甸、顶峰宿营等旅游项目。

第三，打造上伍堡地区学术研究平台。上伍堡平地瑶语言、文化、经济等不同特色，许多学者寻访了这块土地。中山大学博士后陈益民、陈敬胜，湖南师大陈剑，广西师大袁七，中南大学李星辉教授，中南民族大学一些博士生、教授等，还有其他大学的研究者，都走进过上伍堡进行田野调查，取得了丰硕的研究成果。中南大学教授、民族语言学者、博导李星辉女士多年在这里进行实地考察，积累了丰富的研究经验，她说，江华几乎是自己的半个故乡，因为自己 20 多岁就在这块土地上行走。

每年一度举办上伍堡平地瑶文化研讨会（论坛），欢迎研究本土文化的海内外学者专家等文化人士参加。显现上伍堡特色、上伍堡风格、上伍堡气派、上伍堡声音，挖掘、整理、研究和开发上伍堡文化，出版上伍堡文化专著、专辑等，反映上伍堡风土人情、人文与自然风光特色的文学与艺术作品。以地方民俗文化为引力，吸纳游客到上伍堡观光旅游。

第四，利用上伍堡地域文化资源，促进平地瑶文化优势的互补，助推瑶族文化、自然资源与旅游的深度融合。瑶族的经济文化都需要扩容提升，可以申报上伍堡地域文化遗产之乡，提倡携辖区内村民创设农家乐、民宿，提升自己的文化艺术品牌，加快姑婆山休闲风景区的旅游目的地的开发，把瑶族文化与生态旅游结合起来。姑婆山的天然森林旅游资源是上伍堡得天独厚的优势，培养当地的土导游（最淳朴的山里导游），把姑婆山风景与上伍堡民族文化资源有机捆绑在一起，把上伍堡瑶文化、姑婆山生态旅游和森林康养基地结合起来。

四、组建上伍堡文旅融合发展的基本构架

打造上伍堡中国平地瑶文旅目的地，致力于商业开发的同时保护文化遗产，在保持上伍堡古镇原貌和韵味的同时开发旅游、传承文化，实现可持续发展。这里，笔者根据自己多年对上伍堡专注和了解，定下以下的基本构架。

一、以姑婆山山水风光为生态的资源区域。

二、以平地瑶文化生活为农耕文明的体验区。

三、以上伍堡学术研讨区实现平地瑶文化的学术研究平台。

四、发展古村落民俗民宿区，建立姑婆山康养基地。

以上伍堡平地瑶节庆文化活动为载体，使文旅发展的内容更丰富多彩，这是大看点，是文化的灵魂。

五、上伍堡地属于姑婆山脚下，这里是第四季冰川运动留下的痕迹，是江华奇石黑珍珠、青化石的故乡，这里有天然盆景、根雕艺术、书画奇才，奇特山水风光，有水纹石、筋纹石、黄蜡石、黑珍珠、青化石、指纹石等非常丰富的观赏石、奇石原石，上伍矿堡矿产资源种类繁多，丰富多彩。上伍堡以锡、铜、稀土、白钨、黑钨、硫铁、褐铁、高岭土、铅锌、水晶为主，其中稀土储量居全国第二位，完全可以打造上伍堡奇石博物馆、地质博物馆。

六、建设好上伍堡湘桂古道。上伍堡是秦朝古道的必经之地，是国家重点文物保护单位湘桂古道（即潇贺古道）的一部分，是中国最早“一带一路”之海上丝绸之路的重要必经之地。推进海上丝绸之路的追寻与挖掘，文旅承接东盟占先机，促进上伍堡与世界各地的文化交流与经济辐射。

上伍堡是平地瑶文化的典范之境，平地瑶生态文化旅游目的地，上伍堡的地理区域和经济文化都能够凸显上伍堡的文旅融合发展趋势。

坚持“绿色发展”理念，“绿水青山就是金山银山”。围绕上伍堡姑婆山的石峰、峡谷、水流和森林自然资源与古村落的村院、牌楼、井字型巷道等人文资源，由文旅目的地有限公司注册好文化旅游公司，合理规划森林旅游与古村落建设，打造出牛路、旦久等古民居、姑婆山休闲爬山等基本构架的旅游项目，不断整合人文与生态相结合的绿色景区元素。

七、要打造上伍堡平地瑶农耕文化园，推进农耕文化与全域旅游的深度融合，激活古村文化，设立核心景区，以核心景区为目标辐射地方文化与乡村旅游，达到振兴乡村发展战略眼光。

八、要推进上伍堡宗祠文化、庙宇文化的深度提升。上伍堡古村落多，祠堂或者庙宇多，瑶族文化与农耕文化气息较浓。上伍堡节日多，民族文化活动多，促进农耕文化体验园与特色旅游全面融合有着得天独厚的优势。上伍堡 108 个村，村村有庙，有些是几个村同属一庙，盘王大庙是把当地瑶族聚会的庙宇与民俗表演提升起来，观看民间艺人的坐歌堂、老人公、羊角短鼓舞、度曼妮等，以盘王节（瑶文化艺术节）带动尝新节（平地瑶丰收节）、火龙节、山歌节、插秧节。打造一批瑶族特色的古建筑，吸纳游客来上伍堡度假、休闲、静养、健身、娱乐，品味美食，感受上伍堡古村文化的独特魅力。

现在，不管现代文明如何冲击，上伍堡人依然保持了自己的生活起居和饮食常规习俗，手捏豆腐、水煮猪肉、白斩鸡、煮汤粑粑、鸡油粑粑、盘龙馃子、炮馃、柴火熏腊肉等，是这里的饮食习惯。

推介上伍堡四时节令的民俗文化，如要火龙、饮食特色、祭祀盘王仁王，要让当地瑶民的节日氛围扩大。

上伍堡是中国平地瑶重要的观光胜地，当地瑶族从文化艺术和经济发展的趋势来看，以姑婆山为依托，打造上伍堡全域文化旅游目的地，是江华旅游真正的潜力股。

要重视以上伍堡地域文化的专业建设，加快上伍堡地区的文学创作、绘画摄影、民俗活动、瑶歌舞蹈和民俗研究的人才建设。

九、建立平地瑶文化振兴蓝本，包括上伍堡产业振兴、瑶文化振兴、人才振兴，生态振兴，乡村振兴是新时代乡村的主要命题。

打造上伍堡中国平地瑶文旅目的地是符合国家乡村振兴的主题要求的，同时，这是对上伍堡平地瑶文化的深度整合和新的创意。

要勇于先锋开路，勇于探索，组建上伍堡平地瑶文旅目的地的开路先锋。眼下，上伍堡可以切实依托和借鉴富川瑶族自治县瑶锦传承人李冬梅瑶族织锦的文化经验，打造湖南江华平地瑶织锦艺术的前头站。目前，上伍堡地湖南省少数民族特色村寨牛路村的瑶族青年李谋珍准备学习平地瑶织锦艺术，正筹备“湖南平地瑶工艺品有限公司”，以平地瑶织锦艺术为龙头，开发瑶族织锦产品。

天然植物染色、染线，天然环保、消炎，防止皮肤病，健康安全。瑶族种植植物染料，从植物中提取瑶锦的植物染色，加上刺绣，瑶族手工，让游客走到瑶族手工作坊，体验瑶族织锦技艺的手工纺纱、织布、织瑶锦，还可以探讨古老的天然的植物染料工艺流程，以产业促进旅游发展。建立“瑶族民宿+养生基地”，辐射港澳珠沿海和内地游客，可以不断地建立瑶族民宿。

上伍堡是一个特殊的地理环境，守住上伍堡这块牌子不仅仅是这里的物质文化遗产和民俗民情、传统技艺、瑶乡民间对歌、戏曲等非物质文化遗产，更重要的是打造上伍堡文旅目的地，可以留住传统文化，促进民族文化的深度融合，唱出以人为本的伟大命题。重视乡村建设的今天，平地瑶民在上伍堡这块土地上劳作，在这块土地上经商，正是延续了中国平地瑶农耕文化新的征程。

上伍堡乡贤走出乡间，经常关注上伍堡瑶文化传承和民间盘王节的举办，如李洪梅、李冬梅、唐香英等，他们是创业带头人，创业明星，又是新时代劳动的模范。文化和经济更能促进上伍堡平地瑶文旅目的地的做大做强做实。

一个民族最重要的是把有价值的文化呈现出来，让世人触摸到这个民族的思想火花和审美情趣。

做好上伍堡古村风水、风俗、风光的解读。做好上伍堡古村、古寨门楼或者是楹联文化的设施布局，合理建设好上伍堡平地瑶文化研究的社会智库，要与时俱进，深入挖掘文化资源优势，以当地人民群众为中心，以文化力作和精品为瑶乡经济社会发展提供智力支持，要聚焦目标，发挥好上伍堡文旅公司的领头作用，努力决战脱贫攻坚，推动瑶乡乡村振兴，不断繁荣民族文化。

十、重建三宿书院，找到平地瑶族文化的精神实质与灵魂价值，把书院碑刻（上伍堡义学碑）移放进书院，作为镇院之宝。努力打造好瑶族传统建筑与学校教育的文化载体。

上伍堡义学碑是清朝乾隆十年（1745），江华县衙遵照指示首次在上伍堡建立义塾的碑刻。经历 28 年后，即清乾隆三十八年（1773），江华县衙把上伍堡义塾改为三宿书院。三宿书院经历了 200 多年的风雨沧桑，成为上伍堡瑶族人民教育史上心灵的精神守望和文化标杆，所以要重修三宿书院。这是上伍堡学子读书做学问的文脉之地，是江华瑶族历史上真正的官学之一，在当时是比较开放的。瑶族人民在这里受到了朝廷的重视和支撑，现在，书院文化会传承下一代，激活瑶乡人民求学、学技术、创业的更好风气。

三宿书院建筑一定是瑶族特色，一定是古代社会义学的标志，要体现其内在的研究价值和艺术价值。书院可设有泮池：“泮池蓄水，以水为德，文明不断，后继有人。”

要组建上伍堡商业联合会，成立上伍堡文化研究会，成立上伍堡中国平地瑶文旅目的地开发责任有限公司，以公司形式运作，打造“上伍堡中国平地瑶文旅目的地”平台。上伍堡本地有许多商业老板，众人拾柴火焰高，相信在本土化领军人物的支撑和文旅目的地策略策划下，上伍堡一定会走出瑶族最具特色的文旅融合文旅目的地新路子。

五、重视上伍堡歌舞中的音乐探究

一个民族的语言往往千差万别，上伍堡平地瑶民说的是七都瑶话，白芒营一带平地瑶说的是八都瑶话，而靠近河路口镇的广西富川瑶族自治县新华乡龙集村平地瑶是从上伍堡下任村搬过去的，他们讲的却是九都瑶话。不同的语言，说唱艺术也是不同的。

上伍堡是江华平地瑶文化的基地，民族民间音乐最为丰富。对民族音乐产生的背景以及发展流变传承等现象，需要做进一步的深层思考和研究。

上伍堡瑶族的民间音乐民歌，歌舞音乐、民间乐器以及宗教音乐，都可以进一步论述，让瑶族音乐史实的记录书写走入瑶族民间，丰富瑶族文艺的智库。

上伍堡瑶歌旋律优美，内容丰富，种类繁多，体现了平地瑶瑶人独特的审美趣味与文化积淀。这里的梧州瑶歌以声部的多少分“单声歌”和“双声歌”两大类，若按照题材分类主要有祭祀歌、抒情歌、风俗歌、生产歌，尤以抒情歌为人们所喜爱。独具特色的二声部民歌《蝴蝶歌》和《嘞嘞嘿》是梧州瑶歌的基本调。

上伍堡瑶族的迁徙带来其文化的交流与变迁，促使当地瑶族与汉族之间有着不同程度的融合与分化，形成了上伍堡独特的语言特色、文化特色与音乐调腔。

上伍堡瑶族歌曲有瑶歌、山歌、小调、风俗歌和儿歌，对这里瑶歌多声部民歌的研究与论述，需要进一步在曲式结构、调式、调性、双声部之间的关系上进行论述。

湖南师范大学音乐学院音乐与舞蹈学以上伍堡作为湘南瑶文化田野考察基地之一（另一个是江永的清溪），主持这项工作的是湖南师范大学音乐学院音乐研究所所长、“潇湘学者”特聘教授赵书峰。2019 年 1 月 8 日，赵书峰教授带着他的研究团队一行 7 人来到了位于西凤村的上伍堡盘王大庙正式授牌和挂牌。基地的挂牌，会让更多的人感受到上伍堡底蕴深厚的沃土。湖南师范大学开启了一个与瑶族民间互动的学术平台，以后会有更多的老师和学生来感受得天独厚的上伍堡瑶族文化，并展开研究上伍堡地区平地瑶的音乐与舞蹈文化，从而达到为上伍堡瑶族文化与生活起居的寻根溯源、传承与发展做出积极贡献。

湖南科技学院一批瑶学研究学者，也将上伍堡瑶文化作为在校学生的研究生论文接地气的实践基地。

上伍堡以其浓郁的民族风情和独特的艺术特色，赢得了一些日本学者和更多的国内专家学者的青睐、重视和赞誉。

现在，上伍堡许多民间艺人都趋向老龄化，如羊角短鼓舞的笛子手年龄最小的有 80 岁，最大的是 88 岁，吹牛角号的是 72 岁。年轻人不学民间音乐，后继乏人，民间音乐难以得到长足发展，甚至面临濒危的境地。光研究还不行，还要有步骤有计划地传承下去。

瑶族文化直接表现出来的，主要是歌舞与伴奏的音乐，上伍堡在地理上有自己的界定，上伍堡瑶族迁徙而来的历史根源和记载，上伍堡平地瑶与其他的平地瑶有共性，但更有个性。

六、结束语

上伍堡平地瑶文旅目的地的打造，是接地气和人气的文创项目，通过旅游，让上伍堡平地瑶文化资源转化成实在的生产力，会促进江华全域旅游业的发展，取得相应的社会效益。

姑婆山是上伍堡最丰富的自然资源，是上伍堡文旅融合重要的生态载体。鉴于姑婆山江华地段旅游开发的机遇和价值，鉴于上伍堡丰富多彩的中国平地瑶文化载体，应设立姑婆山生态文化旅游区。如果忽视姑婆山的旅游资源，好比捧着金碗找不着财富。研究瑶族文化要切切实实与当前的经济、文化、旅游结合起来，用好维护好生态资源，传承好瑶族文化特色，做到实在不蛮干，切实可行，有益可行。防止急功近利和草率了事，走出真正文旅目的地的远见远行。文化与旅游，好比文火炖佳肴，慢中见功夫，最终受益匪浅。

上伍堡独特的文化氛围很快会造就其旅游文化的发展期和成熟期。开发姑婆山湖南境内的旅游资源，让天下游客走进上伍堡“中国平地瑶文旅目的地”，既是一次旅游享受，又是一次文化熏陶。

上伍堡平地瑶地域特色文化旅游目的地，是经得起时间和实践检验的。打造上伍堡文旅板块，创建上伍堡文旅目的地，需要政府导向、市场运作、公司营销，强强联手，需要核心团队和社会支撑，才可能产生综合效应。

要充分发挥PPP模式“全程合作、利益共享、风险共担”的优势，缓解政府资金压力，拓宽资源来源渠道，激发企业创新活力，优化社会效应。

上伍堡是平地瑶的桥头堡，长远打算，完全可以打造出上伍堡传媒、文旅、拍摄基地，集电影制作于一身，还可以吸纳微电影、微视频、电视剧企业登场，传递新媒体主题活动。

目前据广西交通枢纽高速公路发展新思路与目标方面的策略，道贺高速公路将在河路口建立高速路口，连接韶贺（韶关—贺州）高速。这样的举措，给江华带来了新的发展机遇，有利于上伍堡文旅融合的目标方向、景区提升、文化渗透。发展上伍堡文旅目的地，更好地打开河路口镇通往广西、广东的文旅门户，形成产业板块、文化板块、旅游板块的深入融合，撬动神州瑶都民族产业链与文旅目的地联动合作，最终让瑶族人民更好更快地致富奔小康。

黔东南州过山瑶传统文化的保护传承发展
——以榕江县塔石瑶族水族乡过山瑶为例

◎ 盘祖湘[①]

【摘要】 瑶族，是黔东南州的世居民族之一。相对于黔东南州其他的瑶族支系，居住在榕江县塔石瑶族水族乡的这支过山瑶，在历史上迁徙最为频繁，分布相对集中。一方面，这支过山瑶经济、社会发展较快，尤其是教育相对先进。另一方面，这支过山瑶传统的生产、生活方式逐渐消失，瑶族语言面临流失，瑶族服饰已经被同化，瑶族歌舞面临断代，瑶族节日已经淡化。因此，在推进黔东南州瑶族乡村发展、振兴中，要切实重视黔东南州瑶族传统文化的保护传承发展。

【关键词】 贵州瑶族；过山瑶文化；乡村振兴。

瑶族，是黔东南州的世居民族之一。相对于黔东南州其他的瑶族支系，居住在榕江县塔石瑶族水族乡的这支过山瑶，在历史上迁徙最为频繁，分布相对集中。一方面，这支过山瑶经济、社会发展较快，尤其是教育相对先进。另一方面，这支过山瑶传统的生产、生活方式逐渐消失，瑶族语言面临流失，瑶族服饰已经同化，瑶族歌舞面临断代，瑶族节日已经淡化。因此，在推进黔东南州瑶族乡村发展、振兴中，要切实重视黔东南州瑶族传统文化的保护传承发展。

一、榕江县塔石瑶族水族乡过山瑶传统文化的特质

榕江县塔石瑶族水族乡过山瑶传统文化基本保存完好，最为引人注目的，当

---

① 盘祖湘，男，瑶族，黔东南州国土资源局原副调研员，黔东南州社会科学院特聘研究员。研究方向：行政管理、贵州瑶族、乡村振兴。

数还“盘王愿”、过“盘王节”、跳“春杵舞”和吃“塔石羊瘪”。

(一) 还“盘王愿”

还“盘王愿”是榕江县塔石瑶族水族乡过山瑶为缅怀始祖盘王的功德、祈求盘王的保佑而举行的隆重的祭祀活动。榕江县塔石瑶族水族乡过山瑶还“盘王愿”有“大还愿”和“小还愿”之分，小还愿，活动的时间较短，用的供品不多，只需猪 1 头，祭祀活动 1 晚即可。如果是大还愿，活动的时间较长，一般为 3 天 3 晚，其贡品也比较多，就得用两三头猪，整个还愿过程比较烦琐，环节错综复杂。还“盘王愿”活动的场地，主要设在主家的堂屋，在主家堂屋两侧墙壁上，挂着法师带来的盘王像和主家的神像。神龛上和侧边的长桌上摆上杀好的整猪（不砍散的猪）和米酒、香纸之类的供品。还“盘王愿”活动除了“上刀梯”和其他个别环节需要在主家屋外举行外，其他活动都在主家屋内进行。

(二) 过“盘王节”

榕江县塔石瑶族水族乡过山瑶将“盘王节”称为过“瑶人年”。过去，榕江县塔石瑶族水族乡过山瑶过“盘王节”，以祭祀瑶族始祖“盘古大王”为主要内容，后来发展为祭祀盘王、纪念祖先和庆贺丰收的民间节日。在“盘王节”期间，过山瑶男女老幼身着盛装，聚集一堂，或唱《盘王大歌》，历数祖典，追忆始祖盘王的恩德，或跳“春杵舞”，摆设歌堂，歌舞通宵达旦，热闹非凡。

(三) 跳“春杵舞”

“春杵舞”，是榕江县塔石瑶族水族乡怎东瑶寨在冬季所跳的一种传统舞蹈，主要是在还“盘王愿”时所表演的一种活动。表演时所用的鼓与瑶族生产工具——春杵相类似，因此，也被称为“春杵舞”或“春杵把戏”。表演“春杵舞”，一般在还“盘王愿”的第二天清早，即开坛请圣完毕过后进行表演。参加表演“春杵舞”的人数不限，可以一村一寨的人参加，亦可以同宗同族进行，舞者有男有女，有老有少。“春杵舞”刚劲有力，过山瑶那种勤劳质朴、热情奔放的性格，尽显其中。

(四) 吃“塔石羊瘪”

传说，过山瑶刚迁徙到榕江县塔石瑶族水族乡时就开始饲养山羊。其所饲养的山羊，由于长期野外牧羊，封闭饲养，高度近交，加上自然和人工选择而形成具有特色和适应当地自然环境的地方羊种。1988 年，经贵州省农业厅组织专家对“塔石香羊”品种进行考察，榕江县塔石瑶族水族乡被誉为“香羊之乡”。2016 年 12 月 28 日，国家质检总局发出公告（2016 年第 128 号），正式批准榕江县“塔石香羊”为国家地理标志保护产品。以“塔石香羊”为原料制作的民族特色菜“塔石羊瘪”，以其独特的制作工艺和味道受到广大游客的青睐，近年来，“塔石羊瘪”已经走出山外，香飘千里，美名远扬。如今，在塔石瑶族水族乡，乃至榕江县，“塔石羊瘪”已成为一张对外宣传推介的响当当的名片。

二、榕江县过山瑶传统文化保护传承发展的现状

（一）长期以来，榕江县过山瑶传统文化主要依靠过山瑶法师的心传口授

目前，榕江县过山瑶传统文化只散存在个别法师当中，如果再不引起高度重视，及时进行抢救、挖掘、整理和保护传承，随着我国工业化、城镇化发展步伐的加快，榕江县过山瑶族文化，尤其是过山瑶的古籍、民间工艺和民族歌舞等将有可能完全消失。

（二）20 世纪 80 年代中、后期以后，榕江县过山瑶乡村大量的青壮年外出务工，他们的思想观念发生很大转变，生活方式变化巨大

进入新世纪以后，随着我国工业化、城镇化发展步伐的加快，加上受现代强势文化的严重冲击，榕江县过山瑶传统文化赖以生存的地域自然环境和人文环境逐步消失，过山瑶传统文化失传速度在不断加快。

（三）当前，在榕江县过山瑶传统文化的保护传承发展中，存在着重视不够、人才奇缺和资金匮乏等困难

目前，不仅榕江县过山瑶传统的生产、生活方式逐渐消失，瑶族语言面临流失，瑶族服饰已经同化，瑶族歌舞面临断代，瑶族节日面临淡化，瑶族祭祀文化难以传承和瑶族特色民居面临消失等，而且在榕江县过山瑶传统文化的保护传承发展中，存在着重视不够、人才奇缺和资金匮乏等困难。

三、党的十九大报告提出了“坚定文化自信，推动社会主义文化繁荣兴盛”的新要求，对实施乡村文化振兴战略，推进乡村文化繁荣发展指明了前进的新方向

（一）文化振兴是乡村发展、振兴的题中之义，瑶族乡村发展、振兴离不开瑶族文化的引领

党的十九大报告提出了“坚定文化自信，推动社会主义文化繁荣兴盛”的新要求，对实施乡村文化振兴战略，推进乡村文化繁荣发展指明了新方向。要推动黔东南州瑶族农村优先发展，瑶族乡村的文化繁荣就显得尤为重要。因此，在实施黔东南州过山瑶乡村发展、振兴过程中，必须振兴乡村文化，推进乡村文化繁荣兴盛，以激发农村发展的内生动力和发展活力。

（二）以民族文化保护传承作为发展乡村文化旅游的重要前提

民族文化旅游，就是以非主体民族的文化旅游资源为主要旅游吸物的旅游活动，主要是指少数民族民俗旅游。发展少数民族旅游，首要的前提就是要拓展少数民族文化发展空间，要以文化旅游为主基调，要以弘扬和传承民族文化作为发展文化旅游的前提。在开展文化旅游的同时，还要注重对瑶族原生居民生活社区的保护，瑶族居住地集中体现了瑶族的民族语言、民族服饰、民族习俗、物质文化、精神生活等民族要素。

（三）文化是乡村旅游的灵魂

乡村文化并不是虚无缥缈、不可捕捉，它有其生存发展的地域根基。乡村生活方式、生产方式，是最能体现乡村文化的节点，是乡村文化的展示载体，同时也是游客感知一个乡村的最直接表现，游客需要一种真实可触摸的乡村旅游。文化的融入可以乡村农事活动体验、乡村农耕技术展示、乡村民俗活动体验等形式，参与到乡村旅游的建设中，成为游客感受乡村，寻找儿时记忆的一种体验。通过瑶族原生态乡村景观、风貌、建筑遗产，尤其是瑶族乡村的生产方式、生活方式、服饰文化、饮食文化、手工制作旅产品文化融入乡村旅游之中，真正实现乡村旅游的原真价值。让旅游者在感受山水田林的大自然生态气息的同时，也浸染浓郁古朴的瑶族文化特色，这样，瑶族文化的挖掘、保护和传承也可以在乡村旅游中得到延续，实现两者相互依托、相互促进，共同发展。

四、对榕江县过山瑶传统文化的保护传承发展建议

（一）榕江县过山瑶自身应该做好的工作

1. 建议榕江县塔石瑶族水族乡过山瑶的干部和教师要懂瑶话，懂榕江过山瑶的语言（瑶族勉语）

语言和服饰，是一个民族最重要的两个符号，也是这个民族区别于其他民族最显著的两个特征。在榕江县恢复过山瑶的语言（瑶族勉语），有不少的有利条件：一是有国家政策的支持。国家在大力推广普通话、推进语言文字规范化、标准化工作的同时，要求要保护好少数民族的语言文字，包括保护好各地的方言。二是有开展“双语”教学的经验。多年来，塔石瑶族水族乡中心学校在坚持使用汉语教学的同时，还坚持用瑶族、水族的语言进行教学。通过开展“双语”教学，瑶族的学生，不仅对瑶族的迁徙历史和古朴浓郁的文化有一些了解，而且还会说瑶族日常生活用语。在巩固“双语”教学取得初步成效的同时，建议还要不断提高学生瑶族语言的口语表达能力。通过小手牵大手的方式，要求学生把在学校学到的瑶族语言传授给父母、兄长，甚至推广、运用到塔石乡所有的瑶族村寨中去。建议在塔石瑶族水族乡机关工作的过山瑶干部，在塔石中心学校任教的过山瑶教师，都要带头讲瑶族语言（瑶族勉语），要求在瑶族语言的使用、推广上，做好示范，做出表率。

2. 建议榕江县塔石瑶族水族乡的过山瑶干部和教师要带头着瑶族服装，恢复榕江县过山瑶的服饰

相对而言，瑶族服饰的恢复，要比恢复瑶族语言容易得多。一是实行拿来主义。建议加强与广西、湖南和广东等省（区）一些瑶族自治县有关部门的联系，通过外出考察，在学习、借鉴其他地方过山瑶服饰类型、款式和制作方法的基础上，来确定榕江县过山瑶服装的类型、款式。二是借鉴黔东南州内其他民族的做法。比如雷山县举办的苗年节，黎平县举办的鼓楼节等，县人民政府都要求县直机关干部、中小学教师着本民族的服饰，这样，既营造了浓厚的节日氛围，又强化了苗族、侗族的民族意识。建议在塔石瑶族水族乡机关工作的过山瑶干部，在塔石中心学校工作的过山瑶教师，在国家的一些重大节日，比如国庆节、春节和瑶族“盘王节”等节庆活动期间，不仅要带头讲瑶族语言（瑶族勉语），而且还要带头着过山瑶的服装，以此来强化塔石瑶族水族乡过山瑶干部、教师的民族意识，增强民族的自信心、自豪感。

3. 建议要尽快组织、编纂好榕江县塔石瑶族水族乡《乌荣山盘文龙支系族谱》

根据了解，《乌荣山盘文龙支系族谱》的编纂工作已经启动，是由塔石盘文龙支系宗族族人发动的，正在动员和要求各大房族，要尽快收集、整理和提供相关家谱信息资料。建议《乌荣山盘文龙支系族谱》，要全面记载盘文龙支系的迁徙历史，包括迁徙的时间、迁徙的路线、迁徙的过程，尤其要把盘文龙支系保存下来的还“盘王愿”、过“盘王节”和跳“春杵舞”等传统文化挖掘出来，切实保护好，传承好，发展好。此外，还要把盘文龙支系历代的乡贤、名人写进族谱，以此来褒扬他们曾经为国家、社会和民族做出的贡献。在编纂《乌荣山盘文龙支系族谱》的过程中，一定要反复论证，集思广益，要广泛听取盘文龙支系各大房族人的意见。通过编纂《乌荣山盘文龙支系族谱》，来激发盘文龙支系后人更加热爱民族，热爱家乡的激情；来激励盘文龙支系后人更加积极向上，奋发有为；来点燃盘文龙支系后人为建设家乡的热情和干劲。

4. 建议要重新选址，重修榕江县塔石瑶族水族乡盘文龙支系宗祠

根据了解，100 多年前，在乡贤盘宗元（字子襄）的倡导和领导下，曾经在怎贝大寨（今怎贝村）修建盘文龙支系宗祠。当时，盘文龙支系宗祠制定出不少的规定，不仅规范了盘文龙支系族人的行为，而且对团结一方民众，稳定一方治安，发展一方经济，起到了积极的推动作用。建议参照其他地方、其他民族的做法，重新选址，尽快启动修建盘文龙支系宗祠的步伐。通过重新修建盘文龙支系宗祠，把盘文龙支系的迁徙历史、迁徙过程、如今的分布状况和历代的乡贤、名人，以及盘文龙支系良好的家规、家教等，用文字、图片等实物资料，存放在盘文龙支系宗祠里面，作为传承盘文龙支系传统文化，发扬盘文龙支系良好家教、家风的传承场所，进一步团结盘文龙支系族人，凝聚盘文龙支系族人的正能量。

5. 建议榕江县过山瑶的知识分子要增强过山瑶文化自信和过山瑶文化的自觉

过山瑶由广东经过广西，迁徙到榕江县已有近 300 年的时间了，由于交通、信息等方面的原因，长期以来，他们一直没有与广西、广东、湖南和云南等省（区）瑶族主要集聚区（瑶族自治县）加强联系，因此，他们基本不知道其在历史上苦难的迁徙历和古朴浓郁的民族文化。直到 20 世纪 80 年代中期，才有榕江县籍的个别瑶族干部（贵州省民族事务委员会纪检组原组长盘泰福）与广西、广东、湖南和云南等省（区）民族部门取得联系。进入 21 世纪初，才有榕江县籍的个别过山瑶知识分子（黔东南州国土资源局原副调研员盘祖湘）与广西、广东、湖南和云南等省（区）瑶族学会加强联系。习近平总书记曾经指出：“我们要坚持道路自信、理论自信、制度自信，最根本的还有一个文化自信。”

为此，建议榕江县过山瑶知识分子、行政科级以上领导干部，一定要了解自己民族在历史上的迁徙历史，切实增强过山瑶的文化自信和过山瑶文化的自觉，然后，再去向广大的过山瑶同胞介绍本民族在历史上的迁徙历史，增强过山瑶民族文化的自信心，从而更好地挖掘、保护传承过山瑶古朴浓郁的民族文化，增强民族的自信心。

6. 建议发挥乡贤在榕江县过山瑶传统文化保护传承发展中的积极作用

乡贤文化，是以乡贤绅士的一言一行、道德品质等为示范，经过长时间积累而逐渐形成的一种文化现象。无论是在过去还是现在，不管是在农耕社会还是在现代文明社会，乡贤文化作为一个地方独有的文化现象，不仅深深地影响着一个地方的风气德化，更浸润和滋养了一方水土和乡村的灵魂。可以说，激活乡贤文化，通过赞颂“古贤”、引进“今贤”、培育“新贤”，就是为了更好地挖掘、保护和传承民族文化，深入推动乡村精神文明建设，为乡村振兴发展凝聚力量。100 多年前，在榕江县塔石瑶族水族乡盘文龙支系中，曾经产生过 2 名秀才（盘宗元、盘宗良），其中 1 人（盘宗元）外出求学做过官。辞官回乡后，盘宗元最早开办私塾，发展地方教育，积极为家乡的建设、发展贡献智慧和力量。盘宗元发动族人，建立盘文龙支系宗祠，组织族人、乡人制定族规和乡规民约，调解和处理不少违反家规、族规和乡规民约的民事案件，维护了一方的和谐、稳定和发展，深得族人、乡人的尊敬和拥护，盘宗元是一名名副其实的乡贤。参加抗美援朝，保家卫国，秉公用权，深受家乡人民尊敬和爱戴，榕江县塔石瑶族水族乡盘姓过山瑶行政级别最高（官至贵州省民族事务委员会纪检组长，副厅级）、影响最大的盘泰福，也是榕江县塔石瑶族水族乡的一位乡贤。据不完全统计，在榕江县籍过山瑶中，具有中级以上职称的知识分子和行政副科级以上的领导干部就有 30 多名，他们是一支十分重要、不可多得的力量。为此，建议榕江县塔石瑶族水族乡人民政府要充分利用他们在各个部门、各种领域的资源优势，切实发挥他们在推进榕江县过山瑶传统文化保护传承发展中的积极作用。

（二）榕江县、乡两级人民政府需要做好的工作

1. 建议榕江县人民政府有关部门要尽快开展榕江县过山瑶传统文化的普查工作

建议榕江县人民政府的有关部门，要对榕江县过山瑶文化进行一次全面的普查，全面了解和掌握榕江县过山瑶文化资源的种类、数量、分布状况和生存环境，运用文字、录音、录像以及实物展示等方式，对榕江县过山瑶文化进行全面和真实的记录，建立榕江县过山瑶文化资源档案，制定出具体的抢救和保护工作方案，夯实榕江县过山瑶民间文化保护的基础。建议榕江县、乡两级人民政府，将目前过山瑶聚居比较集中、过山瑶文化氛围浓厚、群众积极性高的怎东瑶寨，列为榕江县过山瑶特色村寨保护工作示范点，通过整合各部门的项目、资金，认真组织实施富有榕江县过山瑶文化特色的建设项目，使项目村建筑风格特色鲜明，基础设施大为改善，文化活动不断丰富，民族关系日益和谐。

2. 建议榕江县、乡两级人民政府要及时挖掘、抢救和保护传承好榕江县过山瑶的非物质文化遗产

“舂杵舞”是塔石瑶族水族乡过山瑶的一项非物质文化遗产，面临着难以保护和传承的问题。建议榕江县的有关部门要及时采取措施，尽快把塔石瑶族水族乡过山瑶的“舂杵舞”，挖掘、整理、保护和传承下来，打造成为榕江县多民族文化中的另一张靓丽名片。建议榕江县的有关部门拨出专款，尽快把塔石瑶族水族乡过山瑶法师进行“许愿”“还愿”祭祀活动时，需要念、唱的古籍抢救出来，整理编辑成书，以便永久保存。塔石瑶族水族乡过山瑶的法师，是塔石瑶族水族乡过山瑶传统文化的继承人、传播者，建议榕江县、乡两级人民政府，为塔石瑶族水族乡过山瑶法师开展祭祀活动给予一定的资金补助，帮助他们评定一定级别的大师，授予他们必要的荣誉称号等，使他们更加放心、安心进行祭祀活动。

3. 建议榕江县、乡两级人民政府要重视榕江县过山瑶文化进校园的工作

鉴于榕江县塔石瑶族水族乡过山瑶语言面临流失，瑶族服饰已经同化的情况，在实际的教学过程中，除了向学生介绍过山瑶的历史，尤其是过山瑶的族源、迁徙、漂洋过海和千家峒的传说，进一步增强学生的民族自豪感外，还要在过山瑶语言（瑶族勉语）上下功夫，使学生通过过山瑶语言（瑶族勉语）的学习，然后采取小手牵大手的方式，在父母和其他家人中加快恢复榕江县过山瑶的语言。同时，采取拿来主义的办法，到广西、湖南两省区的一些瑶族自治县，采购过山瑶的服饰，在瑶族的传统节日——“盘王节”以及国庆节、春节等国家法定节日，在榕江县塔石瑶族水族乡机关工作的瑶族干部，在乡中心学校任教的教师要带头着过山瑶的服装，传承过山瑶的传统文化。

4. 建议榕江县塔石瑶族水族乡人民政府要引导和组织过好瑶族“盘王节”，进一步保护、传承和发展过山瑶传统文化

2018 年农历 10 月 16 日，以榕江县塔石瑶族水族乡人民政府的名义，在乡人民政府所在地（塔石村）举办了第一届瑶族“盘王节”，传承了榕江县塔石瑶族水族乡过山瑶传统文化，增强了塔石瑶族水族乡过山瑶人民的民族向心力，维系了塔石瑶族水族乡过山瑶人民的团结，促进了塔石瑶族水族乡经济社会更好更快地发展。作为榕江县塔石瑶族水族乡人民政府，建议今后每隔几年（以 3 年或 5 年为好），都要举办以过山瑶文化搭台，经贸唱戏为目的的瑶族“盘王节”。同时，在举办瑶族“盘王节”期间，还要加大过山瑶传统文化的宣传，尤其是要加大“盘王节”的来历、漂洋过海和千家峒传说的宣传力度，以此来保护、传承过山瑶文化，促进榕江县塔石瑶族水族乡经济社会加快发展。

5. 建议榕江县塔石瑶族水族乡人民政府要充分调动农户养殖山羊的积极性，努力把“塔石香羊”培育成为塔石山区农民脱贫致富奔小康的支柱产业

鉴于“塔石香羊”产业在发展过程中遇到的生态环境遭到破坏、缺乏资金和尚未形成规模化生产等问题，建议榕江县、乡两级人民政府要采取多种切实可行的措施加以支持与引导。一是要坚持以产业发展规划为引领，把“塔石香羊”培育成为当地群众脱贫致富奔小康的支柱产业。二是要切实强化政策扶持、基地带动和完善服务三项工作。三是要坚持扶贫与扶智相结合，注重提高贫困群众的自我发展能力。四是要加大“塔石香羊”优良品种培育力度。五是要严格规范饲养、屠宰环节，在不断创新中推广“塔石香羊”这个品牌。六是要协调好产业发展与生态环境保护二者之间的关系。七是要积极探索“塔石香羊”规模养殖与旅游产业融合发展的新路子，以“旅游+”带动榕江县塔石瑶族水族乡经济社会更好更快地发展，努力实现“百姓富、生态美”的有机统一。

论原生态瑶歌的开发传承对丰富与发展神州瑶都及泛南岭地区旅游资源的作用

◎ 盘艳明　邱　明

【摘要】 瑶歌不仅是瑶族民间文化的精华，而且原生态瑶歌还是抒写叙述瑶族历史的载体，是本民族的百科全书。对于"神州瑶都"（江华）而言，开发原生态瑶歌资源不仅仅可以为游客提供一些丰富多样的文化活动，更有利于带动提升整个泛南岭地区和"瑶民迁徙走廊"的旅游品位和旅游特色，可以形成该地区特有的瑶文化旅游优势。山歌资源不仅仅具有很高的文化性和社会性，也有着极强的参与性和体验性，是十分宝贵的音乐旅游资源。通过对这些原生态山歌资源的开发利用，可以充分提高游客参与的积极性，可以给他们创造一个宽松的环境，让游客在旅游体验中得到最大的满足。不仅如此，瑶族原生态山歌和民族音乐作为一种文化资源，没有明显的季节性特征，不像自然风光旅游资源一样有着淡季和旺季之分，在任何时节都可以开展，从而有效弥补泛南岭地区旅游行业淡季的市场空缺，更好地带动当地旅游业的发展。

【关键词】 原生态瑶歌；开发传承；旅游资源。

自古以来，瑶族依山傍水而居的自然环境孕育了独具特色的瑶族山歌，塑造了瑶族人民质朴、善良、勇敢、真诚以及以和善为美、热情好客的民族性格和优良传统，同时也赋予了瑶族人民能歌善舞的本领。瑶歌不仅是瑶族民间文化的精华，而且原生态瑶歌还是抒写叙述瑶族历史的载体，是本民族的百科全书。因此，研究瑶歌，唱好瑶歌，发展瑶歌，对瑶族文化的传承与丰富瑶族地区旅游资源，促进瑶族地区旅游事业的发展有着特别重要的意义。

一、旅游业与原生态瑶歌融合的必要性

随着我国人民生活水平的逐步提高，旅游消费和旅游产业在我国尤其是各少数民族地区经济中的重要性日益凸显。近年来，“原生态”成为很多地区发展旅游业的口号，成为新的经济增长极和最重要最出彩的看点。越来越多的民族地区大力挖掘当地的民族特色资源，通过少数民族地区的原生态文化推动当地的旅游业发展。如广西桂林的“印象刘三姐”大型声光电晚会和“三月三”歌会，湖南湘西的“天门山歌会”，西藏的藏语原生态篝火演唱会，内蒙古的蒙古包晚会等，这些具有浓郁地方色彩的节日和活动每年都吸引大量游客前去参加，成为这些地区的一项重要的旅游经济活动，从而使得当地群众走上了富裕之路。

与此同时，随着人们文化素质的提高，在观赏自然风光时，游客们还渴望能够在旅途中更多地发现和了解少数民族的特色，观赏少数民族地区的美景，品尝少数民族地区的美食，欣赏少数民族音乐、舞蹈的表演，这些看点已经发展成为某些地区整个旅游线路的最大卖点。然而，在我国瑶族地区特别是江华这个全国最大的瑶族聚居区，却仍然存在着自然景观产品多，文化产品少；旅游产品多，特色产品少；旅游景点多，旅游内容少的弊端。江华作为享誉世界的“神州瑶都”和瑶族文化保存最完整的“瑶文化博物馆”与瑶族文化研究发展传承中心，潜力巨大的民族音乐特别是意境隽永的原生态瑶歌资源仍然没有得到完善有效的开发与利用。

二、神州瑶都及泛南岭地区的原生态瑶歌资源

唱歌是瑶族人民普遍的爱好，过去，很多民间歌手见物编词，出口成歌，留下了众多的歌谣。男女之间的对唱，往往通宵达旦。这种无伴奏的歌谣，取材广泛，有叙述洪荒时代天地万物变化的“创世歌”，有叙述本民族历史的“立传歌”“历史迁徙歌”，有反映季节更替的“十二月歌”，有男女谈情说爱的“爱情歌”，有关于生产劳动的“生产歌”，有反映反抗民族压迫的“历史斗争歌”，有反映传统习俗的“风俗歌”，有互相盘问对答的“盘歌”，有带有幽默内容的“滑稽歌”，有请人猜谜的“谜歌”，有以歌代信的“信歌”，以及师公和徒众做法事时唱的“请神歌”。自元明清三世以降，瑶族人民不断反抗封建统治阶级的压迫，在“官有万兵，我有万山”“金龙出大洞，海马归池塘”的歌谣中也不断地叙述

反映出来。

瑶族音乐曲调有20多种，富有民族色彩和地方色彩。如过山瑶的《盘王大歌》，气势雄浑，古朴深沉，百转千回，包罗万象；布努瑶的《酒歌》，词曲粗犷、高亢、浑厚，短小而精悍有力，令人精神振奋；坳瑶的《大声歌》，是一种集体祭祀的歌曲，曲调庄严、沉重，由几十人甚至上百人大合唱时，其势排山倒海，威势惊人。

瑶歌重在传情。旧社会，过山瑶山歌流行于各个山寨，是瑶族少男少女成长必修的课程。瑶语“溜腊”是聪明的意思，当时的“溜腊子”“溜腊妹”都属懂得谈唱旧歌自创新歌的瑶族勉讲端、勉西端（男孩、女孩）。据传19世纪以前，若是有人在山上唱起一首“赛花柄”，定会有人对上你一首歌并挽留你留下来做客。会唱“赛花柄”的时代瑶族男女青年都以对歌来寻找自己的伴侣。

瑶族人民喜欢唱歌，无论是生产劳动的过程中，还是在传统的节日里，无论是在婚丧嫁娶的民俗活动中，还是在瑶族男女谈情说爱的季节里，他们都喜欢用歌声来表达对朋友的友谊，对亲人的关爱，对恋人的思恋，对大自然的景仰与崇拜。针对不同的对歌主体和不同的歌唱对象，瑶族人民的对歌形式和内容有所不同，情感和思想内容也有不同的表现。

三、瑶族及神州瑶都音乐资源的特点

（一）多样性

由于瑶族支系众多，不同的支系缘于聚居区地理环境、风俗习惯、经济发展、土语乡音等各种条件的差异，流传于各个瑶语支系的瑶歌呈现出形式多样、色彩各异的特点。这些分散居住的各支系瑶民创造了丰富多彩、绚丽夺目的民间音乐和山歌，而且这些民间音乐及山歌在体裁、形式和其他各种表现手段上都具备着鲜明而浓郁的特色。

瑶族号称“东方的吉卜赛人”，居住分散，频繁迁徙是其特点，多聚居在山区是其共性。但是，各地区的地势和气候复杂多样，各个支系居住地有着不同的生态环境、地理环境和经济条件。因而瑶族各个支系的民族音乐及其山歌也具有千姿百态、丰富多彩的个性，甚至同一地区同一民族的音乐和山歌往往也有着迥然不同的风格特征。比如江华平地瑶的“蝴蝶歌”与过山瑶的“盘歌”在音乐的表现形式上差距巨大，特色迥异。过山瑶古歌侧重表现战争与迁徙，叙述本民族千百年来求生发展路上的艰难往事，格调悲壮，气氛凝重；而平地瑶古歌则内容多样，全面地反映瑶族古代社会生活，格调庄重却不失明快，节奏也相对自由，且具有音域宽广、旋律起伏跳荡的特点，有的曲体结构相当复杂。

（二）鲜活性

瑶族各支系的民族音乐皆具有表现生活的深刻性、生动性和鲜活流畅感，每字每音都散发出浓郁的生活韵味，突出反映了各个支系地域的风格特点，是各支系人民的精神、思想、感情的结晶。这些原生态民族音乐反映的社会生活内容十分丰富，与劳动人民的生活息息相关，直接表达了人们的喜怒哀乐。比如江华宝昌洞、白芒营、涛圩一带的“嘞嘞嘿”，词、曲都表现出欢乐热烈的幽默、调侃特点，把对美好生活与爱情的向往在轻松、欢快的气氛中表达出来，经常话里有话，话里藏谜，让人思索、回味，且又妙趣横生。高山瑶群众当然也善于用音乐来颂扬劳动，赞美生活，倾诉爱情。无论是婚丧嫁娶，还是祭祀礼仪中，在生活的每时每刻都离不开音乐，离不开山歌。这些原生态山歌传达了瑶族人民热爱生活、向往未来的真实感受，也体现了瑶族人民淳朴、乐观、耿直、刚毅的性格。

（三）艺术性

瑶族山歌能够让我们感受到原始生态的生命和艺术之美，勃发出诱人的艺术魅力。瑶族民族音乐和山歌文化在内容、形式和风格上都具有浓厚的艺术性和审美价值。这些具有浓厚民族特色的音乐和山歌让人们从中感受到了不为世俗浸染的真、善、美的语言艺术。原生态瑶族山歌常采用赋、比、兴和排比、复沓、拟人、设问等丰富的修辞手法，增强感染力和生动性。过山瑶的“十二月歌”及“十二步云梯”便是其中的代表。这些富有特点的艺术表现形式让这些古老的歌谣具有很高的艺术价值和审美价值；而“盘王大歌”则体现出群体性歌唱艺术的特点，浑厚、庄严、典雅，蕴藉着先辈们的沧桑往事，万种风流。歌声中有四季花开花谢的高山原野，歌声中有悲欢离合的相恋相守，歌声中有战天斗地的逐鹿豪情，歌声中有漂洋过海的激扬人生。不知不觉间，它于悲怆中洗涤人们的心灵。讲述先辈的往事，娓娓中潜移默化，悄然中身临其境，民族认同感和文化自信在歌吟中自动升华。这些歌谣，无论是在农耕时代，还是在现代社会，都具有很高的艺术价值，源远流长，不断丰富，不断发展。有人评价原生态瑶歌：举凡一人一事、一山一水、一草一木、无不应景而生，随感而发，开口成调、歌咏成章，艺术特色极为浓烈厚重。

四、开发原生态瑶歌对丰富旅游资源的作用

（一）提升瑶族地区及神州瑶都的旅游优势

对于江华而言，开发原生态瑶歌资源不仅仅可以为游客提供一些丰富多样的文化活动，更有利于带动提升整个泛南岭地区和“瑶民迁徙走廊”的旅游品位和旅游特色，可以形成该地区特有的瑶文化旅游优势。在旅游业日益发展的当今社会，旅游的竞争也日趋激烈，尤其是近些年，各个省、市都在想方设法拓展当地的旅游业的经营范围和发展空间。随着我国人民生活品位的提高，人们去旅游的时候，已不满足于单纯地观赏湖光山色，人们更愿意侧重于对不同文化的探寻体验。因此，到少数民族音乐文化的原产地去亲身领略各族人民的生活环境和文化氛围，彻底融入少数民族音乐山歌的意境中，达到乐景合一的境界，获得视觉和听觉的全面满足已经成为新趋势。比如《康定情歌》使得四川康定这个原本不知名的小镇成为游客们十分向往的旅游景点；广西刘三姐的暴红与经久不衰使得刘三姐的祖居地宜州市作为旅游城市的形象和地位得到了极大的提升……总而言之，音乐资源和山歌的开发增强了少数民族地区的旅游优势，取得了很好的社会和经济效果。

随着旅游业的发展，音乐旅游、山歌对唱这一新的旅游形式得到普遍推广，也备受游客青睐。音乐旅游、山歌对唱可以给经济发展带来巨大的空间和发展的潜力，带动地方经济发展。如果神州瑶都能够大力、全面地挖掘丰富的瑶族原生态山歌等音乐资源，就会有更多的游客因为江华所富有的少数民族音乐旅游而受到吸引，从而来到这个瑶民最大的聚居区、迁徙中转站、大本营进行旅游体验，享受音乐和山歌，参观少数民族山歌发生地的旅游景点。

江华的少数民族山歌资源不仅仅具有很高的文化性和社会性，也有着极强的参与性和体验性，是十分宝贵的音乐旅游资源。通过对这些原生态山歌资源的开发利用可以充分提高游客参与的积极性，可以给他们创造一个宽松的环境，让游客在旅游体验中得到最大的满足。

不仅如此，瑶族原生态山歌和民族音乐作为一种文化资源，没有明显的季节性特征，不像自然风光旅游资源一样有着淡季和旺季之分，在任何时节都可以开展，从而有效弥补泛南岭地区旅游行业淡季的市场空缺，更好地带动当地旅游业的发展。

（二）传承和保护原生态瑶歌

通过原生态瑶歌资源的开发和利用，独具特色的少数民族山歌从一种文化形态演变为一种旅游经济形态，这不仅仅有助于原生态瑶歌价值的发挥和延伸，更可以很好地保护和发扬原生态瑶歌。前文说过，瑶族各支系人民居住地的自然环境以及生产、生活方式差别较大，在一些支系和地域中有的原生态瑶歌由于时代的变迁和人才的缺乏而濒临消失。而原生态瑶歌与旅游活动的结合恰恰可以为神州瑶都和泛南岭地区各个瑶族支系的民歌和音乐的发展注入活力，拓宽传承路径，壮大传承队伍。

旅游业的发展给泛南岭地区和神州瑶都原生态瑶歌的保护和传承开辟了一条最佳的道路。旅游活动本质上是一种经济行为，会给当地的经济发展带来明显的推动作用。在这种情况下，各个群体，包括政府部门、旅游经营者、民间艺人都会更加积极地参与和支持原生态瑶歌作为旅游项目，主动地甚至积极性空前地整理和挖掘这些宝贵的民族文化资源。而且，各个村寨作为旅游景点，这些少数民族的音乐艺人、山歌传承人与爱好者为了赢得游客也会积极地展示当地的瑶歌，为原生态瑶歌的传承与创新注入强劲的发展动力。不仅如此，游客体验后也可以更大范围地对原生态瑶歌与音乐文化进行传播和传承。

五、开发原生态瑶歌资源发展旅游业的措施

（一）拓展原生态瑶歌和民族音乐的产品

神州瑶都和泛南岭地区要把原生态瑶歌和旅游资源开发成各种形式的产品，既丰富了旅游内容，也发展了瑶歌及音乐文化。我们可以建立原生态瑶歌和民族音乐博物馆，充分利用起本地丰富多样的原生态瑶歌及民族音乐，集高山瑶和平地瑶山歌、音乐之大成，从民间收集萃取精华存储于博物馆中，同时将瑶族饮食、瑶族服饰、瑶族建筑、瑶医瑶药、瑶族农耕文化、瑶族林作文化、婚丧嫁娶文化等多品种、多形式一起储存，全方位立体地展示于游客面前，引起广大游客的喜好和共鸣。在江华的瑶族小学中，要把瑶族山歌的教学作为一项授课内容进行传授，从娃娃抓起，从源头上拓宽传承人渠道，同时也形成街头巷尾、田间地头、山川原野上到处有美丽动人的瑶歌旋律飘荡传扬的活泼氛围。

同时，我们还可以在一些瑶族村寨和移民点建立民俗文化村或民族文化生态保护园，使之成为整个旅游线路的重要环节，使整个旅游项目得到延伸和充实。目前，主题公园在现代旅游业中得到了重视和发展，并且取得了很好的效果。在江华还未

建立大型的知名的山歌主题公园，因此，旅游部门可以结合少数民族丰富的自然资源和人文资源，以山歌音乐为主题作为特色旅游资源，采用现代化的科学技术来开发独具特色的科技性音乐旅游产品，建立诸多娱乐内容、休闲要素和服务接待设施于一体的现代旅游目的地，增强神州瑶都和泛南岭地区旅游业的竞争力。

（二）保护原生态瑶歌的审美价值

如何将原生态瑶歌这种传统的文化遗产和现代的旅游业更好地结合，在开发和运用音乐资源的过程中保证这些音乐的原汁原味，使原生态瑶歌和音乐资源得到完整的发展，协调旅游开发和山歌文化传承的矛盾，是十分迫切需要解决的问题。一些地区在开发音乐旅游资源的过程中，少数民族音乐艺人在表演中往往会有刻意迎合游客，摒弃民族方言的现象，甚至一些民间音乐艺人为了生存和提升经济收益，创作和表演一些内容低俗的节目，违背了少数民族音乐原有的艺术价值和审美价值。游客在短暂的时间里只能得到走马观花式的欣赏，无法全面而深入地了解和体会这些少数民族音乐和山歌的特色。因此，我们要有高度的文化自信，秉承“民族的就是世界的”这一贯穿始终的原则宗旨，对原生态瑶歌旅游开发要注重和坚持音乐的原汁原味，避免急功近利的思想，在发展创新、吸引游客的同时，不能破坏少数民族的生态环境和音乐特色。

“哎哟喂!”听，优美高亢的原生态瑶歌响起来了：

你讲唱歌我很熟，好比六月喝冷粥。
别人唱歌凭歌本，我唱山歌随口出。

妹是花儿任蜜采，哥是蜜蜂请拢来。
蜜蜂沾在花瓣上，千年万代难丢开。

长鼓出世便出世，长鼓出世在湖江。
两头一打出花样，不愁穿戴不愁粮。

五百年来鼓出世，鼓出世来在湖江。
手拿长鼓游天底，年年耕种谷满仓。

长鼓铿锵，山歌嘹亮，远方的游客能不纷至沓来吗?

主动融入"一带一路",加快"潇贺古道"区域经济文化融合发展

◎ 蒋建辉[1]

【摘要】 国家推进"一带一路"发展战略，共建"一带一路"，旨在促进经济要素有序自由流动、资源高效配置和市场深度融合，推动沿线各国实现经济政策协调，开展更大范围、更高水平、更深层次的区域合作，共同打造开放、包容、均衡、普惠的区域经济合作架构。在这一战略发展推动下，各省市区及各级地方政府都在重新审视、布局经济社会发展规划，力求抓住机遇，实行更新方式、更高质量、更快速度的发展。如何重新审视、认识、研究潇贺古道的历史文化、区位优势、区域协作发展，让这一民族迁徙之道、文明开拓之道、文化融合之道重新焕发出生机，促进古道沿线和周边县市区经济文化的新一轮融合发展。

【关键词】 潇贺古道；区域经济；合作发展。

根据国家"一带一路"战略要求，湖南的定位是，发挥作为东部沿海地区和中西部地区过渡带、长江开放经济带和沿海开放经济带结合部的区位优势，抓住产业梯度转移和国家支持中西部地区发展的重大机遇，提高经济整体素质和竞争力，加快形成结构合理、方式优化、区域协调、城乡一体的发展新格局。广西的定位是"一带一路"有机衔接的重要门户，要大力推进港口、陆路、航空、口岸、信息等互联互通建设，构建面向东盟区域的国际通道，打造西南、中南地区开放发展新的战略支点。广东的定位是打造成为"一带一路"的战略枢纽、经贸合作中心和重要引擎，重点突出21世纪海上丝绸之路建设、粤港合作和经贸合作等三

---

① 蒋建辉，湖南省江永县政协委员，湖南省瑶族文化研究中心理事，广西瑶学会理事，永州市瑶族文化促进会常务理事，江永县瑶族文化研究会副会长兼秘书长，研究方向：地方文化，区域经济发展。

方面建设。“一带一路”战略下湘粤桂毗邻区域合作，有利于连接区域间的政策沟通、基础设施联通、贸易流通、融资畅通以及人员交流，实现海陆丝绸之路的互相支撑，促进区域经济一体化。位于湘桂粤三省交界的潇贺古道沿线及南岭周边湘南桂东粤西北各县市区等区域，正迎来一轮扩大开放、加快发展的大好机遇。

潇贺古道位于湘桂之间，其雏形秦“古道”最初建成于秦始皇二十八年（前219年）冬，它连潇水达贺州，古道包括两条路线，一条从道县经江华入广西富川到贺州，一条从道县经江永入广西富川到贺州（今八步区），然后南下桂东粤西等地。2013年潇贺古道（亦称湘桂古道）永州段已被列为国家重点文物保护单位，在其西方向与之并行的是越城岭与都庞岭之间一条狭长的谷地“湘桂走廊”。它们使长江水系和珠江水系通过“新道”紧密相连，是中国古代沟通中原、北方和岭南的主要通道，它连接了海陆两条丝绸之路，是中国古代丝绸、茶叶、瓷器、玉器等物品与亚非欧国家进行商贸活动的重要连接通道。同时，这一流域的瑶族人民创造了丰富多彩的传统民族文化，集中表现在传统习俗文化、宗教信仰文化、社会伦理文化以及民间文学、民间歌舞、民间工艺等方面。因此在研究中国经济文化史、现当代经济发展上都具有重要意义。

一、潇贺古道文化遗产的价值认识

当下，作为陆海丝绸之路对接通道的潇贺古道，与被称为“南方丝绸之路”的湘桂粤走廊，不仅在湘桂粤文化地域文化研究、保护、开发中具有重要的地位，而且对湖南、广西、广东三省区积极参与国家“一带一路”经济、文化、社会建设更具迫切的现实意义。

（一）最早连接中原与岭南的重要通道

潇贺古道至今已有4000多年的历史，舜帝时代成为沟通中原内地与岭南的重要通道。春秋战国时期古道已颇具规模，虽然唐代之后，又开辟了联结中原与岭南的新通道，但潇贺古道的文化功能依然明显，在沟通中原与岭南的交往中依然起到十分重要的作用。

（二）一条民族融合和文化交流的文明之路

岭南最早的民族大融合，是秦始皇平定南越后。秦始皇平定南越后的五十万大军，当时留下驻守岭南维护地方安全，这些年轻士兵先后与当地土著女子通婚，繁衍生子，然后融入岭南的社会文化。自此之后，历经战乱，大量的北方流民为躲避战乱，纷纷涌至岭南，中原与岭南出现大规模民族融合，潇贺古道成为当时岭南与中原民族、文化融合的重要通道。现在岭南一带广泛分布的客家人，就是南北民族融合的结果。南北融合下的民族大家庭，对岭南的开发建设做出了重要贡献，维系着国家的团结统一和发展。

（三）南北经济贸易交流的重要通道

商周时期，通过潇贺古道，中原与岭南就有了贸易往来。到了秦汉，岭南正式纳入中国的版图，北方移民大量迁徙到岭南，人员的流动带来了生产科学技术的交流，促进了岭南经济的快速发展。汉代之后，虽然历经战乱，但南北经济贸易交流却并没有隔断，而且因为潇贺古道的特殊区位，同时也促进了北方、南方与沿海及海外开展重要的经济贸易交流。如广州、合浦等港口，古代也是南方与海外贸易的最大港口之一。潇贺古道北沿湘江过洞庭进入长沙，南下贺江入珠江到广州入海，又从西江上溯到广西的西南部，既是南北经济贸易交流的重要通道，也是中国与海外的商业贸易之路，一度被誉为海上丝绸之路。商贸的往来，带动了沿道、沿海地区的经济发展。

（四）促进了南方与中原的融合

潇贺古道往北，借湘江连接了中原，往南则有贺江，直达广州，向西则沿西江直通西南及东南亚一带，中原先进的文化借古道南下，与南方文化融合，不断促进南方经济的发展。舜帝南巡后，开启了岭南的道德文明之风。秦始皇统一岭南，设置桂林、象郡、南海三郡，岭南地区从原始聚落形态进入正式的郡县管辖，南方与中原文化出现了大融合。如贺州市龙中岩出土的战国麒麟神兽尊和铜甑，既受到中原青铜文化的影响，又融合了南方文化代表的楚文化的特点，还结合了当地文化的特色，形成了独特的岭南青铜文化。特别是中原先进的农耕技术、制造技术、文化教育等，更有利于促进南方长足的发展进步。

（五）研究岭南文化的活态“博物馆”

潇贺古道所经之处，保存着丰富的人文景观和生态景观，留存很多有价值的文物，一些还成为国家级保护单位。如古道所经之处的永州市江永县的兰溪乡勾蓝瑶寨、夏层铺镇的上甘棠古建筑群、千家峒乡的玉井古窑址、湘桂古道永州段等4处，以及富川县朝东镇福溪村的百柱庙，都是全国重点文物保护单位，富川县朝东镇的秀水村为全国历史文化名村，道县寿雁镇的玉蟾岩遗址，为全国重点文物保护单位，呈现出旧石器向新石器时代过渡的特点，有目前发现的距今 12000 年的最早的人类栽培稻实物标本。还有，永州市有江华瑶族自治县千年瑶寨——香草源村、瑶都水乡——井头湾、上伍堡平地瑶寨——牛路村、古建筑博物馆——宝镜村等 4 个，江永县有千家峒瑶族乡瑶族“桃花源”——刘家庄村、兰溪瑶族乡勾蓝瑶寨——黄家村、源口瑶族乡扶灵瑶寨—黄土坳村等 3 个，宁远县有九嶷明珠——牛亚岭瑶寨，新田县门楼下瑶族乡舍子源村等共 9 个国家级、省级少数民族特色村寨。与江永县毗邻的广西壮族自治区贺州市富川瑶族自治县有朝东镇福溪村、葛坡镇深坡村、新华乡虎马岭村等 3 个少数民族特色村寨。广东省有清远市连南瑶族自治县红星移民新村、涡水镇小横龙村、三排镇福彩新村，连山壮族瑶族自治县吉田镇古县坪民族新村、小三江镇东西江村、永和镇蒙洞村等 6 个少数民族特色村寨，不胜枚举。以上这些村寨所距不远，但却密集拥有多处国家级的文物保护单位，这种现象就很值得去探究。又如江华瑶族自治县有长鼓舞、《盘王大歌》，江永县有世界唯一性别文字《女书》等国家级非物质文化遗产，江华县古道上的凉亭均为木石结构，且大部分都有对联，而道县江永的凉亭均为砖木结构，少有楹联，冷水铺镇高家村建有风格独特的文昌阁、五通庙，这些独特的文化记录，见证了古道的历史兴衰，成为研究岭南文化的重要而珍贵的原始资料。

二、潇贺古道文化研究现状及问题

古老的潇贺古道，丰富的文化遗产，令其在“一带一路”的战略背景下价值越发彰显，但与潇贺古道的区位优势相较，目前研究和开发相对滞后。

（一）潇贺古道保护的现状

潇贺古道是湖南、广西非常丰富和珍贵的历史文化资源，也是湖南、广西的一张文化名片。但一些现状值得重视。一是对其功能的再认识。随着今天各种路网的完善和现代化，潇贺古道的传统功能在慢慢衰退，在“一带一路”背景下，如何重新开发和创新潇贺古道的文化价值应受到重视。二是对潇贺古道的保护和修复。考察中发现了不少问题，如古道的破坏，珍贵文物的遗弃，现存的古代文物建筑修缮不及时，旅游开发的无序、无度等，这些问题不解决，会对潇贺古道保护和研究带来负面影响。三是对潇贺古道的再利用。潇贺古道是一种活态文化，其实体是可触可感的，承载着民族传统文化的记忆，但今天我们的再利用还不够，一些珍贵的建筑房屋、古道桥梁等文物还被转做他用或被破坏，其教育价值、文化功能没有得到最大限度的利用。

（二）潇贺古道研究存在的问题

潇贺古道价值的利用和研究过程中还存在许多问题，目前主要有：一是对潇贺古道的学术研究亟待加强。尽管有部分本土学者关注、研究潇贺古道，但研究队伍总体还较弱，古道文化资源挖掘和利用不够，成果产出不多，影响力有限。二是对古道历史文化保护不足。现存文化遗存、重要遗址考古挖掘等方面重视不够，投入不足，潇贺古道文化的价值未充分挖掘，影响了研究、宣传和推广。三是潇贺古道文化缺乏品牌，影响力不足。虽然永州、贺州市很早就有对潇贺古道文化的考察、研究和推广，但缺乏规划，开发没有系统性，研究团队力量不强，研究成果不多，缺乏有区域影响力的文化品牌，影响力有限。四是要弥补潇贺古道自身的短板。由于文字史料的缺乏，潇贺古道的传播影响力不够，影响了人们对潇贺古道的价值认识。潇贺古道本身也存在着短板，如古道的走向、分布等已难做出准确描绘，一些关键节点也不够清晰，影响了潇贺古道的整体性规划。五是永州、贺州的区位优势有待提升。以广东为例，其中广州、深圳、汕头等都较早地纳入了“一带一路”的规划，其区位影响力就非常明显。再如湖南境内的潇贺古道，已是第七批全国重点文物保护单位。贺州作为湘桂粤的联结点，在“一带一路”倡议背景下，区位优势日益明显，但现在整体实力提升不足，从而影响了区域内众多非物质文化遗产的研究和保护。

三、潇贺古道文化研究发展的对策

潇贺古道文化价值非常明显，作为古代海陆丝绸之路的通道，既促进了南方政治、经济和社会的繁荣发展，也承载着多元厚重的民族文化。在今天“一带一路”倡议背景下，如何传承和保护这段源远流长的历史文化，如何提升潇贺古道的文化品牌影响力？提出如下建议：

（一）开发利用、保护研究要进行整体性规划

对非物质文化遗产的传承和保护要有整体性的规划，要综合考虑经济投入、文化传承、资源保护等多方面因素，提供系统性、科学性的开发和利用整体性规划。并且积极推动政府部门以立法的形式加以规范，经过专家论证，科学、合理

的规划来指导开发利用，避免开发利用的无序和无度，用法律来保证开发，规范资金投入，以保护研究开发利用的规范化。

（二）重视古道的文化考察和资料收集

通过考察调研，探究潇贺古道的文化价值，加深其功能价值的再认识，发现、挖掘珍贵的文化遗产，让特色文物得到展示和再现。在古文化资料收集方面，首先，主动接触经历丰富的原住民老人，以口述方式记录历史事迹和文化记忆；其次，搜集散落民间的书稿、碑文、石刻等资料，做好文字保存和记录；再次，重视古道实物的保护，让其发挥正常的文化功能。利用几年的时间，收集古道的历史资料，研究古道文化、历史，编撰、出版《潇贺古道文化研究及史料集成》系列丛书。

（三）打造一支专业水准的研究团队

湘粤桂各市州要借助当代高等院校人文学院专家教授，民间如湖南瑶族文化研究中心、广西瑶学会、广西桂学会、中国瑶族文化传承研究中心、“湘漓文化”研讨会等团体平台，系统性地开展潇贺古道的研究。通过对潇贺古道全面的考察、梳理、研究，运用现代文化理论来建构潇贺古道的学术体系，探究潇贺古道文化在“一带一路”倡议下的独特价值，推出一批高质量的学术成果，提升整体研究水平。

（四）重视古道文化的保护和修复

潇贺古道沿线保存着大量的古代文物、建筑、桥梁、庙宇、村落、城墙等遗址，这是古道留存下来的珍贵古迹，经过时间的洗礼，这些古迹遗址需要进行保护和修复。对有浓厚的本地特色文化，保存比较完好的古村落，进行保护和开发需要进行合理规划和论证，特别是进行新农村建设时，更需要进行科学规划和论证，把保护传统文化和对接现代文明开发合理地结合起来。只有保住遗存，文化才可以利用、发展。

（五）建设好便捷的交通路网

无论是旅游开发还是文化交流，都需要便捷的交通路网来保障，因此，基础设施的建设非常关键。高速公路方面，推动贺州—来宾、梧州—桂林、广州—贺州等路线的建设与完善，高速铁路方面，积极推动柳（州）韶（关）铁路、永

(州）贺（州）高速建成通车，进一步完善洛（阳）湛（江）铁路、贵（阳）广（州）高速铁路的功能，同时还可考虑当地机场、航运方面的建设，使永州成为南下广西广东，西去南宁、东盟，抵达广西北海港，贺州成为广西连接中西部地区和东部地区的区域交通枢纽，成为便捷的出海、出境便捷通道。

（六）把古道融入“一带一路”建设中发展

做好潇贺古道的整体规划、合理规划，解决管理无序、资源浪费、生态失衡等问题，特别是要做好一体化建设的规划，把环境保护、旅游开发、文化研究有机结合起来，并使之融入“一带一路”建设大局中发展。要把永州、贺州、梧州、肇庆打造为“中国—东盟”经贸交流的战略要道，成为泛珠三角区域多维合作的重要枢纽。

四、湘粤桂区域交融合作的推进措施

（一）建立完善的沟通机制

完善泛珠三角省会城市、市州长联席会议制度。在联席会议制度内根据工作需要成立专门小组，明确牵头部门和责任单位，切实强化湘粤桂区域合作组织沟通。

建立健全沟通协调机制。建议由湘粤桂省会城市、市州主要领导成立联合协调理事会，作为合作建设的最高领导与协调机构，负责决定与协调合作过程中的重大问题。

畅通社会组织发挥作用的途径。发挥商业、文化等协会的桥梁纽带作用，积极推动承接产业转移工作。建议将部门推进的合作协议落实的责任分工完成情况纳入督查工作计划，加大督促、检查力度，持续推动湘粤桂城市工作发展。

（二）强化区域政策协调

共同争取国家先行先试政策支持。深入研究湘粤桂三省区在国家政策层面可享受的先行先试政策，共同争取国家将环渤海、长三角区域在产业、金融、环保等先行先试政策拓展延伸到湘粤桂两省区域合作中，尽量争取更多国家级的先行先试政策落户湘粤桂区域。争取利用长江—珠江一西江经济带等优惠政策，在金融改革、财税和转移支付、生态补偿、流域治理等领域加快创新实验，率先开展相关领域的改革试验点。对跨省区合作的重点交通基础设施项目、重点产业项目共同争取国家在资金、土地方面的支持，获得更多的政策叠加。

加大市场要素政策协调力度。湘粤桂区域合作应加强沟通，在政策上实现协调一致，统筹规划区域内的要素市场政策。加大政策的引导作用，降低物流、人才流、信息流、资本流和知识流在区域内流动的约束和流动成本，实现资源在粤桂两省区区域内优化配置，使开放的市场成为要素流动和集聚的有效载体。

加大产业政策协调力度。进一步优化湘粤桂三省区城市产业布局，使省会城市、市州建立起基于自然资源、技术水平、经济基础等要素的产业结构，发挥各省会市州城市的比较优势。同时，在承接东部产业转移时，各城市既有竞争更有合作，应实行差异化、互补的产业政策，避免同质化引起的恶性竞争。要进一步优化湘粤桂三省区城市产业结构。广州市、港澳应发挥其辐射和带动作用，促进制造业向中西部转移，同时，支持现代服务业和新兴产业培育和发展，推动整个区域的产业结构升级，提高产业整体实力。

（三）搭建畅通的合作交流平台

搭建政、产、学、企合作交流平台。要构建纵向连接政府、产业、高校、企业，横向连接湘粤桂三省区城市合作会商制度，协调互助制度，共同规划和建设一批共性技术、关键技术攻关和创新平台，合作研究区域产业发展、科技创新、适用技术等课题，实现区域技术创新的共享。

充分利用会展经济平台。中国三大国家级展会有两个都在粤桂区域，即广州进出口商品交易会和中国—东盟博览会；湖南有湖南国际工业装备博览会，中国中部（湖南）农业博览会。三省区应充分利用好这些平台，促进外向型经济发展，提高对外开放水平，联手开拓海外尤其是东盟市场。此外，三省区城市要联合举办科技博览会、交易会、项目推介会，推进多层面、宽领域、全方位的交流与合作，推动相关会展活动取得更大成果。

创新产业合作平台。粤桂两省区正积极探索，成立了粤桂合作特别试验区，位于广东省肇庆市和广西壮族自治区梧州市交界处，面积 140 平方公里，广东广西各 70 平方公里，由粤桂两省区共建，是中国唯一的横跨东西部省际流域合作试验区。

这片区域山水相邻、文化相似、民心相通，经贸往来日趋频繁。我们完全相信，在湘粤桂三省区毗邻县市区党委政府的正确领导下，区域文化经济合作定会取得新的丰硕成果，收获新的宝贵经验，文化大繁荣、民族大融合、经济大发展、社会大进步的美好新时代一定会实现。

构建南岭走廊瑶族文旅融合的思考
——以江华瑶族自治县为例

◎ 杨显茂

【摘要】 费孝通先生 1988 年 12 月在金秀首次提出了“南岭走廊”设想，把广西、湖南、广东三省（区）接界一带的瑶族地区包括金秀、恭城、富川、江永、江华、连南、乳源等县沟通起来，形成一个经济、文化多方面协作的共同开发区。其目标是使“南岭走廊”地区的瑶族人民加速经济建设，尽快迈入文明、富裕的新时代。围绕这个目标，如何做好这篇文章，本文就瑶族文化与旅游融合，提出一些思考。

【关键词】 南岭走廊；文化旅游；融合。

一、费孝通先生的“南岭走廊”

“南岭走廊”的学术提出：费孝通是国家领导人之一，不仅是位学者，更是一个社会活动家，他是瑶族人民的真诚朋友，十分关注瑶族地区经济文化的发展和瑶学的研究。1978 年以来他五上大瑶山，到瑶族居住较多的广西金秀瑶族自治县、贺县、恭城县， 湖南省的江永县、江华瑶族自治县和广东省的连南瑶族自治县进行考察。在 1988 年 12 月，78 岁的费孝通以全国人大常委会副委员长的身份到了金秀六巷乡。在那里，他会见了当年帮助他考察的老乡，在和瑶族干部座谈时，费孝通提出了打破条条框框，建立南岭瑶族经济开发区的设想，首次提出了“南岭走廊”的学术概念。

“南岭”是我国长江、珠江两大水系的分界线，是华中和华南的自然与农业生产差异的重要界线，是我国大陆南部最具地理意义的山地。“狭义的南岭行政区划包括广东韶关、清远、河源；广西桂林、贺州、梧州；湖南郴州、永州、怀化、邵阳；江西赣州等。”而“广义的南岭还可向西延伸，即长江与珠江流域的分界线，一直向西至红水河与乌江的分界线苗岭，即两广丘陵与云贵高原的分界，包括黔西南、黔南、黔东南、桂北、桂西北、滇东等地。这一带雪峰山、大南山—天平山、九万大山、凤凰岭、东凤岭—都阳山、青龙山南北分列，融江龙江、刁江、红水河等南北贯穿。”

“南岭走廊”的核心思想：“中华民族多元一体格局”，“中华民族的主流是有许许多多分散孤立存在的民族单位，经过接触、混杂、联合和融合，同时也有分裂和消亡，形成一个你来我去、我来你去，我中有你、你中有我，而又各具个性的多元统一体”。这也许是世界各地民族形成的共同过程。

“南岭走廊”的经济设想：要把广西、湖南、广东三省（区）接界一带的瑶族地区包括金秀、恭城、富川、江永、江华、连南、乳源等县沟通起来，通过原来的行政体制，互通信息、交流经验、有偿支援，进而形成一个经济、文化多方面协作的共同开发区。

江华瑶族自治县地处南岭山脉腹地，既是2000多年前秦朝统一中国时湘粤、湘桂北南连接咽喉的重要枢纽，也是现在“南岭走廊”的核心区。为此，在“南岭走廊”经济设想指导下，2004年11月，在湖南省江华瑶族自治县召开了“南岭瑶族地区经济协作与社会发展”研讨会。这次会议的指导思想就是费孝通的“南岭瑶族经济开发协作区”构想的细化和深化。会议认为，在信息化高速发展的今天，在各省区市县的交通公路不断发展完善的形势下，打破旧的封闭状态，走出大山，开展本地区与其他地区的协作，省际协作，乃至国际协作，加快瑶族地区经济文化建设非常必要。会后通过了《协作发展:南岭地区经济与社会发展趋势》的大会宣言。

费孝通先生对我国少数民族的经济文化做出了突出贡献，尤其是在瑶族地区倾注了毕生情感与心血。不仅为瑶学研究树立了榜样，还培养了一大批瑶学研究人才。他所提出的“南岭走廊”学说，对南岭山脉瑶族地区的政治、经济、文化事业的发展和建设起到了指导作用。

二、瑶族历史悠久，文化底蕴深厚

瑶族经过数千年历史迁徙，现主要聚居在中国南岭山区，有“南岭无山不有瑶”之称。南岭走廊不仅是瑶族迁徙的重要通道，也是瑶族的主要聚居地。古往今来，诸多南方少数民族沿着南岭走廊的湘桂、湘粤古道不断迁徙，并发生着优秀文化的濡化，民族的交融，由此产生了十分丰富的瑶族的优秀文化遗存。既保存着楚风粤习桂俗的古老遗韵，又呈现出相互渗透融会的独特风貌，而其中的瑶族传统文化特色更是独树一帜。目前，南岭境内仍保存着较为完整的瑶族文化遗产：有盘王殿、吊脚楼、瑶寨风雨桥等古朴自然的瑶族建筑文化；有瑶家十八酿、瑶家腊肉、荷叶米粉肉等风味独特的传统饮食文化；有盘王节、赶鸟节、山歌会等瑶俗节庆文化，有《盘王大歌》、《密洛陀》、长鼓舞等瑶族歌舞艺术文化；以龙犬图腾、度戒为代表的宗教祭祀文化；以惟妙惟肖、五彩艳丽、手工艺品为代表的服饰织锦文化；以坐歌堂、入赘为代表的婚嫁文化等。这些浓郁传统文化几乎涵盖了瑶族生产、生活的方方面面，构成了独特的瑶族优秀传统文化。瑶族长鼓舞、《盘王大歌》等被列入国家级非物质文化遗产。因此，传承和发展瑶族优秀传统文化，对促进南岭走廊的瑶族文化与旅游的融合，发展瑶族地区民族经济意义十分重大。

三、依托南岭走廊独特资源，构建瑶族生态文化旅游圈

作为狭义的南岭走廊的广东韶关、清远、河源；广西桂林、贺州、梧州；湖南郴州、永州、怀化、邵阳；江西赣州等地区的县市，发展旅游有着得天独厚的资源优势。一是独特的自然生态山水优势；二是独特的湘粤、湘桂的古道优势；三是独特的瑶族传统文化优势。这三个独特优势是全域旅游的资本，特别是瑶族传统文化是其他地区所没有的独特优势。旅游的竞争说到底就是文化的竞争。因此，依托南岭走廊的独特资源，构建瑶族自然生态文化旅游圈大有可为。

（一）依托湘粤桂古道资源，构建古道文化旅游走廊

地处南岭走廊三省交界的江华瑶族自治县，不仅有逶迤在江华林区过山瑶居地的湘粤古道，而且还有穿越江华农区平地瑶聚居的湘桂古道。

虽然古道已经成为过往历史，但古道的文化遗迹依然清晰可见。古往今来，南北各个族群沿着这条古道躲避战争烟火或移民垦荒，为中华民族的融合、为多元一体的民族文化形成创造了条件，也留下了丰富的文化遗存。古道沿线的诸多凉亭和古村落就是古道文化的物化体现，也留下丰富的文化遗风。就古道凉亭而言，目前有保存较为完好，也有破败或仅有遗迹可见的。就古村落来说，保存较好或有名的也还较多。几千年的中华文明史沿着湘粤、湘桂古道流淌。每一个古

村落的背后都有自己独特的故事，把这些散落在古道两旁的古道、古凉亭、古村落为载体进行文化、遗风的汇集，必定会为南岭走廊的古道文化旅游提供大量的文化资源。

利用湘粤、湘桂古道这条古朴的文化遗风纽带，把遗存下来的古道、古凉亭、古村落的价值进行经济最大化，自然便成了不可复制的优势旅游资源。虽然目前湘粤、湘桂古道已经作为国家级物质文化遗产得到保护，但这两条古道上的古道、古村落、古凉亭却没有得到很好的保护，开发利用的也很少，更谈不上整体开发。因此，不仅要把这些古道上的古亭、古村及附属的民间文物进行整体保护，重中之重进行综合开发利用，特别要注意开发其背后的人文历史文化，构建古道文化旅游走廊。

（二）依托生态山水资源，构建天然氧吧水上画廊

“南岭走廊”北端为云贵高原东南、雪峰山南段、罗霄山脉南段，即北纬26.5度左右，南端在左江—郁江一线约为北纬23.5度，南北宽约330多公里；西界在滇、黔、桂相交的南、北盘江上游地区的东经104度，东界达南岭东端东经115度，东西长约1000多公里。自隋唐以后，南岭成为中国瑶族人口的主要聚居区域，故有“南岭无山不有瑶”之说。

1. 依托生态环境资源，构建天然氧吧

杭州之所以被誉为天堂，得益于湖光山色。“仁者乐山，智者乐水”，也正是现代旅游的趋势。“生态立县”是各瑶族县区的战略决策，“绿水青山就是金山银山”也是大家的共识。地处“南岭走廊”的各瑶族地区都有珍贵的自然山水。如江华地处南岭北麓五岭山脉中心，紧邻粤、桂，辖域北纬24°—25°、东经111°—112°，为亚热带与温带的过渡区。境内既有伟岸逶迤、深谷峭壁、峰峦翠叠、云雾缭绕、气势磅礴、森林密布的莽莽群山，也有岩溶遍布、洞景奇异、竹木蔽日、溪河环绕的阡陌农桑。这里属亚热带季风湿润气候，雨量充沛，气候温暖青山绿水，鸟语花香。优越的气候和生态环境，正是各瑶族县区得天独厚的旅游资源。我们应充分利用瑶族地区生态资源，做好天然氧吧旅游这篇文章。

2. 依托生态环境资源，传承发展瑶族医药

瑶族医药的传承历史悠久，医药知识、技术积淀丰厚。历史上记载的“瑶蛮无人不识药”，无不从侧面反映了瑶族中所蕴藏深厚的医药文化资源。瑶山是一座天然的药材宝库，勤劳善良的瑶族人民在长期的生产劳动实践中，积累了利用各种草、藤、根等天然植物防病治病的丰富经验。瑶医用药大多就地取材，医、

药结合是瑶医的特点。自古以来，瑶医都是自己诊病，自己采药、加工、配方、发药。瑶医用药形式多种多样，如煎剂、内服膏剂、散剂、药汁丸剂、酒剂、鲜药捣汁内服、鲜药含服、搽剂、外敷剂、滴耳（眼）剂、烟熏剂、熏洗剂、沐浴剂、食疗剂、佩挂剂等应用形式。

瑶医瑶药对强身健体和防治疑难病症起到了较大的作用，特别是一些精湛的特殊技术和方法，在医学发达的今天也还有不可替代的特殊作用。如香薷浴有清热解表、退热的作用；菖蒲艾叶浴有辛温解表、祛风散寒的功效；生姜浴有祛风散寒之效；龙石浴有舒筋活络、消肿止痛之效等，形成别具一格的瑶浴等瑶药系列。又如防治疑难病症方面有独特功效的秘方以及特殊的技术与方法等，对这些瑶族医药瑰宝，要组织专门人员进行拯救，认真发掘，收集整理，应加以开发、利用，并编制瑶族医学书籍。对有特殊疗效的秘方、瑶药，要申请专利，要开发瑶药系列产品，打造一批独具民族特色的瑶医瑶药品牌。

3. 依托瑶山水能资源，打造水上画廊

青山绿水，是整个瑶族地区不可多得的旅游资源。如资兴的东江湖，声誉是有目共睹的。江华的涔天河水库完成蓄水后将形成 100 多个大小岛屿或半岛，这将是一道不可多见的自然风景，打造涔天河水库水上画廊，可以实现江华旅游的跨越式发展。全国水库旅游的模式大同小异，走出一条特色化的水库旅游模式，是我们应该重点思考的。

一是融合瑶族文化，着力打造过山瑶文化的水上画廊。涔天河水库水域范围内，基本上都是江华过山瑶的集中分布区，也是过山瑶文化的集中展示区。我们应好好利用这一独特的民族地理文化空间，集中有序地在水库两岸建设一批过山瑶的生态文化村落。侧重于用本土的木材资源，建设一批具有传统建筑特色的吊脚楼，并鼓励、引导居住在沿河两岸的瑶民按照传统的生产方法、工艺，生产优质安全的农、林、渔产品。

二是融合瑶族文化，着力打造山地民族活态农耕文明博物馆。水库蓄水后形成的 100 多个岛屿，可以建设成为南岭走廊山地文明活态博物馆。南岭走廊作为历史上形成的三大走廊之一，是南方山地民族的主要栖居地，南方各少数民族在这片山地上创造了众多的山地文明。既有物化的，也有精神的。物化的如杆栏式建筑，各种生产、生活用具，各类农作物种子，以及各种禽畜品种等，这些都是山地民族在历史上形成的与南岭走廊山地空间相适应的文明。如果我们能利用这些岛屿集中保留山地民族的农耕文明，不仅是对山地民族先祖的尊重，也是对传统历史文化的尊重，这些遗存的农耕文明也将成为涔天河水库旅游中的独特资源。

三是融合瑶族文化，着力打造移民新镇新区。涔天河水库移民涉及几万人，基本上做到了在县域内集中安置的模式。移民安置过程中形成了涔天河镇、水口新镇等移民新镇和高寒山区异地搬迁到附近乡镇的移民新区，在设计和建设过程中要充分融入瑶族文化元素，使这些移民新镇新区注入个性化、民族化的文化动力。如水口新镇定位的瑶族旅游重镇，融入“水街”和“瑶族爱情小镇”的理念不错，设想也很好。水口新镇重点是以瑶族文化为核心，打造以旅游为目的的集瑶族文化、水上画廊为一体的旅游重镇。

（三）依托瑶族文化资源，构建瑶族文化旅游走廊

瑶族有着历史文化底蕴。瑶族传统文化主要体现在制度文化、物质文化与非物质文化三个方面。瑶族历史上形成的各种社会制度，随着与之相适应的社会环境的改变而逐渐退出历史舞台。当前，最主要的是注重瑶族的物质文化与非物质文化。而构建瑶族文化旅游的重点，也是在瑶族的物质文化与非物质文化。

1. 保护好一批瑶族特色村寨

国家非常重视民族特色村寨的保护。在这方面，各地瑶族自治县都做了许多工作，已经成功申报了一批国家级、省级的瑶族特色村寨。我觉得这方面的各地工作力度还要加大。江华的瑶族大体上分为过山瑶和平地瑶两类。平地瑶在明初实现了定居，因此他们所居住的村落历史较为悠久，文化底蕴也比较深厚。如井头湾、牛路古村落等都比较有特色；而过山瑶虽然定居时间不长，但村寨大都依山就势而建，其古朴纯真的杆栏式建筑，让人有种返璞归真与大自然一体的感觉。如有特色村寨的天堂瑶寨、香草源瑶寨、桐冲口千年瑶寨等。

民族特色村寨的保护，不仅仅是保护传承其外在形态，更重要的是注重瑶族文化的传承保护。瑶族特色村寨离开了本民族特色文化，就是一堆没有灵魂的建筑。让民族特色村寨充满瑶族文化，这是民族文化旅游、全域旅游需要考虑的问题。保护好瑶族特色村寨：

一是要传承优秀的非物质文化。据调查，江华目前有“长鼓舞”“盘王大歌”等国家级非物质文化遗产，还有一批省级的非物质文化遗产。优秀的文化源自日常的生产、生活，如果我们能把民族特色村寨的保护与民族优秀文化传承有机结合，便会相得益彰。因此，我们可以在大力提倡非遗进校园、非遗艺术化、舞台化的同时，让其日常生活化，在民族特色村寨中普及非遗，让非遗走进寻常百姓家。江华的桐冲口千年瑶寨，就是近年来为广大游客所熟知的过山瑶特色文化村寨，它之所以被认可，与其独特浓郁的瑶族文化有关系。大家觉得在瑶寨里欣赏长鼓舞，观摩瑶族“还愿仪式”，要比在舞台上欣赏更有感觉。

二是把瑶族文化日常生活化。瑶族的许多文化习俗都是日常生活化的，如服饰、诞生礼仪、成年礼、各种节日、婚丧制度、瑶医药治疗、饮食文化等都与我们的日常生活有关。对这些文化习俗，我们要传承优秀的文化。如瑶族服饰，这是瑶族文化元素在服饰方面的形象体现，可以鼓励大家穿戴。我们还可以进行改进，在保持瑶族文化元素的基础上，让瑶族传统服饰生活化。走进一个民族地区或特色文化村寨，若看不到本民族的服饰，会让人心生失落。又如日常生活礼仪、诞生礼仪、瑶医药治疗等，只要是优秀的传统文化，都要挖掘、传承，并日常生活化，融入旅游之中。

2. 打造一批瑶族文化品牌

打造瑶族文化品牌。瑶族传统文化历史悠久，底蕴十分厚重。要在挖掘、传承、发展的基础上，去粗取精，精细打造一批瑶族品牌。如以盘王殿、吊脚楼、瑶寨风雨桥为代表的建筑文化；以瑶家十八酿、瑶家腊肉、荷叶米粉肉为代表的饮食文化；以盘王节、赶鸟节、山歌会为代表的节庆文化；以《盘王大歌》《密洛陀》、长鼓舞为代表的歌舞文化；以龙犬图腾、度戒为代表的宗教祭祀文化；以惟妙惟肖、五彩艳丽、手工艺品为代表的服饰、织锦文化；以坐歌堂、入赘为代表的婚嫁文化等。

打造瑶族歌舞品牌。瑶族皆以能歌善舞著称，利用瑶族传统优秀歌舞优势，突出重点，精心打造和包装好瑶族长鼓舞、芦笙长鼓舞、羊角短鼓舞、串春珠、调犀牛、瑶山人龙、布龙、板凳龙、常狮、伞舞等瑶族舞蹈；以盘王大歌、过山瑶歌、梧州瑶歌、壮族歌、民间山歌、坐歌堂等歌舞文化品牌，将它们精雕细琢地搬上银幕舞台，融入生活，对外宣传推介瑶族歌舞。利用各种展演、调演、比赛、外事访问演出和商业巡回演出，不断提升瑶族歌舞文化的品牌力量，扩大瑶族文化的对外影响，获得良好的社会与经济效益。

江华还可以以叶蔚林先生在江华生活体验创作的经典歌曲《挑担茶叶上北京》的影响，倾力打造一部瑶族歌剧。虽然知道这首歌的人很多，但大多数不知道这首歌词写于江华。江华大叶苦茶是全国品牌，说明了江华的茶叶历来就是贡品，文化厚重。如果我们能以“挑担茶叶上北京”为主题打造一台晚会，制作一部歌剧或者是一部实景剧，无疑将会为江华的文化旅游插上腾飞的翅膀，既宣传了江华，又为江华的茶叶走向全国奠定了很好的基础，为江华的文化旅游注入动力。

打造瑶族医药品牌。瑶族文化虽然有“长鼓舞”“盘王大歌”等一批有影响力的非物质文化遗产，但在瑶医瑶药文化、健康文化品牌方面打造力度不大。现在已经进入大健康社会，人人都向往健康。瑶族人民在漫长的历史长河中孕育了诸多良好的健康养生方式，瑶族人民的长寿、健康是出了名的，巴马瑶族就是世界有名的长寿族群。我认为可以在瑶医瑶药、瑶浴、泡脚、茶饮等健康产业方面进行挖掘，进行一批产品开发，为瑶族文化旅游提供支持。

3. 构建瑶族文旅结合的“一个中心、三条旅游带”

江华的文旅开发，可以结合江华的旅游资源实际，突出“旅游强县”战略，重点围绕瑶族医药、瑶歌瑶舞、过山瑶、平地瑶文化下功夫、做文章，着力建设文旅结合的“一个中心、三条旅游带”。

建设以沱江镇为重点的瑶族政治、经济、文化的“一个中心”。江华被誉为“神州瑶都”，以和谐瑶都、富强瑶都、生态瑶都、文化瑶都的培育为重点，全方位地打造“神州瑶都”。一是在县城规划建设上打造“神州瑶都”，尽可能地融入瑶族文化元素。二是建立瑶族博览园。充分利用党和国家重点支持发展民族文化产业的政策，建设好瑶族文化创意的博览园，让瑶族民间艺人在园内激发创意，把瑶族独特的歌舞文化、医药文化、服饰文化、织锦文化、饮食文化、礼仪文化、民俗活动等充分展现出来，吸引国内外客人领略、欣赏、了解魅力无穷的瑶族文化，从而产生很好的聚集效应，获得良好的地方经济收入。三是建立生态博物馆。将本民族自然、社会、文化的许多濒临损毁、正在迅速消失的重要瑶族文化和瑶族民俗文物，运用声、像、物等手段，及时抢救、收集起来，陈放在瑶族民俗生态博物馆。既起到保护、传承和研究作用，又满足了旅游者参观的需要，也是对自然遗产和文化遗产进行整体保护的一种方法。四是打造瑶医瑶药中心。江华沱江镇，是一个具有悠久历史文化的城镇，这里的瑶医瑶药文化发达，具有建设瑶医药文化特色中心的条件。不仅有历史上形成的民间中草药交易市场，也汇集了一批瑶族名老中医，还有民族中医院提供的技术与科研支撑。对这些优势资源进行整合，打造成为一个瑶医瑶药文化中心，为瑶族医药文化的传承与发展，为瑶族健康产业做出积极贡献。

建设以河路口、涛圩为重点的江华平地瑶文化旅游带。河路口镇是江华平地瑶的大本营，平地瑶文化特色明显。既保存有历史古迹如相公岭下的岭下大庙，三宿书院碑刻，还保留有木球大长鼓舞蹈、瑶拳、羊角短舞、度曼尼舞蹈、仁王祭祀等一大批瑶族的优秀文化遗产，也是江华瑶族文化保存最为完好的文化生态区。加上牛路村的特色文化村落，姑婆山雄奇的自然风光，打造成“平地瑶文化旅游带”。

以白芒营、大路铺为重点，建设江华梧州瑶文化旅游带。这一带的梧州瑶能歌善舞，其中双声部的“蝴蝶歌”以及“嘞嘞嘿”民歌尤其有名。白芒营漕渡村的“赶鸟节”历史悠久，秦岩风景区自然景观与历史文化景观于一体。因此，将秦岩风景区、秦岩古村、清渡古村的文化资源进行整合，以二月初一“赶鸟节”为节庆，梧州瑶“蝴蝶歌”以及“嘞嘞嘿”民歌为基础，全力打造“梧州瑶文化旅游带”。

建设以涔天河、水口、码市为重点的江华过山瑶文化旅游带。过山瑶是瑶族中人口最多、分布最广的一个支系，自称勉。现在国内约150多万居住在广西、广东、湖南、云南、贵州、江西等六省（区），占瑶族总人口的60%以上。在国外约有60多万分别居住在越南、老挝、泰国、缅甸、柬埔寨、美国、加拿大、法国、瑞典和新西兰等国。过山瑶历史上深受封建统治者的压迫，有“南岭无山不有瑶”“入山唯恐不深，入林唯恐不密”“食尽一山又迁徙”，刀耕火种、广种薄收式生产、生活。江华岭东就是过山瑶聚居集中之地，该地区山高林密，面积宽广。境内的码市镇、水口镇、涔天河镇连成一线，码市紧邻广东连州、连南瑶族自治县，是不可多得的半农半林区；涔天河镇地处江华林区大山口，也是涔天河水库扩建移民搬迁新镇；水口镇不仅是江华成立瑶族自治县时的老县城，也是江华过山瑶聚居的中心，还是涔天河水库扩建工程移民搬迁新镇。该镇从规划、建设时就紧紧围绕过山瑶旅游重镇来安排打造。除此之外，境内山高林密，风景秀丽，是天然的大氧吧。涔天河水库扩建后的水域宽广，一百多个岛屿点缀其中，是难得的水上画廊风光。也确确实实是构建江华过山瑶文化旅游带的首选之地。

整合资源，准确定位，把潇贺古道文化带打造成湘南桂北瑶族地区的旅游扶贫带

解泽英　张华兵[①]

【摘要】 潇贺古道是湘南桂北之间的一条千年交通要道，这一区域历史积淀形成的特色地域文化，是当今旅游扶贫开发的丰厚资源。本文通过对潇贺古道文化带资源的分析，提出湘南桂北各县区应联合对内整合、对外宣传，力争实现古道沿线历史文化遗产保护与旅游开发的融合发展，重塑这一历史文化品牌，提升湘南桂北瑶族地区在大旅游格局中的地位。

【关键词】 潇贺古道；文化线路；湘南桂北；瑶族地区；旅游扶贫。

在湖南省永州市至广西壮族自治区贺州市之间的瑶族地区，有一条穿越南岭山地的千年古道——潇贺古道，在历史上曾经与著名的灵渠同为沟通岭南岭北的水陆要道。随着时代的变迁发展，如今潇贺古道已基本失去现实交通功能，但千年历史沉淀形成的文化带，是不可多得的优质旅游资源。本文结合旅游扶贫，浅析潇贺古道文化带旅游开发的潜力、前景和路径选择。

一、潇贺古道文化带旅游资源分布现状

潇贺古道是指湖南永州境内的潇水（湘江干流）与广西贺州境内的贺江（西江支流）而形成的沟通岭南岭北的古通道，秦汉时又沿两条河流修筑了陆路，水路陆路统称为潇贺古道，又称湘桂古道。这条过岭古道，联接了潇水与贺江、湘江与西江乃至长江与珠江，沟通中原与岭南，其历史价值不亚于声名远扬的桂林

① 解泽英，江华瑶族自治县民族文旅广体局。张华兵，永州日报社。

灵渠。2011 年，潇贺古道以“湘桂古道永州段”的名字被湖南省人民政府公布为第九批湖南省级重点文物保护单位；2013 年，又被国务院公布为第七批全国重点文物保护单位，成为“国宝”级文化线路。

据专家考证，潇贺古道的起点为永州道县城南 5 里处的双屋凉亭，并称之为古代海上丝绸之路的陆路起点。因水路在古道交通上的重要性，也有学者认为潇贺古道起点应该在零陵，而终点则在贺江入西江处的梧州。其具体走向，从零陵到道县只有一条，道县经江华瑶族自治县、江永县进广西路线则有多条并行。即：从零陵城沿潇水西岸向南到道县县城，然后从道县西关桥即濂溪入潇水处为起点，过营江到双屋凉亭，向西南到午田后分成两支；左路向南进入江华，右路向西南进入江永。从江华、江永到广西的古道又各分两支，分别连接贺州的贺江。

江永支线为：从道县午田向西南沿永明河西岸过道县桐溪尾，入江永县桐口后分支，一条从桐口过上江圩、白水、回龙圩、出永济亭入富川瑶族自治县麦岭镇，再过葛坡镇到富川县城下灵江入贺江；一条是桐口沿永明河西岸、都庞岭南麓过江永县城西，往西南过冷水铺镇、上甘棠村（汉朝谢沐县城旧址），往东南过兰溪瑶族乡的牛塘峡，到桃川镇的岩寺营村入富川岔山村，经秀水村过朝东镇、城北镇，到富川下灵江入贺江。另有过江永县城下谢沐河过谢沐关入富川通道，也是一条副线。

江华支线为：从道县午田向南在新车过永明河到道县下蒋，再进入江华下蒋村到江华县城沱江镇，再南行到大路铺镇牛角湾村的惠风亭后分两支，一支向左过勾挂岭经过小圩壮族乡、大圩镇出湖南，进入广西贺州市八步区，经过七里关古道之后，在桂岭镇枚桂码头下桂岭河（古贺江），一支向右过白芒营镇、涛圩镇（汉朝冯乘县城旧址）、河路口镇出湖南，入广西富川县白沙镇、钟山县望高镇，到贺州市八步区下贺江。

仅从专家认定的永州段陆路来看，即有 30 处古路、古桥、古亭、古寺庙、古遗址纳入国家文物保护范围。据 2009 年第三次文物普查统计资料，在保护范围外，潇贺古道沿途还分布着更多珍贵的历史文物，其中永州段目前可明确的有 48 处。潇贺古道沿途自然人文资源富集，旅游开发潜力巨大。潇贺古道已开发和可开发旅游资源，归纳起来主要有如下几方面。

（一）人文旅游资源

1. 古村落

道县的午田村；江永的兰溪村、桐口村、上甘棠村；江华的井头湾村、秦岩村、宝镜村、水东村；广西富川的秀水村等。

2. 古道

道县的双屋亭—洪江桥古道；江华的苦竹冲—牛角湾古道、船岭脚—尖山铺古道；江永至广西富川的牛塘峡—岔山古道；广西贺州的七里古道等。

3. 古建筑

道县的双屋凉亭、新茶凉亭、海龙庙、华岩铺古街、莲祠亭、平安桥、午田风雨桥；江永的灵山庵、明月亭、高家文昌阁、五通感应庙、朝天桥、玉兔亭、旌表凉亭；江华的尖山铺古街、同善亭、安乐桥、龙门桥、过客亭、惠泉亭、泥井、玉泉亭、济泉亭、乐仙亭、乐仙桥、惠风亭、乐善亭；广西富川的马王庙（百柱庙）等。

4. 古遗址

道县的华岩摩崖石刻、鬼崽岭祭祀遗址；江永的西汉谢沐县城遗址；江华的西汉冯乘县城遗址、白芒营秦兵营址等。

（二）自然旅游资源

道县都庞岭国家级自然保护区、两河口；江永燕子山天仙草原、源口水库；江华涔天河国家湿地公园、潇水源国家水利风景区、洄溪寿域、南冲高山茶园、秦岩、流车源；贺州姑婆山国家森林公园、十八水瀑布等。

二、潇贺古道旅游开发的意义和价值

在历史上，潇贺古道是南岭民族迁徙之路、文化融合之路；在今天，可打造为南岭瑶族山区的特色旅游扶贫之路。从旅游扶贫的角度分析，潇贺古道旅游开发的意义和价值主要体现在如下三个方面：

1. 潇贺古道是南岭历史人文探寻之路

史料记载，先秦由湘入粤古道有二：湘桂走廊与潇贺古道。湘桂走廊因灵渠沟通湘漓，水运便捷；潇贺古道因潇水与贺江分水岭是较为平坦的丘岗，距离较短，陆运快捷。故先秦入越，潇湘并称，以潇为主，四季通航。从军事上需要，先秦主要取道潇贺古道南下贺州，再转河运入粤，更为便捷。秦始皇征伐百越，把岭南纳入中国版图，并遣 50 万民众移民岭南开疆拓土，潇贺古道是一条主要通道。两千多年来，湘桂之间的这条水陆联运古道，见证了古时代三苗部落南迁百越、舜帝南巡苍梧之地、战国楚王南征蛮越、秦始皇征伐百越、汉武帝平定南越、南宋岳飞征剿流寇，1931 年红七军转战等无数历史大事件。这是一条历史风云汇聚之路、岭南文明开拓之路、多元文化融合之路，促进了中国南方文化的高度发展，促进了中国古代各民族大融合，为中国多民族大一统国家的建立作出了不可磨灭的贡献。

2. 潇贺古道是生态自然资源富集之路

潇贺古道线路主要穿越五岭山区中的萌渚岭地区，是湘江水系和珠江水系的重要发源地之一。南亚热带和中亚热带过渡地带的气候环境，南岭群山包围形成的相对封闭的生物圈，造就了这里异常丰富的生物种群，区域内森林覆盖率达70%以上。环绕在萌渚岭周边，分布着都庞岭、九嶷山、姑婆山、涔天河、潇水源等众多国家级的自然保护区、森林公园、湿地公园、水利风景区，使其获得了“华南之肺”“天然氧吧”和“野生动植物基因库”等美誉。这是湘南桂北瑶族地区得天独厚、不可复制的旅游资源。

3. 潇贺古道是南岭贫困山区振兴之路

潇贺古道沿途县区，有2个是国家扶贫开发工作重点县（湖南江华、广西富川），扶贫开发工作任务十分艰巨。旅游业已经成为推动地方经济发展、改善群众生产生活条件的重要发展手段与路径。从旅游开发的角度分析，潇贺古道沿途县市景观秀丽独特、生态环境良好、民俗风情绚丽、资源禀赋优良，应当充分发挥旅游业关联度高、涉及面广、带动性强的特点，加大对这一带贫困山区、偏远乡村与生态脆弱地区的帮扶力度，打造旅游扶贫示范线路。

三、潇贺古道旅游带资源整合和市场定位分析

2016年8月，国家旅游局、国家发改委、国务院扶贫办等10多个部门和单位共同制定《乡村旅游扶贫工程行动方案》，潇贺古道沿线的道县两河口村、江永黄家村、江华秦岩村、倒水湾村、井头湾村、牛路村、富川岔山村等10余个村被列入全国乡村旅游扶贫重点村。区域内旅游点众多，但由于缺乏高层次的整体策划，整个区域旅游开发格局“散、小、滥、弱”，对外整体的品牌知名度和对内各景点之间的关联度不高，从旅游资源到旅游产业之间还有很长的路要走。笔者建议：湘南桂北各县区应联合对潇贺古道文化进行挖掘和梳理，加大对内整合、对外宣传的力度，力争实现古道沿线历史文化遗产保护与旅游开发的融合发展，重塑这一历史文化品牌，提升湘南桂北瑶族地区在大旅游格局中的地位。

近年来，随着旅游业的飞速发展，旅游供给市场分类细化，旅游地之间的竞争越来越激烈，旅游目的地的品牌形象塑造越来越重要。旅游品牌定位的目的就是创造鲜明的个性和树立独特的形象，进行差异化经营，最终赢得市场客源。湘

南桂北瑶族地区必须充分挖掘潇贺古道这一“国宝”品牌的潜力，从形象定位、品牌打造等方面加大旅游资源整合力度，共同打造“潇贺古道旅游带”，开拓旅游扶贫新的“蓝海”。形象定位源于对其个性特征的准确把握。潇贺古道旅游带的品牌优势和形象定位在哪里？笔者认为，应主打三张牌：

1. 民俗牌

南岭瑶族风情体验游。民族地区旅游核心竞争力的核心产品是民族文化体验。湘南桂北的南岭山区在瑶族历史文化传承中不可替代的独特地位和别致多彩、原汁原味的瑶族风情，是独一无二的。潇贺古道旅游带应充分挖掘瑶文化底蕴，利用文化的互异性，提炼文化精品，把江华“神州瑶都”、江永千家峒寻根、贺州“南岭族群博物馆”等民俗风情亮点聚集起来发光，形成新的热点，全面展示湘桂不同的瑶族风情，真正把旅游做成“既是一种享受，也是一种追求；既是一种闲暇，也是一种充实；既是一种放松，更是一种文化领略”的高层次文化行为。

2. 生态牌

萌渚绿肺生态养生游。优良的生态环境是潇贺古道旅游带的优势之一，绿水青山就是金山银山。2010 年，南岭以重要的水源涵养区身份列入国家 25 个重点生态功能区名单；2014 年，南岭山地森林及生物多样性生态功能区列入国家主体功能区建设试点。2016 年 9 月，国务院发布新增纳入国家重点生态功能区的县市区名单，这一区域的江永、江华、富川均被纳入国家重点生态功能区。湘南桂北地区可充分发挥生态资源优势和生态文明建设的政策优势，迎合返朴归真、回归自然的休闲度假旅游市场风向，营销推广“华南绿肺”“南岭天然氧吧”“萌渚养生谷”等旅游品牌。

3. 文化牌

岭南历史文化寻根游。潇贺古道是中国最早的“国道”、岭南开发和楚越文明融合的“南岭通道”、古代海陆丝绸之路的连接线，历史地位突出。岭南百粤、客家、瑶家寻根，很多的先祖最初就是沿着这条民族大迁徙之路走过来的。在旅游规划上，可结合费孝通先生提出的“南岭民族走廊”与于光远先生提出的“西江经济走廊”概念，设计出面向岭南客源市场的文化寻根旅游线路，凸显湘南桂北地区独具特色的历史文化魅力，增强这一区域的文化软实力。

“为爱青山好，开屏四野横。平分楚与粤，两地倚长城。”潇贺古道文化带是湘南桂北共同拥有的历史文化财富，希望各地政府和社会各界有识之士能够共同努力，结合美丽乡村建设和旅游扶贫工程，把它打造成驱动这一瑶族地区加快发展的旅游扶贫带，湘粤桂新的旅游黄金点。

健康中国时代瑶医药发展的困境及其对策思考

◎ 蓝芝同 ①

【摘要】瑶医学是我国瑶族人民在千百年的实践中积累总结出来的具有鲜明民族特色的宝贵医药遗产。全面保护、传承和发展瑶医药，对于进一步丰富祖国传统医学宝库，贯彻落实党的十九大报告关于“坚持中西医并重，传承发展中医药事业，支持社会办医，发展健康产业”等精神具有十分重要的意义。要健康持续地发展瑶医药,必须综合考虑多种因素：既要从政治和谐的大局出发，又要充分考虑到瑶族特点；既要大力提高医疗服务水平，又要注重瑶医药人才的教育培养；既要保留弘扬悠久的瑶医药文化传统，又要加速现代科技的融入渗透；既要加速推进瑶医药产业集群发展,又要注意坚持可持续发展原则。在党和政府的政策指引下，以科研、教育、人才培养为先导，以瑶医药文化为主体，以医疗为实践目的，以综合性科研平台为土壤，通过产业化运作模式，实现多元一体化的联合战略，推动瑶医药以及广西民族医药走上健康和谐发展的道路，为中华医学走向现代化、走向世界，以及在建设健康中国、实现中国梦的伟大征程中做出新贡献。

【关键词】健康中国；瑶医药；发展困境；发展对策。

党的十九大报告指出：要大力实施健康中国战略，“人民健康是民族昌盛和国家富强的重要标志。要完善国民健康政策，为人民群众提供全方位全周期健康服务。深化医药卫生体制改革，全面建立中国特色基本医疗卫生制度、医疗保障制度和优质高效的医疗卫生服务体系，健全现代医院管理制度。加强基层医疗卫生服务体系和全科医生队伍建设。坚持中西医并重，传承发展中医药事业。支持

① 蓝芝同，广西民族大学教授、中国瑶族文化传承研究中心副主任。

社会办医，发展健康产业”。这对我们瑶族医药事业和产业的进一步健康发展具有重大的战略意义和实践指导意义。

一、瑶族人口简介

瑶族是我国人口较多的少数民族之一。据2010年第五次全国人口普查统计，我国境内瑶族约有285万人，主要分布在广西、湖南、云南等省区，其中广西是中国瑶族人口最多的省区，约有170万人，占全国瑶族总人口60%，主要集中在恭城、富川、都安、金秀、巴马、大化6个瑶族自治县。另外，约有80万瑶族同胞居住在欧美、东南亚等地，是一个典型的国际性民族。

二、瑶医药的独特价值与作用

瑶族历史悠久，文化独特，个性鲜明。在长期的历史发展和生产生活实践中，瑶族人民利用瑶山丰富的野生草药资源和传统的医疗方法，与危害身体健康和生命的各种疾病做斗争，积累了丰富的经验，形成独具特色的瑶医瑶药。瑶医药是瑶族传统文化的重要组成部分，也是祖国医药的宝贵财富。它不但具有独特的价值，而且在瑶族地区为民众解除病痛、保障健康方面发挥了不可替代的作用。

从瑶医的角度一般把疾病分为痧症和风症两大类。瑶族民间传统的医疗方法主要有：挑针疗法、灯花线炙法、筒吸疗法、挟捏疗法、刮痧疗法、药物熏洗疗法、药物外敷疗法、磨药疗法、温慰疗法、吹点疗法、催吐疗法、汤液饮服疗法等。用瑶药治疗民间各种常见的伤痛疾病见效特快，如毒蛇咬伤、跌打骨折、疔疮肿痛、水火烫伤、小儿惊风以及各种痧症等。瑶用草药，不仅疗效高，而且治疗简便，经济实用，花钱较少。

瑶药品种总计达1000余种，每个瑶医（门诊部、诊所、药摊）掌握并经常使用的品种一般也有200—300种之多。各支系瑶医所用品种及名称虽然不完全一致，但是，在实践中根据药物的性味功能及治病特点总结出独具一格的“五虎”“九牛”“十八钻”“七十二风”等100多种药物，都在大多数瑶家的用药实践中广为流传。

瑶医药的临床治疗功能以及传承发展，主要通过瑶族民间医生来实现。瑶族民间医生具有如下特点：一是人数少。虽然多数成年的瑶族群众都会一些简单用药，但被民间认可为医生的较少，一般每个村屯只有一两个；二是瑶医术系祖传秘方，一般传男不传女。三是以“治病救人”、服务大众为主要目的，一般不讲价钱、不计报酬。四是多数不脱产，患者随叫随到，即使误工误农也毫无怨言。五是注意民族团结，凡周边的壮族、汉族等其他民族的群众有病求医，也同样不讲价钱，热情服务，即使半夜三更、跋山涉水，也要及时前往，深受兄弟民族群众的欢迎。瑶医瑶药的特点充分体现了瑶医药承载的瑶族传统文化价值，在疾病防治、养生保健的有效性，以及在治疗成本的降低性、药物副作用的减少性等方面，都具有明显的优势，体现了以人为本、维护健康的卫生宗旨。

新中国成立后，尤其改革开放40多年来，在党和人民政府的关怀扶持下，瑶族地区的医药卫生事业得到了前所未有的飞跃发展。瑶族地区相继建立了县级医院、乡级卫生院、村级卫生所（室）三级医疗机构，金秀瑶族自治县率先成立了瑶族医院及瑶医研究所，瑶族民众的医疗卫生水平和健康水平有了很大的提高。在瑶医学研究方面，经过科研人员深入调查、整理、研究，已取得一定成果，如编著了《中国瑶医学》《实用瑶医学》等；在瑶药学研究方面，科研人员翻译了1000多种瑶医常用药的瑶文名称，为了解瑶药资源提供可贵的第一手材料，编著了《中国瑶药学》《现代瑶药学》等，为保护传承瑶医药文化做出了积极贡献。

三、瑶医药发展面临的主要困难

众所周知，由于历史所致，瑶族群众大多居住在偏远的山区林区，交通不便，信息闭塞，经济困难，加上用药习惯和民间风俗等原因，平时发生伤痛疾病，一般都无法或极少到正规的医院去就诊治疗，主要还是靠民间传统的瑶医瑶药来医治。因此，即使在目前乃至今后相当长的时期，瑶医药在瑶族地区和瑶族民间仍然发挥着不可替代的独特作用。但是，目前瑶医药的保护、传承和发展仍面临许多困难，主要表现：

1. 瑶医药后继乏人。由于长期以来受到医术“传男不传女”的传统保守思想影响，瑶医人数极少；有名望的瑶医相继谢世，导致一些宝贵的传统瑶医药遗产（属非物质文化遗产）丢失严重。

2. 瑶医至今没有行医执照。多数瑶医的行医资格长期以来没有得到卫生管理部门的认可，“名不正言不顺”，瑶医的独特作用和影响力受到极大的限制。

3. 瑶医整体水平偏低。由于长期以来多数瑶医属于不脱产的民间医生，没有受过现代医学的专门学习培训，其医药理论水平、专业医疗水平和服务水平等整体素质有待进一步提高。

4. 野生草药资源枯竭。由于长期以来民间不断采挖、人工种植较少，导致野生药用资源逐渐枯竭。

5. 瑶药资源开发利用率低，产品创新技术水平不高，缺乏可控性的质量标准，现代瑶医药产业尚未形成。

6. 大部分瑶族地区县、乡、村尚未设立瑶医院（所、室）。

7. 瑶医药科研机构少，科研带头人匮乏，科研经费不足；医药基础理论薄弱，理论体系不完善，未能充分发挥其为广大瑶族群众服务的作用。瑶医药振兴任重而道远。

四、瑶医药发展的主要对策

习总书记说：当前，中医药振兴发展迎来了天时、地利、人和的大好时机，要深入发掘其中的精华，充分发挥其独特的优势，推进中医药现代化并走向世界，在建设健康中国、实现中国梦的伟大征程中谱写新的篇章。为了抢救、保护和弘扬瑶族的优秀传统医药，克服瑶医药目前发展所面临的困难，特此提出如下建议。

1. 组建瑶医药专家委员会，为挖掘整理瑶医瑶药，促进瑶医药发展提供智力支撑

新中国成立以来，特别是改革开放以来，瑶医药得到了长足发展。例如北京德坤瑶医医疗集团，不仅在北京、上海、重庆、大庆等城市建立瑶医院，还在北京建立了德坤瑶医药研究院博士后科研工作站，为瑶医药的发展提供了宝贵的经验。建议由成就突出的瑶医学专家学者组成瑶医药专家委员会，协助政府制定瑶医药发展规划，为政府决策提供依据；负责制定瑶药标准，开展瑶医药职业医生的培训和鉴定以及瑶族医生的医师职称考试；对瑶医药的普查调研、收集整理等工作给予指导。

2. 加强瑶医药科研医疗机构服务能力建设和人才队伍建设

瑶医药的传承与发展需要一个或多个稳定的平台。其中，中医院校是集教学、医疗、科研和药品生产为一体、多学科协调发展的综合性机构。因此，要重点加强中医院校瑶医药研究机构的建设，联合民族医药研究所、民族大学以及县级研究机构，搭建综合研究平台，深入开展有组织有计划有目标的调研工作。建议将金秀瑶族自治县瑶医院作为示范点，逐步在其他 5 个瑶族自治县成立瑶医药科研、医疗机构，在挖掘整理和有效保护当地原生态的民族医药资源的同时，加强对其规范化和科学化的研究。

要加强上级科研机构、院所研究与基层民族医药工作者的双方交流，优势互补，资源共享。在抢救挖掘整理瑶医药的实践中培养一批高学历的实用人才，解决学科带头人缺乏的问题；在系统全面挖掘整理的基础上，构建瑶医药基础理论，纳入学历教育，并进一步加强瑶医药师带徒工作，加强瑶医药机构“名院”“名科”“名医”建设力度；进一步加强乡村医生民族医药知识、技能的培训工作；加强瑶医药实用技术的推广应用工作，全面推进瑶医药事业的发展。

3. 加强对瑶医药文化的研究

每一种民族医药，都根植于该民族的文化土壤。应根据我国建设社会主义市场经济的总体要求，把民族医药工作当作我国的重要文化战略来开展。这对民族传统文化的继承、各民族的安定团结及政治稳定都具有不可忽视的作用。

瑶医学是瑶族传统文化的重要组成部分，它的形成、发展与瑶族民俗宗教信仰有着千丝万缕的联系。民俗宗教信仰与瑶族的日常生活密切相关，影响着瑶族的疾病观、养生观、治病理念与治疗方法，形成了极具民族特色的瑶医学。瑶医学理论及治疗方法反过来又影响着瑶族民众的生活习惯、饮食禁忌、行为规范等，从而影响瑶族人民的健康状况和健康水平。因此，必须从研究瑶族民俗宗教信仰对瑶医学的影响、作用及相互关系，进一步探索瑶医学的文化渊源，为构建特色鲜明的瑶医学理论体系奠定基础。

4. 将瑶医药纳入保护范围

（1）加强瑶医药资源普查。普查的目的在于：一是摸清瑶族人口聚集较多的地区流传的瑶族民间医药的主要类别和形态蕴藏情况，传承范围，传承脉络衍变情况以及采集的历史；二是发现承载瑶医药的传承者和采集者，采集有代表性的瑶医药的医书、用药经验等；三是记录或录制瑶医药的原真形态与现状等。

（2）加强瑶医药资源保护。资源保护的范围包括传承人、瑶药资源等。传承人保护措施：一要尊重、保护传承人的知识产权；二要建立社区瑶医药服务网点以扩展临床实践空间；三要制订集体或个人的传承计划，对继承人进行医学专业知识培训；四要配备高级医学专业人才对传承人的医药经验进行整理研究；五要在逐步建立完善成熟的理论体系的基础上，将瑶医药纳入高等院校教育体系。

5. 解决好瑶族民间医师行医许可证问题

解决好瑶族民间医师行医许可证问题，是当务之急。既要做到不违反《职业医师法》等国家颁布的有关卫生法律法规，又要从实际出发，照顾到本地的具体情况。《民族区域自治法》第四十条规定：民族自治地方的自治机关自主决定本地方的医疗卫生事业的发展规划，发展现代医药和民族传统医药。对在民间行医多年的民族医、中草医以及确有一技之长者可经卫生行政部门考核认可后，通过短期培训并合格者，发给行医执照，允许他们在其户籍所在地设置瑶医疗诊所，从事医疗活动。

6. 遵循可持续发展原则，做好药材栽培与医药资源的保护

瑶族药材大多直接取自天然，涉及动物、植物与矿物，与生态环境密切相关。可持续发展原则上强调人与环境的协调性。因此，必须以科学发展观为统领，在对瑶医药资源实行科学普查统计的基础上，建立药材科学开发利用的许可制度，减少采挖野生药材，提倡药材的科学种养，加快种植基地建设，扩大种植面积；采集药材方面也须统一规划，搞好撒种补播、轮采轮挖工作，防止民族经济发展造成民族医药资源毁灭性的破坏，为瑶医药发展提供活水之源。要实现可持续性发展，各产业部门也必须实施环保战略，走开发与环保相结合，经济、社会、生态、环境协调发展。

7. 加强有效方药的应用以及新药研发的力度

在挖掘整理的基础上，通过资料的分析整理，梳理出瑶医药治疗疑难病的特殊经验，从中总结出瑶医的用药特点，筛选出治疗疑难病的特效方药，立足本地，利用当地的政策充分在医院制剂等方面下功夫，进行临床验证，并逐步发展成新药，争取经济效益和社会效益双丰收。

五、结　语

综上所述，瑶族是一个民族认同感和凝聚力很强的国际性民族。瑶医学是我国瑶族人民在千百年的实践中积累总结出来的具有鲜明民族特色的宝贵医药遗产。全面保护、传承和发展瑶医药，对于进一步丰富祖国传统医学宝库，贯彻落实党的十九大报告关于“坚持中西医并重，传承发展中医药事业。支持社会办医，发展健康产业”等精神具有十分重要的意义。要健康持续地发展瑶医药，必须综合考虑多种因素：既要从政治和谐的大局出发，又要充分考虑到瑶族特点；既要大力提高医疗服务水平，又要注重瑶医药人才的教育培养；既要保留弘扬悠久的瑶医药文化传统，又要加速现代科技的融入渗透；既要加速推进瑶医药产业集群发展，又要注意坚持可持续发展原则。在党和政府的政策指引下，以科研、教育、人才培养为先导，以瑶医药文化为主体，以医疗为实践目的，以综合性科研平台为土壤，通过产业化运作模式，实现多元一体化的联合战略，推动瑶医药以及广西民族医药走上健康和谐发展的道路，为中华医学走向现代化、走向世界，以及在建设健康中国、实现中国梦的伟大征程中做出新贡献。

贵州荔波白裤瑶陀螺运动开发与研究

◎ 覃　桐　覃敬念[①]

【摘要】 陀螺运动源远流长，文化厚重。自古以来陀螺运动是我国南方少数民族流传已久而且不断丰富的一项极有特色的少数民族传统体育项目。它是乡村儿童喜闻乐见的游艺活动，具有取材容易、参与性强、趣味性浓的特点。随着新时代的社会发展和人们全民健身运动的需求增强，在贵州瑶族珍视陀螺运动如生命，把它作为生产生活的重要组成部分，从竞技陀螺规范规则，到花样陀螺丰富多样，陀螺运动逐步成为全国少数民族运动会的比赛项目和全域旅游脱贫攻坚致富奔小康的重要途径。本文以“中国陀螺之乡”贵州荔波县白裤瑶族的陀螺运动发展实践为研究对象，通过查阅大量文献、实地调查研究阐述荔波瑶族陀螺运动发展的社会价值与功能。

【关键词】 白裤瑶；陀螺；开发；研究。

研究的文化背景。我国是一个多民族的国家，由于各民族所处的地理环境差异和发展进程的不同，所创造出来的体育项目也具有不同的民族气息和地方特色，这些体育活动历史悠久，绚丽多姿。陀螺运动是一项古老的民间体育活动，在我国具有悠久的历史。打陀螺作为民族传统体育文化的重要组成部分，具有突出的健身娱乐性、艺术性和可观赏性。在黔之南，荔波这片原始自然、风光旖旎的热土上，无论是秀美绮丽的小七孔，神秘壮观的大七孔，婀娜多姿的樟江，还是雄奇险峻的水春河，都为之惊叹。正是这大自然的鬼斧神工和丰富的民族情怀，也正是人与自然和谐相处的世界自然遗产孕育和催生了少数民族体育陀螺运动这一璀璨“瑰宝”。

---

① 覃桐，三峡大学民族学院硕士2019级研究生；覃敬念，贵州省黔南布依族苗族自治州民间文艺家协会副主席。

荔波陀螺运动源远流长，文化厚重。自古以来县境内布、水、苗、瑶等民族早就有打陀螺的习俗和文化，它是乡村儿童喜闻乐见的游艺活动，具有取材容易、参与性强、趣味性浓的特点。荔波瑶山白裤瑶就明显的例证，始终保持着最原始的打陀螺方式。陀螺文化是各民族团结进步的聚合力，是民族之间感情交流、友谊传递的正能量，是体现民族自信、民族精神、民族自强的载体。瑶山瑶族乡拉片村通过广泛开展陀螺运动和瑶族文化传承展演，形成了邻里和睦、敬老爱幼、乡风淳朴、团结进步的良好风尚。荔波陀螺代表队多次代表贵州参加全国民运会获得佳绩，瑶族陀螺运动员随中国代表团出访意大利进行文化展演，向意大利国际友人展示中国独特的民间绝技“花样陀螺”，惊爆外国友人。2016 年贵州省荔波县荣获中国少数民族体育协会授予“中国陀螺之乡”称号，成为全国唯一获此殊荣的县，为进一步推动荔波全域旅游发展，培育做亮陀螺文化旅游品牌起到巨大促进作用。

一、陀螺的起源说探析

说法之一：陀螺的起源因年代久远并无详细记录可供查考，但是在新石器时代的遗址中出土过陀螺。如江苏常州出土的新石器马家窑文化木陀螺及山西龙山文化遗址中出土的陶陀螺；目前文史记载则多以宋朝时出现的一种类似陀螺的玩具为开端，称作“千千”（或称千千车）；那是一个中心轴（铁制）长约一寸的圆盘形（直径约四寸）物体，用手捻在盘中旋转，比赛谁转得久，这是当时身处深宫后院的嫔妃宫女用以打发寂寥时光的游戏之一。在台湾故宫博物院收藏的宋代苏汉臣（开封人，曾在北宋徽宗宣和画院当过招待，以刘宗古为师，工于释道人物之画，尤其婴戏画更有独创之功力）《婴戏图》中，画面的前方有两个孩童，正打着陀螺玩要，也证实当时确有倒钟体的陀螺出现，由画面考察，当时的陀螺应是木制的，像个圆锥体，用绳子缠好了，往地上前抛后扯，陀螺便在地上旋转起来。当它速度慢下来时，再用绳子不断抽打它的侧面，如此便可转个不停。一直到现在，大陆北方的儿童在冬季及早春时节还流行这样的玩法，尤其在结得厚实的冰面上抛打，更别有乐趣。另外一幅苏汉臣的作品《秋庭戏婴》中，有个推枣磨的道具，利用两个枣子，加上一个剖了一半的枣子做成支架而成枣磨玩具，那是一种旋转、平衡的游戏，游戏时，谁能让枣磨保持平衡、转得久，谁就获胜；这幅画也能证明当时已有多样的陀螺玩具形态出现。明朝《帝京景物略》记载，陀螺者，木制如小空钟，中实而无柄，绕以鞭之绳而无竹尺，卓于地，急掣其鞭。一掣，陀螺则转，无声也。视其缓而鞭之，转转无复往。转之疾，正如卓立地上，顶光旋旋，影不动也。其小空钟形体、中实无柄、绕以鞭之绳等描述，证之明代晚期的陀螺已跟今日的鞭打陀螺无异。刘侗的诗歌《杨柳活》撰述："杨柳儿活，鞭陀罗。"这时期"陀螺"一词已正式出现。同时也被人称为"汉奸"。

说法之二：陀螺的起源，因年代久远，较无详细可进一步参酌的资料记载。陀螺最早出现在后魏时期的史籍，当时称为独乐。在一般的书籍或网络资料查询当中可得知，在宋朝时就有一种类似陀螺游戏的小玩艺儿，名字叫作千千，类似今日的手捻陀螺造型，它是由象牙做成，以一个直径约 4 寸的圆盘，中央插上一支铁针为轴心，是古代宫女为打发时间所玩的一种贵族游戏，其玩法是将一个长约 3 厘米的针状物体，放在象牙制的圆盘中，用手捻使其旋转，等到快停时再用衣袖拂动它，让它继续旋转，最后，比比看谁的千千转得最久，谁就是获胜者。

说法之三：陀螺运动是西南少数民族喜爱的传统体育活动，这项活动流传已久而且玩法很多，各民族间的陀螺及打法各有不同，如：云南傣族称陀螺为百跌，陀螺形状接近正规比赛用的陀螺，其打法为分队集体对抗，攻击方在 10 米开外进行攻击，击中后以旋转时间长的为胜，同时要用拨、赶、吹等延长旋转时间，无固定场地，佤族称陀螺为布冷，其头大身细、形似鸡枞（野生食用菌类），形状奇特，广西壮族玩的陀螺像一大盘子，瑶族玩的陀螺重者可达四五斤，据《中华民族传统体育志》载：台湾 1945 年光复后，桃园县大溪镇等地成立陀螺俱乐部，百余人打 60 公斤的陀螺，可谓巨型，但万变不离其宗，比赛时，互相旋放击打，互撞之后，以陀螺旋转的时间长者为胜。

说法之四：打陀螺是一项古老的中国民间体育娱乐活动。仰韶文化出土一陶陀螺，据测已有 4000 多年历史。很多民族把陀螺运动作为促进友谊、交流感情的一种方式。一般都是在民族的一些传统节日中。无论男女老少，都聚集在一起，以打陀螺比赛互相庆贺节日，但都是以村寨作为单位进行对抗，胜方举行盛大的庆祝，青年男女还借此机会进行感情交流、增进友谊。

二、全国陀螺运动发展态势

改革开放初期，中国共产党为了适应社会变革的潮流，对中国传统文化采取了"批判继承"的态度，提出"凡是能促进社会主义精神文明建设，推动社会进步发展，能服务于人民生产生活的优秀传统文化，应当予以保护继承和发展"。陀螺运动由于其良好的健身保健功能，丰富的大众娱乐功能，被纳入保护继承和发展的优秀传统文化之列。

改革开放之后，陀螺运动得以全面恢复，全国范围内的陀螺文化交流活动不断增加，中国地域广阔，各地区的陀螺玩法不一，规则多样，所用陀螺材料、重量、大小千差万别，比赛的规则和组织形式也各不相同。由于以上种种差异，使得陀螺运动在全国范围内难以推广普及。为此，1989 年和 1992 年，云南省民委、体委在昆明先后两次专门召开了陀螺规则研讨会，与会专家最终达成共识，在保持民族民俗特色的基础上，借鉴现代体育竞赛方法，制定统一的陀螺比赛规则和打法，推动陀螺运动在短时间内走向大众。云南省在陀螺推广事业上走在了全国的前列，从 1982 年云南省第二届少数民族传统运动会开始，陀螺运动就作为竞技项目正式参加比赛。1991 年，陀螺作为表演项目首次进入第四届全国少数民族运动会，得到与会专家和广大群众的一致好评。1994 年国家民委、国家体委在昆明海埂举办陀螺竞赛培训班，省内外 23 位学员进行了认真学习。这批骨干为打陀螺这项运动的开展奠定了基础。1995 年，在第五届全国少数民族运动会上，陀螺运动被列为正式比赛项目，从此陀螺运动一直是全国少数民族运动会上的常设项目。

三、荔波白裤瑶陀螺运动发展纵览

荔波陀螺民族民间体育运动源远流长，文化厚重。随着时代的发展，现代娱乐方式的逐步取代，陀螺游艺面临消亡的威胁。但在许多民族民间文学故事中可以找寻到玩陀螺是荔波各民族长期生活重要组成部分的历史轨迹。常言道：落后封闭注定保存最原始的传统文化。荔波瑶山白裤瑶就是明显的例证，其始终保持着最原始的打陀螺方式。

20 世纪 80 年代的贵州省因荔波县“瑶山”之“求真务实”，引起了党和国家领导的高度重视，贵州也因此成为高层和社会各界的关注焦点。新华社的两个《见闻》和中央国务院的两个《批示》拉开了贵州省“扶贫攻坚”的序幕。瑶山迎来翻天覆地的大变化。外来文化的渗透，传统文化也走出大山。通过历届荔波党政领导关心支持，在荔波县民宗局和县体育局坚持不懈的努力下，瑶山白裤瑶陀螺游艺随着瑶山大扶贫逐步走出大山。

（一）竞技陀螺的荔波突破

1995 年，在第五届全国少数民族传统体育运动会上，打陀螺被列为比赛项目，2003 年在第七届全国少数民族传统体育运动会上更名为陀螺。贵州看到了荔波陀螺项目的优势，明确黔南在少数民族体育项目上主抓荔波陀螺，加大陀螺传人和陀螺传统文化的发掘、培养，将其培育成为代表贵州参加全国民运会的优势。2004 年 11 月省民宗委、省体育局、省教育厅在荔波县瑶山民族中学挂牌成立“贵州省少数民族传统体育陀螺项目训练基地”。荣誉的授予，责任更重大。荔波县委、县政府深感任务艰巨，目标更高，开始从发掘人才、招录人才入手。同时在二中、荔中、职校建立起实训基地，夯实基础，壮大队伍。2005 年国家推行民族文化进校园，外出打工农民的白裤瑶陀螺传人谢友明被特招进瑶山民族中学担任教师，负责传授陀螺技艺，在学校组建起陀螺队伍，最初先参加省内外各类友谊赛事学习交流，促进竞技陀螺健康发展。2008 年荔波县破格录用谢友明为瑶山民族中学的正式教师，负责抓好陀螺训练基地建设和陀螺文化进校园。通过几年的训练，基地按照国家民运会规范的比赛规则进行规范化训练，纠正瑶山陀螺“野打法”，使之很快与全国打法接轨，并组成了一支实力强劲的陀螺业余队伍，为陀螺文化的传承和竞技水平的提升奠定了基础。

2006 年 11 月荔波陀螺队代表贵州省参加云南举行的全国陀螺邀请赛，取得了男子团体第二名、个人第三名的成绩。2007 年 11 月荔波陀螺队代表贵州省参加广州举行的全国第八届少数民族体育运动会，取得了陀螺项目男子团体第一名，女子团体第三名，男子个人第三名的优异成绩。一花盛开满园香。有了荣誉就有了希望，有了实力就奠定了目标。羊城载誉归来，实现了荔波体育项目全国金牌零的突破。贵州省、黔南州民宗委、体育局高度关注，加大陀螺项目支持力度，荔波县委、县政府加倍重视陀螺项目的发展壮大，民族体育管理部门加倍珍惜机会，设定更高奋斗目标，着力抓好、抓实陀螺品牌。2009 年 9 月荔波县承办了首届全国陀螺邀请赛，来自全国各地的 13 支代表队齐聚荔波激烈角逐，在紧张的比赛中近距离感受了“地球腰带上绿宝石”的良好生态和好客热情的少数民族风情文化，运动员、教练员对荔波秀美山水和清新空气流连忘返。这次赛事的成功举办，促进了荔波旅游资源的外宣渠道，打开了旅游与体育融合发展的新途径。同时，荔波陀螺队不负众望，取得了男子团体第一名、女子团体第二名、男子个人第一名的优异成绩。2011 年 9 月，荔波陀螺代表队参加在贵阳市举办的全国第九届少数民族体育运动会，取得了男子团体一等奖、女子团体二等奖、男子个人二等奖的优异成绩。连续三年全国“三连冠”，奠定了荔波陀螺独霸一方的厚实基础。2014 年 9 月荔波成功举办“亿申杯”全国陀螺邀请赛，并获得男团第一名和个人第二名的好成绩。2016 年举办“小七孔杯”全国陀螺邀请赛，2017 年举办“民体杯”全国陀螺邀请赛，荔波陀螺代表队都取得优异成绩；并初步探索“企业搭台，体育唱戏”的有效途径。同时，荔波县多次举办黔桂两省区“迎春杯”陀螺友谊赛，把陀螺赛事办成常态。2018 年 11 月荔波陀螺代表队参加第九届贵州省少数民族运动会，获得花样陀螺表演项目和竞技陀螺男子团体第一、女子团体第二和男女个人第一的好成绩。2019 年 9 月荔波陀螺代表队代表贵州省参加第十一届全国少数民族运动会获个人竞技陀螺第一名，女子竞技陀螺团体第二名，花样陀螺表演获第二名的好成绩。

（二）花样陀螺的荔波实践

荔波陀螺民族体育事业走过十二年的风雨历程，艰辛与喜悦交织，耕耘与收获并存。在荔波如火如荼的旅游大业中，陀螺文化的传承根深蒂固，陀螺品牌的影响力日益凸显。在北京、广州、上海等一线城市的荔波旅游推介招商活动中，花样陀螺成为吸人眼球的焦点。长期以来，荔波县民宗局积极探索民族体育发展之路，在夯实竞技陀螺基础上思考、创新、发展，致力于花样陀螺的研发推广，力求将其培育成为民族体育全民健身运动的亮点。

2015 年初，荔波县民族宗教局提出了着力研发推广花样陀螺，力求做成民族宗教工作的一大亮点，逐步培育成为全县乃至全省、全国的体育文化品牌。大胆的思路、大气的举措，在全省民族宗教系统引起关注和震动。领导带领民研所干部一行多次跑州进省汇报，并将此项工作列为县民研所主抓工程。这就更加坚定了荔波民宗人“花小钱办大陀螺”的信心。荔波县民族宗教局形成书面报告向县委、县政府汇报工作思路和设想，拟借助举办全国陀螺邀请赛的契机，向全国推介宣传“花样陀螺”。同时，派员到瑶山辅导编排、提炼、总结，形成了“12345”陀螺发展组合拳模式，得到省、州民族宗教系统领导的高度认可。其模式就是“夯实 1 个基础，明确 2 个目标，做好 3 个结合，引进 4 个机制，实现 5 个突破”。即夯实荔波陀螺传统体育竞技项目在全国民运会摘金夺银的坚实基础；明确“中国陀螺之乡”创建目标，明确民族传统体育花样陀螺全国邀请赛举办地品牌创建目标；结合全省民族传统体育陀螺训练基地标准化做好民族村寨花样陀螺表演配套设施建设，结合全国十大民生工程“全域旅游”做好花样陀螺表演项目全民健身工程研发推广，结合陀螺文化“进校园、进农村、进机关、进社区、进企业、进景区”六进活动；引进“政府主导、部门联动、全民参与、体旅融合”机制，凸显花样陀螺“艺术性、表演性、体验性、互动性”核心价值，引进“办节办会、旅游推介、品牌营销、全域推动”机制推动规程研讨、全国全省赛事举办，引进“媒体宣传、实体广告、Logo 征集、包装策划”机制营造花样陀螺品牌创建、民众参与的良好氛围，引进“公司企业、体育协会、青年志愿、义务辅导”机制实现社会联动、全民健身的目标；力求实现陀螺传统体育竞技项目向花样陀螺表演项目的转型升级突破，实现专业竞技运动向群众广泛参与运动突破，实现基地集中应急训练向中小学体育课程常规性研发推广活动突破，实现单一节会竞技赛事项目向“体旅”融合发展惠民项目提质升级方向突破，实现政府主导部门抓管工作模式逐步向公司运营、社会推动、全民参与方式提升突破。

编制《花样陀螺表演规程》和校园花样陀螺健身操，将 11 种花式拍摄成视频宣传片，通过贵州省民族宗教委文教处上报中国少数民族体育协会。通过多方努力，在 2016 年 5 月在黔南师院举行的“第十届全国民族运动会贵州省代表团参赛工作总结暨贵州省少数民族体育协会 2015 年年会”上，荔波县民族宗教局代表省陀螺训练基地发言，由荔波县草拟的《花样陀螺表演规程》（征求意见稿）也上会讨论，全省专家、教练一致认同花样陀螺发展的全民健身运动前景，认为（征求意见稿）基本可行，建议按大类规范、细化小项可大力推广。《花样陀螺表演规程》在全省少数民族体育年会上达成共识，荔波更加坚定信心抓好全省的引领标杆。先后邀请黔南师院体育学院、贵州民族大学体育学院、省民族歌舞团等高校及团队专家、教授到荔波调研，初步达成校地合作框架协议，共同谋划花样陀螺和校园陀螺健身操的编排、设计、培训。2016 年 9 月荔波陀螺队员代表贵州少数民族展演团随中国代表团出访意大利参加文化展演，在意大利多卡蒂国际传统街头游戏艺术节上向意大利国际友人展示中国独特的民间绝技“花样陀螺”，惊爆外国友人，开启了“花样陀螺”面向全国走向世界研发推广的重要一步。

（三）竞技陀螺规则

1. 比赛场地

陀螺比赛场地长 25 米，宽 15 米，其四周应有 2 米以上的无障碍区。比赛场地的要求是平整而无障碍物的地面。比赛场地界线的长线叫边线，短线叫端线。在边线及端线处有一个攻守预备区，以攻方预备区端线的中点向前 8 米处为死陀置放点，并以此为圆心，划一半径为 0.8 米的圆作为旋放区，旋放区可用相同尺寸的强度、弹性小的材质（如橡胶、塑胶类）预埋。其高度应与地面相等，以旋放区圆心垂直底线为中轴，以中轴为轴心线，从底线起向场地内 4 米处，设间距为 6 米的两条平行线，以此构成的区域为攻击区。男子攻击线距旋放区圆心 6 米，女子攻击线距旋放区圆心 5 米。

比赛场地各条线均为 5 厘米宽，各条线均包括在比赛场区、旋放区、攻击区面积之内。

2. 比赛方法

赛前准备工作：在记录员主持下，双方队员进行驻陀及验鞭绳，在第一裁判员主持下双方队长进行抽签选择进攻或是防守，之后，进入攻守预备区准备比赛。

防守、进攻：当第一裁判员鸣哨示意放陀，守方队员进入比赛场地将陀螺置放于旋放区内且旋转，否则则视为死陀，死陀则置放于死陀置放点让攻方进行攻击，当第一裁判员鸣哨示意攻击时，攻方队员进入攻击区进行有效攻击。当第一裁判员示意捡陀时，双方队员迅速捡陀并回位。这样就完成一次攻防。

得分、比赛胜负：比赛中分值为0、1、2、3、4，即打停得4分，旋胜得3分，旋平得2分，旋负得1分，无效进攻得0分，在整场比赛中以得分多者为胜，得分少者为负。

比赛设项：比赛可设男子团体赛、女子团体赛、男女混合双打、男子双打、女子双打、男子个人赛、女子个人赛。

（四）花样陀螺规则

花样陀螺以表演形式为主，讲求挑战性、艺术性，以难度高、技巧多、观赏性为目的。

1. 圆圈定点放陀

评判规程：5人为一组表演。放陀区画一横线，在距横线3米处画直径为20厘米的圆圈，5人同时向圆圈放陀，旋转于圈内获1分，出圈为0分，5人为一轮，以累计分数最高的组获胜。

2. 花陀旋转360

评判规程：1人单独表演。自己放陀地上旋转，然后单手撮于手上旋转360度，依次在头背、脚下旋转360度，且花样不能重复，直至陀死。每旋转一个动作获1分，依次累计得分最高者获胜。

3. 桩上定点放陀

评判规程：3人为一组表演。放陀区画一横线，在距横线2米处放上直径为20厘米的圆木桩，3人同时向圆木桩放陀，旋转于桩上获1分，反之为0分，3人为一轮，以累计分数最高的组获胜。

4. 竞速放陀

评判规程：1人单独表演。在规定的垫子上放陀竞速，以第一陀旋转计算起止时间，快速逐一放陀，陀螺偏离垫子外的不记分，中途任何一陀先死为挑战失败，以第一陀旋转起止时间计算累计放陀旋转最多者为胜。

5. 单人空中接陀

评判规程：1 人单独表演。单手放陀，单手空中接陀，成功接陀者获 1 分，继续玩技巧动作者，每个动作加 1 分，直至陀死，且花样不能重复。以累计高分者为胜。

6. 双人空中接陀

评判规程：2 人为一组表演。1 人负责放陀，另 1 人负责接陀，确保陀螺旋转，成功接陀一次并旋转 5 秒者获 1 分，然后交换位置，往返依次表演结束，以累计高分者获胜。

7. 三人空中接力

评判规程：3 人为一组表演。编号顺序①②③，由①负责放陀，②负责接陀，接陀成功后依次抛向③，③又依次抛向①，为一轮结束，成功传递一轮获 3 分，中途死陀为 0 分。可以反复①②③传递直至陀死为止，多传一人加 1 分，以得分最高组获胜。

8. 单人双掌玩陀

评判规程：1 人单独表演。由 1 人依次放 2 陀，双掌同时撮于掌上获基础分 2 分，交叉旋转增加花样，每个花样加 1 分，表演直至陀死，以得分最多者获胜。

9. 单掌指尖双陀

评判规程：1 人单独表演。由 1 人依次放 2 陀，依次移于单掌指尖上，2 陀同时成功旋转于单掌者获胜。

10. 单人三陀绝技

评判规程：1 人单独表演。由 1 人依次放三陀，依次由掌上移至额头上，然后左右掌上平放两陀，保持三陀同时旋转者为胜。

11. 无绳放陀单掌旋转

评判规程：1 人单独表演。由单人用手放陀地上旋转，然后单掌托举于掌上旋转 360 度者为胜，中途死陀为挑战失败。

（五）荔波陀螺发展的价值取向

1. 人才价值

诸多的荣誉，荔波陀螺已形成一个不可替代的民族体育品牌，享誉神州大地，成就了荔波陀螺发展之大势，也锻造了陀螺传人的无限荣耀。陀螺教练谢友明从一个打工返乡农民，通过打陀螺争得诸多荣誉，被荔波县破格聘为体育教师成为正式员工，先后在瑶山中学、瑶山小学、瑶山乡文化服务中心从事陀螺普及教育。2017 年被调入县民族宗教局任陀螺辅导员，专抓全县陀螺普及推广工作。他先后被贵州省表彰为第六次民族团结进步先进个人，被中国陀螺联合会聘请为“国标陀螺总教练”；被贵州省文化厅命名为“非物质文化遗产项目瑶族民间陀螺竞技省级代表性传承人”，被荔波县政府授予“县管专家”称号；他多次应邀走进中央电视台、湖南卫视、山东卫视等电视综合频道综艺栏目展示才艺。这充分体现了荔波县委、县政府对陀螺人才的培养与重视，率先在全省先行先试取得成效。

2. 产业价值

通过白裤瑶传人谢友明的领军带动，瑶山瑶族群众打陀螺蔚然成风，为陀螺事业发展奠定了坚实基础。2013 年 10 月荔波县白裤瑶陀螺协会成立，2014 年 2 月陀螺协会创办陀螺加工厂，同年 10 月成立瑶山谢氏民族工艺品有限公司，逐步使陀螺品牌走向市场发展壮大，解决了瑶族同胞就业难题，为陀螺爱好者拓宽了脱贫致富的渠道。近年来，荔波旅游逐步升温，陀螺文化进景区势在必行，已在小七孔景区植入花样陀螺表演，丰富景区民族文化传承，逐步推动陀螺文化旅游产业良性发展。

3. 社会价值

瑶山瑶族乡拉片村通过广泛开展陀螺运动和瑶族文化传承展演，形成了邻里和睦、敬老爱幼、乡风淳朴、团结进步的良好风尚。瑶山瑶族乡拉片村民委员会被评为“全国民族团结进步模范集体”，拉片村荣获“全国民族团结进步示范村寨”和“中国少数民族特色村寨”称号。瑶之韵文化有限公司以花样陀螺展示体验为内容，结合瑶王宴、猴鼓舞、打猎舞、斗鸟、服饰展示等瑶族风俗文化，组成一台民风古朴、绚丽多彩的瑶族歌舞节目，解决了瑶族同胞一百多人就业，为瑶胞发展旅游业树立了民族团结进步、文化繁荣发展的成功典范。荔波通过多次举办全国陀螺邀请赛，搭建交流竞技平台，湖北、湖南、云南、广西、辽宁、山东等地到荔波交流学习，派员到荔波学习技能，促进了陀螺文化广泛交流传播。陀螺文化已经上升为全国少数民族运动竞技和表演的重要项目。

四、陀螺运动的综合效益分析

（一）传承民族民俗文化的功能

据考古资料显示，陀螺运动项目传承至今，从山西夏县新石器时代到现在，最少有四五千年的悠久发展历史。陀螺文化在一定程度上也是中华文明的精髓，其中包含了经济、文化、科技、制造、工艺、设计、美术、养生、保健、娱乐、审美等众多民族文化特征元素。陀螺运动在民间流传甚广，特别在南方少数民族地区，保存和传承更为完整，陀螺文化有其独特的民族象征意义。陀螺只有在运动的过程中才能保持平衡，旋转越快，平衡越强，越有活力，它象征着民族团结一心、生生不息、克服困难、追求美好生活的优秀社会文化传统。

（二）增强人民群众体质的功能

陀螺运动的最大特点是力量对抗、技巧比拼，需要做的功夫越多，付出体力越大，锻炼的效果越好，达到强身健体效果，所以陀螺运动有较强的健身功能。据相关研究显示，长期从事陀螺运动，可以显著提高肌肉力量、关节灵活性、肌腱韧带的延展性、各肌肉群的协调运作能力，提高心肺功能，达到改善机体功能，增强体质的作用，陀螺运动对改善老年人心理健康状态，促进手脑协调，改善机体供血状态，预防老年痴呆发生等作用明显。

（三）预防少年儿童近视的功能

近年来，由于我国社会经济生活水平的持续提高，手机电脑等高端电子产品在家庭中的普及率持续攀升，家中儿童接触这些电子产品的机会大大胜过以往，以上电子产品大多具有运行电子游戏的功能，产品越高端，运行的电子游戏越有吸引力，长时间、大强度操作电子游戏，不仅容易让青少年儿童沉迷其中，丧失学习兴趣，还会导致青少年养成不良的用眼习惯，过分专注于游戏，长时间盯着屏幕，导致用眼疲劳，致使青少年儿童近视发病率急剧上升。陀螺运动是一种持续的动态运动，运动轨迹和运动方向不断发生变化，需要人眼不断变焦动态关注，适当的陀螺运动，不仅可以锻炼肌肉力量和耐力，还可锻炼眼睛的变焦能力，调节视力，缓解眼疲劳，预防近视的发生。课余时间适当进行陀螺运动，不但可以缓解学习压力，提高学习兴趣，对青少年儿童的视力也有良好的保护作用。

（四）丰富大众文化娱乐的功能

陀螺运动在我国很多偏远、少数民族地区得到了更好的保护与传承，很多地方设置了以陀螺为名字的节日——陀螺文化节。比如滇南彝区把每年农历正月十六作为陀螺节，陀螺节开始前都要举行隆重的祭陀神仪式，祈求陀神保佑，力压群陀，鞭开得胜。再如已有 300 多年历史的广西壮族陀螺节，时间从除夕前三天至年后正月十六，历时半个多月，比赛期间，热闹非凡，获得陀螺赛最终冠军者，被尊称为“陀螺王”。广西南丹白裤瑶族和荔波瑶山白裤瑶也有自己的陀螺节，时间是每年的正月十五。荔波、南丹白裤瑶族，从每年的农历十月到次年的二月农闲时间，是开展多种多样打陀螺活动最集中的时间，各村寨之间常有陀螺比赛。到正月十五陀螺节当天，各村寨选派最优秀的陀螺选手参加陀螺节比赛，赛况空前，热闹非凡。这些节日极大地丰富了人们的业余文化生活，改善了人们的精神面貌，提高了人们的精神文明水平。

（五）助力当地经济建设的功能

广西南丹县和云南景谷县分别从 2003 年和 2006 年开始由当地政府出面主办陀螺文化节，他们转变陀螺发展思想，借助“文化搭台，经济唱戏”的思路，依托当地陀螺特色文化优势，广泛邀请海内外各界人士参与。在陀螺文化节期间，还举办手工陀螺制作大赛，陀螺文化民间传承展览，陀螺猜谜会、陀螺商品洽谈会、陀螺美食文化节等多种多样和陀螺有关的文体活动，得到了社会各界的广泛好评。陀螺文化节不仅提高了当地的社会知名度，丰富了陀螺文化内容，还带动了地方经济发展，提高了人民生活水平。荔波县借助陀螺单项赛事，相继举办了“乙申杯”“小七孔杯”“民体杯”等全国陀螺邀请赛。来自全国各地的陀螺运动员齐聚荔波参加角逐，既使陀螺技能水平得到提高，又感受到荔波美丽山水和浓烈的风土人情，从而促进当地旅游业井喷式发展。

五、陀螺运动的发展趋势及对策

（一）大众化路线

人民大众蕴含无限能量，陀螺运动来自民间，还要走向大众。陀螺运动要生存要发展，必须坚定地走大众路线，广大人民大众才是陀螺事业长久健康发展的沃土。陀螺运动的普及推广之路是一个大众化过程，只有人民大众的广泛接受和参与，陀螺运动才能得以生存和发展。以下是陀螺运动发展大众路线的具体阐述。

1. 加强舆论宣传引导

当前，坚持陀螺运动的人是少之又少，曾经流传几千年，风靡大江南北的全民运动，如今却沦落到需要保护的濒危运动，不得不令人感到遗憾。如何改变陀螺运动的这种尴尬境地，就需要政府和地方相关部门以及社会行动起来，调动一切可以调动的资源，加大舆论宣传，发动大众参与其中，培养大众对陀螺运动的兴趣爱好。

2. 加强陀螺人才培养

一是学校体育教师。学校体育教师是体育专业人员，对体育运动有较强的专业素养，对陀螺运动的理解和学习能力较快，他的受众学生相当广泛，教授陀螺技艺有着天然的专业优势。二是陀螺爱好者。长期坚持陀螺运动的人，他们不仅有着扎实的陀螺运动功底，还有着对陀螺执着爱好的优势，他们更乐于学习陀螺技术和推广陀螺运动。三是陀螺志愿者。陀螺志愿者为了传承陀螺悠久的历史文化，始终有着一种强烈的社会责任感和历史使命感。他们能够将更多的时间和更大的精力，投入到陀螺运动的学习和推广、普及活动之中。

3. 拓宽陀螺就业渠道

一是出台机制。建立县级专业陀螺队伍或学校，招聘部分陀螺专职教师，抓好陀螺教育与推广。二是制定标准。选择精力旺盛、文化素养高的年轻人。他们一方面精力充沛有活力，对新事物有学习尝试的愿望，加上语言组织能力强，具备陀螺教练的起码素养，也是陀螺普及成功的关键因素。另一方面年轻人普遍文化素养高，学习接受能力强，学习速度快，学习效果好。三是助力脱贫。遴选贫困地区的一些热心陀螺事业，有一定的运动天赋的学生，纳入义务教育体系，培养陀螺专业人才解决未来就业后顾之忧。

4. 陀螺文化进校园

陀螺运动的未来在于年轻人，有年轻人参与的运动才是有朝气的运动，有希望的运动。只有在学生阶段得到了普及，今后走上工作岗位才能自觉进行锻炼。陀螺运动要从娃娃抓起，陀螺文化进校园是一项切实可行的办法。理由有如下三点。

一是切合当下弘扬中华优秀传统文化的历史需要。习近平总书记多次强调要弘扬中华优秀传统文化。陀螺文化是中华优秀传统文化的部分，也应是被弘扬和传承的对象。

二是丰富校园文化生活，舒缓学生学习压力的需要。中小学学生课业繁重，学习压力较重，精神压力大，情绪亚健康的学生较多。平时锻炼时间较少，体育活动内容主要就是跑步和几种球类运动，锻炼项目少，内容枯燥，可选择的感兴趣的体育项目少。陀螺运动有着几千年的活动历史，深受青少年儿童的欢迎。旋转起来的陀螺，可以吸引青少年儿童的注意力，缓解眼睛疲劳状态，调节紧张的学习压力。抽打陀螺的过程，不仅可以宣泄不良的亚健康情绪，舒缓紧张的学习压力，还可以预防儿童抑郁症的发生。陀螺进校园活动，不仅可以扩大校园体育活动选择范围，丰富校园体育文化，还可以促进学生主动积极自我锻炼身体。

三是有专业师资力量和充足的场地器材保障。学校体育教师是体育专业人士，有着良好的职业素养和专业的体育知识，在新运动新技能的学习指导方面，有着强大的专业优势，对于陀螺运动项目在学校的推广和普及工作有着不可替代的专业地位。学校有平坦开阔的运动场地，开课条件较好，适合大课间运动项目。另外，学校的器材配备较为齐全，配套体育经费充足，适合长期大面积普及和推广陀螺运动。

（二）健身化趋势

实用的才是长久的，任何体育运动项目都离不开它强身健体的根本性目的。随着我国人民生活水平的提高，群众对健康生活的要求越来越高，健身运动将是未来大众自我减压、强身健体的生活内容之一。陀螺运动不仅是一项愉悦身心的游戏，也是一项很好的体育健身活动。正是由于陀螺的健身性实用功能，才使得陀螺活动在我国持续发展了几千年。现阶段陀螺的推广和普及活动过程中，要充分发挥陀螺的健身功能，使群众在游戏的过程中达到锻炼身体的目的，这才是陀螺运动最实用、最核心、最长久的趋势。

（三）娱乐化趋势

任何体育项目只有迅速抓住大众的好奇心，促使其迅速参与其中，获得愉悦感，这个项目才能被大众迅速接受。陀螺运动要想更快地被大众接受，必须提高它的娱乐性与趣味性，更新奇、更有趣的娱乐元素被加入到陀螺运动中去是一个必然的趋势。如荔波的花样陀螺的技巧性、观赏性，湖南夜光音乐陀螺的科技含量等，都具备很强的娱乐功能。

（四）创新化趋势

陀螺运动发展至今至少有四五千年的历史，它的发展史就是一部陀螺运动的创新史。陀螺从最初的石制、陶制到后来的木制、铁制，到现在的合金制、塑料制，陀螺制作材料发生了很大的变化。陀螺的制作工艺也由以前的砸磨捏烧到后来的切割铣削，到现在的模铸、3D 打印等形式，陀螺的制作工艺不断被创新。陀螺的构成也由原来的单一材料（石头、陶土、骨头、木头），到后来的多元材料（木头、铁钉、生漆、彩绘等），到现在的复合材料+声光电技术（铝合金、工程塑料、钢珠轴承、电池、芯片、存储卡、LED 彩灯、音乐扬声器等）。陀螺的构成元件越来越多，制作工艺越来越复杂，表现效果越来越好，趣味性越来越强，创新速度越来越快。

（五）竞技化趋势

陀螺运动要想走上更高的平台，被更多的人接受，竞技化是一条不可避免的途径。竞技运动最大的魅力就是结果的不确定性，充满了悬念，具有强烈的对抗性和竞争氛围，吸引着人们义无反顾地参与其中。竞技化是陀螺运动发展到较高水平的终极交流形式，一切技术的创新和新材料、新工艺的应用，都要通过竞技性的形式的展现，才能被人们认识和接受。竞技化可以提高人们的陀螺技术水平，扩大陀螺的交流人群和地域范围。陀螺运动要普及和推广，竞技化道路不可或缺。

（六）职业化趋势

职业化发展可以突破大众性陀螺发展的瓶颈，给优秀陀螺人才提供上升通道，可以通过陀螺运动获得生活来源，并进一步推动陀螺运动技术发展。职业化是陀螺运动发展过程中的最高形式，它一方面可以通过陀螺运动的职业化发展，培养掌握高超竞技技术的职业陀螺运动员。另一方面也可以通过陀螺运动的商业化运作，获得经济利益，保障陀螺职业运动者的正常生活，也可以保证陀螺运动在推广普及过程中的资金来源，促进陀螺运动的健康发展。职业化是陀螺运动的大众化、娱乐化、竞技化和市场化的金字塔尖，它可以辐射和带动基层陀螺运动的发展和普及。国内外职业化运作已经有很多成功案例：比如流行于英国的民俗体育文化项目——桌球，因此在 1927 年成功地创立了“斯洛克世界锦标赛”。再如起源于我国已经有两千多年历史的端午节划龙舟活动，在 1995 年也成功地创立了“世界龙舟锦标赛”，目前有多达 81 个会员国家。近年来随着我国在世界上的影响力的提升，吸引来参加龙舟比赛的国家也越来越多。这些成功的民俗体育职业化案例，都可以为陀螺职业化的发展提供借鉴和参考。

（七）标准化趋势

标准化是对重复的事务和概念，通过制定、发布和实施标准达到统一，已获得最佳秩序和社会效益。我国地域广阔，陀螺的玩法、规则、器材和重量各不相同，造成了陀螺运动在全国范围内的交流异常困难，导致各地区的陀螺只能在各自区域内小范围交流，对陀螺运动的全国性普及和推广工作造成了不小的障碍。

陀螺运动要想在国家层面上进行全国性的普及和推广，必须形成一个统一的版本，确定统一的比赛规则、场地器材和培训内容。这就涉及陀螺运动的标准化建设，统一全国范围内的陀螺游戏规则和场地器材，是未来陀螺运动推广和普及工作的发展趋势。

（八）产业化趋势

产业化是指某种产业在市场经济条件下，以行业需求为导向，以实现效益为目标，依靠专业服务和质量管理，形成系列化和品牌化的经营方式和组织形式。陀螺运动的可持续化发展，不可能只依靠政府的宣传发动和大量公共资金的投入，只有提高陀螺运动自我造血、自我生存能力，实现陀螺运动的产业化发展，做到以陀螺运动支持陀螺产业。反过来，陀螺产业反哺陀螺运动的良性循环发展方式，才有利于陀螺运动的健康长久发展。陀螺项目的产业化，可以借助我国政府正在大力推行的“互联网+金融发展模式”和“旅游+康养模式”的政策，整合陀螺文化资源，在陀螺产品的设计生产、制造销售、竞技表演、游戏等诸多方面，进行产业创新。积极开展陀螺相关产品的线上宣传销售，线下竞技比赛，提高产业化程度。在陀螺运动的体育器材、门票销售、赛事转播、线上直播、商家赞助等经济效益方面寻求产业突破口，最终实现以陀螺经济反哺陀螺文化的良性产业发展方式。

（九）国际化趋势

陀螺运动是我国一项深受广大群众喜欢的古老而传统的体育休闲娱乐活动，有着至少四五千年的发展历史。要想陀螺运动被更多的人广泛接受，国际化是一条不可回避的道路。陀螺运动的国际化，首先要提高陀螺运动的文化知名度。组织相关人员发掘史料，大力宣传，积极申报世界非物质文化遗产，提高陀螺在世界上的知名度，这是陀螺运动国际化的捷径。2016 年 9 月荔波陀螺队员代表贵州少数民族展演团随中国代表团出访意大利参加文化展演，在意大利多卡蒂国际传统街头游戏艺术节上向意大利国际友人展示中国独特的民间绝技“花样陀螺”就是一个很好的事例。借助申报陀螺非遗文化的契机，走陀螺运动的国际化路线，这是陀螺及很多传统体育运动未来国际化的发展趋势。

让当代的创新成为优秀传统文化的延续

——打造神州瑶都江华盘王节品牌活动的生动实践

◎ 欧阳嘉燕[①]

【摘要】 每年农历十月十六日是瑶族最为隆重的民族节日——盘王节。中华人民共和国成立前江华瑶族民众都自发组织开展纪念盘王的祭祀活动，改革开放后以政府主导举办规模宏大的瑶族盘王节活动以推动地方经济社会文化发展，至今江华瑶族盘王节已成为湖南省四大传统节庆文化活动品牌之一。本文从瑶族盘王节品牌形成的历史背景、打造瑶族盘王节品牌的重要举措、打造瑶族盘王节品牌的实际成效等方面分析，初步提出对瑶族盘王节品牌作用的几点认识。

【关键词】 神州瑶都；盘王节；创新；传统文化。

每年农历十月十六日是瑶族最为隆重的民族节日——盘王节。相传瑶族先民在乘船漂洋过海时，遇上狂风大浪，船在海中漂了七七四十九天不能靠岸，眼看就要船毁人亡。这时，有人在船头祈求始祖盘王保佑子孙平安，许下大愿。许过愿后，风平浪静，船很快就靠了岸，瑶人得救了。靠岸这天正好是农历十月十六日，恰好又是盘王的生日。瑶民把这天定为“盘王节”，也称“调盘王”。中华人民共和国成立前江华瑶族民众都自发组织开展纪念盘王的祭祀活动，改革开放后以政府主导举办规模宏大的瑶族盘王节活动以推动地方经济社会文化发展，至今江华瑶族盘王节已成为湖南省四大传统节庆文化活动品牌之一。

---

① 欧阳嘉燕，工作单位为江华瑶族自治县文化馆。

一、瑶族盘王节品牌形成的历史背景

盘王节是瑶族人民纪念先祖的节日，是传承中华瑶族文化与瑶族礼仪的重要活动。过去，瑶族人民过着“食山过山”的游耕生活，处于“大分散，小集中”的分布局面，没有形成统一的民族节日。为了将盘王节由原来单一的宗教祭祀形式升华演绎成民族文化与时代精神相交融的积极向上的节庆文化活动，也为了让瑶族人民有一个传统的节庆活动，1984 年 8 月在广西南宁市召开的瑶族代表座谈会上，来自云南、贵州、湖南、广东、广西的代表一致商定，将每年的农历十月十六日的瑶族盘王节定为全国瑶族同胞的共同节日。湘、粤、桂三省（区）10 县市从 1990 年开始每两年轮流举办一次盘王节，每县派出四五十人左右的代表团参加活动。到 2018 年已轮流举办了十四届盘王节，每轮到一个县，东道主县都十分认真地提前做好各项准备工作，过节时要举行祭祀盘王、唱盘王歌、跳长鼓舞、竞选瑶族形象大使、瑶族公主大奖赛、瑶族文化专场演出、瑶族文化传承与发展论坛、农村改革暨乡村振兴摄影展、瑶族龙狮灯会暨传统斗龙大赛、盘王巡游、瑶族婚嫁习俗展示等多项活动，得到了广大瑶族人民的赞赏。现在活动规模已不断扩大，成员县已达到 13 个瑶族自治县，并定名为中国瑶族盘王节，统一了盘王像、盘王歌、祭祀和礼仪。中国瑶族盘王节已成为南岭瑶族地区盛大的传统佳节和独具风采的文化活动，已成南岭瑶族地区一道亮丽的风景线和闪光的旅游景点，是湘南、粤北、桂东三省（区）边界人民欢叙亲情的聚会和增强民族团结的有效载体。

二、打造瑶族盘王节品牌的重要举措

1. 党委政府积极引导办节

2014 年 4 月 11 日，江华瑶族自治县第十一次党代会研究决定要把江华建设成为全国瑶族文化的“四个中心”（传承中心、研究中心、展示中心、发展中心），并从 2012 年起江华每年都要举办瑶族盘王节。2014 年 6 月，江华县委、县政府对文化工作提出了“天天有活动，周周有演出，月月有节庆，年年出精品”的要求和规定。江华连续举办的七届瑶族盘王节的主办单位都是中共江华瑶族自治县县委和江华瑶族自治县人民政府，每年瑶族盘王节时都邀请了宣传、文化、旅游、民族、体育等部门的国家、省、市领导嘉宾，参加瑶族文化学术研讨会的省内外领导和专家，省、市主流媒体记者，拟签约的重要客商。通过高层推动，多方参与，凝心聚力，打造湖南省四大民族节庆品牌——神州瑶都（中国·江华）瑶族盘王节，以此来振奋民族精神，建设好神州瑶都。

2. 加大资金投入办节

按照“政府补贴、市场运作”的思路和“节俭安全、突出特色”的原则，组织开展好瑶族盘王节系列活动。充分发挥盘王节的品牌资源作用，加大招商引资力度，积极引导和吸纳社会资金直接参加和策划盘王节有关活动内容，把节庆的筹办运作推向市场。如旅游文创产品发布推介会，旅游与农业扶贫商品暨美食博览会，瑶族民族民间绝技表演，瑶族特色传统手工技艺制品展览，文旅商贸洽谈招商等。

3. 营造开放型的民族大环境

为了把盘王节举办成为弘扬瑶族文化、展示民族风情、传承盘王风范、凝聚民族亲情、振奋民族精神、促进民族地区团结、繁荣和进步的节庆文化活动，在举办盘王节时，江华县委、县政府和民间都要精心组织、安排部署各种文化活动，营造热烈的民族节日氛围，宣传、推介、展示优秀的民族传统文化。

4. 组织召开瑶族学术研讨会

每年举办盘王节时，都要组织和邀请一批研究人员，深入到瑶族民间去进行田野调查，掌握第一手材料，在此基础上对源远流长、博大精深的瑶族文化的产生、发展规律、艺术价值、社会功能、未来走向等进行微观和宏观研究，以微观推动宏观，从实践上升到理论，又以理论指导实践，使之成为瑶族社会、经济、文化发展的坚实基础和强大精神动力，从而再创瑶族文化的辉煌。

5. 精心编排表演文艺节目

为了充分展示地域鲜明、特色浓郁、灿烂多彩的瑶族文化，县里除了组织好专场文艺表演外，全县相关部门、乡镇和村寨对本地区蕴含的丰富瑶族文化资源进行深入挖掘、系统整理、精心提炼、高度概括和浓缩，并通过创新和加工，编排成优秀的节目，搬上节日庆典的舞台，进行精彩的表演，让中外宾客和县内群众感受和领略瑶族文化的独特魅力，让人们自觉地融入瑶族传统文化的传承和发展过程之中。

6. 挖掘和利用瑶族文化符号

按照美观、大方、实用的要求，对瑶族服饰进行研究设计创新，制作新的瑶族服饰，让全县干部群众在盘王节集会时都穿上节日的盛装；用瑶族文化符号扮靓县城的大街小巷和节庆活动时的通道走廊，使之成为一道亮丽的文化景观；运用瑶族文化的元素研发出意蕴丰富、制作工艺传统、民族特色鲜明、收藏价值高、纪念意义大的瑶族工艺产品，并设立一定的场所对其全面展示和推销；开展瑶族服饰表演、瑶族传统体育项目表演、瑶族文物展览、瑶歌对唱、共跳瑶族舞、瑶家美食品尝、瑶族“坐歌堂”等活动，让参加节庆活动的人员感受和体验独特的瑶族文化；按照瑶族礼仪向客人唱一首问候的瑶歌，用瑶族的“瓜箪酒”礼仪向客人敬一碗美味的“瓜箪酒”，营造较好的民俗文化环境和氛围。

三、打造瑶族盘王节品牌的实际成效

1. 较好地挖掘与利用了优秀瑶族传统文化

江华在举办盘王节之前，都要组织人员对瑶族文化资源进行挖掘、整理、分类，排练极富民族特色的歌舞节目。在热烈的节日气氛中向来自五湖四海的宾客展示植根于瑶乡沃土的瑶族传统文化。极具地域色彩和民族特色的歌舞文化得到了充分的展示。有的节目通过进一步打造创新，形成了精品，培植了品牌，加强了利用。如《长鼓舞》《瑶歌联唱》等几十个非遗节目，在接待外宾和旅游景点景区游客时都进行表演和展示，受到了好评，获得了较好的社会效益和经济效益。以后每届瑶族盘王节都组织有关部门和乡镇对瑶族文化资源进行挖掘、整理并排练表演了精彩而且独具特色的节目。同时，江华还邀请其他各个瑶族自治县选送节目进行精彩比赛，使瑶族传统文化在盛大的盘王节活动过程中得到了较好的展示交流和有效的转化利用。

2. 传承和延续了瑶族宗教民族礼仪文化

瑶族的宗教民俗礼仪文化都融会于整个盘王节的活动过程之中，并通过具体的活动内容而逐一体现出来，盘王节起到了汇集、保存和传播瑶族宗教民俗礼仪文化的重要作用。

瑶族崇奉盘王为本民族的始祖，盘王节起源于对始祖的崇拜和祭祀。瑶族人民过盘王节时，都要举行“还盘王愿”“坐歌堂”，唱“盘王歌”，跳长鼓舞等宗教礼仪活动。为此，江华通过多方努力，收集、整理有关资料，并编写出版了《盘王愿歌书》《盘王大歌》，以便供盘王节庆典时使用。这些工作的开展，让瑶族的宗教民俗礼仪通过盘王节活动的开展而得到较好的传承和延续。

3. 有效拯救和发展濒危的瑶族传统手工技艺

瑶族的民间传统工艺织锦、挑花、刺绣、织布、印染等一些特殊技术因后继乏人而处于濒危状态。每年举办盘王节之前，政府组织有关部门收集散落在民间的服装、织锦、挑花等方面的珍贵资料和实物，并对它们蕴含的深厚历史文化价值进行研究，通过一定的场所对其进行展示推介，扩大了瑶族工艺技术的影响，吸引了许多钟情和有志于瑶族文化传承和发展的人来学习研究精湛的瑶族工艺技术，从而使其不断地得到传承和发扬光大。

举办盘王节活动时，江华民族地区的广大人民群众和机关工作人员都要穿上节日的盛装——瑶服。借机整合大量资金，深挖文化内涵，准确把握瑶族服饰的审美情趣和文化特质，深刻了解和精通瑶锦工艺的瑶族妇女或研究人才，融会运用瑶族挑花、刺绣、印染、编织等工艺，精心研究设计、创新开发出准确反映瑶族大家庭服饰文化精髓的一系列产品，以获得经济、社会、文化效益的多赢。也因为这样，图案奇异斑斓的瑶族服饰文化发展空间得到了拓展，高超绝伦的瑶族传承手工技术也得到了拯救和发展。

4. 促进了江华社会和谐发展和经济繁荣进步

瑶族盘王节是继承弘扬民族精神的切入点和出发点，瑶族人民用古老的民族歌舞赞颂党和国家民族政策，表达了他们对党和国家的热爱，沟通了民族感情，增加了瑶族文化认同感，促进了民族团强进步，推动了社会和谐稳定发展，充分发挥了先进文化的向导、激励和规范功能，江华被评为全国民族团结进步创建示范县。

通过举办瑶族盘王节系列活动，带动了全县多家农业特色商品企业和农户发展增收，吸引了省内外多家实力雄厚的企业落户江华投资兴业，推动了瑶族织锦服饰产业的壮大升级，吸引了无数的省内外游客来江华旅游观光体验，为江华经济社会发展奠定了良好基础，促进了江华经济社会繁荣发展，近几年江华经济增速位居永州市各县区的前列，江华经济已迈出了向更广领域、更深层次、更高目标发展的步伐。

四、对瑶族盘王节品牌作用的几点认识

1. 瑶族盘王节历史悠久，随着时代的发展盘王节娱乐的成分逐渐增多

而今的盘王节已升华演绎成为民族文化与时代精神相互交融的积极向上的节庆文化活动。创新办好瑶族盘王节，取得了重要实效，作用巨大，影响深远。近几年来，随着文化建设的加快提质，民族文化保护利用的升温，旅游产业发展战略的打响，瑶族盘王节活动亮点凸显，备受推崇。同时，带动了瑶族赶鸟节、仁王节、开春炮节、火烧龙狮闹元宵节、大端午节、黄泥相公节、瑶医瑶药节等特

色文化节庆活动的复兴和举办，推动了文化旅游的深度融合发展，实现了“月月有节庆”的工作目标。

2. 在筹资办节的理念上有了新的突破

在政府的引导和群众的自觉参与下，采用市场运作和政府支持相结合的方式运行，通过盘王节一系列文化活动的开展，在全县社会上下形成尊重瑶族文化、热爱瑶族文化、保护瑶族文化的良好氛围，瑶族优秀的传统文化也将在这种良好的氛围之中不断得到传承和发展。资金投入方法的创新，既有利于政府少花钱办大事，又有利于积聚力量助推文化品牌的升级。

3. 盘王节节庆活动已真正成为瑶族文化丰富内涵集中展现和瑶族传统文化有效传承的平台与载体

正是由于盘王节能集中展示和有效传承瑶族传统文化，江华把它作为一件特色资源来培育和推介，把它作为重要节庆文化品牌来打造，通过举办盘王节达到了既保护传承民族传统文化又推动地方经济繁荣发展和社会和谐进步的双重目的。

4. 盘王节是瑶族人民在长期的历史发展过程中逐渐形成的传统节日

盘王节融会了瑶族历史上各个时期的文化精华，它记载着瑶族文化发展的历史，是瑶族文化的瑰宝。今天举办盘王节，不仅能增强民族间相互了解、促进民族团结、振奋民族精神、激励民族奋进，而且为民族传统文化的继承传播提供了重要平台和主要渠道，许多瑶族文化的精华和传统在这里也将会得到充分的展示和传承。

先进文化是时代精神的结晶、民族奋进的号角、先进政党的旗帜。回首几千年厚重的历史，寄托数十万瑶胞的期盼，面对全面建成小康社会的蓝图，江华全力打造了瑶族盘王节这一优秀民族文化节庆品牌，并将进一步努力把盘王节打造成全世界瑶族同胞最盛大的民族传统佳节和综合性经济文化旅游盛会，为助推江华全面发展进步发挥重要作用。

探讨民族博物馆的建设与发展

◎ 李　威[①]

【摘要】 民族博物馆是宣传民族文化、弘扬民族精神、凝聚民族力量的重要窗口，在丰富人民群众精神文化生活、构建社会主义和谐社会等方面具有独特的优势。当前，我国民族博物馆恰逢历史性发展机遇，同时也面临诸多挑战，新情况和新问题不断出现。深入探讨民族博物馆的建设、完善民族博物馆的社会功能对中国特色博物馆事业的发展具有重大意义。

【关键词】 民族博物馆；文化遗产；建设。

众所周知，博物馆汇聚了人类文明的成果，肩负对藏品按学术价值、艺术价值等标准予以分类研究的任务，具有非营利性、开放性、服务性与永久性等特征，是不以营利为目的的，是现代社会不可或缺的文化设施。博物馆通过建筑空间保存记忆，它汇集、保藏、陈列和研究代表自然和人类文化遗产的实物，并且透过典藏、诠释与展示等方法，让人们直观地看到历史变迁中遗留下来的人类智慧的结晶，从直观感性到冷静理性地认识历史。博物馆汇聚了地域代表性文化，是一个城市、地区甚至国家文化底蕴和品位的代表，成为衡量一个地区、一个民族、一个国家社会进步和文明程度的重要标志。

我国是一个统一的多民族国家，56 个民族都有其悠久的历史和灿烂的文化，各民族具有浓郁民族色彩的独特文化为我国社会主义民族博物馆事业提供了十分丰富的资源。55 个少数民族的文化和汉族文化，都是国家统一、民族团结、社

① 李威，男，广东连南人，广东瑶族博物馆助理馆员，广东海洋大学公共事业管理本科毕业，研究方向：民族学，瑶族文化。

会进步的重要精神支柱，共同为创造中华文明、形成多民族国家、推动中国社会的进步做出了卓越贡献。作为中华几千年文明见证的物质文化遗产和非物质文化遗产，是民族精神和民族情感的重要载体，也是建设和发展博物馆事业的前提和基础条件。因此，我国要建设具有中国特色的民族博物馆，应以弘扬民族精神、凝聚民族力量为主旨，以民族主义、爱国主义为主题，发挥博物馆的收藏、科研、教育职能，肯定各民族博物馆建设的地位和作用，重视和加强民族博物馆的建设。

一、我国民族博物馆建设的基本现状

1978 年改革开放后，中国的博物馆事业也迎来了真正发展的春天，进入了新的历史发展时期。中华人民共和国成立以来，我国根据自己的特点，已经建立了一批全面反映我国历史、文化特色的博物馆，抓准了我国历史悠久、文物文献丰富、具有革命传统的特点，突出表现在博物馆在数量、类型和布局上均有了较大变化。以国家级博物馆为龙头，各省、市级博物馆为主干，民族、民俗博物馆为补充的百花竞妍的可喜局面，逐步形成了区域分布日趋合理的博物馆体系。在博物馆类型上，除社会历史类博物馆仍占主导外，民俗、民族、科技、自然历史、园囿、遗址及露天性博物馆遍地开花。从民族、民俗类博物馆的发展前景来看，民族、民俗文化遗产价值的开发，促进了民族、民俗博物馆的快速发展，特别是对非物质文化遗产保护的重视。

我国的整个民族博物馆事业，近百年从无到有，从小到大，从初创到具有一定规模，虽然经历了一些曲折的过程，但已经开创了一个新的纪元。改革开放以来，很多民族地区都纷纷建起了自己的民族博物馆。如凉山彝族自治州奴隶制博物馆、海南黎族苗族自治州民族博物馆、延边朝鲜族自治州、湘西土家族苗族自治州、鄂西土家族苗族自治州民族博物馆等。

一些民族自治县也建立了自己的民族博物馆，如广西融水苗族自治县就建立了苗族博物馆，靖西县建起了壮族博物馆，云南丽江县建立了纳西族博物馆；四川甘孜建立了藏族博物馆、茂汶建立了羌族博物馆；广东连南建立了广东瑶族博物馆等。民族文物、博物馆日益成为各民族自治地方和各族人民所关心的事业，标志着我国的少数民族文物、博物馆事业已经进入了一个飞跃发展的新时期。

我国少数民族分布地域辽阔，民族文物资源极为丰富，对发展多种类型的博物馆，有着得天独厚的条件，因此，从社会发展需求出发，我们应当注意民族地区博物馆事业的发展。下面介绍几种较为典型的民族博物馆。

1. 利用某些文物保护单位创办与之相宜的博物馆

例如地处偏僻的广西壮族自治区忻城县，利用过去的“土司衙门”和“土司祠堂”办成博物馆。忻城县是壮族莫氏土司统治了500多年的地方。那里的“土司衙门”和“土司祠堂”至今保存完好，经修缮后，更加显示了当地土司衙门的“威风”，该馆陈列室吸引着大量观众。又如，在贵州以石雕艺术著称的全国重点文物保护单位之一的杨粲墓，就地建几栋古式建筑，再将杨粲墓周围的摩崖、碑碣、石刻、拓片和照片等集中在一起，建成一个反映黔北石雕艺术的博物馆，使其成为一个集收藏、展出、研究黔北雕塑艺术为一体的“中心”，效果也很好。

2.利用丰富多彩的民族文物资源，创办具有民族特色的各种专题博物馆

例如，瑶族服饰种类繁多、色彩斑斓、千姿百态，不同支系服饰差别很大。广东连南瑶族博物馆把风韵独特的瑶族头饰、色泽斑斓的瑶族服饰、精致玲珑的瑶族饰品等民族文物集中陈列，瑶族服饰制作历史悠久、工艺精湛、风格独特，色彩多趋于蓝、黄、黑、红、靛青、白；图纹丰富，既有栩栩如生的动植物花纹，又有具有象征意义的抽象花纹和充满神奇寓意的几何图纹；工艺主要有染色、刺绣、挑花、织锦等具有浓郁民族特色的技艺，让参观者感受到了瑶族人民对服饰色彩和服饰搭配的重视和讲究。又如安顺县成立的一家村办地戏陈列馆。安顺县华严区蔡官乡人民盛行地戏，1986年，蔡官村地戏团一行17人，应邀到法国巴黎参加秋季艺术节演出，后又到西班牙马德里秋季艺术节演出，前后21天，共演出13场，受到外国友人的称赞。回来后，他们认真学习巴黎郭安博物馆的经验，在省、州、县有关部门的帮助下，依靠群众，自力更生，筹集资金，积极组织成立地戏博物馆。该馆就建在蔡官村的朝阳寺内，占地面积约140多平方米。三间庙房内陈列着地戏面具170副、道具20多件，还有中外文地戏历史资料及许多赠旗、奖品、纪念品、大型照片等，对活跃农村生活，促进精神文明建设，并为旅游区增光添彩，取得了很好的经济效益和社会效益。

3. 利用某些典型的民族村寨创办开放式露天博物馆

例如，以石头建筑为特点的布依族村寨，以吊脚楼为特点的苗族村寨，以鼓楼、风雨桥、凉亭为特点的侗族村寨等，把这些具有典型民族特色的民族村寨开辟为露天博物馆，这是一种新型的文化遗产保护方式，不同于传统博物馆仅仅是一栋装满历史遗物的房屋，这种保护形式更强调将文化遗产与其生产者、所有者放在一起，而不是静止不变和孤立的保存。

典型的民族村寨，是各组人民在长期的历史过程中逐步发展起来的，它凝聚着民族文化的精华，具有浓郁的地方特色和民族风格，生动地反映了各组人民的历史文化创造才能，有重要的民族、民族文物价值。找到典型村寨，要靠广泛和深入的调查，对典型村寨的调查有具体的内容和要求：一是要历史比较悠久，至少有两三百年（十代人以上）的历史，并有历史见证可寻；二要具有特点，有典型意义，能让人一眼看出是哪个民族的村寨，如侗族鼓楼、花桥；三要有民俗特点，如吃、穿、用、玩、说、唱等都有自己的特点，在婚丧嫁娶、衣食住行等物质生活和精神生活的各方面都有自己的好传统；四要风景比较优美，山清水秀，景色迷人；五是交通比较方便，一般来说，要与风景名胜、文物古迹相结合，便于参观游览。总之要尽可能把具有地方特色和民族风格的民族村寨建成既有历史传统，又有现代文明的社会主义村寨，这样的文明村寨就是别具一格的露天民族、民族生态博物馆。

4. 发挥地方优势，创办具有地方特色的专题博物馆

例如贵州的酒文化博物馆。贵州有“酒乡”的美称，在贵州创办一个酒文化博物馆非常适合。酒文化博物馆里收藏的文物包括各民族的酿酒工具、盛酒的器皿，各式各样的酒瓶和酒杯、各种酒的商标以及各民族饮酒的方式和礼仪等，这样酒文化博物馆就很自然地成了研究酒文化的“中心”。该馆筹备的经过是这样的，1992 年 9 月，首届中国贵州酒文化节于贵州酒文化博物馆举办，共展出各种酒器、酒具 700 多件，主动反映了贵州酒的生产、发展、演变过程。其中特别是陈列了举世闻名的茅台酒的生产及发展过程；同时还陈列了自商周秦汉以来在贵州出土的各种酒器具，这些酒具有陶的、青铜的、瓷的等各种材质，形制规格各不相同，通过陈列，充分显示了贵州酿酒工艺的发展进步以及工艺水平的不断提高。其中，特别展示了苗、布依、侗、水、彝等各族人民在酒生产中的一些实物和各少数民族的许多酒礼酒俗。如太平天国著名将领石达开路过贵州时喝过的咂杆酒，苗族的牛角酒（拦路酒、进门酒）、转转酒，水族的交杯酒，壮族的红桶酒等风俗，使这次展览生动活泼，充满浓郁的民族风情，为学术界、文化节提供了生动和形象的研究资料，因此很受欢迎，并且引起社会的关注和各级领导的重视。

民族博物馆就是这样随着社会的发展而兴起并发展起来的，在我国整个博物馆事业迅速发展的形势带动下，民族博物馆事业必将越来越兴旺。我国的整个博物馆事业，近百年来从无到有，从小到大，从初创到具有一定规模，虽然经历了一些曲折的过程，但已经开创了一个新的纪元。在这样好的形势下，有了全国博物馆发展的经验，又有各民族地区经济、文化各项事业的迅速发展做基础，今后少数民族地区博物馆事业的发展必将更加繁荣。

二、我国民族博物馆建设的意义

民族博物馆是以研究和反映我国各民族的历史发展过程、发展规律以及在历史中的重要民族人物和重要事件为主要内容的博物馆。民族博物馆作为民族文物和标本的主要收藏机构，保存着大量反映各个时代社会制度、社会生产和社会生活的具有重要历史价值、科学价值和艺术价值的古代文物和现代文物。各民族现存的各种具有民族特点的实物，不但是民族博物馆业务活动的物质基础，也是借鉴和继承祖国优秀文化遗产、建设社会主义新文化不可缺少的宝贵财富，因此，必须搜集和收藏民族文物、标本，并管理和保护好这些珍贵的文化遗产，保存少数民族历史文化的继承性、连续性，使他们不致遭到破坏和散失，使每个阶段的民族文化遗产都能保存，这是民族博物馆的职责。

1. 民族博物馆可以集民族传统文化于一室，便于学习参观

我国少数民族的文化资源十分丰富，各民族地区特别是各民族聚居区本身就是一个民族文化宝库，是一个个天然的、巨大的民族博物馆，尤其是典型的民族村寨，是少数民族在长期的历史发展过程中逐步形成和发展起来的，它凝聚着民族文化的精华，具有浓郁的地方特色和民族风格，生动地反映了少数民族的历史文化和创造才能。民族博物馆集中民族文化于一室，能更好地为学习参观提供条件。

如瑶族是个典型的南方山地民族，他们居住的瑶族村寨大多民风古朴，山清水秀，环境优美，构成一幅秀美、恬静、祥和的田园风光。尤其是他们的吊脚楼建筑融合了岭南文化和中原文化的特点，凝聚了山地民族的生态美学思想。而居住在丘陵地区的瑶族，住房多为土木或泥木结构，有两种式样，一是砖瓦式的，二是泥砖树皮式的，与壮、汉族住宅相同，尤其是广东连南排瑶的建筑是硬山搁檩干栏式建筑的典型代表。连南的广东瑶族博物馆通过播放瑶族相关影视资料或者图片展示生动反映了瑶族村寨建筑的民族美，使参观者能够对瑶族传统文化进行深入了解。

2. 民族博物馆可以使民族传统文化得到很好保存和保护

民族文化是随着人们的生产活动和社会历史的发展而产生、形成和演变的。它受到人们的物质生活和不同历史时期的思想意识所制约，也作用于人们的物质生活和文化生活的发展。随着社会的发展，民族文化的特点也会不断地变化和发展，有的可能逐渐消失了，有的还会继续发展下去，特别是人们吃、穿、用、玩的各个方面，随着我国社会主义体制改革、发展市场经济和现代化建设步伐的加快，各民族经济水平的提高，破坏严重、残缺不全的民族文化面临着巨大的挑战。从保护和传承地域和民族文化的角度看，民族博物馆能将民族文物较好地“抢救、保护和保存”，使文物保护与博物馆建设有机地结合起来，并很好地保存或展出，力求全面保护和传承优秀民族文化，为子孙后代永远留下一笔珍贵的物质财富。

如在广东瑶族博物馆连南瑶族刺绣工艺展厅，这里展示的是连南县境内排瑶和过山瑶的服饰、刺绣文化。排瑶的服装分为平装和盛装。平装简便，没有太多刺绣工艺，黑色的上衣、裤子，方便平时生产劳作。而盛装则非常漂亮，裙子全由手工刺绣完成。而连南过山瑶服饰最大的特点是少女戴绣花帽，而妇女则戴用几块刺绣头帕卷成的圆锥形帽子，扎上银牌珠链妩媚动人。男盛装最别致的是铜扣衫，在衣领处钉上 36 只铜扣，以黑色布料的唐装式围上绣花裙和绣花腰带。服饰内容的丰富、形式的优美，使其不仅具有实用价值和工艺价值，而且具有重要的审美价值和历史价值，从五彩斑斓、绚丽多姿的瑶族服饰中可以看出瑶族人民对美好生活的追求和向往。

3. 民族博物馆有利于保持和发扬少数民族的优良文化传统

保持民族文化特性的问题，是关系一个民族存亡的大问题，优秀民族传统文化的保护传承与重建问题已是刻不容缓。一个民族得以生存，是因为它有着自己深厚的文化传统。在全球化和市场经济的影响下，不知有多少民族都消失了。所谓消失，不是真的没有了，而是失去了本民族的文化特色。民族博物馆将民族文化永远陈列和保存，发扬宣传和教育的作用，肯定民族博物馆与优秀民族文化建设的积极意义，这对发扬少数民族的优良传统，对弘扬民族精神、凝聚民族力量是大有好处的。同时，我国少数民族地区随着改革开放政策的实施，大量外资的引进，发展旅游业，发展地方经济，民族文化被严重异化和商业化。这时候，我们决不能丢掉自己的优良传统，而是应当加以保护。民族博物馆正是保持和传播优良民族文化传统的有效场所之一。

4.民族博物馆有利于促进民族之间的相互学习和文化交流

我国各民族人民在数千年的历史长河中形成各自的传统，构筑着各自民族文化的艺术宝库。如民族各种手工制品品种齐全、款式众多，以其精湛的工艺、绚丽的色彩，演绎着传统的古典美，各种编织品中的棉织、花带、竹编、藤编，利用自然材料制作的各种用品等，制作精巧，手法风格各异，表现了各少数民族妇女的审美情趣和高超智慧，弘扬了民族的个性美。在我国少数民族中，至今还存在着许多文化特征。对于我国文化人类学、社会学、民族学、民俗学、文化学、宗教学、民间文艺学、民族博物馆学等，都是十分难得的宝贵资料。民族要繁荣，民族文化还要交流，不能闭关自守，必须学习先进，吸收一切好的东西。民族博物馆是民族文化最集中的表现场所，体现着民族文化的精华，这对促进各民族的彼此了解，有助于增强民族审美情趣、民族文化感情和民族团结意识。

5. 民族博物馆有利于少数民族地区的开放、建设与经济繁荣

当今和平环境，人民生活水平提高，衣食富足之余会外出旅游，人们不满足于自己所在的小天地，要求扩大知识面，要求走出本地区、本民族甚至出国，外出旅游成了新的追求和享受，旅游业的发展有利于提高民族博物馆的人气，并驱动博物馆向现代化、大众化发展，成为人们了解异域民族文化的主要窗口。外国人来中国旅游，主要想看中国丰富的民族文化，特别是对中国少数民族文化，他们更感兴趣。少数民族地区旅游资源丰富，秀美的自然风景、绚丽多彩的服饰文化、浓郁的地方风情，因此，民族博物馆丰富多彩的民族文化的陈列展出，多方面展示民族文化的巨大魅力，吸引了更多的观众，成为中国少数民族文化通向世界各地的窗口。因此，实现博物馆与旅游相结合，重视博物馆消费，促进旅游、交通、服务等各项事业的发展，有利于推动民族地区的开发、建设和经济繁荣。

民族博物馆不仅收藏和保存民族文物，展现了少数民族别具一格的传统，促进了民族之间的相互学习和文化交流，增进了各民族间的了解，而且还可以在传统民族文化的基础上，不断实现新的形式和组合，维护了民族文化的多样性、连续性，为民族文化由传统化向现代化转变，为实现现代化奠定思想文化基础。

三、 我国民族博物馆未来的建设和发展方向

在过去的 20 年里，科学技术与社会的高速发展已经基本上重新塑造了博物馆的体验、空间设计，以及博物馆作为文化、教育和娱乐的空间职能。随着人们对精神生活需求的逐步增长，博物馆事业在发展上只有在文化、教育和娱乐的其他形式上得以提升，不断适应时代环境以适应正在改变的用户需求，从表面的展厅环境、服务质量等基本方面，到深层次认识到博物馆与社会的抽象联系，在广阔的环境背景下，用新的思维方式研究、利用、保护、展示藏品，不断提升自身的社会竞争力以吸引更广泛的观众。

1. 陈列的专精性与多样性

所谓的“精品陈列”是指一个选题恰当、立意鲜明、特色突出、设计合理、制作精细、形式新颖并且思想性、科学性、观感性达到一定程度的陈列展览，精

品陈列既不是纯粹的藏品成果的罗列展示，又不是教化参观者的“象牙塔”。它们给普通观众提供的是一个发现历史、提出疑问、探索未知的地方，给专业工作者展示的是一个享受学习、探索发现、激发人们想象和创造灵感的可视空间。每一个展览都不是简单的展品堆积，陈列展览形式不仅要日趋多样化、科技化，精心设计各类展柜、灯光、音响、视频设备以及其他多媒体展示设备等配置，创造崭新的参观体验，为观众营造良好的欣赏展品的氛围，而且还要结合本民族特色的所有元素之间的相互作用，形成整体，把孤立的文物还原到当地民族历史的文化体系中，让参观者充分理解其独特的价值。现在许多民族博物馆率先推出了新的陈列形式，结合自己的地域特点，构建突出自己民族特色的陈列展览。

如地方民族博物馆的专题陈列，进一步熟悉所确定的陈列主题所涉及的民族社会历史内容，每一个主题在陈列品中的地位和目的，决定了要选择的陈列品。每件陈列品都要服从于陈列的主题思想，在同一主题下的每一件陈列品，都是相互联系的，在充分掌握前人的研究成果后，综合当今有关研究的新成就，认识和解决陈列品对主题思想的从属性和陈列品之间的依赖性，反复酝酿、讨论、思考陈列大纲，是确定陈列品和制订具体陈列计划的重要环节；要掌握熟悉馆内外的有关民族文物、图片或资料，从中选好展品，要注重其真实性和科学性，该提陈的提陈，该借用的借用，该复制的复制，要查清所选民族文物展品本身的价值，将文字计划所要体现的思想反映在民族文物和辅助展品上，使之成为反映陈列主题思想的陈列品；熟悉陈列现场的面积、环境，确定陈列室的使用和陈列主题的位置、参观路线、休息地带、各种服务设施的位置和庭院绿化地区等，研究和确定陈列的风格气势，力求具有民族风格、民族气魄和地方特色，同时根据已掌握的民族文物、图片、资料，确定该陈列的规模。

2. 数字化与网络化

数字化与网络化建设是民族博物馆目前和今后发展方向的主流趋势。博物馆的数字化发展主要是指重视运用科技新成果，重视展示方法的变化翻新，把博物馆的收藏、科研、教育等功能用多媒体形式表现出来。新的技术赋予博物馆以新的活力，电子与材料科学的突飞猛进，大大改变了博物馆陈列展览的面貌、手段和方法。这样的数字化博物馆主要包括两方面：一是多媒体资源库，使有些原来静止的陈列，变成动态的展览。它主要包括多媒体展示、藏品知识库、数字信息化图书馆、远距离教学等，在陈列展示中摆脱原来以展板为主的说教式的展示形式，使观众在博物馆感受到生机勃勃的世界，加入电脑等多媒体技术，对灯光、温度进行运用调节，使观众在轻松愉悦的氛围中学习民族历史。二是虚拟博物馆，使有些传统的封闭式陈列，变成观众可以参与的实验性展示，使观众不受时间、地点的限制，自由自在、无干扰地参观博物馆。正如国际上正在兴起的数字化博物馆一样，我国的民族博物馆也开始走上利用现代科技来促进博物馆发展的道路。在馆内除了设有专门的教育互动区外，还应在展示的设计上注重参观者的感官感受，除展品、图片外，还包括多个多媒体展项，以声、光、电等现代科技的表现形式和参观者能亲身参与互动的展区，强调以“体验、感受、互动”的方式传递信息，使人们通过眼看、耳听、鼻嗅、身触，获得较完整的感性认识和直接经验。目前国内也只有为数不多的大型博物馆拥有自己的网页，而且网上的内容也不够丰富，与发达国家的博物馆数字化进程相比还有较大差距，但数字化、网络化在中国的发展已经呈现出势不可挡的趋势。

3. 与旅游相结合

随着国际交往和旅游业的发展，国外各界人士、海外侨胞来我国内地洽谈贸易、参观访问、探亲会友、旅行游览日益增多，民族博物馆作为一个国家和民族地区科学文化水平的标志，是历史文化遗产和自然遗产、标本的收藏和宣传教育机构，属于人文旅游资源的组成部分，是旅游者的重要参观景点，是让国外友人认识了解中国、增进国际友好的交往渠道。在当前日益频繁的国际交往中，参观民族博物馆已成为一种时尚，参观民族博物馆，可以用很短的时间，获得一个国家、一个民族甚至地区的历史、文化、物产、地理、风土民情方面的知识，开阔眼界，增进情谊，为日后进一步联系交往疏通渠道。博物馆作为历史文化遗产重要保护单位，如何加快民族博物馆的建立，如何把民族博物馆办好，以适应当今国际形势的新潮流，这些都是民族博物馆未来发展和建设的方向。随着全球旅游重心向亚太转移，我国的旅游规模必将达到空前水平，无论是国际旅游还是国内旅游均将跃居世界前列。目前，旅游业已经成为少数民族地区最强劲的经济增长点。旅游者每到一个地方，常常会把博物馆列为他们参观的目标，因此，博物馆事业的发展与旅游业之间的关系极为密切。加强少数民族地区生态环境的治理和保护，保存村落的风格和建筑特点，保持语言环境、服饰和生活习惯，加快建设民族博物馆的步伐，吸引旅游者走进少数民族地区并通过参观民族博物馆，旅游者能够准确地了解当地的历史、现状、民族习惯和风土人情，使人心情舒畅、轻松愉快，得到美的享受。所以，民族博物馆事业与旅游业相结合是民族博物馆未来建设和发展的方向之一，博物馆事业的蓬勃发展与旅游事业的兴旺发达相互促进，既符合少数民族地区持续发展的要求，又满足了少数民族地区旅游业持续发展的要求。建立民族博物馆和旅游业协调促进机制，拓宽合作途径，热情支持、参与兴办民族博物馆事业，合理分配旅游收益，将是一个双赢的合作方式。

4. 强调以人为本

博物馆以物为本，更要以人为本。过去博物馆往往把对“物”的收藏、保护作为强调的重点，但也往往忽视了博物馆为社会发展服务的目的。博物馆的发展目前不仅要重视文物标本，更要坚持以人为本的服务理念，关心观众，贴近群众，提供人性化、多元化的服务项目。无论是展览内容，还是展品的陈列摆放，都要考虑观众的角度，增强观众的参与性、趣味性，体现以人为本的思想。这里的以“人”为本，还体现在观众在博物馆内能得到满意的服务。如印刷有民族文字、介绍宣传民族博物馆的简介，设有服务台为观众提供咨询，出售具有民族风情的明信片、出版物、具有地方特色的制品、民族博物馆的发展概述和旅游工艺品的博物馆商店等。博物馆还应设有餐厅、咖啡厅、卫生间、休息用的椅凳、为残疾人服务的各种设施等。有了这些满足探索欲望和得到满意服务的条件，观众也就自然而然地被吸引来。以人为本，还要体现雅俗共赏与休闲娱乐性。信息时代的到来，各种形式的文化娱乐方式都与博物馆争夺观众。民族博物馆必须从课堂向寓教于乐、教育与休闲结合的方向转换，并从专家说教向雅俗共赏的方向转换。

5. 民族文物的搜集与整理

随着经济的发展，城市的开发建设进程加快，民族物品的消失极为迅速，出现了时代越近，物品淘汰率越高，文物的幸存率越低的现象。民族文物主要是民族的生产用具、生活用品、头饰服装、宗教礼器和民族歌舞，是活的文物、活的宝贝。随着生产、生活方式的变化，民族村寨里关心传统文化的大多是老年人，而民族青年则脱下民族服装穿起了西装，打上了领带，一味追求和模仿现代所谓的时髦；村寨拆掉了阁楼、吊脚楼，盖起了小洋楼；日常劳动和起居用品或付之一炬，或弃之不顾；流行歌曲、现代舞的流行，民族歌舞少人传习，这就加剧了保护、抢救城市建设中稍纵即逝的民族文物和资源收藏的紧迫性。随着社会的发展，生产生活方式产生一定的变革是不可避免的，但保护和利用民族文物，对于传承文明、发展经济同样有重要作用。对于时代的要求，民族博物馆要将展品征集视为今后博物馆发展的原动力，要根据博物馆自身特色和定位有针对性地收集文物，要反映最典型、最具代表性、特色性、专题性的民族文化特色的文物、资源等，重点突出收集文物的范围，并在此基础上建立一套完善的商品征集规章程序，制定适合博物馆性质、特点和实际情况的收集工作的阶段性和长远性的目标规划，以此种方式极大程度地促进文物征集工作的开展。

6. 建立民族博物馆科学化管理体制和制度

民族博物馆科学管理的特点，是由民族博物馆的性质、特征决定的。民族博物馆是民族文物标本的收藏、研究、教育机构，通过对民族藏品的组合陈列展示，达到对观众传播民族文物知识，履行社会教育和服务职能的目的，这就区别于其他一切科学文化事业机构。建立健全的管理制度，并使之科学化、规范化、制度化，是提高民族博物馆管理水平的重要内容和措施。

由于陈列品与设备这部分管理内容较多，包括民族文物、图片、资料和设备等等，为了加强对博物馆民族文物标本的规范管理，搞好物品与设备的管理，必须建立各种相应的管理制度，包括财会制度、办公用品领取制度、文物图片资料使用管理制度、陈列展览材料制度等。还要协调民族文物标本与各职能部门之间的工作关系，切实搞好人事管理制度，适应民族博物馆的各项工作，既要妥善保管、合理使用，又要安全、节约，充分发挥效益。给民族文物标本以科学的管理，使得民族文物标本门类分明，井然有序，为民族博物馆的陈列、科学研究以及社会各界对民族博物馆民族文物标本的需求创造有利条件。

四、结束语

民族博物馆事业随着社会的发展而发展，在我国整个博物馆事业迅速发展的形势带动下，民族博物馆事业必将越来越兴旺，而由于生活质量和人们素质的提高，中国老百姓对博物馆的认识与兴趣与日俱增，随着民族博物馆建设实践经验的积累和业务水平的提高，又促进了各民族地区经济、文化各项事业的迅速发展，今后少数民族地区博物馆事业的发展必将更加繁荣，我国蓬勃发展的博物馆事业，会让我们明天的文化生活更加多姿多彩。

瑶族歌堂的社会功能与保护传承
——以广东瑶族歌堂为例

◎ 许文清[①]

【摘要】瑶族歌堂，历史悠久，源远流长，独具特色，是瑶族传统文化的重要组成部分。本文根据史料记载和田野调查资料，对瑶族歌堂的种类、起源与流传、社会功能、保护和传承等方面进行初步的探讨。

【关键词】瑶族歌堂；起源与流传；社会功能；保护和传承。

广东瑶族，有排瑶和过山瑶之分。排瑶主要聚居在清远市的连南瑶族自治县，小部分居住在连山、连州、阳山、清新（三坑）和阳江市的阳春等地。过山瑶分布较广，分居在韶关市的乳源、曲江、始兴、乐昌、南雄、翁源、仁化，清远市的连南、连山、连州、英德以及肇庆市的怀集、惠州市的龙门等山区县（市）。隋唐时期，瑶族的祖先已迁徙到广东山区居住。在漫长的历史发展过程中，瑶族人民不仅创造了光辉灿烂的民族历史，还创造和积累了丰富多彩的民族文化，其中在瑶山流传了千百年的歌堂，是瑶族传统文化的重要组成部分。

一、瑶族歌堂概述

广东瑶族，由于排瑶和过山瑶的居住环境、生活习俗不尽相同，歌堂文化也

---

① 许文清，男，瑶族，中国少数民族作家学会会员，中国民间文艺家协会会员，广东省地方史志学会常务理事，广东省省情专家库专家。

各具特色。

(一) 排瑶歌堂概述

排瑶的歌堂，因活动时间、活动内容和宗教科仪不相同，有耍歌堂和香歌堂之分，各自有特定的含义和民俗活动。

1. 耍歌堂

耍歌堂，瑶语 aikotong（挨歌堂），瑶语“挨”是做的意思，“歌堂”是唱歌跳舞的地方。学术界译作耍歌堂，已成为专有名词，是粤北排瑶集祭祀祖先，追忆民族历史，传承民族文化，欢庆丰收和娱乐怡情为一体的规模最大最隆重的民俗活动。相传瑶族的始祖盘古王仙逝于农历十月十六，又适逢秋收结束，为纪念祖先和欢庆丰收，瑶家便于十月十六之后的吉日汇聚一堂，举行耍歌堂活动。旧俗以“大庙”（过去，排瑶每个大山寨均建有祖庙，又称盘古王大庙）为单位举行，全瑶排（瑶排，当地汉族人对瑶族山寨的称呼）人或数排人不分姓氏宗族，全体成员参加。

过去，某个瑶排决定当年要举行耍歌堂时，要举行“申疏”祭拜祖先仪式，在农历二月二日请全排先生公（排瑶宗教活动主持者）商议，选好吉日，把盘古王庙重修一新，并将供奉在庙中的木雕神像清洗干净，油漆一新，霉烂的要择吉日重新雕刻，开光后放回庙里。三月三“开耕节”、六月六“尝新节”和七月七“开唱节”，先生公带领掌庙公、烧香公及瑶老们到盘古王庙祭祀祈愿，祈求山寨吉祥，人丁平安，风调雨顺，五谷丰收，六畜兴旺，顺利举办耍歌堂。到择定的耍歌堂吉日，瑶家男女老少，身穿五彩缤纷的盛装，倾寨而出，敲锣打鼓，鸣枪放炮，聚集到盘古王大庙宰猪杀牛，先生公念诵瑶经，歌手高唱盘古王歌，举行隆重的宗教仪式，祭祀盘古王和各姓祖先。在庙里完成祭祀礼仪后，将神像抬出来游寨（瑶家人称此仪式为“过斗”，居住在寨里的瑶民每个姓或宗族设一个“斗”），并连续几天举行收耗、架桥、沙会、请公、招亡、开光、打阎罗、打良等宗教仪式和娱乐活动。白天，瑶民们汇集一起，进行游神（瑶语称“过斗”）、祭祖、娱神等仪式。游神队伍由排内最有威望的老人和先生公领头，身后紧跟着旗幡队，幡枝挂满黄粟、稻穗、彩条等，以示五谷丰登；继后分别是抬神队、长鼓队、铜锣队、牛角队、芒笛队、枪手队、各房姓盛装男女等，浩浩荡荡游寨后，进入某房姓设的“斗”（祠堂）。游神之后，人们汇集歌堂坪“乐歌堂”。歌堂坪上欢声笑语，瑶民们吹牛角、放铳炮、敲铜锣，唱优嗨嗬歌和弹指歌，跳起欢快的长鼓舞，尽情玩乐。

夜晚，各家各户备足酒菜，盛情款待贵宾。晚饭后，未婚男女青年在野外燃起篝火唱情歌，谈情说爱，中年人和小孩则在家中火塘边，听老歌手唱盘古王歌和八排瑶来源歌等历史长歌，重温民族历史，通宵达旦。

要歌堂期间，方圆百余里的瑶民都赶来观光助兴。歌堂坪上，人山人海，铁铳齐鸣，鼓乐喧天，数十甚至数百瑶民高唱优嗨歌，欢跳长鼓舞，场面极为热烈壮观。1992 年，连南瑶族耍歌堂被国家列入“中国友好观光年 100 个节庆活动”之一。此后，连南瑶山每年都举行耍歌堂活动，吸引了众多的国内外游客前来观看。传统的耍歌堂，已成为各族人民和各国朋友同欢共乐的喜庆娱乐活动。2005 年，经广东省文化厅组织专家评审、省人民政府批准，连南瑶族耍歌堂被列为广东“省级非物质文化遗产”；2006 年，经国家文化部确定、国务院批准，被列为“国家级非物质文化遗产”。

2. 香歌堂

香歌堂，瑶语为 vong kotong，又称“大传”和“挨旦堂”（ai tam tong）。瑶语中“香”的含义为“香火”，故有香歌堂之称；也有的学者据瑶语谐音译为“旺歌堂”。20 世纪 50 年代，有调查者将此活动称为“打道箓”（《连南瑶族自治县社会调查》），但排瑶人普遍对此称谓不认同。由于各种原因，有关部门的宣传资料和一些专家的文章都将耍歌堂和香歌堂混为一谈，这是很不妥当的。耍歌堂和香歌堂的活动范围、活动时间、活动内容、宗教科式等，区别非常大，是完全不一样的民俗活动。耍歌堂是以祖庙为单位，一个排或数个排不分姓氏宗族共同举办的以祭祖、拜神、驱邪、祈福、娱乐，追忆民族历史和传承民族文化为主要内容的盛大民俗活动；而香歌堂不是全排性的活动，是以出自同一祖宗具有可查血缘关系的一个姓氏，或同姓中的一房（宗族）为单位举行的宗族祭祖度戒民俗活动（有学者称这种活动为“成年礼”，笔者认为不很全面，这种活动除捡法名者接受“过九州”的宗教洗礼外，还举行大量的祭祀祖先、追忆民族历史的活动）。由于居住地分散，香歌堂举行的间隔年限各地不一，有的十五六年，有的十七八年，有的则二三十年才举行一次。具体在哪一年举行，由瑶老提议，大家商量，先生公择定。

香歌堂活动多在农历十月后的吉日举行，全宗族男女老少都必须盛装参加。正式的活动时间为三天三夜，内容主要有三项：一是祭奠亡故的先人；二是为在世的男性和已婚妇女取“法名”；三是让取法名者“过九州”度戒，接受宗教洗礼。度戒者“过九州”（即排瑶祖先迁徙来粤北时经过的宜州、青州、梁州、雍州、润州、荆州、寅州、辰州、道州）时，外家和亲友都来“州坪”给他（她）“挂红”（挂红布）祝福，放鞭炮庆贺，极为隆重。活动结束后，各家各户杀鸡宰猪，宴请外家和亲友；而外家和亲友必须前往赴宴，唱祝福歌，放鞭炮庆贺。一连几天，瑶家山寨人来人往，欢声笑语，鞭炮齐鸣，歌声飞扬，非常热闹。

（二）过山瑶歌堂概述

广东过山瑶的歌堂，主要有众人堂和坐歌堂两种类型，其活动时间、活动内容完全不同。两种歌堂都有特定的含义和民俗活动。

1. 众人堂

众人堂，又有做堂、跳盘王、还盘王愿等多种称呼，是过山瑶以村寨为单位，在立冬后举行的一种祭祀祖先、酬谢众神、祈求平安、追忆民族历史和传承民族文化的民俗活动。旧俗每三年或七年举行一次，活动时间多为三天。届时，瑶民在村中设立祭坛，杀猪宰鸡，隆重祭祀祖先，并请师公念诵瑶经，举行请神、祭神、安神、娱神、送神、打马鞭、锁马鞭、捆杀四方妖怪等一系列宗教仪式。活动期间，师公带徒弟学习瑶经、学做法事，歌郎歌姆带童男童女学唱瑶歌，众人“围堂”观看阳筈舞、花鼓舞。如是丰年或吉年吉日，瑶民还将婚礼、挂灯、度戒连在一起举行，活动时间延至七至九天，举行检法名、挂灯、上刀山（梯）、过火海（炼）、摸油锅、修炼等仪式。白天，祭祀礼仪结束后，歌姆歌郎唱盘王歌和历史歌；未婚男女青年则在歌堂坪唱歌跳舞娱乐活动中暗暗选择自己心仪的对象，到了夜晚，他（她）们在厅堂或坪地燃起火堆，一群群，一对对，围火而坐，纵情歌唱，谈情说爱，通宵达旦。

2. 坐歌堂

坐歌堂，是过山瑶在厅堂围火唱歌接待客人的一种仪式。以前，过山瑶居住分散，集体娱乐活动很少，逢年过节或农闲时大家走到一块儿，主客双方就用对歌的方式来互相表达情谊。在坐歌堂唱的歌，迎接客人，唱迎客歌；请坐、请烟、请茶、敬酒都以歌相请；客人也唱歌回谢。若是送客，唱送客歌、出路歌、拦路歌。清代劳大舆《瓯江逸志》卷二十三载：瑶人“冬无卧具，群聚热火。晴雨唯顶笠，或复以葵叶。捕兽饮酒，击长鼓为乐”。可见过去瑶族虽缺衣少食，但热情好客，节日客人来得多了，可又“无卧具”安排客人，只好“群聚热火”。或许他们为了调解枯燥单调的生活，渐而产生围火唱歌的“坐歌堂”习俗。

二、瑶族歌堂的起源与流传

瑶族歌堂历史悠久，源远流长，独具特色。瑶族歌堂作为瑶族社会的一种民俗文化现象，有其产生和发展的漫长过程。从上述四种歌堂的主要形式和核心内容来看，起源的时间、起源的缘由、形成的过程等，都各不相同。

（一）耍歌堂的起源和流传

根据史料记载和调查资料考证，排瑶耍歌堂起源于唐代，形成于宋代，兴于明代，盛于清代，流传至今。

耍歌堂的起源和形成，从其活动的主要形式和核心内容来看，应起源于瑶民对盘古王和各姓祖先的崇拜。排瑶崇奉盘古王为民族始祖。新中国成立前，排瑶每个大的瑶寨都建有盘古王庙，小的瑶寨则几个寨合建，把盘古王和各姓始祖的木雕神像供奉在庙里，设掌庙公和烧香公负责烧香祭祀，每逢一年中的正月十五元宵节、三月三“开耕节”、六月六“尝新节”、七月七“开唱节”、十月十六“盘古王节”等重大节日，全排的人（或每家派人）到庙里祭祀。相传盘古王仙逝于农历十月十六日，所以，这天排瑶在盘古王庙举行的祭典仪式也就特别隆重。耍歌堂活动也往往选择在“盘古王节”稍后的吉日举行，可见过去排瑶的耍歌堂是伴随着祭祀活动而进行的。

瑶族祭祀盘古王，有悠久的历史。晋代干宝著的《搜神记》，也提到了瑶族先民“用糁杂鱼肉，叩糟而号，以祭盘瓠”。唐代大诗人刘禹锡被贬官到连州时（那时连南一带瑶区属连州辖）作《蛮子歌》，说到瑶族“时节祀盘瓠”。宋人周去非著的《岭外代答》记载：“徭人每岁十月旦，举峒祭都贝大王于其庙前，男女之无夫家者，男女各群，联袂而舞，谓之踏摇。”

伴随着祭奠活动而产生的耍歌堂，最迟在明代前已形成完整的科仪，据连南瑶排的瑶老唐丁当公收藏的一份明朝天启年间抄写的《歌堂书》（俗称“十二本”）记载，在明代，排瑶已有造桥、香花、收红尸、罗罡、结界、又变、兵床、迎兵、长沙王、招亡、赦罪解结、开光等十二本耍歌堂时使用的瑶经和发牒等文疏，统称为《歌堂书》。20 世纪 80 年代在连南收集到的明朝崇祯年间转抄的《耍歌堂断卷书》也说明，排瑶在明代已有了专用于耍歌堂时唱的歌书。到清代，排瑶耍歌堂进入了兴盛时期。清代李来章著的《八排风土记》记载：排瑶耍歌堂，“每排三年或五年一次行之，先择吉日，通知各排届期至庙，宰猪奉神，列长案于神前，延道士坐其上。每人饭一碗，肉一碟，口诵道经，瑶人拜其下，以茭卜吉凶。富者穿五色绣衣，或袍或衫，必插鸡羽于首，足穿草履或木屐、或赤足不袜，系金银褚纸于竹篙上，手执之，击锣挝鼓，赛宝唱歌，各排男女来会，以歌答之”。类似有关清代排瑶耍歌堂盛况的记载，在史籍中屡见不鲜。

耍歌堂在刚形成时，是以祭祀为主要内容的，带有浓厚的宗教色彩。随着时代的发展，人们的思想意识不断变化，这项活动至今虽保留着某些原始的程序，但活动内容和形式已渗进很多新的含义。如清代时，加进了许多歌舞娱乐内容，以此欢庆丰收，祈祝来年五谷丰登，人丁兴旺。到了近代，耍歌堂大量的活动则以跳长鼓、吹牛角号、敲铜锣、放铳炮、唱盘古王歌和历史歌、弹指歌、生产歌、爱情歌、祝愿歌等为主要内容，演变成为集纪念祖先、追忆历史、庆祝丰收、酬神还愿和群众性娱乐活动等为一体的传统的民族盛会。20 世纪 90 年代后，这项活动每年在连南瑶山举行。

（二）香歌堂的起源和流传

排瑶的香歌堂是受汉族道教的影响而产生的祭祀亡故者，为生者度戒祈福，“捡法名”“过九州”，接受宗教洗礼的一项庄严而盛大的宗教活动。瑶民认为，未经香歌堂度戒，“捡法名”“过九州”的人，生前没有神兵保护自己，死后不能立神主，上神龛，变成了野鬼。因此，每个瑶民都必须经过香歌堂度戒，择定法名，接受“过九州”的宗教洗礼和众亲友“挂红”祝福。香歌堂这项活动，与汉族打醮相似，道教色彩甚浓。

道教是中国土生土长的一种宗教，它形成于东汉顺帝（126 年—144 年）年间，至今已有 1800 多年的历史。道教作为中华民族的固有宗教，不仅对汉族的政治、经济和文化思想产生深刻的影响，对排瑶的宗教文化也产生了巨大的影响。

道教在排瑶中传播已有很长的历史。20 世纪 70 年代初，在连南排瑶地区发现有明代抄成流传的瑶族道经，还在南岗排发现两座明朝万历三十七年（1610 年）建的排瑶石棺古墓，碑上刻有墓主“度戒”后使用的道教法名。说明最迟在明代，道教已在排瑶中广泛流传。而其传入的时间，则应该更早。长期以来，排瑶在保留本民族固有的原始宗教的同时，不断接受道教的影响，并将道教的经书、科仪等，加以改造和利用，形成了自己独特的宗教信仰。根据史料记载和田野调查考证，排瑶香歌堂起源于宋末元初，形成于明代初期，盛行于清代，流传至今。这项活动在排瑶各地普遍流传，每个姓氏宗族视新出生的人丁和娶入的媳妇有多少人而决定举行香歌堂活动的时间，如新增人口较多，一般十五或十六年举行一次；如新增人口较少则二十或三十年才举办一次。

（三）众人堂的起源与流传

众人堂是广东过山瑶酬神祭祖，驱除邪恶，祈求平安，追忆民族历史，传承民族文化的一项隆重盛大的民俗活动。根据调查资料考证，众人堂起源于宋末元初，形成于明朝，兴盛于清朝，流传至今。这项活动起源于对盘王和各姓祖先的崇拜，所以，有的地方称为做堂、跳盘王和还盘王愿。尽管各地称呼不同，但其活动内容和科仪大体相同。

跳盘王，是过山瑶传统的祭祀民族始祖盘瓠的民俗活动。瑶民崇拜盘瓠，将他尊称为盘王。瑶族跳盘王活动，从战国到民国时期均有记载。如晋朝干宝《搜神记》云：瑶民“用掺杂鱼肉，叩槽而号，以祭盘瓠，其俗至今。故世称‘赤髀横裙，盘瓠子孙’”。清代屈大均《广东新语》云：“诸瑶率盘姓，有三种，曰高山、曰花肚、曰平地，平地者良。岁七月十四拜年，以盘古为始祖，盘瓠为大宗。”

举行跳盘王活动的时间由师公（宗教活动主持者）择定。跳盘王这天，瑶民设置祭坛，供奉猪头、熟鸡、米酒、山果等祭品，祭祀盘王；唱盘王歌，跳盘王舞，追思和酬谢盘王。青年男女开展社交活动，通过对歌等形式，选择意中人。

还盘王愿，是过山瑶怀念祖先，祭祀祖先祈求祖先，保佑平安的一种民俗活动。瑶家称盘王为祖宗，因此又称“还祖宗愿”。

还盘王愿多由一个或几个村寨集体举办，十分铺张。一般选在农历十月十六之后的吉日举行，全村或几村人集资筹办。在盘王庙设法坛，各家在门口搭个草棚设小神位。连南过山瑶的还盘王愿仪式为：首先敬奉盘王，把盘王像、平王像、顺王像挂在神坛正中，其余两边排真武王、功曹王、田公地母、三十六罗汉、七十二兵将等神像。祭祀开始，鸣铁铳炮三响，放鞭炮，摆全猪等祭品。杀猪时，把猪放入山林，然后聚众把它捕捉回来，意为无猪敬祖，捕野猪代替，更显虔诚之心。摆上祭品后，大师公率徒弟开始念赞颂盘王的经书，又唱又跳，一套接一套做法事。接着，由歌姆、歌郎对唱瑶歌，互相对答盘王的生平历史，以及唱盘王传出瑶家、祖先过州过府迁徙的艰苦历程，表达瑶家对祖先敬仰怀念之情，对后代进行民族历史和民族传统教育。当唱歌对歌告一段落，师公们各使花纹叉棍，表演祭祀舞。接着歌手唱“七侠鬼神歌”，舞师跳三十六套或七十二套花鼓。

还盘王愿最后一套仪式是出州过州，凡举办者和参观者都要参加。敲锣、打鼓、吹唢呐、放鞭炮、放铁铳炮、唱瑶歌、跳花鼓舞等同时进行，与排瑶耍歌堂一样热闹。这个仪式，是对祖先们长途迁徙，漂洋过海，过州过府的追忆。

过去，过山瑶由于居住分散，大家很难聚在一起，因此，众人堂“还愿”活动也就成为青年男女谈情说爱的重要场所。白天，未婚青年暗中选择自己心仪的情侣；到了晚上，大家在厅堂或地坪上围着火堆唱情歌，谈情说爱，通宵达旦。

这项活动至今仍在瑶区流传。

（四）坐歌堂的来源与流传

坐歌堂起源于何时，现无资料可考证。据连南过山瑶师公莫福讲，在过山瑶地区流传的坐歌堂这种风俗，是祖先从湖南带过来的。过山瑶人最早迁入连南是郑姓的祖先，是明朝万历中期（约1580年前后）从湖南桂里冲迁入连南大麦山莱坑村的，其他姓人于清朝道光后陆续迁入连南，据此推算，坐歌堂活动在明清时期已在粤北过山瑶地区流传了。

关于坐歌堂风俗的来历，众说纷纭。其中在连州瑶区流传有一种说法是：在那古老的年代，有个瑶寨的姑娘，虽然长得非常美丽，却因找不到如意郎君，20多岁了都不肯出嫁。后来，有个长者献策，邀请周围村寨的未婚青年男女都来欢聚一堂，尽情唱歌跳舞，好让姑娘选择对象。邀请发出后，百里瑶山的青年男女都响应而来。大家唱呀跳呀，狂欢了三日三夜。果然，未婚男女都找到了自己称心如意的情侣。于是，坐歌堂风俗便一直流传至今。长期以来，许多未婚男女青年，通过坐歌堂活动相识相爱，建立感情，结为配偶，建立起幸福美满的家庭。这项活动，在20世纪50年代前在过山瑶地区广泛流传；20世纪60年代后，由于居住环境的改变和多数年轻人不精通瑶歌等原因，较少举行，濒临失传。

三、瑶族歌堂的社会功能

流传了近千年的瑶族歌堂，作为瑶族最隆重最盛大的传统民俗活动，它集中了历代瑶族人民的智慧和艺术才能，它是瑶族宗教信仰和文化娱乐活动最精华、最光彩的集中体现，为瑶族广大群众喜闻乐见。虽经历了漫长的历史，它仍保持了顽强的生命力和鲜明的民族风格，至今仍留存于瑶族地区，继续扮演着它在瑶族社会文化体系中的重要角色，发挥其多方面的特殊功能。

（一）瑶族歌堂增强了民族团结和民族凝聚力

历史上，由于遭受统治阶级的民族歧视和民族压迫，瑶族人民躲进地势险要的深山高岭上建寨，交通不便、环境闭塞、信息量少。歌堂活动成了他们进行社会交往的重要机会，为他们提供了情感交流的社会环境。千百年来，凡是举办歌堂活动的瑶排，家家户户都蒸酒做糍粑、杀猪杀鸡，接闺女，请舅父，邀请亲戚朋友来观看。同时，方圆百里的瑶民都闻讯赶来观光。歌堂坪上，人山人海，铁铳齐鸣，鼓乐喧天，场面十分热闹壮观。分散在深山高岭上的瑶民，在歌堂活动期间走亲访友，互相交流，加深了感情，进一步增强了民族团结和民族凝聚力。历史上，瑶族人虽然分居百里瑶山，但瑶族人的民族认同感非常强烈，民族凝聚力十分坚固。自古以来，他们真诚团结，一家有难，众人相帮；遇事相邀，一呼百应。若遭外敌侵犯，只要头人发出号召，他们便团结一致，视死如归，英勇战斗，进行顽强的反抗。瑶族人民正是凭着这种团结互助、不屈不挠的民族精神，在恶劣的生存环境中一代接一代生息繁衍，不断发展壮大。

（二）歌堂活动促进了瑶族文化的繁荣和发展

隆重盛大的歌堂活动，对瑶族文化起到了保护、传承和发展繁荣的作用，使瑶族传统的民间艺术形式能够历经沧桑，经久不衰，一直流传到现在。如在瑶区广泛流传的长鼓舞，在史籍上，从宋朝开始就有关于此舞蹈的记载。进入明清时期，长鼓舞广泛流行于民间，相传有三十六套表演程式，有很多史籍都详细记载了长鼓舞的演出活动。这个舞蹈从宋朝到新中国成立，中间相隔近千年，仍然保留了原来的艺术风格和二十多套表演程式。由于物质资料的丰富和文化艺术的发展，现在，“长鼓舞”的艺术处理、形象的塑造和舞蹈动作的设计等，都得到了丰富和发展。中华人民共和国成立后，连南排瑶的长鼓手还先后多次被邀请到北京参加全国少数民族民间文艺汇演，几次应邀到美国、法国、英国、澳大利亚等国家演出，受到广大观众的好评。像这样技术性较强，难度较大而由很多人配合表演的广场性舞蹈，如果没有多年歌堂活动的争胜斗技、相互交流，是很难传承下来的。

瑶族歌堂的另一项主要内容是唱歌、斗歌。举行歌堂活动时，歌手们从各瑶寨来会合，求师会友，唱歌、斗歌。他们在山寨边、道路旁、山冈上摆下歌堂，你唱我和，声腔嘹亮，震荡山谷。所唱的瑶歌内容十分广泛，有盘古王歌、优嗨歌、八排歌、祝福歌、生产歌、弹指歌、歌度单歌、爱情歌等，这些作为歌堂活动必唱的瑶歌，起到了汇集、保存和传播瑶族文学艺术的作用。尤其是盘古王歌和优嗨歌，以其曲调高亢、借物为喻、句式自由的艺术手法，对后来瑶族的民歌创作产生了很大的影响。

歌堂活动在传播瑶族民间文学方面也起到了极大作用。举行歌堂活动的夜晚，明月高照，未婚男女青年在野外燃起篝火唱歌，谈情说爱；中年人和小孩则在家中火塘边，听老人讲神话，讲传说故事，通宵达旦，就这样，没有自己民族文字的瑶族，在歌堂活动中通过老艺人之口，把大量的神话和传说故事传给了年轻人，使其得以代代相传，不断丰富发展。

歌堂活动还促进和繁荣了瑶族服饰和工艺美术的创作。每逢举行歌堂活动那年，妇女们（尤其是姑娘和少妇）夜以继日地赶制自己及家人参加歌堂用的绣花衣服、绣花挂袋、绣花筒裙、绣花头帕、绣花腰带、绣花披肩、绣花绑腿巾及其他装饰品。工艺匠则赶制银耳环、银项圈、银镯、银簪、银牌、小银鼓等首饰物件。到了举行歌堂活动时，人们穿戴起这些五彩缤纷的节日盛装，汇集在歌堂坪上，争芳斗艳，歌堂成为民族工艺美术的展览会。

丰富多彩的歌堂活动，使人们能比较集中地感受到民族文化的情趣和各个时期的社会风采。人们借助歌堂活动，可以消愁解闷，抒发情怀，也可以提高瑶族群众的文化素养，陶冶性情，是一种崇高的精神享受。瑶族人民的思想境界，民族精神风貌，社会的进步和文明，也常常在歌堂活动中得到充分的体现。

（三）瑶族歌堂活动推动了地方经济的繁荣发展

歌堂活动和歌堂艺术是在瑶族人民的物质生活中产生和提炼的，它与人们的生产、生活紧密相连，具有广泛的人民性，所以才能延续至今，使这一具有悠久历史的民族文化盛会得到发展。我国实行改革开放，落实农村生产责任制以来，瑶族群众开始走上了致富的道路，经济收入不断提高，生活不断改善。“温饱思娱乐”，瑶族群众对精神生活的追求更迫切了，对举行歌堂活动的兴趣也更浓了，各瑶寨纷纷举办歌堂活动，并对歌堂原生态歌舞进行发掘保护和整理提炼，提高其艺术品位，形成民族品牌。近年，各瑶区制定了“打旺旅游牌、打好民族牌”的经济发展战略，将旅游业培育成为第三产业发展的龙头，发展民族经济，带动瑶族农村广大群众脱贫奔小康。瑶族歌堂以浓厚的民族传统特色和多彩的瑶山风情魅力，吸引了大量的国内外商家、摄影爱好者、科研工作者、游客等，前来研究、观赏。瑶族歌堂成为展示瑶族风貌的窗口，让世人认识瑶族，了解瑶族，到瑶族地区投资创业，促进了民族经济的发展。传统的瑶族歌堂，已打破区域、民族和国家界限，成为各国各族人民同欢共乐的民族文化艺术娱乐园。古老的歌堂焕发了生机，瑶山连年举行歌堂活动，推动了当地的民族文化和旅游事业发展，给瑶族地区的经济文化发展带来了乐观的前景。

四、瑶族歌堂的保护和传承

瑶族歌堂活动，蕴含了瑶族独特的精神价值和民族文化，其价值不可估量。可是，随着社会经济的发展和进步，瑶族传统社会也发生了巨大的变化，瑶族的年轻一代外出务工甚至走出瑶山去发展的人逐渐增多，再加上瑶族民间老艺人的相继去世，像耍歌堂、香歌堂、众人堂、坐歌堂这样历史悠久、价值巨大的民族传统文化面临着失传的危险。因此，保护和传承瑶族歌堂传统文化迫在眉睫，急需大家来关心支持！当前，应重点做好这几项工作：

（一）大力发展民族经济

广东瑶族，多数人居住在山区，山多田少，交通不便，生产生活条件较差。尤其是地处高山峻岭上的瑶寨，生产生活环境恶劣，出行和生活饮水都很困难。经济是文化的基础，要保护和传承好民族传统文化，首先，必须转变观念，开拓进取，大力发展民族经济。要因地制宜，扎扎实实工作，积极探索瑶族农村经济发展的新路子，增加瑶族群众的经济收入，加强农村基础设施建设，建设瑶山美丽新农村，提高瑶民的生活质量，为民族传统文化的保护和传承奠定坚实的经济基础。

（二）加强保护和传承工作

冯骥才曾说“民间文化的传承人每一分钟都在逝去，民间文化每一分钟都在消亡”。像瑶族歌堂这样历史悠久、价值巨大的民族传统文化如不抓紧整理，做好抢救和保护传承工作，那么瑶族歌堂的民间艺术将不复存在。由于现代文化对于原生态的瑶族歌堂带来的冲击和影响，如不及时整理抢救，歌堂文化遗产必将慢慢流失。因此，保护和传承瑶族歌堂非物质文化遗产已是当务之急、迫在眉睫！保护极需强调在原生态艺术中促进瑶族文化的生生不息，利用民俗艺术带动瑶族文化的传承和繁衍。另外，搜集整理歌堂的各种资料，用纸张、影像等方式将它们保存起来也十分必要。近年来，有关部门在搜集整理瑶族歌堂资料，举办长鼓舞和瑶歌大赛，发现挖掘传承人，打造歌堂文化品牌，开发旅游型产品等方面，做了大量的工作。如今，瑶族歌堂非物质文化遗产已在各级政府和宣传文化部门的重视下得到较好的保护、传承和发展，但努力的空间依然还很大。

（三）加强研究和宣传工作

丰富人民的精神文化生活，提高民族文化软实力，是新时代的要求。瑶族歌堂作为国家级非物质文化遗产，做好保护与传承工作，需要学术界的关注和帮助。通过学术的力量来推动瑶族歌堂的保护与传承，符合瑶族歌堂作为一种非物质文化遗产的本质。瑶族歌堂无论是从深层的文化内涵还是外在的表现形式都是对本民族内在气质、精神动力的折射。通过学术界对瑶族歌堂的宣传介绍，可引起全社会的高度重视，激发民众了解瑶族歌堂的兴趣和保护这项非物质文化遗产的自觉性。保护优秀的民族文化，学术界应有所担当。希望专家学者们给予关注，深入调查，加强研究，大力宣传，出谋献策，使瑶族歌堂民族文化艺术传承发展下去，使瑶族原生态的歌堂更加灿烂、更加辉煌。

（四）加强开发利用工作

首先，非物质文化遗产的保护是系统工程，必须群策群力来进行。要增强民族文化的自信，转变民众对瑶族歌堂的认识，改变瑶族年轻一代对瑶族歌堂漠视，扭转包括瑶族年轻一代在内的部分人轻视和远离瑶族歌堂的现实状况，积极投身保护传承和开发利用瑶族歌堂的实践，与时俱进，丰富活动内容，在开发利用中不断保护传承瑶族歌堂这一传统民族文化。

其次，瑶族歌堂的保护和开发利用需要各级政府的关心支持。政府作为社会文化的组织者和管理者，对瑶族歌堂文化的保护和开发利用，应责成有关部门做好这几项工作：一要制定相关的法律法规及实施细则，把瑶族歌堂的保护和开发利用纳入法制化和常态化的轨道，为保护行为提供法律保障；二要加大资金投入，对瑶族歌堂的保护和开发利用工作给予经费支持，奠定保护和开发利用瑶族歌堂的资金基础；三要转变传承方式，在抓好瑶族歌堂现有民间传承和学校教学的基础上，重点培养年轻传承人，逐步形成结构合理的传承队伍；四要建立健全机构，搭建保护和开发利用瑶族歌堂的良好平台，形成行政牵头、专家实施、民众参与的保护体系，在保护中不断开发利用瑶族歌堂这一传统民族文化。

五、结　语

瑶族歌堂历史悠久，内容丰富，价值巨大，是瑶族人民智慧的结晶，是瑶族优秀的民族传统文化。做好瑶族歌堂的保护和传承，是历史赋予我们的重任！大家必须提高认识，高度重视，尽快建立完善的瑶族歌堂保护和传承机制，改变瑶族歌堂传承后续乏力、传承人年龄老化和后继人缺少的局面，努力做好保护、传承和开发利用瑶族歌堂的工作，让瑶族歌堂这项国家级非物质文化遗产，代代相传，生生不息！

文化篇

瑶族千家洞文化遗产的本真性和文化性

◎ 盘福东[1]

【摘要】 “千家”作为心意建构而存在的量词，受到道教文化的深刻影响。考察研究阐释瑶族千家洞的心情和心意的新视角下，在双重的意义上展开阐释：一方面，考虑到我们的“民族学的遗产”，尤其是在“全球盘瑶的千家洞发祥地图景”与“瑶族千家洞的有关过去的研究概念”之间的联系与共谋；另一方面，也考虑到新的、瑶学式的“文化遗产”的观念以及“人类学”“民族学”“社会学”“文化学”“旅游学”的阐释观念：千家洞文化成为瑶族盘瑶自我认知核心的、策略性的资源。以千家洞传统为媒介而建立起强大而富有意义的我们共同的精神倾向和谐社会的理想家园——世外桃源，同时也是一种特殊的、对祖宗世系、从属关系和传统的凝聚。自从 20 世纪 30 年代以来的“发祥圣地”物质特性与精神特性，被以历史的、客观的、科学的方式建构起来，千家洞文化遗产研究成果被持续不断地赋予本真性和文化性。

【关键词】 瑶族千家洞；遗产本真性；遗产文化性。

瑶族千家洞是瑶族历史文化中非常引人注目的文化明珠，专家学者们从民族学、民俗学、社会学、人类学、民族考古学、文学、文化遗产学等各个角度展开论述的研究层出不穷，论文粗计逾百篇，其中还有瑶族千家洞的一些专著。而这些学术问题关联着怎样的历史、社会、思想、政治乃至瑶族千家洞研究本身引发或内隐的一些问题，是本文思考与探讨的。

---

① 盘福东,瑶族,研究员，广西瑶族文化促进会顾问、桂林中华文化促进会顾问、尤绵文化促进会顾问、《中共桂林市委党校学报》顾问、中国瑶族文化传承研究院副院长，研究方向为民族历史、民族考古学文化。

一、瑶族千家洞研究的视野与胸怀

1984年湖南地图出版社编制的《湖南省地图》标有千家峒地名；中华人民共和国成立后编制的各版本灌阳地图韭菜岭下都标有千家洞地名；1986年召开全国“瑶族千家峒故地座谈会”以后，湖南江永县大远瑶族乡改名千家峒瑶族乡；1998年5月5日“中国灌阳都庞岭千家洞瑶族发源地研讨会”上，湖南江永县的代表与广西灌阳的代表都据“图像为无言之史，谱牒为无文之书”来说明大远与韭菜岭是千家洞故地。大远的代表据《江永县志》第31篇第2章第3节中，《千家洞》《千家洞源流记》等古籍资料记载千家洞的树名、山名、水名、田名等32处，在大远瑶族乡找到30处，佐证大远是千家洞的结论；灌阳代表有宫哲兵教授关于千家洞在都庞岭韭菜岭的著文为最新权威和历代《灌阳县志》关于千家洞的内容，来肯定千家洞在灌阳县境内的韭菜岭。会前会后两地有关部门都在打千家洞遗址文化旅游这张王牌，各种传媒刊发千家洞的重头文章，书写过瑶族历史的千家洞文化引起旅游部门的重视。

千家洞文化遗址不仅盘瑶世代关注、寻找，而且在史学界有不少专家学者关注，特别是民族史学专家们的考析、论证，撰文著书，围绕悬而未果的问题进行重点研究，进行相应考察、寻找千家洞遗址。其中，武汉大学宫哲兵教授和湖南民族研究所原所长、湖南省古籍办原主任李本高研究员，为此做出突出贡献。

宫哲兵教授1981年开始研究瑶族历史，从1982年到1998年，他几乎每年有几个月用在调查千家洞遗址上。宫教授在17年的艰苦调查中，收集了大量的证据和资料，并根据这些证据和资料发表了论文，出版了著作。他的调查与研究结论：千家洞在都庞岭周边的灌阳县、道县、江永县。[①] 宫先生这个结论，对于千家洞文化的研究及开发瑶族文化旅游具有重要意义，得到学术界和旅游界的重视与关注。李本高研究员也在20世纪80年代中期，当宫哲兵先生确认江永县大远瑶族乡为千家洞时提出江永县大远瑶族乡千家洞，是后来人们模拟传说中的千家洞而名。李本高和黄钰先生合写的《瑶族“千家峒”故地辨析》，文中提出瑶族千家洞可能在洞庭湖沿岸的观点。之后李本高先生又发表《瑶族漂洋过海》一文，论证瑶族千家洞就在洞庭湖东岸的幕阜山中。李本高先生先后几次对临湘市龙源

---

① 宫哲兵.盘瑶千家峒［J].寻根，2002（3）.

乡龙窖山境内进行实地考察，写出《龙窖山瑶族“千家峒”考察报告》。

2001 年 9 月 25 日至 27 日在湖南省临湘市召开的瑶族专题学术研讨会上，来自北京、湖南、广西、广东、云南、贵州、湖北等省市区的 46 位专家学者，在对临湘市龙窖山进行实地考察，对照《岳阳甲志》《岳阳风土记·临湘篇》等古籍文献，进行了热烈的讨论。中国（广西）瑶学学会原会长张有隽教授做总结发言时说：“与会代表多数认为龙窖山可确认为瑶族先民居住过的遗址，也可以看成瑶族历史上较早期的千家峒，而都庞岭千家峒可以看成是较晚期的千家峒。”（《湖南日报》2001 年 10 月 9 日：《瑶史专家拨开迷雾指认瑶胞最早故乡》）中南民族大学吴永章教授特别强调：“在瑶族成为单一民族后，龙窖山是有文献记载且经过调查论证的瑶人历史上最早居住过的最北的地方。”①

全球 300 万瑶胞的“家”在哪里？这个困扰了瑶胞和瑶学家多少年的大问题，并未涣然冰释。

2009 年 11 月，中国（广西）瑶学学会收到广西灌阳县寄来的《瑶族千家洞在桂林灌阳——灌阳瑶族千家洞考察报告》：考证灌阳县黄关乡、新街镇、灌阳镇三洞与瑶族古籍文献记载中的千家洞相吻合，是两千多年前的瑶族千家洞。2010 年 3 月到 4 月，中国（广西）瑶学学会会长盘承新、常务理事盘福东为了论证“瑶族千家洞在桂林灌阳”，于 2009 年 12 月、2010 年 2 月、5 月，先后到灌阳县境内对“瑶族千家洞在桂林灌阳”举证的相关问题，实地考察了灌阳县灌阳镇、黄关乡、新街镇的寡婆渡、马山、罗平庙、拦江坝、平石岩、石童子、罗平庙、灌江杉木坝、古樟、石桥、南蛇田、300 头牛犁半边的大丘田，盘村“进得 80 斤牛”的古洞及古道、古墓、古庙、古渡、古桥等古文化遗址，发表了《以史释文以物释文——“瑶族千家洞在桂林灌阳”的论证》，② 从考古学文化、古籍文献等方面做了考析论证。

上述考察研究阐释瑶族千家洞的民族志文化视野，不同寻常的前景和识见：考察研究阐释瑶族千家洞的心情和心意的新视角。在这一背景下，一方面，考虑到我们的“民族学的遗产”，尤其是在“全球盘瑶的千家洞发祥地图景”与“瑶族千家洞的有关过去的研究概念”之间的联系与共谋；另一方面，也考虑到新的、瑶学式的“文化遗产”的观念以及“人类学”“民族学”“社会学”“文化学”“旅游学”的阐释观念。

① 徐亚平.瑶史专家拨开迷雾指认瑶胞最早故乡 [N].湖南日报，2001-10-9.

② 包桂文.瑶族千家洞在桂林灌阳——桂林灌阳瑶族千家洞文论辑选 [C].南宁：广西民族出版社，2010.

我们应有这样的学术视野和学术胸怀："江永瑶族千家洞、临湘龙窖山瑶族千家洞、桂林灌阳瑶族千家洞的喧腾，书籍文章与思考，无论是史学的还是文学戏剧的，全都意味着对历史的负责，对瑶族人民的爱。无论什么地域的瑶族千家洞，都应该慷慨大度地与人们分享。""文史不分家，对哪个地域的瑶族千家洞考说，都不能闹别扭。把瑶族千家洞找出来，如青草明目也好，似榴花供眼也罢，百家争鸣，犯不着伤感情。再争，再考，再论，都是为了一个共同的目标展开学术研讨。"①

二、瑶族千家洞文化遗产界定和道义

对于"瑶族千家洞物质文化遗产"和"瑶族千家洞非物质文化遗产"，的确存在着"瑶族千家洞物质文化遗产"界定和道义方面的问题，尽管明了"瑶族千家洞物质文化遗产"和"瑶族千家洞非物质文化遗产"是如何界定和如何起作用的。我想在这里做一个简单的概括：早在两千多年前的春秋时代，"千家"便作为心意建构而存在的量词。"千家洞"这一构建有着特殊的文化权威，受到道教文化的深刻影响，"峒""洞""垌"它们各自有独特的义项，为了本文叙述的方便和读者的需要，所以援引如下：

"峒"，①山洞，石洞。②"崆峒"，山名，在甘肃省。③岛名，"崆峒"，在山东省烟台市。④峒，黎族语称"贡"，海南省黎族历史上的政治组织名，有处理全峒事务的"峒头"，有固定的地域，以山岭、河流为界，大峒包括若干小洞。⑤苗族、侗族、壮族中有的聚居区地名的泛称。如，贵州、广西部分苗族的苗峒；桂南左江壮族的黄峒，右江的侬峒等。⑥唐、宋时在广西左、右江地区设立的羁縻州峒，按当地民族聚居的范围，大者称州，小者叫县，再小者为峒。⑦通"洞"。

"洞"，①贯穿，穿透。《南史·蔡道恭传》："道恭用四石乌漆大弓射之，所中皆洞甲饮羽。"（"饮羽"，指箭尾羽毛都射到里面去了。）②深入，透彻地，清楚地。刘知几《匣史·叙事》："洞识此心，始可言史矣。"有双音词"洞察""洞晓"。有成语"洞若观火""洞天福地""洞房花烛""洞见底蕴""洞见肺腑""洞见症结""洞烛其奸"。③窟窿，洞穴，孔穴（后起意义），山洞，

---

① 盘福东.说不尽的瑶族千家洞［A］.瑶族千家洞在桂林灌阳——桂林灌阳瑶族千家洞文论辑选［C］.南宁：广西民族出版社，2010.12.

鼠洞，破洞，漏洞。徐宏祖《徐霞客游记·楚游日记》：“水由洞出。”④说数字时用来代替零。⑤“洞天”，道教用称神仙所居的洞府，意谓洞中别有天地。隋炀帝《步虚词》：“洞府凝玄液，灵山体自然”[①]；唐杜光庭《洞天福地岳读名山记》云：“十大洞天”“三十六小洞天”“七十二福地”。

“垌”，①（方言）田地、田垌。②广东广西地名用字，如良垌、中垌、垌州。③地名，在湖北省汉川县；垌州，广西全州东山瑶族乡垌州村名。

各地瑶胞历来珍藏、流传中的《千家洞》《千家洞古本书》《千家洞流水记》《千家洞木本水源》《千家洞流源记》《千家洞歌》等瑶族古籍绝大多数都用“洞”字。用“洞”字记千家洞，其中自有缘故。这与瑶族道师有关，瑶族笃信道教。道馆之设源于东晋丹阳许氏。《晋书·许迈传》载：“道士许迈曾立精舍于悬留山而往来茅岭山洞方原馆户，常去来四平方台。”至北朝初为道坛，新天师道称寺；《史记·禅书》说汉武帝令郡国各治道路“缮治宫观名山神祠所，以望幸矣”。至此道馆亦称“道观”，隋、唐道馆改称为道观，大型道观别称“洞”。道教著名的“洞天福地”有“十大洞天”“三十六小洞天”和“七十二福地”三类。

《云笈七签》载“十大洞天”：

①王屋山洞——一称小有清虚之天，即山西恒曲、河南济源两县之间的王屋山洞；②委羽山洞——一称大有空明之天，即浙江黄岩的委羽山；③西城山洞——一称太玄总真之天，即青海河南、甘肃玛曲两县之间的西倾山；④华山洞——一称三元极真之天，即陕西华阴的华山；⑤青城山洞——一称宝仙九室之天，即四川灌县的青城山；⑥赤城山洞——一称上清玉平之天，即浙江天台的赤城山；⑦罗浮山洞——一称朱明辉真之天，即广东增城、博罗两县之间的罗浮山；⑧勾曲山洞——一称金坛华阳之天，即江苏句容、金坛、溧阳三县之间的茅山；⑨林屋山洞——一称元神幽虚之天，即江苏吴县的西洞庭山；⑩括苍山洞——一称成德隐玄之天，即浙江仙居、临海两县之间的括苍山。

《云笈七签》载“三十六小洞天”：

⊙霍桐山洞、东岳太山洞、南岳衡山洞、西岳华山洞、北岳常山洞、中岳嵩山洞；

⊙峨眉山洞、庐山洞、四明山洞、会稽山洞、太白山洞、西山洞；

① 辞海［M］.上海：上海人民出版社，1965：1475.

⊙小沩山洞、鬻山洞、鬼谷山洞、武夷山洞、玉笥山洞、毕盖山洞；

⊙盖竹山洞、都峤山洞、白石山洞、岣嵝山洞、九嶷山洞、洞阳山洞；

⊙幕阜山洞、大西山洞、金庭山洞、麻姑山洞、仙都山洞、青田山洞；

⊙钟山洞、良常山洞、紫盖山洞、天目山洞、桃源山洞、金华山洞。

“洞”沿袭至近。道书称，这些大小“洞”天为神仙栖居之所。正一天师以此为智择之地。道教有正一、茅山、灵宝、清微、净明等派。瑶族道师笃行道教中正一天师（内丹道派）正一教；李唐王与老子李耳同姓，崇道弥盛。李唐王朝发给瑶族《券牒》，赐瑶族住山“洞”，瑶族道书里写的也是这个“洞”，道、师公演唱、喃语、念词都用此“洞”。因此，受道教文化的影响，各地瑶胞历来珍藏、流传中的《千家洞》《千家洞古本书》《千家洞流水记》《千家洞木本水源》《千家洞流源记》《千家洞歌》，理宗景定元年（1260）《翻印〈评皇券牒〉·封面词》及宋理宗景定元年《翻印〈评皇券牒〉述语》等瑶族古籍绝大多数用“洞”字，是自觉之为，而不是“用错别字”。

据此，无论从尊重瑶族人民感情、传统文化影响上讲，还是从尊崇瑶族古籍的真实性、客观性上论，用此“洞”正“峒”，此“洞”贴切。

广西桂林市恭城瑶族自治县莲花乡势江村寻到的瑶族珍藏的古籍《千家洞》记载：“源出宝道州灌阳。”《千家洞古本书》记载：“皆来头石苟（狗）岭、富（都）龙（庞）岭落住千家。”《千家洞流水记》记载：“源流出系道州灌阳。”《千家洞木本水源》记载：“古传略记，云吾太太如祖，溯其源居桂郡，避元乱潜入灌阳之深山，有一千家郡。人无数逃入，以避元逆奸淫妇女。民无日安，故兹吾祖弃民属繇。”这些瑶族古籍非官修的志书，是瑶族人自己（有许多句字用汉字记瑶音）冒险续谱，在族人中珍藏、流传。因此，比官修的志书更真实、客观，杜绝了官修志书中的指驴为马、事款则圆的弊端。

稽考元代“弃民属繇”的瑶民珍藏的《千家洞木本水源》记载的“古传略记，云吾太太如祖，溯其源居桂郡（阳），避元乱潜入灌阳之深山，有一千家郡。人无数逃入，以避元逆奸淫妇女。民无日安，故兹吾祖弃民属繇”。这个记述与历史相符。这部分汉民“避元乱潜入灌阳之深山，有一千家郡”，他们自觉“弃民属繇”，资证了世外桃源的千家之洞。《千家洞木本水源》记载的“古传略记，云吾太太如祖，溯其源居桂[1]郡，避元乱潜入灌阳之深山，有一千家郡”，这里的“千家”，不仅是量词，也当名词“千家洞”用，也就是说比“千”还要多了。

---

① 单此藩，蒋学元，王之骅等.灌阳县志（木刻本）［M］.清康熙年间.

为什么不叫“千家郡”，而称“千家洞”？明顾炎武《天下郡国利病书》已讲得很清楚，郡国利病，弊多于利。郡是一级行政称号，“源居桂郡”的汉民，“避元乱潜入灌阳之深山”自觉“弃民属繇”，在离开“千家洞”后撰修《千家洞木本水源》，自然用“洞”替“郡”，以怀念离开的世外桃源。历史上“开皇十年（590年）废观阳县，与桃阳（今全州县）并为一县。此时的观阳县驻所在地不在今灌阳县政府驻地的城关镇。大业十三年（617年）复县，改称灌阳县，隶属江南西道永州”。清康熙年间单此藩、蒋学元、王之骅等纂修《灌阳县志》(木刻本)上的“灌阳全图”赫然标为“千家洞”这个地名；清末民初纂修的《灌阳县志》亦遵史志沿用“千家洞”这个地名，且写明“千家洞在灌阳县治之东南二十里”；民国乃至共和国绘制的军用地图、广西地图都注“千家洞”这个地名。

之所以对这一考析阐释支持，是因为它代表了双重观念——瑶族的和中华民族的文化遗产，同时，也是瑶族“千家洞”的历史的、客观的、科学的阐释。这样一来，“千家洞遗产文化”成为瑶族盘瑶自我认知的核心的、策略性的资源：以千家洞传统为媒介而建立起强大而富有意义的我们共同的精神倾向和谐社会的理想家园——世外桃源，同时也是一种特殊的、按照需要来加以改变的和情感化的知识——这是对祖宗世系、从属关系和传统的凝聚。

由此，一个内部的关于十二姓瑶、区域和瑶族的发祥秩序得以依据“千家洞遗产文化”而被建构。它可以被本质化：作为历史的、客观的瑶族性的文化，用于建构德国人叫“原乡”（Heimat）、瑞典人称“人民之家”（Folkhem）、俄国人说的“灵魂”（Soul），以及非洲或亚洲的“充满异国情调的”部落社会。自从20世纪30年代以来，诸如此类的“发祥圣地”、“世外桃源”、“和谐社会”、瑶族十二姓起源、物质特性与精神特性被以历史的、客观的“科学”的方式建构起来。

用法国人类学者皮埃尔·布迪厄的意思说，这些早期的民俗学和民族学的知识因此代表着在权利的“社会空间”中暗含的策略性的知识。这就意味着，文化在权力的社会空间中变成经济策略的一部分。通过发展经济性的关联以及“文化上具有本土性”的特色单位，“千家洞遗产文化”为今天文化经济的区域提供了特殊的“文化旅游经济”。将文化遗产视为“共同的知识”的观念是这类观念的核心。这一“知识”是由特殊的“人类学”“民族学”“社会学”“文化学”“旅游学”的阐释观念构成的，通过搜集物质的和非物质及通俗文化作百科全书和博物馆，“千家洞遗产文化”的记忆和保存成为可能。但是“千家洞遗产文化”这枚纪念章的另一面是，有关千家洞文化的变化和偶然性的所有观念都被去除了。因此，民俗学家和民族学家、博物馆学家们发展出了一个非常手段：搜集实物和文本，整理千家洞传说和故事，将实物文化博物馆，划分遗址，确定典型象征符号和仪式，等等。

所以，“千家洞遗产文化”不可避免地意味着一种本质的瑶族的知识和文化视为中华民族的同一的认识论体系。“千家洞遗产文化”转化为国家的遗产，并为文化上的区隔提供意识形态的基础。“千家洞遗产”不仅意味着“文化旅游经济”，还意味着有意识“打造”的政治。笔者要说的，这一过程的最终结果是：“千家洞文化遗产”的概念不可避免地使民俗学和民族科学成为“千家洞文化的创造者”，因为民俗学和民族科学主动为建构“千家洞文化形象”和“千家洞文化遗产”的认同做出了贡献。因此，民俗学和民族学家尤其是瑶学家一直仔细坚守着“千家洞文化遗产”和“千家洞文明”的核心思想，为之赋予科学的和意识形态上的合法性。也就是说，这些千家洞研究和成果只有被持续不断地赋予本真性和文化性，才是有价值的。

“本真性”概念是指包含了广为大众所接受的意象和思想形式，比如有关民族的遗产与对族群的忠诚、人民的精神与共同体、象征与仪式的观念等。[①]“千家洞文化遗产”和“千家洞文明”的核心思想：致力于精神的集体化、文明化、和谐社会的一体化、民族的一体化政策以及对“千家洞遗产文化”自身利益的文化理解。为此，民俗学和民族学家们运用了将民族学知识予以成果化、博物馆化和大众化的新策略。所以存在一种强烈而明显的“本真化”倾向：“民族国家不再是唯一的话题，部分或完全取而代之的是‘少数民族’和‘自治区域’。”[②]由此，民俗学和民族学者视田野调查为获得真相的法宝，赞美田野作业与零距离接触“千家洞文化遗产”，称赞田野作业是“本真性”的“认识论的权威”，视田野调查为“一个道德的和强有力的科学”！[③]在我看来，这种学理使得“千家洞文化遗产”与民族学之间的文化上和经济上的一致性正在以新的戏剧性的“打造文化”强省、强市、强县变得日益重要，不等我们对此给予恰当的评价和反应，“千家洞文化遗产”一夜就被“打造”成为中华民族的——中国瑶族千家洞、世界瑶族发祥地！对这个问题，下面笔者阐释一些自己的看法。

---

① 〔德〕沃尔夫冈·卡舒巴（Wolfgang Kaschuba）.文化遗产在欧洲：本真的神话［J］.杨利慧译.民俗研究，2010（4）.

② 同上

③ 同上

三、“书写空间文化”与“千家洞文化遗产”

“千家洞文化遗产”和“千家洞文明”，对于都市民族学家而言，这构成了极有魅力的文化田野，对都市居民而言，这构成了极有魅力的“被隐蔽的历史”的瑶族兴趣地。因为在瑶族千家洞里，介于本地的与旅游的、真实的与神秘的、生存的与商业的、家乡与异地以及通过旅游和所有权市场交织在一起，在此背景下，民俗学和民族学家们不仅处于“田野”之中，而且也处在对它进行利用和消费的链条之中。毋庸置疑，我们可以依据“书写空间文化”——瑶族《千家洞歌》《千家洞的传说》《千家洞故事》《十二姓瑶人游天下》《过山榜》《盘王大歌》等瑶族民间文献来“描述”的瑶族“千家洞文明”：“一年耕种吃三春”，没有官衙，没有压迫，没有剥削，没有歧视，没有人欺人、人吃人的丑恶，不交租贡赋，人们互敬互爱，互相帮助，平等相处，恋爱自由，婚姻自主，家邻和睦，可以随兴祭盘王，坐歌堂，一年四季莺歌燕舞，五谷丰登，无忧无愁，丰衣足食。这是与外面几乎隔绝的桃花源，同时也是野性和充满异国情调的“本真的”空间！

民俗学和民族学以此作为“活态遗产之地”，也即历史上瑶族千家洞美好家园的纪念碑。如此一来，抽象观念“书写空间文化”与具体的“千家洞文化遗产”的争取权与确定性权利相互博弈：湖南江永县大远瑶族乡改名千家峒瑶族乡；1998 年 5 月 5 日“中国灌阳都庞岭千家洞瑶族发源地研讨会”上，湖南江永县的代表与广西灌阳的代表都据“图像为无言之史，谱牒为无文之书”来说明大远与韭菜岭是千家洞故地。大远的代表据《江永县志》第 31 篇第 2 章第 3 节,《千家洞》《千家洞源流记》等古籍资料记载千家洞的树名、山名、水名、田名等 32 处，在大远瑶族乡找到 30 处，佐证大远是千家洞的结论；灌阳代表有宫哲兵教授关于千家洞在都庞山韭菜岭的著文为最新权威和历代《灌阳县志》关于千家洞的内容，来肯定千家洞在灌阳县境内的韭菜岭。会前会后两地有关部门都在打千家洞遗址文化旅游这张王牌，各种传媒刊发千家洞的重头文章，书写过瑶族历史的千家洞文化引起旅游部门的重视。随着千家洞文化大放光彩，“瑶族千家洞”这一词汇被抢注使用。瑶族千家洞文化遗产以及与其相关工作，成为媒体的焦点、社会的热点、学术研究的关注点及政府文化、旅游工作的重点之一。

由于民族学的田野作业要服从特殊的原则和敏感性，张有隽、宫哲兵教授认为千家洞在湘桂交界的都庞岭地区。因此，相关研究往往是复杂的，甚至是被拒斥的。但是民族学家宫哲兵教授从这一意识形态的困境中解脱出来，为探究千家洞地域所在，在十多年的人类学调查中，对县志、碑文、地图、地名、族谱和文物史料考证说明千家洞在都庞岭地区，在《广西民族学院学报》等刊物发表了《瑶族千家峒故地考》《论都庞岭千家峒是瑶族发祥地之一》《从县志与碑文考证千家峒在都庞岭——瑶族千家峒故地再考》《从地图、地名和族谱考证千家峒在都庞岭——瑶族千家峒故地三考》等深入考证文章。这似乎给持千家洞在湖南临湘龙窖山、江永大远的说法带来了“文化上的”困难。

当代瑶学专家们先后考说瑶族千家洞地域。

黄钰、李本高研究员不否认千家洞在都庞岭，认为这是元代的千家洞，不是最原始的千家洞。持龙窖山千家洞说者，发表更多考证文章。主要有：李本高的《湖南省临湘市龙窖山千家峒考察报告》；杨振兵的《龙窖山—长短亭—原始千家峒》；汪松桂的《龙窖山瑶族与“漂洋过海”》《浅析瑶人出世武昌府》；盘福东的《瑶族迁徙与千家峒考说》《考古学文化考证的瑶族千家峒》；邓有铭的《关于瑶族历史几个问题的探析》；郑德宏的《谈瑶人千家峒》；刘炎祖的《关于龙窖山瑶族先民离开千家洞的时间分析》等计数十万字的考证探析。

在这里民族学的位置再度显示出模糊性，因此，民族学“行外”民族工作者“跨行”了，灌阳县民族宗教局原局长包桂文带领的一个千家洞故地研究组，四年努力考证 18 个史实。

第一，《千家洞古本书》《千家洞源流记》等古籍文献记载“杉木坝烧后五年不得修复，干死好宽禾田”。历史上灌阳县境内的灌江，河床面宽，水流量大。这对于生产力落后的千家洞瑶民来说，“五年得不到修复”是客观的。地处千家洞上洞的今黄关镇东阳村一横截灌江最长最大最古老的大坝，古称杉木坝，现称白杉坝，坝长 230 米。江东的东阳村、李官村与江西的唐官村 1600 多亩水田均用此坝之水灌溉。此坝名及坝貌规模与《千家洞源流记》等古籍记载的坝名、特征吻合。

第二，《千家洞》《千家洞古本书》《千家洞流水记》《千家洞传说》里讲的“三百牯牛犁半边，还有半边犁不到”的“马胫大田”，在新街乡飞熊村杉木屯，此田形状如马的头胫部，面积为 36 亩，故称马胫大田。《千家洞》记载千家洞内有收禾三千六百把的“南蛇大田”，在今新街乡飞熊村熊家寨。大田长 320 米，头大尾小，酷似一条头向南面的大蛇，故称南蛇大田；“平西大田”，在今新街乡龙中村龙中屯。大田面积 9.3 亩，因地处灌江西面，故称平西大田；“鹅胫大田”，在今新街乡马山村。大田面积 6.3 亩，此田形状如鹅的头胫部，名叫“鹅胫大田”。“马胫大田”“鹅胫大田”“南蛇大田”“平西大田”遗存迄今基本保留原始状态。这些千家洞历史文化遗产，胜于雄辩地说明千家洞在灌阳腹地的黄关、新街和今县城。

第三，瑶族古籍《千家洞》记载：“大德九年，千家洞人会众，罗（螺）平庙里齐心”中洞“螺平庙”。今灌阳县新街镇便是历史上的千家洞中洞，中洞的灌江畔，有一座石山，状如田螺在江边汲水，故名螺丝山。螺丝山山顶有一块平地，建有一座庙，古称螺平庙。方言“罗”“螺”音同，“罗平庙”与“螺平庙”谐音。该庙虽经重修，但墙脚古砖仍在，专家考证：此砖为元、明之际民窑烧造。它说明千家洞瑶民在元、明之际的经济发展程度和千家洞社会风俗文化状况。

第四，《千家洞》记载：“盘唐二姓住东坪头，本祭六平处马社。”这里说的“马社”，在千家洞中洞即今新街乡马山村马山脚。马社庙宇相遗存与《千家洞》记载的“马社”吻合。

第五，《千家洞》记载：“平石岩口有个石童子，高有三丈三尺，大有八人一围过。”中洞即今新街乡马山村平石岩前有尊天然立躬上山状的“石童子”高 14.3 米，围径 13.9 米，正好与《千家洞》记载的“石童子，高有三丈三尺，大有八人一围过”相符。

第六，《千家洞古本书》记载：“姜大初邑内有七曳石板桥。”“姜大初邑内有七曳石板桥”句中的“邑”字，它告诉我们此时的千家洞境内已有一县城，说明千家洞是一个较大的范围；“七曳石板桥”，说明县城内有一小河。今灌阳县城内有一小河，小河流经二座石拱和五座石板桥，共和国成立后县城建设发展，“七曳石板桥”被拆除，改建为石拱水泥桥。自此七曳石板桥消失。

第七，《千家洞源流记》记载：“祖公是平皇帝的第三女婿，得了彭（评）王江山，评皇帝才送入千家洞。石门八十斤牛就进得。”灌阳县新圩乡龙桥村定复屯与灌阳镇排埠江村盘家屯的界山脚有一穿岩，是湖南道州通往灌阳，全州通往灌阳两条古道的必经之处，也是历史上进入千家洞的唯一通道〔咸丰九年（1859）七月，太平天国翼王石达开回师广西，进入灌阳，仍然从穿岩经过〕，穿岩长 86 米，最高处约 15 米，最低处 5 米，最宽处 5 米，最窄处 0.5 米。最窄处只能容 40 公斤重的牛通过。

第八，《千家洞古本书》《千家洞源流记》等古籍文献记载“千家洞在狗头山下”。灌阳县城西面有一座山，古往今来都叫狗头山，这座狗头山上有瑶族古墓葬资证；“狗头山和都庞岭龙脉下，穿岩洞口以上有三块平地住千家”。

第九,《千家洞古本书》《千家洞源流记》等古籍文献记载“千家洞有一条南北走向的大河流，将千家洞分成东西两边”。灌阳县境内的灌江由南向北，流经千家洞上洞、中洞、下洞—黄关乡、新街镇、灌阳县城，把“千家洞分成东西两边”。

第十，灌阳黄关乡、新街镇、灌阳镇四周高山环绕数十里平地，分上、中、下三个洞，洞内可住着千余户人家；一条南北走向大河贯于洞中；一个石洞通往外界。黄关镇盆地、新街乡盆地、灌阳镇盆地组成的上、中、下三洞，被都庞岭、海洋山四面合围，仅有穿岩洞“石门八十斤牛就进得”，历史上自然与外界隔绝，与《千家洞古本书》《千家洞源流记》等古籍文献记载和民间传说的完全吻合。

第十一,《千家洞流水记》记载：“千家洞系湖广道州，桑（杉）木源，九股水源便是。”灌阳县历史上隶属湖南道州，都庞岭下有一个源头因杉木参天，而被称之为杉木源，杉木源下有一屯叫杉木村。灌阳镇、新街乡、黄关镇的三块平地间的东面的九条小溪，流水潺潺，雨季山洪暴发时的情景与《千家洞古本书》《千家洞源流记》《千家洞》等古籍文献记载和民间传说记载无异。

第十二,《千家洞古本书》《千家洞源流记》等古籍文献记载和民间传说“瑶人住在千家洞，过着与世隔绝的自由自在日子”，千家洞可以生产食盐，具备了当时可以“与世隔绝”的物质条件供瑶民过“与世隔绝的自由自在日子”。

第十三，千家洞传说：千家洞下洞有一座盘王庙。今灌阳县城东门老街，有一座盘古庙，是当年千家洞的盘王庙。康熙十年（1671），灌阳县灌江东、西两岸人民为保护盘古庙和方便人们往返县城，筹资在盘古庙后面修建了一座瑶公馆。

第十四,《千家洞古本书》《千家洞源流记》等古籍文献记载“梓溪源口有一十八路（步）险路”，石匮关东临灌江，地势险要，临江的半边渡口可进入千家洞，进出灌阳只能乘船过半边渡。康熙四十七年（1708）修订的《灌阳县志》记载：“石匮关：傍水依山险矣哉，关前石路更纡回。任从君子行将去，就是神仙打不开。”历史歌谣说：“有钱就过半边渡，无钱就爬寡婆路。”有一寡妇行善出资在石匮关石壁上，凿出一条200余米长的“巴掌宽”便道。一十八路（步）险路，就是石匮关寡婆路中的一段，咸丰四年（1654）八月，全州有一名叫廖祖昌的青年，不慎从寡婆路坠落灌江遇难。事故发生地人们自发摩刻勒字以警示过往途经“巴掌宽”便道者注意安全，摩崖石刻迄今保存完好。清末民初石匮关凿成了马路，1951年拓宽为公路，2000年扩建成二级公路，因此十八步险路消失。

第十五，灌阳县灌阳镇秀凤村孔家屯在清嘉庆十八年（1813）修成的《孔氏族谱》，记载千家洞东南部有数座孔氏先祖坟墓，并有石刻碑文。清康熙四十四年至四十九年（1705—1708）由单此藩、蒋学元、王之骅等纂修的《灌阳县志》[①]的“灌阳全图”中就标有“千家洞”这个地名。民国三年（1914），由凤文、蒋良术总纂的《灌阳县志》(木刻版)中绘制的“灌阳地图”，仍标有千家洞这个地名，民国时期和中华人民共和国成立后绘制的军用地图、广西地图，都标注千家洞这个地名。

第十六，《千家洞》记载：“李付八葬妈，亲葬在石狗头，坐（座）着子竹山午向。”子午向，即灌阳县城西面有一座山叫狗头山，堪舆术上说的坐南朝北，山上迄今仍有很多古墓坐南朝北。

第十七，《千家洞》记载千家洞的东南面有一座山名叫“油罗岭”。今灌阳县境内有一个以兵营命名的村落，这个村落是水车乡大营村。在大营村的东南面，有一座山名叫油罗岭，“油罗岭”与“容罗岭”谐音。油罗岭，是湖南道州通往广西灌阳进入千家洞的必经之地，道州官兵围剿千家洞时从雷口关进入水车，在下马坪下马，于油罗岭上扎营。这与《千家洞》记载的“道州出草王，容（油）罗岭上扎营”完全吻合。

第十八，《千家洞古本书》记载：“讲转千家洞的住宅，皆来龙石苟（狗）岭、富（都）龙（庞）落岭住千家。千家住在一个大塘面，共住七村。李人住村头，盆（盘）人住村中央，黄人在大塘面。入了五层（姓）人。”在石狗岭和都庞岭下，围绕一个大塘面（湖泊）住了七村人，其中一个大村庄的居住情况是：李姓瑶人住在村头，盆（盘）姓瑶人住村中央，黄姓瑶人住在大塘（湖泊）边。这个村庄共住了五姓瑶人。这个“大塘面”就是历史上的“南湖”即今湖田洞。它位于千家洞的中洞，今新街乡新街村、车头村、三树村之间，面积2000余亩。

第十九，元大德王九年（1305）三月十九日，千家洞瑶人动身离开他们已经建设得富饶美丽的世外桃源。

包桂文带领的千家洞故地“颠覆”组，这是一个有意识地直面“外行”、直面文化的建构举动，所举证的千家洞上、中、下三洞的历史文化遗存、遗迹，胜于雄辩地资证千家洞上、中、下三洞在灌阳腹地的黄关、新街和今县城。千

① 清康熙四十七年（1708）木刻版。

家洞历史文化遗存，不言而喻得到了民族考古文化学者帮助论证。

四、千家洞“此地”“彼地”问题

以上举多例说明“重新发现”和“重新书写”的千家洞还存在争议，对还存在争议问题应持以下态度。

瑶族千家洞是瑶族的同时也是中华民族的文化遗产，而不是把瑶族千家洞文化遗产变成“江永大远的”“临湘龙窖山的”“灌阳的”，尽管发生了湖南省江永瑶族千家洞、临湘龙窖山瑶族千家洞和广西桂林灌阳瑶族千家洞等诸多“瑶族千家洞”，人们还是牢牢地被特殊的“瑶族千家洞文化遗产”所俘获。一方面，我们不再局限于“此地”“彼地”之讨论文化；另一方面，我们仍然把自己视作“唯我准确”或是“发现”的心智者。在两种情况下，我们的学术讨论的任务都是“制造意义”：强调“准确性”，使之与“可靠性”相对；强调“实体性”，使之与“商业性”相对；强调“本真性”，使之与“复制性”相对。在这里，“本真性”的学术讨论彰显出了其自身的性质：将“他者”的本真化等同于“真实”的本真化。因此，在“千家洞文化遗产”观念里，本真性和实体性的核心思想一直暗自延续着：“因为自古至今我们一直把社会群体视为均质的‘文化的社区’；因为我们的思想一致排斥模仿而追寻本真性和原生性和起源；因为即使是反思性的民族学也依旧将‘本真性’作为‘客观的’文化范畴，而不是将之视为把研究话题纳入目标蓝图和话语之中的‘文化策略’!”①

广西灌阳、钟山、恭城，湖南省江永等地瑶族珍藏的“券牒”中的“千家洞”，是公元前770年的东周时期，盘护不愿做桂王，到青山白云之间繁衍千家洞；“大德王九年（1306）三月十九日，众瑶人起脚出走千家门楼”，离开他们安居了两千多年的千家洞。司马迁《史记》说：周朝约公元前11世纪至公元前256年，共经历37个皇帝中的评皇帝，是周朝的第十三位皇帝，东周的第一位皇帝，执政时间为公元前770至715年。学者们将“本真性”瑶族珍藏的《评皇券牒》《千家洞流水记》《千家洞》《千家洞古本书》记载的“祖公是评皇帝的第三女婿，得了彭（评）王江山，评皇帝才送入千家洞”的历史上瑶族最早的千家洞，在“灌阳县治之东南二十里”，是“评皇帝的第三女婿，得了彭（评）王江山，

---

① 〔德〕沃尔夫冈·卡舒巴（Wolfgang Kaschuba）.文化遗产在欧洲：本真的神话[J].杨利慧译.民俗研究.2010（4）：15.

评皇帝才送入千家洞”的千家洞[①]作为“客观的”文化范畴。

德国著名的文化遗产专家沃尔夫冈·卡舒巴（Wolfgang Kaschuba）认为：“‘本真性’永远意味着‘关系’（relation）！没有一样物体、服饰和传统天包即是‘本真的’。所谓‘本真的’，是观察者站在局外，从一个远距离的视角归纳、建构起来的。当声称这样东西、这首歌、这个传说是‘古老的’‘有价值的’‘货真价实’时，这实际上是一种表现策略的传达。‘本真性’的标签因此成为我们保护文化传统和实践的支撑。它能够被用作与政客和商家联络的信号，传达保护文化而不是破坏文化的信号。”[②]这就是为什么认同的“千家洞文化遗产”观念中，“本真性”的概念不是“永恒性”的真理，对于民族学家和瑶学家是一个很“酷”的学术和策略要素的原因。因此，李本高研究员对他的三十年瑶学研究持否定之否定的客观、科学的态度。

那么，下述问题难道不应该受到今天民族学和瑶学研究重视吗？不断超越各种界限而将我们的视线集中在“传达保护文化而不是破坏文化的信号”，集中在社会中的各种运动之上：致力于研究“千家洞文化遗产”与“文化经济”，而不是“它一直是什么”，使千家洞文化遗产成为同时关注文化上的漂泊、模糊和流动的“瑶族志”；“重新发现”和“重新书写”被忘却的瑶族的同时是中华民族的千家洞文化遗产，而不是把千家洞文化遗产变成“江永大远的”或者“临湘龙窖山的”“灌阳的”。因此，“瑶族千家洞”又有了不同的见解，至少颠覆了民族学家和瑶学家的“千家峒”还历史本来的“千家洞”，愈来愈意识到否定之否定这个道理在“瑶族千家洞”生发中复杂的文化背景，民族学家和瑶学家的“瑶族千家洞”认同集中并非铁板一块。随着考古的不断发现，对千家洞追溯的地域范围越来越少，其准确性更接近。根据瑶族使用的语言分析，“勉”支系占瑶族人口的68%，分布于桂、湘、粤、滇、黔、赣六省区的130多个县，“勉”支系崇拜盘王；“布努”瑶支系占瑶族总人口的31%，分布于云南、广西、贵州、湖南等省区的30多个县的山区里；“拉珈”支系只占瑶族人口的0.1%，分布在广西的金秀瑶族自治县、平南县等山区里。“布努”和“拉珈”两支系既没有《过山榜》，有关传说很少。《评皇券牒》是“勉”系瑶胞祖祖辈辈传

① 盘福东、盘承新.以史释文，以物释文——“瑶族千家洞在桂林灌阳”的论证［A］. 瑶族千家洞在桂林灌阳——桂林灌阳瑶族千家洞文论辑选［C].南宁：广西民族出版社，2010.12：75.

② ［德］沃尔夫冈·卡舒巴（Wolfgang Kaschuba）.文化遗产在欧洲：本真的神话［J］. 杨利慧译.民俗研究. 2010（4）：15.

下来的。对瑶族考古至关重要，它是“现代的化石，它们是保存和传播人民积累的没有文字记载的社会和文化创造的真正活宝库。（尽管）是很脆弱的，我们可以因为它追溯自往昔，探索那时间的阴暗曲折的迷宫”[①]。

我们再从考古文化学来考证《评皇券牒》的历史反映。在今湖南省沅水怀化发现一处遗址，相当于考古文化学中的黄帝时代（距今4687年）。这个遗址出土的文物中，有一座双头合体的犬形陶塑像，两犬头背向，四耳竖立，昂首注视前方，宛如后世神与神座的关系。[②]灌阳县文物管理所也收藏了灌阳境内千家洞出土的双头合体犬形陶塑像。考古专家考证说：怀化出土的这座犬形陶塑像，正好说明了早在高辛帝之前的黄帝时代，武陵地区确实存在有一支以犬为图腾的部族。这支部族不怀疑其是来自中原。[③]

从考古资料上看，广西灌阳、恭城、湖南江永等地瑶族珍藏的《评皇券牒》《千家洞》《千家洞流源记》记载的“祖公是评皇帝的第三女婿，得了彭（评）王江山，评皇帝才送入千家洞”是可信的。也就是说，瑶族《评皇券牒》《千家洞》《千家洞流源记》记载的“评皇帝的第三女婿，得了彭（评）王江山，评皇帝才送入千家洞”的历史上瑶族最早的千家洞。

考古学文化视野里的中原文化的南迁可以找到例证。例如1974年发掘的湖北黄陂盘龙城商代遗址。这个遗址，是一座属于二里岗时期的古城，南北长约290米，东西宽约260米，为土建筑，盘龙城的中原商文化风格更为突出，为商朝在长江滨建立的一个方国的遗址。[④]因此，有学者研究南迁中的这支瑶族先民应是后来的布努瑶系统，因为布努瑶系统的语言中有许多古代苗语。[⑤]这个考古说明，盘龙城不是盘瑶的“千家洞”。

考古学材料中明确反映，西周晚期楚的势力开始进入洞庭湖以东地区，赵秉漩先生研究山西晋语的反语骈词，有部分同广西全州、灌阳瑶族“标敏”语的复辅音词相对应，在意义上嵌词与其相对的单音词同广西全州、灌阳瑶族的复辅音词相同或相近。山西晋语同广西全州、灌阳瑶族地理位置上相距数千里，这样有规律的对应关系，绝不是偶然的巧合，是语言发生学上的联系，说明和

---

① 容观琼.我国瑶族早期历史问题的文化人类学考察［J].中南民族学院学报,1991（6）.

② 舒尚今.沅水出土黄帝时代的犬图腾塑像［J].楚风,1990（2）.

③ 俞伟超.先秦两汉考古学论集［M].北京：文物出版社，1985.

④ 何英德.瑶族渊源中原考［J].南方文物，1995（2）.

⑤ 何英德.再论瑶族源于中原［J].广西师范大学学报，1996（3）.

瑶语的复辅音是同源的。[①]《评皇券牒》里的“复古音”对于公元前七七〇年的东周时期，盘护到“灌阳县治之东南二十里”，有时间的确认作用。

《千家洞歌》中的“日头出早照塘基，寒鹏野鸭水面遮，日头出早鹅落水，齐齐凉衣拍翅啼”“日头出早白石岭，千家洞头百样青”唱词，描述的河名、地名、古情、古景等自然生态文化古迹，与今灌阳黄关镇、新街乡、灌阳镇上中下诸洞相同。以“标敏”语称谓的河流、地名，如“温、文、恩”，是迄今仍自称“标敏”的广西全州东山瑶、灌阳水车乡上泡村、下泡村，灌阳镇文化村瑶语“水”；“温白、文白、恩白、文蹈、恩麦”中的“温白、文白、恩白、文蹈”是“标敏”语“水坝”；“文蹈”是“标敏”语“水埠头”；“恩麦”是“标敏”语“清水”[②]。仅仅略举的这些语称，显然是汉语记“标敏”语音。

笔者多次到灌阳县黄关镇、新街乡、灌阳镇等处考察石梯险路、石匮关、古井、古塘、古埠头、居屋、瑶坟、河名、地名、岭名、祭迹等瑶族文化古迹，这些瑶族文化遗迹所处地理位置、地形地貌，与瑶族民间流传的《千家洞歌》《千家洞故事》《千家洞传说》《千家洞》《千家洞古本书》《千家洞流水记》《千家洞源流记》里讲的相吻合。韭菜岭下的灌阳境内上中下三块盆地开垦九万多亩水田，足以供《千家洞木本水源记》里说“人无数逃入”耕种；文献记载灌阳境内今西山瑶族乡一带历史上称盐田源，出产岩盐[③]，说明洞内能产生存必需的食盐，灌阳境内上中下三块盆地才能成为汉民“避元乱潜入灌阳之深山”的瑶族千家洞，千家洞人才能成为世外桃源与洞外隔绝地生存了两千多年。

五、并非结束的结束语

瑶族的，同时是中华民族的千家洞文化遗产，是可见的，可交流的（误解反而是常态）。在过去令今人难以想象的风雨岁月中，历史上瑶族人民一代又一代地怀念千家洞，寻找千家洞，以至有了广西桂林灌阳县瑶族千家洞、湖南临湘市龙窖山瑶族千家洞、湖南江永县大远瑶族千家洞。当然这些观点试图挑战原生态文化的历史主体占据的天然的权威性，指向历史主体的内在的寻根意识在跨文化交流的物理与文化的双向移动过程中，已然发生了变化。

---

① 赵秉漩.汉语、瑶语复辅音同源例证.1988年瑶学研讨会论文（打印稿）。

② “清水”，盘瑶标敏语支系称今广西全州县东山瑶族乡人民政府所在清水村。

③ 康熙四十七年［戊子年（1708）］《灌阳县志》。

因此，与以往民族学家和瑶学家所关注的瑶族千家洞和“千家洞文化遗产”与“文化经济”比起来，它更多维视野、多元厚重。可以预见，这个不同的时期一样能够成为创新或者更新之后的民族学和瑶学——它们注重从民族学和瑶学的视角研究“千家洞文化遗产”的保存，其研究范式从探索“固化的千家洞文化遗产”转向“文化经济”的研究。

江华县潇江湾村保护传承发展瑶族非物质文化遗产探析

◎ 唐德雄[①]

【摘要】 每年农历五月二十五，江华瑶族自治县潇江湾村都过“大端午”，过“大端午”时要喝“牛轭酒”、吃“大豆腐”。这个习俗从明洪武年间开始流传，至今已有六百余年，从未间断。但这一文化现象却没有申报非物质文化遗产。潇江湾的瑶民为了将独特的文化现象和独特的绿水青山展示在现代都市文明面前，自费自发进行保护利用开发活动。

【关键词】 潇江湾；瑶族文化；非遗保护；传承发展。

瑶族是一个古老民族、山间民族、迁徙民族、苦难民族，同时又是一个勤劳民族、勇敢民族、智慧民族和坚强民族。在长期的艰苦生产生活环境里，瑶族人用勤劳和智慧创造、传承、发展了自己独具特色的灿烂文化。

——笔者手记

瑶族地区，过去由于交通闭塞，所以许多地方一直延续着山清水秀、民风淳朴的自然生态和人文生态，产生并传承着一些民族的非物质文化遗产。中国进入现代社会以后，由于政治经济文化社会都发生了翻天覆地的变化，少数民族地区

---

① 唐德雄，湖南省瑶族文化研究中心理事，广西瑶学会会员，永州市瑶族文化促进会常务理事，江永县瑶族文化研究会常务副会长。

的物质文化生活都受到了时代的极大冲击，一些民族的、民间的文化习俗在现代文化大潮的席卷下，已经和正在渐渐地被淡出、被覆盖、被淹没……

近年来，随着“绿水青山就是金山银山”不断深入民心，非物质文化遗产的保护传承发展也越来越被重视。各级政府都积极主导，不断推动本地方的非遗申报，并对一些非物质文化遗产项目，投入大量的人力物力进行保护传承发展。国家确定的指导方针是“保护为主、抢救第一、合理利用、传承发展”，但是，如何合理地利用，以达到更有利的传承与发展，目前确实出现了两种不同的应该引起各级党委、政府、学界和社会予以重视的现象：一是政府“室内圈养”型的保护传承发展模式；二是民间“野外放养”型的保护传承发展模式。两种模式，尺短寸长，各有优势，互藏硬伤。至于政府“室内圈养”型模式，不少专家、学者已经有了许多的真知灼见，本文不敢也不必累述。笔者拙笔，只想以江华瑶族自治县沱江镇潇江湾村的农历五月二十五“大端午”节为例，对瑶族非物质文化遗产的民间“野外放养”型保护传承发展模式，进行粗浅的探析。

一、概定瑶族非物质文化遗产，对潇江湾村的族源探析

非物质文化遗产，英文是 intangible cultural heritage，根据联合国教科文组织的《保护非物质文化遗产公约》定义，非物质文化遗产是指被各群体、团体、有时为个人视为其文化遗产的各种实践、表演、表现形式、知识体系和技能及其有关的工具、实物、工艺品和文化场所。公约所定义的“非物质文化遗产”包括以下方面：①口头传统和表现形式，包括作为非物质文化遗产媒介的语言；②表演艺术；③社会实践、仪式、节庆活动；④有关自然界和宇宙的知识和实践；⑤传统手工艺。

根据《中华人民共和国非物质文化遗产法》规定：非物质文化遗产是指各族人民世代相传并视为其文化遗产组成部分的各种传统文化表现形式，以及与传统文化表现形式相关的实物和场所。包括：①传统口头文学以及作为其载体的语言；②传统美术、（梅花篆字）书法、音乐、舞蹈、戏剧、曲艺和杂技；③传统技艺、医药和历法；④传统礼仪、节庆等民俗；⑤传统体育和游艺；⑥其他非物质文化遗产。属于非物质文化遗产组成部分的实物和场所，凡属文物的，适用《中华人民共和国文物保护法》的有关规定。

在湖南省江华瑶族自治县沱江镇的潇江湾村，至今传承着每年农历五月二十五过“大端午”的习俗。每逢“大端午”，该村家家户户会把嫁出去（或已定亲）

的女儿、娶进门（或已定亲）的儿媳和亲家及其他亲朋好友请到村里来过节。做大糍粑、酿大豆腐、蒸大包米粉肉是过大端午必须准备好的待客美味；祭拜祖先和神灵是不能缺少的程序；给客人敬牛轭酒是该村独特的迎宾礼仪文化；唱大戏、跳盘王、划龙船、耍龙舞狮、气氛热烈，场面恢弘，形成了远近闻名的独具特色的民俗节庆文化现象。

潇江湾村，位于江华瑶族自治县最北端的沱江（原属桥头铺）镇的东北角，距离县城18公里，距离国道4公里，距离高速路口6公里，是一个有600余年历史的古村，全村1800余人全部姓唐。属元大德年间被迫逃离千家峒的瑶族后裔一脉。明时，该村始祖曾任兖州通判，由于看不惯官场腐败，于是辞官归隐，向往千家峒那“世外桃源”般的田园生活，就选择了这么一个四面环山、潇水拖蓝、屏风并峙、青山滴翠、田地肥沃且与外界相对隔绝的地方，过起了开山拓土、习文尚武的田园农耕生活。

据《千家峒源流记》记载，元大德年间，由于千家峒遭旱灾，又因为烧黄鼠狼引发火灾烧毁了杉木坝，导致水库无法蓄水，千家峒里的水田几乎绝收。朝廷的粮差进千家峒催缴皇粮，瑶民们在遭了重灾、生活十分困难的情况下，仍然热情款待粮差，千家瑶民轮流招待，每家一天，待若上宾。粮差每天好酒好肉地吃喝，忘了向衙门报平安，结果引起官府误会，于大德九年派重兵进剿千家峒。千家峒瑶民被迫流离失所、背井离乡。

根据有关史料记载，潇江湾村确系千家峒瑶族后裔。中华人民共和国成立前由于阶级压迫和民族压迫，村民们为了生存被迫长期隐瞒自己的民族身份，但却以一种（过大端午、喝牛轭酒）的独特隐蔽的文化方式保存着一种族源存在和文化认同。中华人民共和国成立后，由于共产党实行民族平等政策，村民们不再隐瞒民族真实身份了，于是纷纷要求回到瑶族家庭之中，但也经过了一段艰难曲折的道路。从20世纪50年代初开始，潇江湾村就一直向上级政府反映，要求恢复全村村民的瑶族身份，到1991年，村民的瑶族身份才被正式承认。笔者查阅江永县的有关档案资料发现了如下几段文字记载。

（一）《桥头铺乡群众代表与江永县委负责人谈判协议》（应该属于会议纪要）

桥头铺区少数民族代表来找我们谈判有关民族问题，这是革命的行动，我们表示欢迎。

1.（略）

2.历来是少数民族。一九五七年第二届第三次县人民代表大会决议中所承认的少数民族成分的村庄姓氏，这是法律承认的，毫无疑问的。承认少数民族成分，享受民族待遇。决议中村庄名字写错了的应该纠正村名。

附、少数民族村名姓氏如下：

潇江湾村（唐、廖二姓），古芝江（唐姓），雷公塘村（黄姓），万石洞（唐、李二姓），下刘家塘村（唐、黄二姓），中刘家塘村（唐姓），石塔井村（唐、黄二姓），源田塘村（唐、黄二姓），介牌村（李、邓、黄、廖四姓），牛车田村（李姓），黄家田村（黄、李、刘三姓，刘属苗族），小源村（李姓），罗塘村（唐姓），麻子塘村（廖、刘二姓，刘属苗族），鸭头源村（黄姓），导桂冲村（周姓），唐家山村（唐姓），桃子源村（唐、李二姓），三义河村（李姓），海尾村（黄姓）。

以上共二十一个村庄，七个姓氏（刘属于苗族）。桥头铺地区少数民族代表签字：红星大队李兴奎；潇江湾大队唐学熙、唐全来、唐全新（以下人名略）。公社代表唐全发；民政科负责人赵清林；县委负责人徐光高、谭志先、黄昊飞、胡天善、孟兆荣、谢续宗。

一九六七年九月十四日

（二）江永县第一任县长胡天善的谈话记录

五六十年代，我一直担任江永县县长。桥头铺乡这批群众的民族成分问题比较复杂。1955 年湖南省民委曾下文批准他们为瑶族，但没有公布。1957 年省委统战部下文批准他们为瑶族。可是不久后又追加一个文件，要求停止执行。政策上的摇摆，引起群众的骚动。五六十年代末期，他们常常上访县、地、中央各级政府，影响了正常的农业生产，也造成了社会的不安定。“文革”中，桥头铺的造反派，带着祖辈相传的《千家峒源流记》一书，冲击革命委员会，强迫县委负责人与他们谈判，要求承认他们是瑶族，还要求成立瑶族自治公社。他们有一股造反派的劲头，言语很刺激，带命令式的，但是并没有动手打人。

（三）江永县人民政府 1985 年写给湖南省政府的报告摘录

近两年来，县委、县政府先后接待了要求恢复瑶族成分的来访群众一千多人次，信件三百多件。根据群众的迫切要求，县里组织专门班子进行全面深入调查，调查结果表明：在县内确有四万多群众属于瑶族而未恢复其瑶族成分。

从上面的资料可以看出，为了恢复瑶族成分，潇江湾村是经过了几十年的艰难诉求，最后才在1991年回到瑶族家庭的。如果没有前辈坚持与不懈努力的争取，也许潇江湾村现在仍然徘徊在瑶族家庭以外，而与瑶族有着割舍不断的用心灵去千针万线编织而成的千百年不变的唯一的“大端午”节日文化，其非物质文化的民族归属就会成为一个让人笑不起来的笑话了。

二、形成非物质文化遗产，对潇江湾村的人文历史探析

潇江湾村自明朝入住，至今已有600年历史，村始祖曾任兖州通判。据传村始祖百年归寿后的某一天，有一伙地方官吏到潇江湾村里耀武扬威、敲诈勒索，强抢一头村民的大牛牯，要拉回去宰杀。官吏们牵着牛牯走过村祠堂的门楼口月台上时，狂风大作，乌天黑地，电闪雷鸣，大雨滂沱。大牛牯受惊吓突然耍起横来，挣脱绳索，两只尖角凶狠地向官吏们刨去，牵牛的官吏被抛到门楼的屋檐上又摔下来，当场毙命。其他官吏都吓得魂不附体，人人都感觉有一头神牛朝自己猛冲过来，个个都不要命地往村外跑。雨停下来后，大牛牯站在村边的路上，眼望着官吏逃跑的方向，一动不动，看见主人过来了，就乖乖地低下头跟着主人回家了。有细心的村民查了一下事发当天的皇历，那天正好是农历五月二十五，即该村始祖的生日。于是，祖宗化作神牛显灵保佑后代的事就开始传扬开了，潇江湾村每年农历五月二十五过“大端午”也由此开始兴起、盛行，并年年香火不断，年年宾朋满座，感恩祖德，报答祖荫，世代传承至今。

我们知道，瑶族盘王节，是瑶族人最为隆重的节日。瑶族过盘王节，是为了给始祖盘瓠过生日，更是为了感恩盘王显灵拯救瑶族人于危难之中的德泽。潇江湾的大端午节同样是为了给始祖过生日，为了感恩祖宗显灵拯救族人于危难之中的德泽。所以潇江湾的大端午节属于瑶族盘王节的派生和枝叶，同时，又有自己独特的人文历史内涵。

（一）大端午节，风雨无阻、香火绵延几百年

“潇江湾，住湾古，年年都过二十五。二十五，大端午，大酒大肉大豆腐。接大客，行大礼，龙船调子亲家母。”这是潇江湾附近一些村民自古流传的民谣。潇江湾村过大端午节，在江华瑶族自治县的县城沱江附近方圆五十里都很有名气，特别是和潇江湾有姻亲的家庭对这个时间都是很敏感的。一些和潇江湾村同宗族的村庄每年都会早早安排贺节的礼物和参加贺节的人选。因为潇江湾村过大端午不是商业活动，不是即时聚会，而是一种集感恩、祭祀、民族、宗教、文化

于一体的民族、民间、民俗活动，是一个祖祖辈辈一代一代传下来和必须往下传的活动。中华人民共和国成立之前，潇江湾村过大端午，每年都要划龙船、耍龙舞狮、唱大戏，热闹三天。中华人民共和国成立后，划龙船活动停止了；耍龙舞狮活动在破四旧运动后停止了一段时间；唱大戏活动，“文革”时改唱革命京剧样板戏了。但是，每年过大端午节的习俗却从来没有停止过。据说，1973 年左右，潇江湾村对面河的道县审章塘公社修拦河大坝，把潇江湾原有的水利灌溉设施全部破坏了，淳朴、善良、顾全大局的潇江湾人，不吵不闹不阻工，稻田被迫改该种红薯、苞谷、花生。到了农历五月二十五，家家户户都没有稻米吃，可是大端午节照样过。于是，又被附近一些村庄编了顺口溜“潇江湾，苦又苦，今年又过二十五。红薯酒，送苞谷，接起客来没米煮”。历史进入新时代后，特别是党的十八大以后，潇江湾村的“大端午节”这一传承了几百年的、事实存在的非物质文化遗产正在逐步走出村门、走出县门，并将走得更远。

（二）潇江湾村，人才辈出、忠孝义节图报恩

潇江湾的“大端午节”，究其实还是通俗意义上的瑶族感恩节。因为农历五月二十五这天是该村始祖的生日，给长辈过生日，最初肯定感谢养育之恩；尔后，由于在村民遇到官吏欺压的时候，祖宗显灵，保护了村民，所以又演绎为感谢庇荫德泽之恩了。据笔者考证，潇江湾村的子孙（含从潇江湾迁移出去的），在 600 年的历史里，就像村里民谣说的“前龙山来后龙山，五龙戏珠潇江湾；潇江湾来好地方，县官州官不间断”一样，每一代人都有做县官或州官者。而且，所有的县官、州官都能善始善终，没有出现过作奸犯科、逆忠失节、忤逆不孝、忘恩负义之人。明清时期有做州团练使、刺史、司马、通判的，有做知县、县丞、县尉的；中进士 5 人，中举人、秀才等其他生员 90 余人。民国二十多年，有副团级以上军官 2 人、参加抗日战争的远征军 4 人；考入湖南一师、三师、七师读书的 4 人，考入西南大学的 1 人。中华人民共和国成立后，潇江湾村的人在外面“吃皇粮”者有 80 余人，有厅级干部、处级干部、科级干部；有在县城工作的，有在省城工作的，有在京城工作的，有在国外国际组织工作的。1977 年恢复高考后，潇江湾村考入中专以上学校的有 70 余人，其中重点本科以上 30 余人，考入清华大学 1 人，中国科技大学 1 人，武汉大学 3 人，获学士学位者 40 人，获硕士学位者 10 人，获博士学位者 3 人；有大学教授、有省级以上作家艺术家。每年的大端午节，不管在县外、省外、国外，都会或赶回村里祭拜祖先，或电话微信表达节日遥祭祝福，以感恩那一方土地、那一方父老乡亲。

（三）古韵悠扬，文化融合，瑶汉古迹留其间

潇江湾村四面环山，潇水河从村前以一个“之”字形流过。走进村里，你会发现，这个古色古香的村庄是两面背山又两面抱水，山清水秀，环境幽雅。村庄以宗祠为中心，村民称宗祠为大堂屋，在“众大堂屋”前后有三个大堂屋，表示村里有三房人，分别是上屋、下屋、门楼口。在众大堂屋门楼口的月台上，以前是有很多拴马条石柱的，破“四旧”和“文化大革命”时期都被抬走去建学校和水利工程了。村里至今保存的明清时期的古民居尚有一百余座，大部分是清一色的砖瓦房，带天井一座半四合院结构，门当户对齐全，一个模式的飞檐，粉墙壁画，花格雕窗，家家户户都设有神龛以敬神祭祖。每一条巷口都设门楼，门楼前有月台，月台地面和巷口地面全用青石板铺砌。村庄附近至今留有盘王庙、黄（盘）龙庙、水口庙、文昌阁等明清楼阁遗址遗迹。沿潇水自西向东，分布着“潇江角带”“榜山并峙”“高石峭壁”和“秀阁凌虚”四个清嘉庆年间就闻名于江华的潇江湾四景。文人墨客流连于此，也曾留下名篇佳句。《潇江角带》：“沱川一派是湘源，浩瀚洄旋碧浪掀。蟠到襟前添数曲，浑如角带绕东园。”《榜山并峙》：“山屏似榜日相当，石浮淋漓翰墨香。知是何年来揭晓，此间人仕应名扬。”《高石峭壁》：“峭石巉岩势甚高，澄潭倒映影迢遥。江流到此疑无路，唯见云峰锁翠涛。”《秀阁凌虚》：“洄湍激水往东流，一阁嵬然居上游。八面玲珑佳气入，此身如到凤凰楼。”

三、传承发展瑶族非物质文化遗产，对潇江湾村的文化创意探析

潇江湾村每年农历五月二十五过“大端午”这个习俗已经延续600年。在几百年的历史长河中，潇江湾人已经巧妙地成功把为长辈“吃生日”逐步演变为与瑶族“盘王节”一脉相承的瑶族“感恩节”，并且形成了自己独特的民族民俗节日文化特色。

（一）潇江湾村大端午节日文化的历史传承

1. 接大客过大端午

每年的农历五月二十五日，潇江湾村家家户户都会有“大客”。大客的来源：一是嫁出去的女儿，不管是祖辈、父辈、同辈或晚辈的已经出嫁的闺女，每年都会回“娘家”过大端午。二是亲家，不管是嫁出去的女儿的“婆家”，还是儿媳

妇的“娘家”以及已经定亲尚未过门的“亲家”，都会被邀请到潇江湾村过大端午。三是小伙子钟情的女朋友，若是潇江湾的小伙子看中了哪位外村的姑娘，就会在大端午时，邀请姑娘到家里来做客，借此试探姑娘心意。四是潇江湾村在外面工作、谋生的人，过大端午了都会千方百计回来过节。五是唐姓同族人或其他好朋友，也会被邀请到潇江湾过大端午。

2. 酿大豆腐过大端午

大端午这天，潇江湾村家家户户都要酿大豆腐。潇江湾的大豆腐丸，是在当地有名气的地方特产，豆腐丸的形状像一个面包，用石膏嫩豆腐捣碎酿肉酿心，叠成椭圆形，用茶油炸成外面香中间嫩脆的豆腐丸。由于潇江湾的豆腐丸比江华县的“水豆腐达耐”要大些，同时还考虑到了热天便于贮藏的问题，所以，大豆腐丸又是潇江湾村的饮食文化创意。

3. 唱大戏过大端午

每年过大端午，村里总要请戏班子或表演团队到村里热闹一下，多则三五天，少则一个晚上。若是请唱古戏的班子，村里的文人还会采用“对联点戏”的办法，以考验戏班子里是否有“肚子里装了墨水”的人。

4. 喝牛轭酒过大端午

潇江湾每年过大端午，家家户户牛轭酒还是免不了要喝的。到了这一天，家庭主妇们提着酒壶排着长队，一家一家地去让客人“尝酒”，美美地言语祝福，美美的家酒小酿，每一壶都要美美地尝足十三杯，尊贵的客人就美美的醉了，这时你才知道什么叫潇江湾的牛轭酒。牛轭，套在牛脖子上的曲木，其状如“V”形。牛轭酒，就是要拐弯抹角想方设法套着客人喝酒、多喝酒的意思。中国的酒文化源远流长，有“煮酒论英雄”的典故，有“把酒问青天”的诗章，有“斗酒诗百篇”的传说。在民间，饮酒不仅仅是老百姓生活的一部分，也是老百姓的一种精神文化娱乐活动。酿酒作为酒文化的一部分，在民间还会成为一门技术和学问。日常生活中，老百姓在各自家里酿酒熬酒，由于原料不一样，制作工艺水平有差异，所以民间老百姓的家酿酒味道是各有千秋的。当然，劝客人“尝酒”也考验着潇江湾人劝酒的策略和技巧。当听到客人说酒好时，劝酒人就会觉得自己的劳动成果被认可，心里格外高兴。当看到客人喝醉时，才是潇江湾人最有成就感的时候。

5. 划龙船过大端午

据老一辈的人讲，潇江湾村每年过大端午时，都会划龙船，但不搞比赛，只是表演，唐姓族人或附近接亲比较多的村子，不但有很多人来看热闹，而且也会组织龙船到潇江湾村祝贺节日并助兴。可是，有一年出了事故：由于大端午节时河里涨大水，有一艘龙船被河水的巨大旋涡卷进了深潭，连船带人都没有回来。从那以后，官府不允许划龙船了。

（二）传承发展潇江湾村大端午节日文化新创意与尝试

潇江湾村是一个古老的、有着深厚文化底蕴的族群聚居历史文化村落，村里一直传承几百年的“过大端午”民族民间习俗，打上文化的烙印，伴随着时代的脚步一路走来。进入 21 世纪后，随着国家对外开放力度的加大和各种文化的融合，潇江湾村在传承发展过大端午的民族民间传统习俗文化的同时，为推动文化软实力转变为经济发展的原动力，也进行了一些文化创意方面的尝试。

1. 成功举办了江华瑶族自治县首届龙舟节

2017 年，经江华瑶族自治县县委、县政府同意，得到县直各单位和镇政府的大力支持，潇江湾村利用村前河道生态保护完好，自然风景纯净优美，民居文化古朴雅韵，民俗风貌昂扬豁达的条件，由镇政府和县民宗文旅局主办，村委会组织、社会文化团体承办，成功举办了一次江华瑶族自治县首届龙舟节和潇江湾美丽乡村旅游节。龙舟节期间举办了首届龙舟邀请赛，前后三天，观者如织，万人空巷，特别是大端午节当天，前往潇江湾村观看旅游者超过三万人，车辆挤满从桥头铺镇政府到潇江湾村近四公里的公路。前往观光旅游者主要是江华、江永、道县、宁远四县的人，此外，湖南新田、蓝山、双牌、零陵及广西富川、钟山、恭城、灌阳、全州等县的人也不少。本次龙舟节总体上还是成功的，但是由于组织能力和主办经验的不足，也暴露出了诸如道路、场地等硬件设施不足及活动方案未能仔细推敲等方面的问题。当然本次龙舟节的最大亮点在于它开启了把潇江湾的非物质文化遗产推向外乡、外县、外省的行程，为后续的乡村民族特色文化旅游留出了创意空间。

2. 村民互助共赢进行乡村旅游开发文化创意尝试

进入中国特色社会主义新时代之后，振兴乡村，发展乡村旅游产业，已经和正在成为国民经济的新的增长支柱点。潇江湾人近几年也进行了一些通过文化创意推动旅游产业，带动非物质文化遗产的保护传承发展的尝试。

2017 年，潇江湾村邀请县文联组织江华的诗文书画作家到潇江湾进行采风，创作了一批诗词、散文、书法、绘画、歌曲作品，并且在省市县的主流媒体上以及微头条、公众号、朋友圈、朋友群里进行广泛宣传，扩大了影响力。2018 年，潇江湾村向政府请示，要求继续举办龙舟节，政府出于避免桂林那样的翻船事件，一直没有领导敢表态。村民集体商量，决定由村民自己组织进行龙舟邀请赛，以延续已经开启的潇江湾美丽乡村民族特色文化旅游行程。2018年的龙舟节，虽然没有2017年那么隆重，但仍然是人山人海，热闹非凡。龙舟节之后，村民们感觉平时到潇江湾旅游的人并不多，说明潇江湾村仅仅靠一个龙舟节或大端午节要吸引游客还是远远不够的。2019年，由村民自发组织，采取互助共赢的办法，进行旅游开发尝试。村里陆续购进了马匹、骆驼、鸵鸟、白狐、游艇、摩托艇、弓箭以及儿童游乐设施等，同时计划开办村红色文化长廊和村历史和民俗文化展馆，恢复古文昌阁、古进士牌匾和古拴马石柱，修建诗词墙；鼓励村民酿牛轭酒，做大豆腐，开办农家乐。通过饮食、诗词、科考、民居、休闲、健身、歌舞及景观等文化创意活动，推动村里的旅游事业，带动“大端午节”这个非物质文化遗产的保护传承发展。

四、潇江湾村非物质文化遗产并非非物质文化遗产的尴尬

江华瑶族自治县的潇江湾村是一个已经恢复了瑶族身份的瑶族村，自明朝入住以来，一直延续着农历五月二十五“过大端午”的节庆习俗。根据联合国教科文组织的《保护非物质文化遗产公约》和《中华人民共和国非物质文化遗产法》相关条文规定，潇江湾村的大端午节应该属于非物质文化遗产。但遗憾的是，到目前为止，潇江湾的大端午节并没有享受非物质文化遗产的待遇。笔者比较了一下江永县的勾蓝瑶村（兰溪瑶族乡原来的上村、下村、黄家）。勾蓝瑶是江永的四大民瑶之一，是明朝被官府招安的瑶族人，居住勾蓝瑶也是600多年。勾蓝瑶的洗泥节，现在已经远近闻名，而且已经被列入省级非物质文化遗产名录了。江永县为了打造勾蓝瑶，推介洗泥节，县委、县政府花了近20年的时间和精力，政府投入到勾蓝瑶的资金累计已经达到1.2亿元以上。现在的勾蓝瑶已经是4A级旅游景区、湖南省文物保护单位、湖南省首批最美少数民族特色村寨、中国历史文化名村、中国传统村落。而同样有600年历史、同样是瑶族、同样有独特的自然风景、同样有明清民居、同样有深厚历史文化底蕴、同样有独特节庆文化的江华瑶族自治县的潇江湾村，与勾蓝瑶村的差距为什么这么大呢？这样的尴尬，确实值得笔者、读者及并非笔者、读者的人共同思考。

论瑶族传统文化的阴阳思想

◎ 张劲松

【摘要】 本文用多学科材料和多重证据法研究瑶族传统文化中的阴阳思想。认为自远古就是中华民族大家庭中一员的瑶族先民曾萌生以日出为阳、日落为阴的阴阳观念，也将太阳视运行分阴阳和递进分阴阳而坐标空间八方位，从而在生产劳动中获得空间活动自由。其后又有过日月阴阳观念。再后又有气的阴阳观和在阴阳的性质上阳气要多于阴气的思想。最后指出瑶族阳气盛于阴气的思想来自该民族历史上在恶劣的自然与社会环境中也能以充足的正能量去努力争取光明前景的民族精神。这种精神是瑶族精神文化的突出意象，在当今实现中华民族伟大复兴的事业中仍是需要大力传承与弘扬的。

【关键词】 日出日落阴阳；方位阴阳；日月阴阳；气阴阳；阳刚之气。

阴阳是中国传统哲学的基本范畴，经过了从阴阳观念萌生到阴阳一词成为抽象哲学概念的过程。瑶族自远古就是中华民族大家庭中的一员，其阴阳思想既承继了华夏远古先民源远流长的阴阳思想，又有本民族的独特内容，本文就此论题展开讨论。

据中国考古研究，旧石器时代晚期先民过的是“移动性的狩猎采集生活”，也就是说远古群团在一个地点食用完有限的动植物资源后就移动到另外的地方。这种社群不在同一地点长年定居的游荡性的、随遇而安的生存方式因无辨识方位的需要而建立空间方位坐标。而至新石器时代早期多区域多地的先民已进入到长年固定居住在同一个地点从事采集狩猎和种植的生存方式[①]。长期定居的生产生

① 刘莉，陈星灿.中国考古学——旧石器时代晚期到早期青铜时代［M].北京：生活·读书·新知三联书店，2017.

活必然导致他们产生以住地为中心的方位感，并制定周边地理空间坐标。因为建立空间地理方位坐标，而且在空间圆中将方位坐标得多一些，越有利于他们在这时期仍实行的以狩猎采集为主的生业策略时，分出小规模的任务组到远离居住地的不同地点获取不同类的食物后回到定居地。换句话说因定居和生产劳动的需要而坐标空间方位使原始人从此获得了空间活动自由。新石器时代早期的原始人是如何坐标空间方位的呢？证据证明是利用日出日落和递进二分法坐标八方位空间的。

史前考古资料能证明新石器时代早期已行方位分割最可靠的证据是墓葬中死者头的朝向。自新石器时代早期墓葬中头朝向南方的为数不多，朝向北方的似乎没有。但头朝向日出方或日落方的却不少。墓葬死者头朝向日出方向的，据《中国文物报》2019 年 8 月 13 日第 1 版报道，浙江义乌遗址有两座约公元前 7000 年左右上山文化中晚期人的骨骼保存较好的编号为 M44、M45 的墓葬，均为土炕竖穴墓，侧身屈肢葬，头向东侧。再如始于公元前 5000 年的河姆渡文化、马家滨文化墓葬的头朝向日出方。朝向日落方向的，如有约公元前 5800 到前 5400 年的老官台文化的墓葬，有始于公元前 5000 年的仰韶文化的墓葬。葬式的头特意选择朝向日出方已赋予祈祷人死后像日一样再生的宗教含义，选择朝向日落方出自日落方为亡魂归宿处即俗说“人死归西”的神话联想思维。（新石器时代早期普遍流行的将生活区与墓葬分开，当也体现了古人活人如日出归阳，逝者如日落归阴的阴阳分判思想）。出于这种信仰，导致公元前 4000 年前的大汶口文化、红山文化、城头山文化、连云港的大伊山遗址等头向东或向西朝向的葬式越来越多[①]。既然新石器时代早期葬式的头向日出方或向日落方是出于不同遗址的原始人对死者灵魂如日出般再生或如日落般归寂的精神联想，那么新石器早期已经产生为日常生活需要的以日出为一方、日落为一方的空间标识是确信无疑的。依据日出日落而坐标空间二方位（被后人命名为“东、西”）也存在下文列举的新石器时代早期已有四方位和八方位的符号证据中，因为在四方和八方空间中，日出和日落二方是最先确立的方位。

新石器时代早期的先民以日出为阳，日落为阴，以日出之阳为东方，以日落之阴为西方，用这分阴分阳法而确定出的最始的东、西二方位为满足自己需要确定更多方位提供了方法。智慧的原始人很快就效法这二分法，在地理平面空间圆中首先平分二方为距离相等的四方。初民始用平分法可能只是站在日出面东方位向两边伸直两手，或右转身 90 度 3 次就知四正方位。这实际是在东西间的直线

① 张劲松.中国史前符号与原始文化［M].北京：燕山出版社，2001.

图 1　高庙遗址陶釜上有八角星纹样的拓片(摘自贺刚《湘西史前遗存与中国古史传说》)

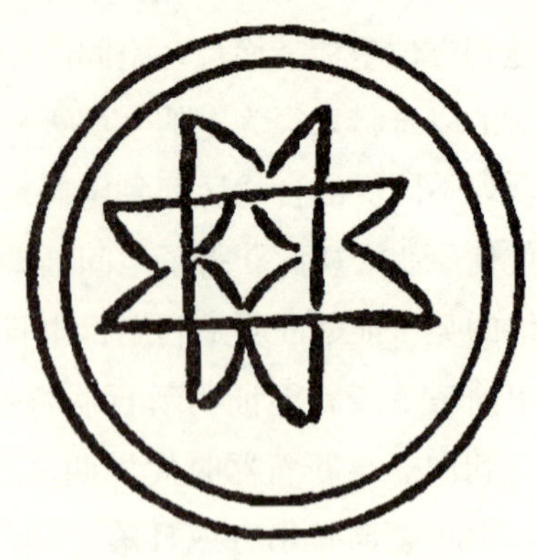

图 2　崧泽文化陶壶底部的八角星纹

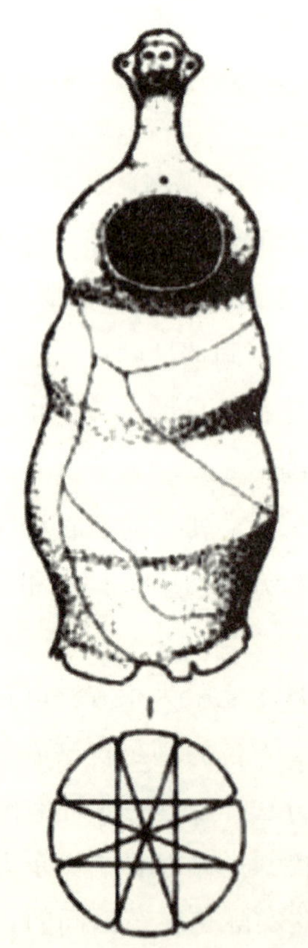

图 3　崧泽文化人首葫芦形壶圈足底部的八角星纹

上另作一根垂直平分线，延长四个方位的直线就是四个方向。学界认为“十”形纹饰是远古表现空间四方坐标的典型符号。约公元前 5800—前 5300 年的大地湾文化、约公元前 5800 年的湘西高庙遗址早期、约公元前 5000 年的半坡类型早期和蚌埠双墩等陶器上都有“十”形符号。而至约公元前 3300—前 2000 年的马家窑文化彩陶上已有很多“十”形符号。

再进一层的二分是将四正方向相邻的二方平分出四维方，四正方加四维方共八方。学界也认为史前八角星图案是源出伏羲氏时代表示“时空合一”的原始八卦图案。我国史前的八角星图案最早出现在年代上限可上溯到约公元前 5800 年的湖南洪江高庙遗址（图 1）。约公元前 4500 年的上海青浦崧泽文化陶壶底部的八角星纹（图 2），崧泽文化人首葫芦形壶底部的八角星纹（图 3），约公元前 4500 年的湖南汤家岗遗址出土的陶盘外底部的八角星纹（图 4），还有大溪文化、良渚文化、马家窑文化、辽宁敖汉旗小河沿文化等八角星图案（图 5）。这类我国史前流传地域最广的八角星图案的构图都是

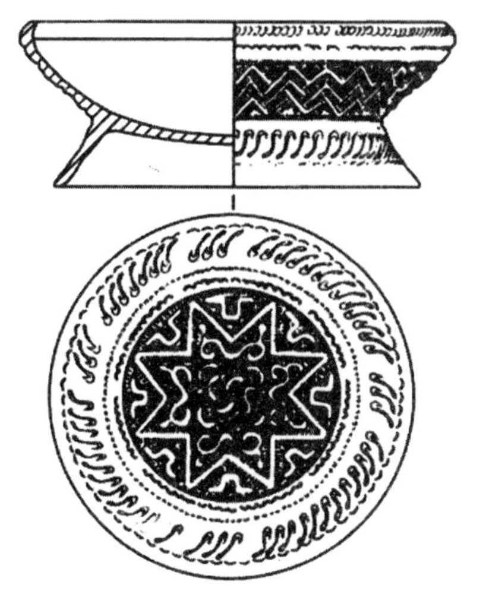

图 4 汤家岗遗址陶盘外底部的八角星纹

将“十”形或“×”形面四端的每一端分为二而成形似燕尾式的交角而成，由四方生八角的关系非常明显。笔者研究认为这类八角星图案与八时无关，只是代表宇宙的八个空间方位。① 然而，令一些学者不理解的是，虽然这些史前八角星图案有八个角，但八角并不正指八方，而是每两角平行指向一方，因而八角实际标示的只是东、南、西、北四方。于是有学者用复杂的推理、推测与演示等得出这种神秘的八角图形是我们所知的“最原始的‘洛书’图形”的结论②。但笔者见其

图 5 八角星纹图案举例

1、6、7，大溪文化；3，良渚文化；4、5，马家窑文化；8，小河沿文化（摘自陆思贤《神话考古》）

① 张劲松.五行的产生与发展过程［J］.地方文化研究，2018（1）.

② 冯时.中国天文考古录［M］.成都：四川教育出版社，1996.

用弯来绕去的解释最终仍未能解开八角与日常八方位不相合的神秘性。笔者认为今学者对公元前 5300 年以前出现的八角星图案的构图思想不宜想象得很复杂。从四方到八方，怎样用纹饰图案表现呢？原始人最开始的表示法当是原始简单和随意的，高庙早期遗址陶罐的八星图案只是圆圈突起八个角，还看不出其构图的法则。但图 2、图 3、图 4 和图 5 的八角星图案已较高庙遗址的八角星图案的绘式有了进步，将八个角绘成似燕尾式的交角，可明显见出是考虑了将四方的每一方二分而为八方的关系。这种表示法虽不能准确地标示出日常的八方，但大多数陶工却习惯于用此种构图法表达由四方到八方所用是简单的“一分为二”的想法。且将八个角绘成燕尾式的交角，可能复合了太阳鸟的神话表现。需特别指出的是，原始人绘图的简单的“一分为二”表示法并非表现他们日常所用的方位。日常方位应与今天的方位相同，这反映在自新石器时代早期已有正指八方的八角星图案。如约公元前 5700 到 5300 年（未校正的碳十四年代）的岳阳坟山堡遗址和约公元前 4000 年的辰溪县松溪口遗址的八角星图案的八角是正指日常八方，（图 6）这意味着那时的远古人至少已能用测日影法较准确地定八方位。在传统的方位阴阳范畴中，递进的二分法确实是递进的分阴分阳法，由东西方平分出的南北二方，南方最近日，火热为阳中之至阳；北方最远日，寒冷为阴中之至阴。由正四方平分出的偏四方，依据其与太阳周日视运行的关系，东南为阳中之阳，西南为阴中之阳，东北为阳中之阴，西北为阴中之阴。

在 2018 年中国瑶族文化传承与发展论坛研讨会上，笔者提供了《瑶族盘王印八角星图案的远古义与当代价值》的论文[①]（下文简称为“盘王印论文”）。文章

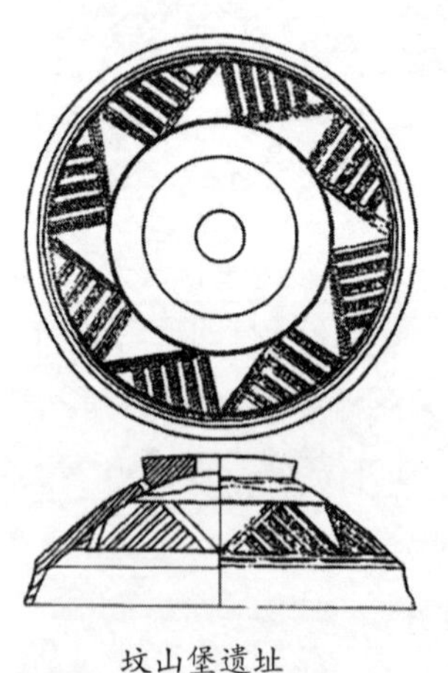

坟山堡遗址

辰溪县松溪口遗址

图 6　正指八方位的八角星图案

① 李建盛主编.瑶学论丛（第二辑）［M］.沈阳：沈阳出版社，2019.

图 7　富川县高宅瑶村头帕，中为盘王印　　（张劲松 / 摄影）

图 8　郴州过山瑶绣帕上有八星形盘王印，亦名“大皇帝印”　　（赵砚球 / 提供）

图 9　蓝山县过山瑶绣帕上有“盘王印”　　（张劲松 / 摄影）

首先出示了瑶族刺绣的盘王印照片。瑶族盘王印图案构形蕴含由四方生八角的关系非常明显。如富川县瑶族布帕上盘王印先绣出一个大方形，在大方形中心的小方内绣“×”形表四维方符号，在大方形外的四边各绣出二个角共八个角。（图 7）郴州过山瑶的盘王印又名“大皇帝印”，在方形的四边各绣出二个角共八个角。（图 8）蓝山县过山瑶选用方形布帕绣盘王印，在方布上绣多层方形图案，在最中心方形中的“×”形面的四端绣似燕尾式的交角共八个角，在其外围一方圈里又绣完全形同此图的图案十六个。此图案将四方的每一方二分而至八角的关系同样很明显。（图 9）接着介绍了盘王印二方面的作用：一是祭祀盘王的仪礼将盘王印供奉于神案上，以之作为盘王的身份。（图 10）二是将盘王印绣在瑶族男子的衣上或头帕上，在婚礼、祭礼、节日及其他重要社交活动穿戴。该文重点探讨的是盘王印构图为“八角星图案”的远古义。研究结论认为在祭祀祖先时以八

图10 蓝山县过山瑶还盘王愿仪礼上的盘王印
（张劲松 / 摄影）

角星图案为始祖盘王之印，是表达对盘王“以祖配天”式的尊崇，因为八角星图案表征的是宇宙方位，是空间之天，故或祭祖时配以天神，或祭天时以祖配之。根据世界著名民族学家、原始社会史学家摩尔根和著名文化人类学家塞维斯的理论，酋邦社会位于野蛮社会之后与国家社会之前的人类社会组织形态。在酋邦社会里，家族社会瓦解氏族社会，宗法制度取代氏族制度，人们崇拜的神祇往往就是祖先，“神即祖先，祖先即神”，故产生“以祖配天”文化。由之推测，瑶族祭祀始祖时“以祖配天”的礼仪应是始于新石器时代晚期。从瑶族盘王印八角星图案的构形源自远古图案符号，且将八角星图像象征之天配祭本民族始祖盘王考虑，可判断瑶族远古先民是将太阳视运行分阴阳和递进分阴阳而坐标空间八方位的创作者之一。这意味着瑶族远古先民不仅曾萌生源于太阳的阴阳观念，且也是太阳阴阳的利用者之一。

继上述源于太阳及太阳的方位阴阳观念之后，出于“悬象著明莫大乎日月”(《系辞上传》)，“日往则月来，月往则日来，日月相推而明生焉”(《周易·系辞下》)的日月对应相联的原因，中华远古先民又产生“阴阳之义配日月”(《系辞上传》)的思想观念。瑶族也有日月阴阳观念，如瑶族有日男性月女性的神话，有日妻月夫的神话，也有日夫月妻的神话。《日月成婚》说：太阳和月亮眼看着大地上的人类遭到毁灭，于是太阳变成后生哥，月亮变成姑娘妹，两人来到瑶山上。在山上太阳哥向月亮妹提出结婚再生人类的要求，月亮妹害羞不同意。但通过哥哥在龟神的帮助下追上妹妹，通过滚下山的两扇磨盘合在一起和两人的头发在半空相接的两次占卜，月亮妹终于同意跟太阳哥结婚繁衍人类。将日月联想为在功能和作用上既因不同而相互区别，又因不同相互补充的男女夫妻关系，这当是视日月为分对阴阳关系。再如《评皇券牒》说：“我盘古圣皇，首先出身置世，凿开天，辟开地，置水土，造日月，分阴阳。”①《盘王大哥》：“前世世间载日月，阴阳乌暗雾渐深。”这些“阴阳”当指日月。《评皇券牒》：“记典昔时上古，天地不

① 广西壮族自治区编辑组.广西瑶族社会历史调查（第8册）［M].南宁：广西民族出版社，1985.

分，世界混沌，乾坤不正，无有日月阴阳，不分黑白昼夜，是时勿生。”这里是直呼“日月阴阳”。

中国先民继源于太阳的阴阳、日月阴阳观之后，又产生了视宇宙万物的本源为阴阳二气说。气本源说认为天地万物都是从气演化而来的，故天地万物的运动变化是由事物内部阴阳二气的运动变化引起的。这种思想最早见载《国语·周语》：周幽王二年（前780），“西周三川皆震”。关于地震的原因，周太史伯阳父解释说：“夫天地之气，不失其序，若过其序，民乱之也。阳伏而不能出，阴迫而不能烝，于是有地震。今三川实震，是阳失其所而镇阴也。”认为地震发生的原因，是属性下沉的阴气与属性上升的阳气位置倒置，阴阳二气为恢复固有合理秩序的作用力所致。阴阳二气消长变化引起一切事物运动变化的思想在道家文献中的表述较为明显。如《道德经》第四十二章：“道生一，一生二，二生三，三生万物。万物负阴而抱阳，冲气以为和。”《庄子·田子方》：“至阴肃肃，至阳赫赫；肃肃出乎天，赫赫发乎地；两者交通成和而物生焉。”说“生万物”“物生焉”的内在动力之源是“冲气为和”“交通成和”的阴阳二气。以阴阳二气的“动力”之因为一切事物变化之果的因果关系思想，较以太阳视运行阴阳转化之因为天地之象和四时季节变化之果的因果联系思想更具哲学意涵。因为太阳视运行之阴阳虽能使天地表象和天时季节变化，但太阳视运行阴阳并不是事物运动变化的内在本源，如地震的原因就不能用太阳运行阴阳去解释。而以“阴阳二气”为宇宙万物的构成要素，那么阴阳二气的消长变化则成为宇宙万物变化的内在“动力”因素。瑶民族也传承了气本源的阴阳思想。如《瑶族过山榜》说：“阴阳相合，乾坤正生。”① 这话出自认为宇宙本初是混沌状态的元气说，元气长期分化以后，清的部分和浊的部分分开成为阴阳之气，清轻的阳气上升形成天，重浊的阴气下沉凝结成地，阴阳相反互根而生乾（天）坤（地）。《评皇券牒》说：“阴阳合方有瑶人与万民。”② 是阴阳二气相合而生人的思想。这种“阴阳和而万物得”（《礼记·郊特牲》）的思想也在瑶族俗信中传承。如瑶族巫师用竹根蔸制作卦，在仪式中掷卦占卜法是：两页卦面同在上，称“阳卦”；两页卦面同在下，称“阴卦”；两页卦面一上一下，称“胜卦”。巫师根据法事的需要，在不同的场合，求不同名称的卦。但如要求平安，巫师则要给求者求一个“胜卦”，“胜”与“顺”同音，谓求得“胜卦”，万事顺遂，故“胜卦”又叫“保（宝）卦”。以一上（阳）一下

① 《过山榜》编辑组.瑶族过山榜选编［M］.长沙：湖南人民出版社，1984.

② 广西壮族自治区编辑组.广西瑶族社会历史调查（第7册）［M］.南宁：广西人民出版社，1985.

图 11　蓝山县过山瑶的"定阴阳"占卜
（张劲松 / 摄影）

（阴）为胜卦，反映了他们认为阳有多少阴就有多少的保持阴阳之间的平衡才是平安吉祥的思想。然而，瑶族阴阳气哲理思想也有其独特的内容与特色，如过山瑶有祈家庭吉祥富裕的"还家愿"祭仪，此仪礼的"挂家灯"用七枚硬币（旧时用铜钱）"定阴阳"以占卜吉凶。（图 11）所谓"定阴阳"，是以硬币的正面为阳，以反面为阴。定阴阳卜法是：巫师将七枚硬币（或铜钱）放入铜铃里，在念咒语时猛然将硬币倾倒地上，查看硬币的阴阳面，以四阳三阴（即四枚正面朝上，三枚背面朝下）为吉祥，这象征人身阳气充足，则家里充满阳光，吉祥如意，否则为不吉。如果硬币未呈四阳三阴则继续行上法，直到四阳三阴为止。[①] 这里以"四阳三阴"为吉，传递的是阳气盛于阴气为吉的观念，也传递了在瑶族的阴阳观念中，认为阳动所反映的是积极、主动、光明、进取、热烈、坚强、宏大、高尚等正能量，阴静所反映的则是消极、被动、阴暗、退让、否定、软弱、微小、低劣、虚无等负能量的阴阳性质。瑶族强调阴阳关系要以阳为主要方面，人的阳气要盛于阴气，来自该民族历史上在恶劣的自然与社会环境中也要持阳刚之气，以充足的阳刚正气去努力争取光明前景的民族精神。可以说"四阳三阴"是瑶族精神文化的突出意象之一，这种精神意象在当今实现中华民族伟大复兴的事业中仍是需要大力传承与弘扬的。

① 张劲松.蓝山县瑶族传统文化田野调查［M］.长沙：岳麓书社，2002.

关于瑶族人文精神的思考

◎ 罗金勇[①]

【摘要】瑶族人文精神是瑶民族在漫长的历史长河中，经历民族迁徙、民族融合、生产生活过程中形成的，具有历史性、民族性和地域性等特点，主要内涵包括崇尚自然、崇文重教、诚实守信、勇于反抗等方面，大力弘扬瑶族人文精神对于瑶族地区的精神文明和物质文明建设有重大意义。

【关键词】瑶族；人文精神；思考。

人文精神是构成一个民族、一个地区文化个性的核心内容，也是衡量一个民族、一个地区的文明程度的重要尺度。马克思主义唯物辩证法认为：物质决定意识，意识对物质有反作用力。人文精神属于意识范畴，属于上层建筑概念，它对物质文明建设有巨大的反作用力。人文精神对一个地区经济社会发展有着无法估量的推动作用。研究和弘扬瑶族人文精神，对于增强瑶族地区人民的精神力量，促进瑶族地区经济社会发展，实现如期脱贫摘帽、如期建成小康社会具有十分重要的意义。

一、瑶族人文精神的主要内涵

瑶族人民作为中华民族大家庭里的一员，具备中华民族的传统美德，如勤劳勇敢，开拓进取，又有独特的民族个性心理。瑶族历史文化悠久，瑶族聚居区大都处在风光秀丽、人杰地灵的山区。千百年来，经过瑶族人民代代相传和发展，孕育了既有历史积淀又有民族特征的独特文化，形成了“崇尚自然、重教崇文、

---

① 罗金勇，江华瑶族自治县人大农业与农村委员会主任。

诚实守信、反抗压迫”的瑶族人文精神。

（一）崇尚自然

瑶族人民自古就有敬畏天地、顺应自然的生态情怀。从瑶族生产生活的发展历史来看，瑶族人民对自然有多种崇拜。首先，瑶族人民大多居住在大山之中，对山有一种特殊感情。瑶族人民是山地民族，他们认为是大山养育了瑶族人民。他们热爱山、爱护山、美化山，认为每座山都有一个山神。其次，瑶族人民大多数居住在深山老林，他们种树、育树、护树；树出回报他们清新的空气、洁净的水源和优美的人居环境。再次，瑶族人民注意保护水资源。他们知道水的珍贵，十分注意保护水源地。通常喜欢在水源地种上芭蕉和竹木，以涵养水源。最后，瑶族人民对日月星辰、风雨雷电等自然现象都心存敬畏，认为在有形的世界外，还存在着一个无形的超自然力的世界，而这个世界是未知的，应该去小心翼翼地顶礼膜拜。自古以来，瑶族人民对自然的崇拜体现了人与自然的和谐，是一种原始的自然生态观。

十八大以后，全国大部分瑶族自治地方党委政府都进一步重视对生态环境的保护。例如，2011 年，江华瑶族自治县十一次党代会结合江华实际，顺应历史潮流，确立了“生态立县”战略，与党的十八大精神相契合，与瑶族先民的敬畏自然、崇尚生态的人文精神也是一脉相承的。该县十一次党代会提出了打造“六个全国第一”(县城绿化率全国第一、县城生态公园数量全国第一、全县森林覆盖率全国第一、全县空气质量全国第一、全县水质量全国第一、涔天河两岸的森林景观美景度全国第一)；县委坚持一张蓝图干到底，坚定不移走科学发展的路子，县十二次党代会又提出：要树立“生态是资源，生态是生产力”“改善生态环境就是发展资源、创造生产力、创造竞争力”“绿水青山就是金山银山”的理念。要坚定不移走绿色生态发展之路，把绿色生态作为核心竞争力来打造，把绿色生态的理念贯彻到发展的全过程，把江华建成一块不受污染的净土，全面提升生态文明建设水平。通过近年来的不懈努力，该县的生态保护取得了显著成效。正如该县第十二次党代会报告指出的：“生态立县发展战略已深入人心，成功创建全国绿化模范县、涔天河国家湿地公园、潇湘源国家级水利风景区、省级生态县，生态资源得到较好保护和利用。”

（二）崇文重教

瑶族地区的文化遗迹和出土文物十分丰富，著名的文化遗迹有多处。如东安坐果山瑶族先民早期遗址和临湘龙窖山瑶族早期遗址，代表了不同时期瑶族人民发达的文化形态。江华瑶族自治县近年来也出土和发现了新石器时期的石器，商、周陶器，北宋铜官印、上五堡义学碑、《评皇券牒》等一批珍贵文物。大量文化遗迹完整保存和文物的出土发掘，印证了江华瑶族历史上文化经济的繁荣景象，说明江华瑶族历史文化的源远流长。瑶族民族文学独树一帜。书面文学主要是从政的文人写下的文集，包含诗词歌赋，有作品传世。据史籍记载，瑶族没有文字，只有语言，口头文学流传非常广泛，主要有瑶族史诗《盘王大歌》、民间故事、民间歌谣等。

瑶族对教育的重视也是历史悠久。比如，全国最大的瑶族自治县——江华的教育事业自古就兴旺繁荣。唐代在云溪县（现江华瑶族自治县）设有县学，后来又兴办义学、书院。到明清时期官学私学都十分发达。私学有塾馆；公办教育有县学，还有义学和书院。在涛圩镇凤尾小学前立有上五堡义学碑，记载了瑶族地区设立教育机构的历史，据史料和碑文记载，清乾隆十年（1745），江华县衙在上伍堡瑶区设义学专收瑶族子弟读书，并明文规定："楚南永宝徭籍，与内地生童一体应试。"

由于瑶族人民对教育的重视，瑶族英雄人物辈出。著名的有起义领袖赵金龙、蔡结，雷再浩，开国上将李涛，原最高人民法院院长江华等，还有新中国培养的赵自现、邓有志等一批优秀瑶族领导干部。

1949 年后，瑶族教育有了大发展。各瑶族自治地区创建了民族小学和民族中学，为国家培养了一大批人才。如江华瑶族自治县 20 世纪 90 年代后，全县基本实现了"普九"义务教育。特别是自 2011 年该县十一次党代会以来，县委、县政府高度重视教育事业，把教育当作是最大的民生来抓。为加快推进全县民族教育事业发展，县委、县政府先后出台了《关于进一步加快教育改革和发展的决定》和《江华瑶族自治县尊师重教十条规定》，建立健全了高考奖励、教育教学质量奖励、优秀教师奖励、特困师生资助等教育机制，注入资金数百万元成立县教育基金会奖励全县教育事业，2018 年用于奖励教育事业的资金近 800 万元，江华教育事业呈现全面、协调、可持续的发展态势。2011 年以来，义务教育稳步发展，小学适龄儿童入学率达 100%，升学率达 100%；初中教育质量优秀率增幅居全市第一。全县高考二本上线人数逐年增加，2019 年达 600 多人，创历史新高。

（三）诚实守信

瑶族人民世居大山深处，有山地民族特有的淳朴敦厚的民族特性，加之在儒家文化的共同浸润下，瑶族人民养成了勤劳淳朴、诚实守信的性格，这种朴实的风气传承千年不变。

瑶族的传统民风古朴，素来有插草为标，拾金不昧的传统习俗。瑶族是迁徙的民族，相传远古时期，瑶族先民在黄河流域的部落战争中失败后被迫南迁，越过洞庭湖到达了湘粤桂交界的南岭山脉。进入大山区的瑶族先民，当时因为地广人稀，实行插标占地。久而久之，这种插标占物的行为成了约定俗成的规则；在生活中，瑶家有句俗话：朽木烂柴各有主。意思是告诫人们即使是微不足道的东西也不能侵占，拾得别人的东西要归还。瑶族人民在生活中，尊重他人财产权，素来有拾金不昧的品德。瑶族人民在野外存放物品或拾得无主之物，只要在物品上用草打个结，就说明这件物品是有主人的，其他人见到有标识的物品绝对不会乱动。在生产中生活中大家互让互谅，诚实守信，共同遵守插草为标的规则，长此以往，瑶族人民养成了路不拾遗、夜不闭户的道德品质。

今天，瑶族先民诚实守信的品德被江华人民发扬光大，并烙上了时代印记。如，2011 年江华成功创建全国文明县城，2018 年成功创建全国文明城市，江华在传承传统文明的基础上，吸取现代文明，大力实施“诚信江华”“平安江华”“文明江华”“美丽江华”建设，积极开展“大宣传、大评比”和志愿者服务等一系列文明创建活动，大力提升市民素质，近年来，涌现一批诚实守信，乐于助人的优秀典型人物，余锦柱同志入选“全国道德模范提名奖”，1 人获得首届省道德模范奖。江华各族人民向世人展示了瑶山人淳朴、厚道、诚实守信的良好新形象，为文明创建提供有力后盾，诚实守信的种子已经播种在江华的每一寸土地，诚信之花已在大瑶山广袤的土地上盛开。

（四）勇于反抗

瑶族人民自古就富有不畏强暴、敢于反抗的革命精神。纵观历史，瑶族史就是一部反抗压迫和剥削的历史。据史料记载，最早的瑶族起义发生在东汉的武陵蛮瑶族起义，零陵和桂阳地区的瑶族为反抗压迫也进行了抗争起义。宋元时期瑶族人民反抗封建压迫的起义是此起彼伏。到了明清时期，出现了大规模的瑶族起义。如明正统至嘉靖（1442—1539）年间广西中部的大藤峡瑶民起义。从洪武八年（1375）起，大藤峡瑶族不断掀起反抗明王朝压迫的斗争。崇祯八年（1635）八排瑶联合举行起义，攻下连山县城，夺得县印。民国时期，1933 年，桂北瑶族人民爆发武装斗争。全州、灌阳、兴安、龙胜、义宁以及附近湖南省沿边地区瑶族纷纷参加，队伍不断扩大。因缺乏坚强领导和严密计划，在国民党政府镇压下，起义失败。

湘南的瑶族人民反封建斗争的起义大大小小也有数十起。最早的瑶民起义是唐广明元年（880）的蔡结、何庾起义；宋、明清时期，瑶民起义的浪潮澎湃不息。清道光十一年（1831），瑶民领袖赵金龙领导瑶民在锦田起义，掀起了瑶族人民反抗封建压迫的高潮。赵金龙起义后，相邻州县瑶民纷纷响应，义军发展到上万人，转战湘南各地，多次重创清军。第二年，由于清军调集重兵围剿，赵金龙不幸战死，起义失败。

在漫长的历史长河中，无论是反封建斗争、抵御外侮的民族战争，还是争取阶级解放的革命斗争，瑶族涌现出一批富有革命精神的优秀人物。有反抗封建压迫和剥削的赵金龙，有“中兴将帅”之称的抗法名将王德榜，有中共早期党员省港大罢工主要领导人李启汉，有中共满洲省委书记、中央文库负责人陈为人，有老一辈无产阶级革命家、最高人民法院原院长江华，等等。

二、大力传承发展瑶族人文精神

认真研究瑶族经济社会发展历史，我们可以发现，瑶族独特的人文精神已经成为瑶族地区发展的精神动力。当前，要实现瑶族地区的优质发展，建设和谐社会，如期脱贫摘帽，如期建成小康社会，需要更加自觉地弘扬瑶族人文精神，需要把它作为一项宝贵的非物质财富，与精神文明建设相结合，并赋予时代意义，与时代精神适应，与经济发展相作用、相促进，并推动瑶族地区经济社会各项事业的发展。

（一）发掘整理、提炼、宣传好瑶族人文精神

瑶族人文精神是全世界瑶族人民宝贵的精神财富。进一步挖掘、提炼、宣传好瑶族人文精神，铸造“瑶族魂”，提高瑶族人民的精气神，从而提高瑶民族的整体素质。

一方面，加强瑶族人文精神的发掘整理、提炼。唯物辩证法认为，任何事物都有其两面性，看问题要一分为二，我们对待一切人类文明成果要采用扬弃的方法来继承和发展。瑶族人文精神，作为历史形成的一种民族心理、民族性格，主流是朝气蓬勃和推动历史向前发展的。如上文所概括的瑶族人文的四个方面的主要内涵；人文精神是复杂的一种意识范畴。总的来说，瑶族是一个世界性的民族、是开放包容的民族，但瑶族先民久居大山，为躲避封建统治者的压迫，“入林唯恐不密”，在封闭的环境中，少数瑶族群众未免会出现信息闭塞、自我封闭的状况。特别是现在，还有少数瑶族干部群众存在小富即安、故步自封、不思进取的思想。因此，瑶族人文精神哪些是有益的，哪些是保守的、不利于发展的成分，需要我们去鉴别清楚，需要剔除糟粕，吸取精华，需要批判地继承，需要从瑶族人文精神中提炼出一种“瑶族精神”，而这种精神将得到瑶族人民的普遍认同，引

起瑶族人民的共鸣。

另一方面，要加强瑶族人文精神的宣传。在批判继承瑶族人文精神的同时，要广泛宣传瑶族人文精神。宣传瑶族人文精神是提高地方知名度，营造经济发展环境的重要举措。要在全社会广泛开展宣传，通过召开理论研讨会、举办各种节庆文化活动、搞好新闻宣传；借助文学和影视作品等多种方式，进一步提高瑶族传统文化的知名度和美誉度，把瑶族人文精神的内涵发扬光大，把自觉践行这种精神变成瑶族聚居地区干部群众的共识和自觉行动。

（二）发挥瑶族人文精神的激励作用，促进精神文明建设

人文精神属于意识范畴。瑶族人文精神来源于瑶族人民的生产、生活实践，又对实践起着巨大的推动作用。我们要通过大力弘扬瑶族人文精神，充分发挥瑶族人文精神的激励、教育功能，提高我县精神文明整体水平，提高瑶族聚居地区人民的整体素质。当前，瑶族自治地区处于发展的关键时期，一方面，在全国经济新常态大环境的影响下，要实现跨越发展，面临的形势不容乐观，发展中遇到不少困难需要克服。另一方面，瑶族自治地区长期处于欠发达地区，经济总量小，而如期脱贫摘帽和如期建成小康社会的是各瑶族自治县面临的主要任务，两项任务要求高，时间紧。在这种情势下，必须充分发挥瑶族人文精神的激励作用，进一步统一瑶族自治地方人民思想，克服种种不良倾向和厌烦情绪，使瑶族人民在共产党的领导下，振奋精神，努力拼搏，顽强奋斗，如期实现脱贫摘帽，如期建成小康社会。

因此，我们必须弘扬瑶族人文精神，促进瑶族自治地区的精神文明建设，为经济社会发展提供智力支持。一是要结合创建全国文明城市契机，制订精神文明创建规划，抓好精神文明创建工作。二是创新开展各种精神文明活动，广泛吸引群众参与，把瑶族人民群众凝聚在共同的人文精神上，使瑶族自治地区能上下形成“我是瑶族人，我为祖国做贡献”的集体荣誉感和责任心。三是进一步发挥人文精神的引领作用，把瑶族人文精神潜移默化到每个瑶族人民心中，使瑶族人文精神在各行各业中成为为人处世的行为准则，成为大家约定俗成、共同遵守的原则。

（三）发挥瑶族人文精神的有形价值，促进文化产业发展

人文精神是一笔宝贵的文化资源。以前我们说“文化搭台，经济唱戏”，但是文化同样可以“唱戏”，文化资源同样可以打造成一个产业，可以创造出比其他产业更大的市场价值。一是制定文化产业发展规划，大力发展文化产业。努力推动文化与经济的融合，把文化转化为生产力。根据瑶族文化资源情况，确定重

点发展的民族风情旅游，红色旅游、生态旅游和乡村旅游等，把旅游产业做大做强。二是做好文化市场建设。开发具有瑶族特色的文化产品，加强文化市场建设，形成新的支柱产业和新的经济增长点。主要是围绕衣食住行，开发旅游产业的下游产品，民族服饰等工艺品、本地特色的农副产品，民族风情的节庆活动等。三是抓好城市文化建设。加强规划编修，突出民族特色和元素，高标准地把神州瑶都建设成瑶族自治地方中心城市，强化瑶族特色的民族文化建设，把瑶族地区中心市做成一张瑶族文化名片。

谈传承发展瑶族饮食文化与助推瑶族地区旅游业的关系

◎ 于春林[①]

【摘要】 通过对瑶族不同时期、不同阶段饮食生活的各个层面的分析，我们能够领略到瑶族人民情态各异的社会文化生态，并借此加深对这个民族的认识和了解。随着时代的发展，瑶族饮食文化也吸收了其他民族饮食文化的一些文化特质，并将这些文化特质赋予到瑶族饮食文化中，使得瑶族饮食文化衍生了新的特殊意义，进而产生出了新的瑶族饮食文化，并最终形成“新式瑶味”。这种“新式瑶味”对瑶族地区旅游业的发展具有极大的推动作用。我们在创造、创新、继承、发展“新式瑶味”的同时，要正确处理好人与自然之间、不同文化之间、不同饮食习惯之间的关系，使瑶族饮食文化成为助推瑶乡经济和旅游业发展的有力武器和重要手段，使“新式瑶味”名噪华夏，走向世界！

【关键词】 瑶族饮食；传承发展；旅游业。

日用饮食是人类生命得以维系的必要条件，饮食文化则是一个民族文化进步、文明积累的历史河床。故此，通过对瑶族不同时期、不同阶段饮食生活的各个层面的分析，我们能够领略到瑶族人民情态各异的社会文化生态，并借此加深对这个民族的认识和了解。我国改革开放后，地域间资源的流动和相互交往变得越发密切，带来了思想观念、文化、人际交往方式等多方面的相互影响，瑶族文化在与其他文化接触中产生了文化的变迁和融合。此际，瑶族饮食文化也吸收了其他民族饮食文化的一些文化特质，并将这些文化特质赋予到瑶族饮食文化中，

① 于春林，湖南江华瑶族自治县森林公安局工作，湖南省作家协会会员，湖南省民间文艺家协会会员，江华瑶学会会员。

使得瑶族饮食文化衍生了新的特殊意义，进而产生出了新的瑶族饮食文化，并最终形成“新式瑶味”。这种“新式瑶味”对瑶族地区旅游业的发展具有极大的推动作用。

一、瑶族饮食文化的三个阶段

（一）明清时期

自从元朝统治阶级残酷地制造“千家峒事件”后，瑶族四散遁入各处山林，以高山作为屏障，自成一个个封闭的社会系统，在深山老林中过着自给自足的生活。在恶劣的自然环境和闭塞的社会环境中，瑶族人民稻田农耕和刀耕火种并行，蔬果种植和野生采集并举，禽畜饲养和渔捞捕猎并重。与外部社会长期的疏隔造成了各处瑶山的封闭和落后，山内的瑶族人民长期过着滞进而单调的生活。

（二）民国时期

这一时期瑶族饮食生活的基本特点是食物数量的不足和烹饪方式的不精。由于山多田少、经营粗放，缺粮的情况普遍存在，多数人要靠吃杂粮过活，甚至常常难得饱腹。肉食在瑶民的饮食结构中所占的比重很小。长期的缺油少盐使得瑶民大多面有菜色、体质羸弱。由于交通的不畅通，再加瑶民向外界购买食物极为不易，主食匮乏。腌酸和制鲊等传统烹饪方式正是瑶族为贮藏食物而采用的手段。与明清时期相比，瑶族饮食结构没有明显的变化。

（三）中华人民共和国成立至今

这一时期是瑶族饮食文化历史变革的重要时期。在民族平等、民族自治政策的指导下，瑶族的生产资料占有、使用和劳动成果的分配发生了一系列的变革，瑶族饮食生活的方式和内容也随之发生了翻天覆地的改变。改革开放以来，随着各种责任制的落实和生产经营多样化的实现，再加上党中央的“精准扶贫”政策，瑶族人民的经济收入水平大幅提高，在温饱问题得到解决的同时，瑶族的饮食文化也得到了极大的丰富与发展，“新式瑶味”逐步形成。与此同时，随着乡村旅游和“农家乐”的兴起，具有原生态和少数民族风情的瑶族地区，特别是南岭山区的“瑶族迁徙走廊”，慢慢发展成为旅游热点。在这一演化发展的过程中，独具魅力的瑶族饮食大放光彩，成为吸引客源的重要原因之一。

二、瑶族传统饮食的内容与特点

传统意义上，瑶族种植的主食品种有：水稻、旱稻、玉米、红薯、木薯、芋头、高粱、荞麦、豆类等。由于受山区土壤和气候的限制，蔬菜的长势不好且出产很少，不足的部分可以用采摘各种笋、菌类和野菜作为补充或者从山外购买。禽畜的饲养依旧是猪、鸡、鸭、牛等基本品种。常吃的野味有鸟、鼠、蛙、鱼，有时捕获山猪、黄麂、獐子等野生动物改善生活。瑶山手工业不发达，食物加工、烹饪工具和饮食器具多数需要向山外购买，只有少量的竹木器可以自己制作。

瑶族以大米为主食，旱禾、玉米、红薯、芋头、木薯、蕨根为辅助，富者日食三餐干饭，贫者日食两粥一饭，更贫者三餐皆粥。过山瑶以玉米为主食，大米、红薯、木薯、豆类、芋头等为辅助，日常以吃粥为主，只有逢年过节及喜庆时节才有干饭吃。粥分为菜粥和杂粮粥。

常食蔬菜有冬瓜、南瓜、萝卜、白菜、芥菜、辣椒、茄子、豆角、番茄等。此外，还按季节采摘竹笋、蘑菇、木耳、香菌等作为菜食。

瑶族有时也用“煨”或“烤”的方法来加工食品，如煨红薯等各种薯类，煨竹笋、烤嫩玉米、烤粑粑等。居住山区的瑶族，有冷食习惯，食品的制作都考虑便于携带和储存，故主食、副食兼备的粽粑、竹筒饭都是他们喜爱制作的食品。劳动时瑶族均就地野餐，大家凑在一块，拿出带来的菜肴共同食用，而主食却各自食用自己所携带的食品。

瑶族人还喜欢吃虫蛹，常吃的有松树蛹、葛藤蛹、野蜂蛹等。

很多地区的瑶族喜欢打油茶，不仅自己天天饮食，而且用油茶招待宾客。

瑶族人大都喜欢喝酒，一般家中用大米、玉米、红薯等自酿，每天常喝两三次，待客时尤喜豪饮，宾主不醉不欢。

瑶族人口较多，分布较广，各地均有独具一格的风味食品，其中的典型食品有油果、油茶、粽粑、荷包扎等，特别是江华瑶山的“十八酿”已成为一组独特的美味佳肴，享誉神州大地。

三、瑶族饮食文化变迁的动因

（一）科技的发展

中华人民共和国成立后，特别是改革开放后，由于人们收入的提高和交通的便捷，食材构成的多样化及科技发展带来的运输方式的多样化和快捷化成为饮食文化变迁的推手，在这些因素的影响下，正宗的瑶味不仅在江华和其他瑶族地区可以品尝到，而且在一些大城市的民俗餐馆也可以吃到。但人们嘴里尝到的，大都已是变迁了的“瑶味”。随着不同地域的游客进入瑶族地区，同时也涌入大量的外地食材。除了野菜野果野味外，大量的外地食材也带来了饮食的多样化风格。

（二）民俗乡村旅游与全球化

1. 民俗乡村旅游方兴未艾

民俗乡村旅游在近年来越发得到游客们的喜爱，作为一种新型的产业模式，民俗乡村旅游有效地将现代旅游延伸到了少数民族地区和乡村之中。目前，国际上所公认的民俗乡村旅游主要有如下几种类型：

观光旅游型、参与体验型、休闲度假型、文化娱乐型、回归自然型、学习教育型、品尝购物型、疗养健身型。比如，我们瑶族地区以巴马为代表的疗养健身型旅游风靡全国，各地游客趋之若鹜，巴马已成为各地游客追逐长寿养身之道的“圣地”。

2. 民俗乡村旅游的特点

首先，少数民族地区和偏远乡村具有优美的自然环境，相较于受污染的较为严重的城市，乡村（特别是山区）的自然环境没有受到过度的开发，动植物资源保存良好。其次，民俗乡村旅游不受季节限制，四季的更迭不仅使乡村呈现出不一样的面貌，同时也能为游客提供不一样的饮食。最后，民俗乡村旅游具有浓郁的地方特点和别样风情。对于长时间在城市工作的人来说，乡村为城市人提供了不一样的生活体验，在这里能看到与城市截然不同的景色；少数民族地区和乡村的生活方式、文化习俗都与城市有较大的区别，能充分满足游客的猎奇心理。

3. 民俗乡村旅游与“全球化”

“全球化”是指全球各地在政治、经济、文化等方面的联系不断增强并相互依存。马克思被认为是全球化最早的提出者，他在《共产党宣言》中提出的资本主义发展必须形成世界市场等思想都是全球化观点最早的叙述。随着20世纪中后期新技术的来临和市场经济确立等因素的推动，全球化极大地加速。“全球化”缩小了地域的空间。但是，“全球化”作为一把双刃剑，既对世界政治经济文化产生积极的作用，同时也引起了它们之间新的冲突与竞争。对旅游行业而言，“全球化”却宛如火箭的助推剂，使这一行业如同蓬勃的朝阳，活力十足。不过，“全球化”与“乡村”也存在着悖论：一方面，旅游中的商业性使旅游呈现出标准化的趋势；另一方面，乡村旅游又表现出强烈的“地方化”情结。标准化趋势是旅游活动在全球化影响下所必然要求的，标准化能有效地规范旅游市场，为游客提供一定标准的硬件设施和旅游体验。同时，游客也会逐渐适应这些标准，并用这些被构建出来的标准去要求旅游行业提供相应的服务。但是，民俗乡村旅游中，游客所需要的是与平时不一样的生活体验。正因为有差异化的生活方式，游客才愿意走出城市来到乡村和少数民族地区体验不一样的生活。在追求地域性特点的民俗乡村旅游中，全球化带来的负面影响就在于乡村的“地域性因素”急剧减少和乡村文化的变迁。作为全球化背景产业中一部分的民俗乡村旅游，有人认为，民俗乡土在观念上给人们带来的感受就是贫穷落后的观念，这也成为城市文化需要将“强势文化”灌输给少数民族地区和乡村的借口。而在“强势文化”的不断灌输下，有时民俗乡村文化也不得不做出让步与妥协。但在“地方性”突出的乡村，“地方性”知识作为乡村旅游的重点，也需要得到有效的传承和保护。“民族的就是世界的”，我们应有坚守的底线，保持本民族的文化自信。

（三）民俗乡村旅游背景下的瑶族文化交流

作为以自给自足作为主要生产方式的瑶乡，如果没有外部环境的影响，瑶乡文化及其饮食文化并不会随着城市的发展和城市文化的变迁而变迁，而且伴随着乡村与城市的差距的扩大，瑶乡文化会显得更加牢固。

但这一假设是不存在的。随着民俗乡村旅游成为开启城市与乡村文化的一道桥梁，我们有必要引导、组织、融合好民俗乡村文化与城市文化，展开一系列的文化交流。

1. 乡村旅游发展使瑶族重新审视瑶族文化及乡村文化

作为偏远瑶寨，耕种是村民们最主要的生存方式。在民俗乡村旅游中，作为乡村生计方式的耕种转换成了体验乡村文化、感受乡村生活的一种途径。游客通过体验耕种活动，实现城市人和乡村人身份转化。城市人从中获得乐趣，并由此了解和尊重乡村人及其生活方式。瑶族的节日非常多，几乎每月都有，除了最为隆重的盘王节外，还有春牛节、尝新节、赶鸟节等瑶族独有的节日，这些节日所表现出的独具魅力的瑶族文化正是吸引城市和外地游客的最佳切入点。我们可以将这些节日元素融入到乡村旅游中来，通过游客—瑶族—游客的仪式前后的身份的转换，吸引游客参与到节日中来。同时，节日元素在乡村旅游中的运用，能够让游客直观地体验到节日的“前台”的真实，游客不断到来以及为吸引游客不断创新的“前台”的真实也在一定程度上促进了“后台”的真实的保护和传承。

2. 乡村旅游使瑶族饮食呈现特色弱化与妥协的趋势

瑶族饮食作为瑶族文化的一部分，具有其自身的文化特征。由于不同的信仰、价值观等因素，每一个民族、族群、地域都有其独特的饮食习惯。以肉食为例，瑶族人民过去在艰难的生存环境下为了保存好来之不易的肉食，肉类的处理都是以熏、腌、醡为主，这种口味也顽强地存留于瑶族人民的味蕾记忆中。但是，我们开展民俗乡村旅游，这种口味就要为游客们需要的“鲜”让步。将自身饮食特征弱化以迎合游客的口味，这无疑更能赢得游客的欢心。

3. 民俗乡村旅游推动了不同文化的和平共处

作为弱势文化的乡村文化和少数民族地区文化往往在与作为强势文化的城市文化发生持续性接触时，产生消极心理，认为自己是贫穷、落后的，而城市是先进、富裕的。然而，乡村旅游的发展真正为城市和乡村文化带来了共处的平台，游客到乡村旅游并不是炫耀城市文化，展示自己的自豪感，而是通过旅游活动体验乡村生活，从中能够了解并尊重乡村生活，尊重乡村文化。此外，乡村旅游还有效地提高了村民的经济收入。虽然我们遗憾地看到，瑶家吊脚楼正在逐渐淡出我们的视野，取而代之的是一幢幢拔地而起的砖混与钢筋水泥结构的楼房……

但我们更应该高兴地感受到党的精准扶贫政策落到了实处，乡村与城市间的收入差距在逐渐缩小。方兴未艾的民俗乡村旅游正在为广大的少数民族地区和南岭瑶乡的发展注入勃勃生机。

四、民俗乡村旅游开发饮食文化的思考及建议

饮食文化作为一个民族或族群文化的一部分，同这个文化的其他特质一样，是会发生变迁的。在自然演进没有外部力量的推动中，文化变迁的过程是相对较慢的，在一些与外界交流甚少的地区，变迁的过程会更慢。在乡村旅游活动中，文化变迁的速度则相对较快，作为多元文化交流的旅游活动使本地文化与外地文化产生持续性接触，随着民俗乡村旅游的进一步开发，变迁的速度也会逐渐加快。

在饮食文化方面，具有自身文化特征的饮食文化也为了适应游客的口味，逐渐地做出改变。作为民俗乡村旅游开发中不可避免的过程，我们需要正视饮食文化的变迁，并利用饮食文化的变迁推动旅游饮食文化向积极的方面发展。通过旅游开发，本地居民对自身饮食文化逐渐产生新的认知，从而产生新的认同感，并使当地人形成文化自觉。这样既能增强当地人对自身饮食文化的重视程度，对瑶乡民众的健康也是有益的。

另外，旅游开发所带来的文化变迁改变了当地居民的文化观念，促进饮食文化向积极的方向发展。同时，当地人还有在饮食文化的开发过程中对自身饮食文化产生一个全面的认识，并基于对自身文化的认识在传承民族文化的基础上对饮食文化产生创新，使其能逐渐适应新的环境。随着旅游开发的不断深入，游客对旅游的要求也越来越高，单纯的观光旅游已经不能满足旅客的需求，缺少文化内涵的旅游将逐渐萎缩并最终消失。一些停留在品尝为主的饮食文化旅游，仍然是旅游开发的基础层次，缺少饮食文化的内涵发掘，没有将饮食与民族文化相结合，游客数量也会相对较少。因此，旅游饮食文化的开发应与当地文化有机地结合在一起。如菜品文化传说、象征意义、养生原理，都可以赋予菜肴更多更深刻的文化内涵。同时，将饮食与当地的手工艺品、舞蹈山歌等因素结合起来，以组合的方式推出为游客带来“文化盛筵”的措施也是非常有效的。

随着人们消费水平的提高，游客对餐饮的要求也逐渐提高，越来越多的游客所追求的不仅是干净、卫生、可口，在此基础上还希望品尝到具有地方特色的饮食，而不是盲目地引进外地菜肴，仿制外地的口味。因此，保持自身特色的情况下开发新菜品也是非常重要的。这就需要本地饮食在保持自身特色的情况下对菜品展开创新，只有通过不断创新，才能保持饮食文化对游客持续性吸引力。

民俗乡村旅游开发饮食文化还需要注重其可持续发展。旅游作为一项文化产业，必须走可持续发展的道路，文化产业包括饮食文化的可持续性最重要的是文化资源的永续利用，这就要求我们必须注意文化资源的保护工作，避免文化被同化。做好文化保护，可以设立专门的饮食文化研究中心，并从饮食文化的历史渊源、特色等多方面挖掘并理解饮食文化的内涵，这不仅有效地保护了当地的饮食文化，同时也提高了饮食文化研究的理论层次。另外，饮食文化的可持续发展还需要注意保护生态环境，须知饮食中食材的获得依赖于自然环境，特别是瑶族的饮食许多食材都来自野外，如木薯、葛根、淮山、菌类、野菜等。而且，野生动物过去也是瑶民惯常的食物，这就要注意不要乱捕滥杀国家保护动物，因为这涉及法律的框架范围，是容易“出事”的。所以，我们在有效地利用自然环境的同时，还要加强对大自然的保护，以利于保持食材的多样性，促成饮食文化的可持续发展。

总之，我们在创造、创新、继承、发展“新式瑶味”的同时，要正确处理好人与自然之间、不同文化之间、不同饮食习惯之间的关系，使瑶族饮食文化成为助推瑶乡经济和旅游业发展的有力武器和重要手段，使“新式瑶味”名噪中华，走向世界！

盘王雕像创意之杨仁里访谈录兼谈中国瑶族文化传承、发展与研究现状

◎ 赵云梅 ①

访谈对象：湖南省永州市江永县瑶学专家杨仁里

时　　间：2018 年 11 月 25 日，第十五届中国瑶族盘王节后第二天

地　　点：湖南省永州市江永县千家峒盘王广场、瑶泉餐馆

天　　气：晴

访谈记录：广州市民族宗教事务局干部、中国瑶族网副总编辑、作家赵云梅

同　　行：广西贺州市科技局调研员、瑶学专家黄盛全，贵州省黔东南州国土资源局副处级退休干部盘祖湘

访谈前花絮

我们一行三人应邀参加了在广西富川瑶族自治县举办的第十五届中国瑶族盘王节庆典活动之后，相邀次日到湖南省江永县考察瑶族故地千家峒。11 月 25 日，我们一早就驱车前往，上午 9 点到达目的地，刚考察完壁立千仞的千家峒古战场和“一夫当关，万夫莫开”的古千家峒入口遗迹，江永县瑶族文化研究会副会长兼秘书长蒋建辉就闻讯赶来了，他主动放弃休息充当我们的免费导游。

我们到达千家峒盘王文化广场时，出人意料地遇到从广西恭城来的上十个瑶亲组成的摩托车队，还有二十几个从广西富川一个瑶族村赶来祭拜盘王的瑶亲，

① 赵云梅，女，瑶族，广西（中国）瑶学学会会员、阳春市瑶族文化协会顾问，金秀大瑶山尤勉文化促进会顾问，中国瑶族网副总编辑。现任职于广州市民族宗教事务局，兼《广州民族宗教》责任编辑，广州市民族团结进步协会副秘书长。

瑶人装束的老人和小孩分别提着香纸宝蜡、鞭炮鲜花等供品，两个男青年高擎着两面签满名字的旗幡。广东、广西、贵州、湖南四省瑶亲不期而遇，互相打量标示着来自不同地方、不同支系的瑶服，大家有说有笑，备感亲切，而后，纷纷向盘王祭拜。临走时，我注意到一位80多岁瑶人装束的老太太虔诚地将一对鞋子摆到祭拜台上，拜了再拜。原来这是禀告盘王：她家添人口了！祈求盘王护佑她孙儿健康成长，福泽绵延。

黄盛全调研员告诉我："我不说你也知道，我们瑶家人一向男女平等。平地瑶向来有增添人口需向盘王敬献鞋子的习俗，生男孩，就敬献男孩子款式的鞋；生女孩，就敬献绣花鞋；生几个就敬献几双鞋。目的一是禀报盘王，他家增添瑶子瑶孙了；二是祈求盘王保佑其子孙健康成长。用西南官话、桂柳州话和客家话讲，'鞋子'都与'孩子'谐音。故而，平地瑶亲认为，只有敬鞋才是最直白的表达方式，也是最恰当的表达方式！"前几天，湖南的瑶学专家盘金胜在一个瑶人群提问："考考各位，瑶人的鞋子为什么要做成船形？"我脱口而出："这与瑶人漂洋过海的历史渊源有关！"哈哈，我竟然夺魁了，真有意思！

瑶族是世界性民族，全世界有380多万瑶族人口，支系繁多，语言、服饰、风俗、习惯各异，却又有着千丝万缕的关系和血浓于水的亲情，对盘王的敬仰、对千家峒的苦苦追寻一代接一代、一代传一代……

我由远至近仔细端详着蓝天白云青山绿树衬托下的盘王雕像，感到既庄严肃穆，又温存慈祥；既雄姿英发，又睿智深藏；既具古代容颜，又着盘瑶简装，形神兼备，颇有王者之风！

我们三人异口同声问："这盘王雕像如此让人敬仰，不知当年是如何创意设计的？"

蒋建辉秘书长答："杨仁里老主任最清楚此事！"

黄盛全调研员说："杨老是否在江永？如果在，请他来一下，我们也想见见他。"盘祖湘和我随声附和，恨不得马上见到杨老。

蒋建辉秘书长打通了杨老的电话，随即派车去接。

见面少不了一阵嘘寒问暖，互通讯息，互诉情怀，然后转入正题——

赵云梅（下称赵）：江永县委、县政府当年建造这么宏伟的盘王雕像，实在令人钦佩。这个决心是如何下的？您了解些什么？请给我们谈一谈！

杨仁里（下称杨）：自1988年国内外瑶学专家学者认定江永县大远瑶族乡就是千家峒故地后，国内外瑶族同胞来此寻根访祖的与日俱增。很多瑶族同胞积极提议，在千家峒故地恢复盘王庙，塑立盘王雕像，让回来认祖的瑶族同胞更有归宿感。2009 年初，江永县委提出了选址问题。初夏，把地址定在千家峒中峒，场地很广，便于举办大型活动。随即组建了领导小组，由县委常委刘中四同志任组长，县旅游局、民委、文化局、公安局、国土局、交通局、建委、高泽源林场、千家峒瑶族乡等若干单位的主要领导参加。旅游局负责协调，需要增加哪个单位可以直接点名。不久，我以“顾问”的身份列席参加了领导小组，在民俗方面当刘常委的参谋。

赵：塑造盘王雕像，您是否早已胸有成竹？

杨：没有。我研究盘王像虽然多年，20 世纪末也发表过相关文章，但心里想象是一回事，做起来是另一回事。真要做了，敬畏感就油然而生了。

赵：您是怎么做的？

杨：我琢磨着只要抓住两个重点就行：一是要把握好盘王像规格尺寸，并不是越大越好；二是外表一定要突出民族特色，让瑶族同胞一看就有认同感。

赵：尺寸是如何把握的？

杨：做得过大，耗资就大。雕像越高，需要用到的吊车吨位就越大，吊臂越长。这种吊车在大工地才能找到。超过财政预算政府负担不起，总造价不超过 1000 万元。县委原则同意身高在 20 米上下，取坐姿，具体数据要有一个说法。这就是县委给我的“命题作文”。我先假设身高为 21 米。画人物像有个说法：以人头为基准叫“立七坐五蹲三”，即一个站着 7 尺高的人，坐着就是 5 尺，蹲下就是 3 尺。换作单位是“米”，放大 3 倍，即这个人，站着为 21 米，坐着就是 15 米。取坐姿，就要加 6 米高的底座，才够 21 米。这样一来，站姿、坐姿就都是同一雕像的高度了。“21”有怎样的说法呢？我想了两三天，最终想出了国家元首互访不是要鸣 21 响礼炮吗？我高兴极了。但为什么是“21 响”呢？深究来由，最先起于 16 世纪英国的皇家海军军舰。那时不使用今天这种炮弹，而是“土销”火药。在炮管里上一次“土销”，要费很长时间。那时的英国海军很牛，经过别国的领海想凭武力过关。当时军舰上就是安 21 门炮。别国不放心。你要是“假途伐虢”怎么办？坚持不让过。英舰长官与属地国首领协商，只有英军先把 21 门炮的火药都打出来，将炮膛打空，才体现你有诚意。此法 100 多年后（大约是 1761 年）被美国采用。1945 年 10 月 24 日，联合国正式成立，肯定了“21”是一个吉祥的数字向全世界推广，于是国家元首互访礼仪就用上了鸣 21 响礼炮。以后若有建造 24 米、27 米或更高的盘王像，可以说是更高更大，不能说更好了。盘王基座 6 米高，正好六六大顺。正面宽 9 米，侧面深 5 米，寓意“九五之尊”。领导们都说，这一组数字太完美了。

赵：听杨老一番介绍，受益匪浅。您不愧是民俗专家。那盘王像的外形您是如何设计的？

杨：我接待过国内外许许多多前来旅游观光的瑶族同胞，也拍了很多不同地方瑶族服饰的照片，还读了广西区民委早年出版的《瑶族》画册，研究了广东乳源盘才万长辈赠送的乳源《瑶绣》。我把各地传统瑶绣的花纹、图案等元素集合起来，从中把最有代表性、相对简易的选出来，配置于相关部位。又征求各地瑶族同胞及各部门的意见，再反复修改、比较、调整，最后才定稿。得到连南好书《瑶族刺绣》是后来的事。

赵：盘王服饰的设计是很成功的。您觉得哪些细节部分最难设计？

杨：最难设计的是颈部项圈装饰。盘王的权威是至尊无上的。他的象征除崇拜火，掌管盘王印之外，还应体现在镇妖、驱魅、辟邪、逢凶化吉、保护族人等，需展现部落联盟首领所具备的权威和优秀特征。因此，我就考虑盘王的颈部要佩戴兽骨，以体现瑶族先民的自然原始崇拜。选择什么兽骨呢？我查找了良渚文化的资料，又查阅貔貅、饕餮、麒麟、龙、凤、龟、鳄、鱼、神鸟、鹰、雄狮、熊、罴、虎等图纹及传说。如《史记》载：“黄帝教熊罴貔貅驱虎，与炎帝战于阪泉。”有些传说如“龙”，是没有真实原型的，它是鱼、鳄、蛇、猪、马、牛等动物和云、雷、电、虹等自然天象模糊集合而产生的一种神物，形状取伸曲变化多端的“蛇”为主体。“真龙骨”是没有的。于是，选取实在猛兽某部位的骨、齿、嘴、爪、鳞、翼、珠等，用兽筋串联起来，系于项部，以示王者尊严。这一做法也获得了众多专家、学者、瑶族师公的好评。

赵：有没有社会力量的支持和帮助？

杨：那是肯定的。首先是得到各地瑶学会的指导、支持和帮助。造型设计有我个人的因素，那是我的职责所在。最终拍板定稿的是广西瑶学会专家组。以张有隽老会长为首的专家组成员有盘承新、盘福东、李筱文、李本高、杨仁里等人。在江永招投标、审查设计方案的现场，关键时刻专家组都到场指导和监督。每个人都在会上建议和表态。盘福东、李筱文等都发表了很好的意见。这些过程江永县委办都一一记录在案。后来江永又先后两次到瑶学会总部向张老会长、盘会长等领导汇报和审核图纸。张会长对盘王的五官和兽骨要求特别细。需要增加些胡须，增加多少才能体现盘王的年龄特征，都有具体的意见。瑶学会还郑重其事地给江永县委县政府发了审批函。这些重要的资料收录在本人2010年6月出版的《瑶族古籍〈盘王歌〉〈千家峒〉选编》19—24页中。

江永盘王像雕塑的成功，雕塑家、画家聂仕华也是被选出来的理想人选。

赵：过程很具体、生动。盘王雕像真是来之不易！还有没有其他故事？

杨：后来，还发生了一件涉及意识形态观念的大事，即既关乎民俗、又关联政治意识的“龙狗”事件。

盘王像位置前面约200米处，设计方建议建一尊较小的、立体的、相适的艺术品，有如民俗中的“照壁”。领导小组进行过专题研究。我的意见是建长鼓牛角标志。有人提出异议，说是“重复建筑”。有一位提出雕塑一条“龙犬”，有几位表示赞同。静默了好几分钟，刘常委拍板说：杨老的意见通不过，就雕一条“图腾狗”吧。

设计的事告一段落。2009年冬到长沙审核泥塑稿过关。2010年初秋到承建单位惠安崇武镇雕塑厂验收过关。冬天安装，年关前完毕。2011年春节开始，参观者络绎不绝，交口称赞。初夏，对“狗”雕塑的异议成为热门话题，一致反映：把狗雕塑摆放在盘王像面前，容易产生歧义，引起误解误会（注：当时在盘王像前面200米处确实摆放着一座狗雕塑）。我先后接到江华民委任涛主任、贺州民族部门几位主任、张有隽会长的电话质疑。张会长电子邮件里措辞尤为激烈，说某县请瑶族吃狗肉叫“吃你祖宗”，要我们“赶快拆除那雕塑狗，否则一切与我无关”等。我以书面形式向县委书记、常委做了汇报，原原本本地把各地的意见、建议，及张有隽会长发给我的文字抄录送上。几天后，我受邀到新化县出席大梅山文化旅游研讨会，刚回来就听说县委决定拆除“狗”雕塑。我当然高兴。后来才知道是瑶学会张会长发信函给江永表了硬态才促成的。

张有隽先生作为致力于（中国）瑶学研究长达20余年的掌门人，生前对于“盘瓠狗种”持反对态度是坚定的。但因他主攻瑶族宗教，对于瑶族历史、瑶族始祖盘王没有花精力攻关，也就没有文字论证和结论。这就是他的遗憾，也是现今瑶学会高层各人一把号，各吹各的调的原因。

赵：杨老介绍千家峒盘王雕像经历的故事，十分生动感人。既有您的智慧和辛勤劳动，又有瑶学会专家组尽心尽力的协助，更有江永县委、县政府的重大决策和付出。你们应该受到世界各地前来观光旅游人群和瑶学专家学者的赞扬。今后有何打算呢？

杨：今日之千家峒盘王雕像是很完美的，但周边群众意识和认识有待提高。县内对“盘瓠狗种”的认识还未统一。早些年连我都对“盘瓠狗种”研究不深、人云亦云时，文学艺术方面的“黄狗”就已呈“王道”之势，祸害不小。值得庆幸的是，国家民族政策让56个民族紧紧团结在一起，现在我们瑶人的文化水平已逐年提高，认知能力和文化自信正逐年提升，正本清源的呼声越来越强烈。我们会下决心把问题处理好。

县委、县政府对盘王文化广场的建设是十分重视的。据可靠消息：在盘王巨型雕像的身后，将增建盘王庙、瑶族博物馆、瑶族歌舞厅、瑶族宾馆等配套设施。欢迎你们常来指导！

黄、盘、赵：谢谢杨老！谢谢蒋秘书长！

2018 年 11 月 25 日记录、12 月 21 日整理

后记（兼谈中国瑶族文化传承、发展与研究现状）

《盘王雕像创意之杨仁里访谈录》写好快一年了，可我的内心仍久久难以平静。纵观中国瑶族文化传承与发展之路既艰难又曲折，研究现状令人喜忧参半，尤其是对瑶人始祖盘王的名字、身世之争始终是特别厉害的，盘王叫“盘护”还是“盘瓠”呢？大家意见很不统一，从古至今都争论不休。范晔将盘瓠传说编入正史《后汉书》，自唐以来就异议不断。唐代史学家杜佑斥之“皆怪诞不经”，南宋罗泌《路史》卷三十三《发挥二·论盘瓠之妄》指出盘瓠神话具有明显的荒诞性。唐知儿《史通》认为范晔将盘瓠神话入史，有损正史的严谨。对瑶人视作比自己生命还要重要的上百份《过山榜》（又称《平王券牒》《评皇券牒》等）中多次出现的“盘护（槃護）”二字，历朝历代狗种论者都选择视而不见，只固守所谓的“正统观”，对“由狗变人”的“盘瓠神话”津津乐道，添叶加枝，还鼓吹“人神合一”，贻害无穷。

真理终归会越辩越明的！改革开放以来，中国瑶学界经过一轮又一轮激烈的论战之后，现在有了可喜的变化，很多人已经认识到：“盘护”“盘瓠”瑶语发音虽然相同，汉译字义却不同。盘王就是盘护，护国大将军的“护”、保护的“护”，他才是护佑瑶子瑶孙的瑶人始祖啊！大家对“瑶人的祖先是人不是狗”的认识趋向一致，对侮辱映射“瑶人狗种”的提法做法越来越多人敢站出来说“NO”，愤而抗议了。这是好事，每个民族的尊严都不容玷污！

因受“正史”及“盘瓠狗种”封建残余思想的影响，有些地方在举办盘王节活动中，有意无意地用“由狗变人”的神话吸人眼球，后来因为受到太多民众的抗议，都纷纷把它纠正过来了。这是好事，是民族的觉醒，是我们瑶族变得越来越强大的一个标志！人就是人，狗就是狗，决不能混为一谈。人是由猿进化而来的，怎能由狗变过来呢？那是反科学的，也是反人类的。

“瑶人狗种”论调该结束了。我们欣喜地看到，以前摆放在江永盘王广场盘王像面前的狗塑像已被拆除挪走，广西金秀盘王谷大酒店中“由狗变人”的四尊狗雕塑 2018 年底也终于铲除。今年“三月三”，广西某地想办“瑶王节”，搞“瑶王宴”，后来在民宗部门和瑶学专家的提醒下，把“瑶王节”的名称改了，也把“瑶王宴”改为“瑶族长桌宴”了。这都是好事。

近几年，许多外族学界出书之前，只要涉及我们瑶族祖先这个话题的，都不由自主地找我们瑶族的专家学者来当顾问或把关，免得出错。最近，广东省阳春市准备出版 19 万字的《阳春民俗大观》一书，除了采访我爸爸赵章澜和我，让我们介绍阳春赵姓瑶风瑶俗外，还请我们对书稿中所有介绍瑶族的内容把关。我们把他们收集到的一些道听途说、以讹传讹的狗种论调抹去，将错误纠正过来。采访者说：“幸好有您父女俩把关，否则我就犯无心之过了。现在细想，那些表述对瑶族同胞确实是一种伤害。今后我们一定会注意！”这就是好事，这就是大家对我们瑶族文化的重视。

取得这些可喜的进步，主要得益于广西（中国）瑶学会、中国瑶族文化传承研究中心、广西金秀大瑶山尤绵文化促进会等瑶族社团组织所做的努力，也得益于郑德宏、邓有铭、杨仁里、盘福东、赵家旺等老一辈瑶学专家的艰辛付出和正义发声。

自从 20 世纪 80 年代初，盘承乾老前辈跟美国瑶人搭上线后，全世界各地的瑶人都跟国内瑶亲联系上了，都尽量派代表参加每一届的中国瑶族盘王节活动。近些年回国寻根问祖的外国瑶亲也越来越多，踏出家门到各国、各地寻亲联谊交流的瑶亲也越来越多。这是可喜的变化，这是中华民族国力越来越强盛，文化越来越自信的体现。当今的瑶族人，不再是目不识丁、任人愚弄的人，不再是道听途说只会一味片面接受的人。瑶人不断觉醒，瑶族精英层出不穷。相信不久的将来，瑶族文化会取得越来越多的成绩，盘王的身世之谜，千家峒的质疑等将会得到正确的解读。现在党的民族政策越来越好，各民族团结协作，用习总书记的话来说，各民族要像石榴籽一样，紧紧抱在一起。当今的中国政府实施的是举国体制，是团结各族人民集中力量办大事、积极有为的政府。在这样的大好形势下，我们一定要紧紧地团结在党中央周围，共同团结奋斗，建设好美丽瑶山，建设好美丽祖国，让国家更加富强，让人民更加幸福！

论瑶族《祝著歌》的学术价值及文化意义

◎ 蓝城鑫[①]

【摘要】 瑶族《祝著歌》是瑶族为庆祝“祝著节”而唱的歌，使用瑶族母语为音调传唱的形式，唱诵瑶族史诗，形成一种独特的文化符号，具有鲜明的民族特点。瑶族《祝著歌》蕴含着瑶族的丰富文化内涵及学术价值，在歌唱时所表达出来的每种社会事项都具有其独特的文化意义。

【关键词】 瑶族歌谣；祝著节；文化意义。

瑶族是我国55个少数民族之一，分布在湖南、广西、贵州、云南等6个省的100多个县里。根据语言使用情况，瑶族有使用瑶语支语言、苗语支语言和侗水语支语言的。“祝著歌”属于苗瑶语族苗语支语言的布努瑶在庆祝“祝著节”时所唱的系列民间歌谣，主要盛行于广西的都安、大化、巴马、东兰等地区。“祝著歌”唱诵的内容有“读芬”“细话”“笑酒”等题材，内容主要为歌颂瑶族始祖“密洛陀”的丰功伟绩、叙述瑶族后代建设幸福家园和追寻美满生活的过程。这些歌谣具有浓郁的民族特色、地方风格和文化内涵。

一、祝著节概述

“祝著节”流传于广西大化、巴马、都安、东兰等瑶族地区，节日活动以纪念始祖“密洛陀”为主题。这一地区的瑶族把每年农历五月二十九定为“祝著

① 蓝城鑫，男，瑶族，（1988-）广西大化瑶族自治县人，三峡大学民族学院中国少数民族语言文学专业硕士研究生，主要从事黔桂边苗瑶民族的语言文化研究，本文在导师吴正彪教授的指导下完成。

节”。节日期间，瑶族男男女女盛装集中到半山腰或坳口等地，相互之间用瑶语对唱传统歌谣。有个人独唱，也有几个人在一起合唱，把瑶族史诗的内容通过歌谣形式唱诵出来。在祝著节里唱诵的史诗有神话史诗和英雄史诗两个方面。

（一）神话史诗

相传在天地混沌的远古时代，有一座名叫“密洛陀”的大山。这座大山不断移动，经过九百九十五年，于农历五月二十九发出一声巨响，山里爆出一位“密洛陀”女神。之后她开天辟地，用线把天边和地边缝接起来，使天地紧绷，突起的地方成高山，凹下的处所成河川。她创造了人类，育有九个儿子，之后渐渐老去化为乌云升天。为纪念始祖“密洛陀”开天辟地和创造人类的丰功伟绩，瑶族子孙后代每年农历五月二十九都要聚集在一起，杀鸡宰羊，唱歌跳舞，庆祝始祖“密洛陀”的生日，之后把这一天定为“祝著节”。

（二）英雄史诗

相传蚩尤部落与炎帝族发生战争，蚩尤（九太公首领）带兵四次出征涿鹿（今在河北省）与炎帝交战，从农历五月二十五开始，连战四天四夜，于农历五月二十九凯旋归来。当日蚩尤号召男女老少穿着打扮，带着糯米饭、煮熟的红鸡蛋等食品到半山腰、坳口集会，大家汇聚在一起敲锣打鼓、吹唢呐、射弩、斗鸡、唱“读芬歌”等，以庆贺战绩有功，欢迎勇士们凯旋归来，并把这个日子定为“祝著节”。尔后，每年的农历五月二十九，蚩尤后裔（瑶族子孙后代）都会换上新装，集中在半山腰、坳口，开展祝著活动，采用山歌对唱或集体合唱的形式，歌颂英雄勇士，同时也祭祀大自然，祈祷平安，保佑家庭和谐。

祝著节唱诵的两种史诗中，英雄史诗只作为一种历史故事传唱，没有过多地添加民族文化元素，神话史诗则是瑶族人民的侧重点，是祝著节唱诵史诗的主要内容。以神话史诗“密洛陀”为主，歌颂始祖“密洛陀”开天辟地和创造人类的丰功伟绩以及表达瑶族人民对现实生活的满意。

二、祝著节歌谣

祝著节歌谣包括“读芬”“细话”“笑酒”“祝著”等，其中“读芬”“细话”是以瑶族古经词为主的口头传唱歌谣，笑酒、著祝是采用民间音乐伴奏为基础，以瑶族母语唱词为内容的口头传唱歌谣。祝著歌谣“唱颂着天地日月的形成、人类的起源、农作物的栽培、牲畜的饲养，以及现当代瑶族子女的社会生活状况”[①]。每首歌谣描绘出一幅幅人与自然、人与社会、人与人之间的协调发展宏图，描述着始祖“密洛陀”的传世神话和丰功伟绩。千百年来，这些歌谣在民间一直传唱，并受到其他民族的高度关注。

（一）“读芬”〔tu^{24}fei^{213}〕

“读芬”以瑶族古经词为主传唱，〔tu^{24}fei^{213}〕即“读芬”，〔tu^{24}〕是动词，译为“读”，〔fei^{213}〕“芬”是瑶族祭祀始祖“密洛陀”传唱的一种至高歌体，这种歌体不是人人都可以唱，只有具备一定〔fei^{213}〕“芬”功底的人才能高亢激昂地唱。想演绎〔tu^{22}fei^{213}〕“读芬”的人，没有拜师学艺，练就十几年〔fei^{2}〕“芬”的功底，是唱不出来的。〔fei^{213}〕“芬”的内容十分丰富，它以歌颂的方式从天上人间、鸟兽虫鱼、花草树木、高山河流，从人出生到死亡等环节唱起。〔tu^{24}fei^{213}〕“读芬”与〔tsu^{22}tɬ əŋ^{213}〕“念经祭祀”、〔sa^{33}ts o^{32}〕“开道场”不同，〔tsu^{22}tɬ əŋ^{213}〕“念经祭祀”或〔sa^{33}ts ɔ^{32}〕“开道场”是请始祖“密洛陀”指点、引路，借助“密洛陀”的力量，通过整套的法事仪式来为人们驱邪赶鬼、消灾除难、化解冤仇、超度亡灵、保佑赐福，而〔tu^{24}fei^{213}〕“读芬”则是以歌颂型的古经词存在。〔tu^{24}fei^{213}〕“读芬”的唱法有一定的讲究，由男女对唱和合唱相互融合，一般先由男引路，女跟后补词，起初前后一句单唱，然后再合句同唱，讲究韵律和句尾的押韵。在祝著节里，瑶族除了通过〔tu^{24}fei^{213}〕“读芬”纪念始祖“密洛陀”，有时也会〔tsu^{22}tɬ əŋ^{213}〕“念经祭祀”，尤其是在“祝著节”活动仪式上，必须拿猪头、糯米、酒等祭祀品摆在桌上，点上几炷香，由〔ʔ nø^{24}tsu22tɬ əŋ^{213}〕“念经师”也叫“鬼师”开念，意在告知始祖“密洛陀”生日已到，请她下凡与瑶族子孙共庆祝“著佳节”，保佑子孙世代昌盛。

（二）“细话、山歌”〔sɔ^{55}ɳtʂ u^{24}sɔ^{55}vɑu^{22}、sa^{33}ko^{33}〕

“细话、山歌”以瑶族古经词为主传唱，〔sɔ^{55}ɳ tʂ u^{24}sɔ^{55}vɑu^{22}、sa^{33}ko^{33}〕译为“细话、山歌”，以细小诉说渐渐拉长，声音温柔，起伏波澜，歌唱时语气放慢，句末字音稍微拉长，字句清晰，人人听得懂，所以在都安、大化、巴马等一带较为盛传。它以当地口音分男女对唱或独唱，用于表达自己的喜悦之情。在祝著节里，一般都是成年男女“对唱+合唱”组成唱团，叫作〔sa^{33}ko^{33}〕“山歌”对

① 中国人民政治协商会议广西河池市委员会编.广西河池非物质文化遗产荟萃［C］.南宁：广西民族出版社，2016.

唱，决出金花歌仙或情歌王子，这是成年男女谈情说爱、表达恋情的最佳方式。〔sɔ ^{55}ɳ tʂ u^{24}sɔ ^{55}vɑu^{22}〕“细话”在祝著节较受老一辈的欢迎，人们三三两两组成一组，结合环境氛围、人情的喜、怒、哀、乐，抓住对方的接词思路，互相对唱，用于表达节日的喜悦。瑶族〔sɔ^{55}ɳ tʂu^{24}sɔ^{55}vɑu^{22}、sa^{33}ko^{33}〕“细话、山歌”可以唱三天三夜都没完没了，尤其是〔bo^{55}ji^{33}bo^{55}ntsaŋ^{32}〕“唱细话、山歌高手的人”对唱，精彩绝伦。不同年龄段的人所唱的细话、山歌，音味不同，表达的思想也不同，比如：小孩子唱细话（也叫山歌），主要是记忆童年，表达自己对生活充满希望和向往；成年人唱〔sa^{33}ko^{33}〕“山歌”，表达追求爱情，期待喜结良缘；老人唱〔s ^{55}ɳ tʂ u^{24}sɔ ^{55}vɑu^{22}〕“细话”，则是歌颂始祖“密洛陀”的丰功伟绩和表达自己对现当代幸福生活的喜爱。

（三）“笑酒”〔xu^{32}ɕ o^{55}tɕ ø^{32}〕

“笑酒”是以现代瑶族母语唱词为内容传唱，〔xu^{32}tɕ o55tɕ ø^{32}〕直译“喝酒笑”，在瑶语里寓意“笑酒”，表达瑶族人民喝酒讲究技术和氛围，以笑饮酒，开心为乐。瑶族人民喜欢喝酒，且都是喝自家酿的白酒，这是因为瑶族居住高寒山区，昼夜温差大，酒能驱寒。据记载，“从隋唐时期开始直至清明，苗瑶先民南移至江西和湖南中南部，并沿着南岭走廊不断向南、向西迁移。明清时期逐步形成了‘南岭无山不有瑶’的居住格局”[①]。因瑶族居住于喀斯特地貌地区，昼夜温差大，酒起到抗寒取暖的作用，故瑶族居住的地方，酒坊醇香，无瑶不有酒，酒成为瑶族生活中必不可少的一部分。每逢过年过节或亲朋好友来访时，瑶族儿女杀鸡宰羊，备足饭菜，抬出一缸缸香醇可口的米酒，举杯痛饮。在喝到六七分成醉时，就由一人以故事引人入情，逗得全桌人哈哈大笑起来。尔后，你一言我一语附和着，气氛更加热烈。听、笑、唱、喝同步紧接，成了“笑酒”的歌坛。

“笑酒是生活在千山万弄之中的瑶族创造的一种最精彩、最神奇、最能迅速达到集体狂欢的文化娱乐形式，被誉为‘瑶族相声’，是酒文化最富有文化韵味的集体互动项目；笑酒是瑶族每个重要的庆典仪式或家族聚集的庆祝活动中不可或缺的节目；笑酒是瑶族通过对同桌酒友讲隐喻的笑话以及博得同桌和旁观者喝彩的即兴表演。喝‘笑酒’时对垒的双方你一唱我一答，相互衬托配合或见招拆招，把各种做人做事的准则通过明喻暗比的方式，在畅快淋漓的欢声笑语中达到寓教于乐的目的。把这些引人发笑的对话或故事的表达方式汇编成通俗的民歌唱

① 陈丹.布努瑶创世史诗《密洛陀》中的水文化探析［N].华北水利水电大学学报（社会科学版），2017（02）.

出来，称为‘笑酒歌’”①。宏大的“笑酒歌”场面当数每年的农历五月二十九日“祝著节”，这一天瑶族家家户户都会用自酿的甜酒供奉始祖“密洛陀”，之后全村男女老少欢聚一堂，以“说、唱、笑、喝”四体兼容的方式，吟唱“笑酒歌”。欢声笑语，长歌不断，掀起一波又一波集体狂欢的热潮。

（四）“祝著”〔tʂ u^{32}tʂ u^{24}〕

“祝著”是结合“密洛陀”史诗，采用现代音乐伴奏，以瑶族母语唱词为内容的民间歌谣。〔tʂ u^{32}tʂ u^{24}〕汉译“十·九”，寓意“祝著”。每年的农历五月二十九日，是瑶族始祖“密洛陀”的生日，这一天瑶家儿女狂歌跳舞，吟唱“祝著”。目前，在广西都安、巴马、大化等地区最为流行的一首“祝著”歌唱述为：

tʂ u^{32}tʂ u^{24}

祝　著②

ti^{33}nɛ^{55}tən^{213} tuŋ^{213} ba^{22}ʔ nø^{24} tʂ u^{32}tʂ u^{24}tɕ ɛ^{21} 今天是布努瑶“祝著节”；

今天 对布努瑶 祝著　节

tɕ o^{55}to^{24} tɕ ^{55}ʔ ʑ ə^{55} tɕ o^{213}lø^{231}ʂ i^{213}tsə^{24} 兄弟姐妹都来相聚。

兄弟姐 大家　来　相 聚

tuŋ^{213}nuŋ^{231}tɔ^{21}ʑ o^{22}lø^{231}van^{24}tu^{24}fei^{213}tu^{24}pji^{55} 远方客人来到唱歌跳舞；

舅舅　外公外婆 来到　读芬 说细话

vɔ^{55}tɕ i^{213}pu^{21}ʑ u^{22} lø^{231} tʂ i^{213}tsə^{24}tsa^{24}tɕ hi^{55}pei^{33} 亲朋好友举起杯来相聚。

亲朋好友　来　相聚　拿　起杯

man^{55}man^{55} ba^{22}ʔ nø^{24}□a^{213}tɕ i^{213}pai^{213} 寨寨（每个瑶寨）布努瑶在祭拜；

屯屯　瑶族　在　祭拜

tɕ i^{213}ʂ i^{213} ba^{22}ʔ nø^{24}tə^{22}mi^{21}lø^{231}tsø^{24} 祭祀布努瑶的“密洛陀”。

祭祀瑶族　的　密洛陀

□i^{33}□i^{33}ti^{33}nɛ^{55}kwø^{33} tʂ u^{32}tʂ u^{24} 年年的今天过祝著；

① 罗柳宁.布努瑶“笑酒”习俗的精神内核解读（上）——七百弄布努瑶信仰文化研究之三［J］.广西民族研究，2018（03）.

② “祝著”歌词（曲）来自巴马民间歌手罗清华的原唱。罗清华，男，瑶族，系巴马瑶族自治县东山乡江团村人，2019 年 8 月笔者到江团村采访罗清华时，采用国际音标记录下此首“祝著”歌。

年年 今天 过 祝著

tsau^{33}tsau^{33} ti^{33}nɛ^{55} kwø^{33} tʂ u^{32}tʂ u^{24} 朝朝今日过“祝著节”。

朝朝今日 过 祝著

man^{55}man^{55} ba^{22}ʔ nø^{24}□a^{213}to^{32}fɔ^{55} 寨寨的瑶族在梳妆打扮；

屯屯（每瑶屯）瑶族 在 咬头发

tɕ hi^{231}tɑu^{231} □i^{24}□i^{24}tsə^{22}ko32ʑ ou^{231}tsəŋ24 祈祷年年大丰收。

涛告 钱钱 着 糯米饭 成

tu^{24}fei^{213} tu^{24}pji^{55} kwø^{33} tʂ u^{32}tʂ u^{24} 欢歌笑语过祝著；

读芬 说细话 过祝著

vu^{33}ʑ yɛ^{32}ʔ er^{213}ʂ i^{22}kjou^{231} tʂ u^{32}tʂ u^{24}tɕ^{21} 五月二十九是“祝著节”。

五月 二十九 祝著节

phjo^{55}□ei^{24}phjo^{55}tɕ u^{231} kwø^{33} tʂ u^{32}tʂ u^{24} 敲锣打鼓过祝著；

敲锣 打鼓过 祝著

vu^{33}ʑ yɛ^{32}ʔ er^{213}ʂ i^{22}kjou^{231} tʂ u^{32}tʂ u^{24}tɕ^{21} 五月二十九是“祝著节”。

五月二十九 祝著节

这首“祝著”歌唱述瑶族过祝著节时五湖四海的朋友都前来参加，兄弟姐妹们杀鸡宰羊，与远方到来的朋友（客人）举杯共饮；村村寨寨烧香祭拜始祖“密洛陀”，祈祷始祖保佑年年大丰收；男女老少梳妆打扮，敲锣打鼓，欢歌笑语，喜庆一年一度的“祝著节”。这首“祝著”歌结合现代音乐伴奏，用瑶语口音唱词的形式记载着寨屯（瑶寨）瑶家儿女迎接祝著节的盛况，是瑶族现代祝著歌曲创作的最佳之篇。歌词反映瑶族的风俗文化，宗教信仰，是瑶族过节过年的真实对照。通过“祝著”歌的传唱，不仅描绘了一幅瑶寨村屯过祝著佳节的场景，更是反映了瑶家儿女热爱生活，感恩戴德，能与自然和谐相处，与社会同步前进，把传统歌谣与现代生活相结合而谱写的新篇曲，既起到了继承和宣扬“密洛陀”古老文化，又开创了瑶族生活的新篇章。

三、歌谣的文化意义

每年的农历五月二十九，广西都安、大化、巴马等地区瑶族都在举办“祝著节”。《祝著歌》是节日里不可缺少的重要内容。而这些传统歌谣又承载着大量的文化符号。“符号化的思维和行为确实是人类生活最富代表性的特征，人类创造文化离不开符号活动，符号活动既是人与任何动物相区别的标志，又是把人和文化相联结的中介”[①]。《祝著歌》是瑶族在节日活动中的一个文化符号，其以所能和所指（外在的声音、表现及内在的蕴含、韵味）相结合，巧妙地反映了瑶族人民的和谐社会关系。歌谣从内容到形式，从仪式到歌谣，都将瑶族的“祝著节”的文化符号意义展示出来，在整体上彰显始祖“密洛陀”的丰功伟绩。歌谣中的语言符号还进一步反映了瑶族人民曾经历过的母系社会时期的社会生活。因生产力的低下，为力求生存发展，瑶族儿女尊重自然，探索大自然规律，将生产、生活等习俗，用口头传唱的方式反映出来，继而形成传统歌谣的文化符号。通过歌谣符号传唱，表达瑶家儿女对“密洛陀”的感恩、崇拜。借助“密洛陀”的力量，在“南岭无山不有瑶”的居住格局里驱邪赶鬼、消灾除难、战胜困难。歌谣符号丰富瑶族人民的文化生活，增强了瑶族人民的文化自信，促进口头文学交流与生产生活的协调发展，有利于保留传统节日整体细节的记忆，又具有社会学、民族学、文艺学等多学科的研究价值。

四、结　语

祝著歌瑶是广西都安、大化、巴马等地区的瑶族文化艺术表现形式，蕴含着瑶族的历史与信仰，凝聚着瑶族的民族精神，是瑶族人民不可磨灭的符号记忆。祝著歌谣在瑶族文化生活中具有多种文化意义，并与瑶族史诗《密洛陀》紧密地结合在一起，是瑶族人精神家园中不可缺少的文化源泉，鼓舞一代又一代人克服各种困难，经过独立自主、自力更生和艰苦努力后获得幸福生活的意识形态。

① 陶思炎等.民俗艺术学 [M].南京：南京出版社，2013.

艺术篇

当下瑶族音乐研究几个关键问题的思考

◎ 赵书峰　徐　花[①]

【提要】瑶族音乐研究目前主要存在的问题有：瑶族音乐文化史的系统研究缺乏关注；应结合应用民族音乐学理论大力开展瑶族音乐的保护与传承、开发与利用研究，比如湘南瑶族“盘王节”仪式音乐与地方旅游文化的推广互动关系，瑶族民俗节庆仪式音乐与文化认同多层级构建的互动关系等问题的应用民族音乐学研究；结合语言学方法等理论，重点针对瑶族“还盘王愿”“度戒”“丧葬仪式”“坐歌堂”等传统仪式音乐文本展开系统整理工作；重点开展城镇化语境中的瑶族音乐文化的发展与变迁问题的考察；瑶族音乐的“再研究”（“重新研究”）亟待开展；瑶族音乐的海外民族志研究力度较为薄弱，目前只关注到老挝优勉瑶民俗仪式音乐的考察，在越南、泰国、欧美的瑶族音乐海外民族志研究尚无学者涉及；瑶族音乐研究的学术史亟须梳理与总结。

【关键词】瑶族音乐；研究现状；应用民族音乐学；海外民族志；瑶族音乐史。

瑶族作为一个世界性的离散族群，自宋代熙宁年间（1072）“开梅山”之后，开始大规模地向中国南方与西南诸省迁徙，一直到 20 世纪 80 年代初，瑶族基本上形成了当下的分布格局。目前瑶族主要分布在湘、粤、桂、赣、黔、滇诸省，以及东南亚越南、老挝、缅甸、泰国，欧美的美国、法国、巴

---

① 赵书峰，博士后，湖南师范大学潇湘学者特聘教授，民族音乐学专业博士生导师，湖南瑶族文化研究中心副主任，中国音乐学院中国音乐研究基地兼职研究员。徐花，湖南师范大学音乐学院硕士研究生，研究方向：民族音乐学。

西等国家。当下，国内民族音乐学界针对瑶族传统音乐的田野个案与宏观研究成果很多，尤其针对湘桂滇瑶族音乐的研究取得了很多重要的学术进展，显著地促进了瑶族传统音乐文化的系统性、整体性研究。然而，随着民族音乐学研究的学术视野、视角的逐步拓展，以及“非遗”语境的影响，给当下的瑶族传统音乐研究带来很多新的机遇与挑战。目前来看，有关瑶族传统文化的研究主要集中在民族学、人类学、宗教学、民俗学等方面。20 世纪 30 至 40 年代以来，以中山大学学者等为代表，针对粤北瑶族展开了初步的考察与研究[①]，上述研究成果中以黄友棣《连阳瑶人的音乐》为代表，是对粤北过山瑶音乐的初步考察研究，这是国内目前发现较早的针对瑶族音乐的田野考察报告。当然，其研究局限在于作者对粤北瑶族音乐形态特征的分析与描述带有鲜明的进化论色彩，其研究结论具有较多主观判断色彩。[②] 从 20 世纪 40 年代以来，针对中国湘粤桂区域内的瑶族“还家愿”“度戒”“婚嫁”“丧葬”等传统仪式音乐进行了较为系统的调查研究。自 1980 年西方民族音乐学理论研究进入中国以来，中国少数民族音乐研究视角与学术理念开始逐步拓宽。尤其是 1984 年 7 月在贵阳召开的“全国民族音乐学第三届年会（贵阳片）”会议上，在“少数民族音乐专题”的研究中，已经有部分学者开始运用民族音乐学的研究理念展开对我国各民族民间音乐（尤其是少数民族音乐）的研究。[③] 以此为起点，瑶族音乐研究在文化人类学与民族音乐学等跨学科理论的观照下，由传统的注重音乐的本体形态分析，开始转向关注其音乐与文化语境互动关系的研究，换言之，学者们在研究中不但关注到瑶族音乐本体结构特征是什么，同时结合跨学科理论探究其传统音乐风格特征与特定的地理文化、民俗信仰、族群迁徙等相关文化语境的互动关系。通过对 20 世纪 80 年代以来发表的瑶族音乐的研究成果进行梳理与总结看出，瑶族音乐研究存在的几个关键性的学术问题亟待开展深入研究。

一、加强瑶族音乐文化史研究

当下瑶族音乐史研究，尤其涉及瑶族支系文化史的梳理与考察研究较为不

---

① 台北中山大学研究院文科研究所编.民俗，1942（4）、1937（3）、1942（1-2）、1943（3-4）、1937（3）.

② 赵书峰.瑶族传统音乐研究的一篇重要文献——读黄友棣《连阳瑶人的音乐》有感［J].歌海，2014（5）.

③ 赵书峰.再思中国民族音乐学的“本土化”问题［J].民族艺术研究，2018（5）.

足，而且缺少对于民间历史文献，诸如笔记、小说、地方志等汉族民间文献与瑶族传承人口述历史文献的搜集整理工作。其次，《中国少数民族音乐史》（三卷）“瑶族音乐史”[①]部分的内容，从写作体例到文献内容都远远没有达到音乐文化史的写作规范和要求，基本是音乐集成范式的写作方法，多是对瑶族传统音乐的种类（劳动歌曲、创世古歌、乐器、原始鼓舞）的音乐本体与结构特点的记录与描述，很少涉及瑶族音乐文化的古代文献方面的梳理与挖掘，对于瑶族音乐文化的发展历史的文献挖掘和梳理十分欠缺，严格说来还不是真正意义上的“瑶族音乐史”，因为整个“瑶族音乐史”基本是对瑶族传统音乐形态的分析与描述，基本是共时性的研究范式，缺少瑶族音乐历时性的考证研究。尤其缺少古代官方与民间文献中关于瑶族乐舞文献记载的系统梳理与挖掘工作，如宋至民国时期关于瑶族乐舞的历史文献在文中较为缺乏。作者虽然提到了公元619年的唐代至1840年清代的瑶族音乐，但是从文中的具体内容来看，基本没有历史文献内容，基本都是对瑶族音乐的形态的分析研究，换言之，虽然标题是古代历史时段，但是实际文本写作内容范式并没有历史文献的梳理。尤其是近代瑶族音乐史的研究基本是一种音乐集成方式的写法，没有史学的研究特点。正如笔者对该书的评论：“大多章节还是关注其艺术形态层面的问题较多，而对音乐史料的挖掘和研究力度不够，特别是个别民族的古代音乐史部分，只限于简单的介绍，缺乏全面、深入的文献学研究，且有的章节在近现代史部分过多的是资料堆积，类似于音乐集成。”[②]同时看出，当下的中国少数民族音乐研究领域尤其缺乏以瑶族等为代表的中国南方少数民族音乐文化史的系统研究。其主要原因是中国少数民族音乐的历史文献记载较少，瑶族音乐史研究与其他南方少数民族音乐史一样，都存在类似的研究缺陷。相对于三卷本的《中国少数民族音乐史》来说，吴永章《瑶族史》[③]、奉恒高《瑶族通史》（上册）[④]两本书，对古代（宋代以来）瑶族乐舞文化的历史文献进行了较为详细的总结与梳理，为研究古代瑶族乐舞文化提供了较为丰富的文献信息。经过笔者的详细梳理与整理，其中有关宋代历史文献中记录瑶族传统乐舞文化的主要有范成大著《桂海虞衡志辑佚校注·志器》[⑤]、周去非著《岭外代答·

---

① 冯光钰，袁炳昌主编.中国少数民族音乐史（三卷）［M］.北京：京华出版社，2007.

② 赵书峰.读《中国少数民族音乐史（三卷）》有感［J］.歌海，2012（1）.

③ 吴永章.瑶族史［M］.成都：四川民族出版社，1993.

④ 奉恒高主编.瑶族通史（上册）［M］.北京：民族出版社，2007.

⑤（宋）范成大著，胡起望，覃光广校注.桂海虞衡志辑佚校注·志器［M］.成都：四川民族出版社，1986.

蛮俗·踏摇》(卷七)[①]、祝穆编撰《方舆胜览·风俗》[②]、陆游撰《老学庵笔记》(卷四)[③]、马端临编撰《文献通考·四裔五·槃瓠種》[④];明代邝露撰《赤雅·猺人祀典》[⑤];清代文献记录瑶族乐舞文化的主要有吴震方著《岭南杂记》[⑥],徐珂编撰《清稗类钞》[⑦],屈大均著《广东新语》[⑧],李来章撰《连阳八排风土记》[⑨],陆次云编撰《峒溪纤志》[⑩],王闿运、汪敩灏等修纂《桂阳直隶州志》[⑪];民国时期文献主要有雷飞鹏纂修《蓝山县图志》[⑫],等等。

其次,瑶族音乐的族性建构问题需要结合历史人类学、文献学、民族音乐学、后现代史学等跨学科理论进行整体观照。比如,部分平地瑶音乐的历史建构是20世纪50年代的民族识别以及20世纪80年代国家实施的民族区域自治政策,部分瑶族是由汉族改成的。笔者2018年10月考察湖南江永松柏瑶族乡松柏村、棠景村平地瑶,发现这里的瑶族傩戏与汉族戏剧不无两样,通过调查发现松柏瑶族乡的傩戏艺人是由汉族身份改为瑶族的,在进行"非遗"申报时被界定为瑶族傩戏。通过笔者的实地调查,并对其家谱的研究发现,这与明代洪武年间在此设置的枇杷千户所的军户移民文化有密切关系,这批操演傩戏的民间艺人的祖辈是来自山东青州府的汉族。由此看出,部分支系瑶族音乐史的族性问题是其长期的族群发展历史与当下民族区域自治政策互为建构之产物。

二、瑶族音乐的应用民族音乐学研究

首先,"田野回馈"是当下传统音乐文化保护与传承、开发与利用最有效的手段之一,是典型的应用民族音乐学研究的范畴。应用民族音乐学(Applied

---

① (宋)周去非著,杨武泉校注.岭外代答·蛮俗·踏摇(卷七)[M].北京:中华书局,1999.

② (宋)祝穆编撰.方舆胜览·风俗(卷四十一)[M].北京:中华书局,2003.

③ (宋)陆游.老学庵笔记(卷四)[M].北京:中华书局,1979.

④ (宋)马端临编撰.文献通考·四裔五·槃瓠種(卷三百二十八)[M].北京:中华书局,1986.

⑤ (明)邝露撰.赤雅·猺人祀典(上卷)[M].上海:上海商务印书馆,1936.

⑥ (清)吴震方.岭南杂记[M].上海:上海商务印书馆,1936.

⑦ (清)徐珂编.清稗类钞·婚姻类·瑶人婚嫁(第五册)[M].北京:中华书局,1984.

⑧ (清)屈大均.广东新语·人语·傜人(卷七)[M].北京:中华书局,1985.

⑨ (清)李来章.连阳八排风土记·猺俗·婚(卷三)[M].台北:台北成文出版社,1967.

⑩ (清)陆次云编撰.峒溪纤志·猺人[M].北京:中华书局,2003.

⑪ (清)王闿运,汪敩灏等修纂.桂阳直隶州志·礼志·风俗(卷13)[M].长沙:岳麓书社,2011.

⑫ (民国)雷飞鹏纂修.蓝山县图志·礼俗·瑶俗(卷十四)[M].台北:台北成文出版社,1970.

Ethnomusicology）主要关注音乐的可持续发展、音乐研究的田野回馈与应用等问题的研究。应用民族音乐学研究是从学术生产走向学术生产力实践性质的学科转变，即“3F”互动模式：从 Field Work 到 Field Back 再到 Feed back 的一个循环过程，使民族音乐学的研究成果真正回馈到民间音乐文化的保护与可持续性发展过程中。“田野回馈”是民族音乐学理论对于中国传统音乐文化保护与传承的最好途径之一。学者的研究成果为地方传统音乐文化的可持续发展、地方经济旅游文化的重建、构建和谐的生活社区，以及为中国民族政策制定可操作的理论模式等问题都应是应用民族音乐学研究的重要内容。比如，当今非常经典的民族管弦乐作品《瑶族舞曲》是根据连南八排瑶音乐改编的，是 1957 年刘铁山和茅沅两位作曲家对连南千年瑶寨瑶族同胞“耍歌堂”长鼓舞的田野采风之后创作的。为此，广东连南瑶族自治县向他们颁发了《瑶族舞曲》创作纪念奖。这首作品已经成为一种“新传统”音乐作品不断地在广东连南乃至瑶族地区各种民俗节日表演活动中使用，有的甚至作为瑶族长鼓舞的伴奏乐曲。可以看出，这种来自瑶族民间的音乐经过作曲家的加工改编之后，作为一种文化经典进行传播与流行，又重新流播到瑶族地区，进而被瑶族民间艺人和专业人士认定为瑶族文化的经典与新传统。这种基于民间采风基础上的，经过作曲家重新创作的瑶族舞曲已经成为当今中国瑶族传统文化的一张“国际名片”，这种被重构的蕴含瑶族音乐元素的经典管弦乐作品，作为连南瑶族文化的一种新传统，被当地政府充分认同。这首别具瑶族文化风味的民族管弦乐作品又重新被连南瑶族以及中国各地的瑶族文化展演作为伴奏曲目或背景音乐播放，这意味着是一种“田野回馈”与“传统的发明”，以及民族音乐文化（认同）的重建过程。这个经典的学术个案充分说明：“田野回馈”对于传播和弘扬瑶族传统音乐文化的重要性与可操作性。即民族音乐学家、作曲家的田野或采风成果不但是为了学术研究与音乐创作，而且也要为地方传统音乐文化的保护与传承、发展与创新有一份重要的责任与担当，这种民族音乐研究的保护与传承、开发与应用性策略也可称为“担当民族音乐学”研究。

其次，加强瑶族传统仪式音乐影像志拍摄工作。因为影像民族志拓宽了传统民族志书书写的广度，会更加直观地再现民俗音乐文化发生的真实生活场景。当下影像民族志的拍摄与书写在民族学、人类学研究领域得到广泛运用。近两年，随着对“非遗”工作的大力开展，传统音乐文化的数字化保护与传承在中国民族音乐学界已经开始广受关注，所以，亟待结合影视人类学理论展开对瑶族民俗节日活动的影像音乐民族志的书写和记录工作。比如重点记录“还家愿”“盘王节”“度戒”“婚嫁”“丧葬（烧尸）”“坐歌堂”等民俗仪式音乐，运用现代影视频技术对其进行“博物馆性质”的数字化保存。因为，传统的瑶族传统民俗仪式音乐正在被现代化、城镇化、商业化、流行化等综合语境逐渐重构与解构，为了给后代再现瑶族传统文化的“原形态”表演，只有充分运用影视民族志技术对其展开数字化记录和描述。比如，加强瑶族音乐电子数据库建设，整合国内外学术资源与研究团队，重点针对不同支系的瑶族民歌、民俗仪式音乐进行电子化归档，将正在消失的瑶族音乐以影像手段进行电子数字化保存。

再次，加强瑶族传统文化历史题材的当代音乐创作。要大力吸收和采借瑶族传统音乐历文化元素开展当代音乐舞蹈作品与舞台剧创作研究。比如 2018 年广东乳源瑶族“盘王节”中新创作的音乐剧作品《过山“谣”》,湖南江华瑶族自治县打造的民族歌舞音诗《盘王之女》等就是很好的传统与当代相结合的创作思路。它不但迎合了年轻人的审美受众心理，而且有助于瑶族传统音乐文化的保护与传承以及创新与传播。上述几种手段，其实都是基于瑶族传统音乐文化的保护与传承以及应用与开发基础上的，将学者的研究成果进行“田野回馈”性质的应用民族音乐学研究。

三、结合语言学与音乐形态学方法等理论，重点针对瑶族民歌以及“还盘王愿”“度戒”“丧葬仪式”“坐歌堂”等传统仪式文本音乐展开系统记谱工作

当下，中国民族音乐学界以及瑶族研究的本土学者应着力加强瑶族传统民歌、民俗仪式音乐唱词与乐谱的搜集、记录工作。因为，在全球化与城镇化进程的影响下，瑶族传统生活语境发生了显著的变化，尤其是部分过山瑶支系从山高路险的高山丛林中迁到了由政府援建的新农村中，生活语境的变迁改变了他们原本的日常生活方式，也致使瑶族传统音乐的生存语境发生了变迁。所以，现代化的生活方式改变了瑶族传统的生活习惯与生活节奏，尤其是现代化、城市化的生活方式，逐渐在影响瑶族年轻人的审美观念，导致瑶族传统民俗音乐文化的“传承链”出现问题。因此，对于不同瑶族支系传统音乐乐谱文本的搜集、记录与整理工作势在必行。我们不但要加紧展开瑶族传统民歌与民俗仪式音乐乐谱的记录与整理工作，而且要针对文化变迁之后的瑶族传统音声景观文

本进行描述与搜集工作。同时，还应针对不同版本与流传在不同国家的瑶族民俗仪式音乐（如勉瑶的《盘王大歌》）唱词与乐谱进行系统整理。比如对不同版本的《盘王大歌》与婚嫁仪式中的“坐歌堂”唱词与唢呐曲牌音乐进行全面记谱。据笔者所知，目前湖南蓝山县已经对瑶族过山瑶婚礼音乐进行了初步的搜集整理，但是只记录了其中的唢呐曲牌，对“坐歌堂”音乐缺乏记录。[①] 所以，针对瑶族传统音乐的唱词与旋律进行全程记录，这将是一个非常宏大的系统工程，需要语言学、民族音乐学者共同参与完成。

其次，当前对于过山瑶民俗仪式经文文献的搜集与整理，以日本神奈川大学瑶族文化研究所以广田律子教授为代表的跨学科团队，2008 年以来针对中国湖南蓝山县汇源瑶族乡、泰国等优勉瑶传统文化进行了较为深入系统的整理研究工作。[②] 笔者作为该团队的研究协办者参与了相关活动，并且受邀请参加了 2015 年 12 月在日本神奈川大学举办的“瑶族的歌瑶与仪礼国际研讨会。”[③]

四、瑶族音乐的“再研究”（“重新研究”）亟待开展

目前来看，在城镇化、城市化、商业化、全球化等综合语境的影响下，瑶族音乐的发展与文化变迁问题势不可挡。因此，有必要针对瑶族音乐的历史与现状问题重新开展研究，一是将以往其他学者的研究成果进行对比展开研究，二是结合自己之前的研究成果展开对比研究。通过这两种不同的“再研究”方式，以此来观照瑶族音乐在不同的时空语境中的文化变迁结局，以及学者研究理念与方法的差异性，从而为瑶族音乐的保护与传承提供一些更加合理与有效的措施与策略。同时瑶族音乐的“再研究”也是研究视角、理念重新调整与拓展的过程，尤其结合更多的学术前沿理论展开“重新研究”是非常必要的。我们不但要关注原生语境中的民间自发的传统民俗仪式音乐活动，而且要重点关注城市化语境中的民俗节日展演的国家话语的音乐实践问题，这其中将会涉及瑶族传统音乐文化的重建问题，比如民间的“还家愿”（“还盘王愿”）祭祀活动与地方政府策划与举办的“盘王节”民俗节日活动之间的文化关系问题，女

① 盘仁文.蓝山县瑶族音乐集［M］.长沙：湖南人民出版社，2012.

② 2014 年日本神奈川大学瑶族文化研究所课题：基盘研究〔B〕“瑶族的仪礼知识、仪礼文献保存·活用·继承”（编号：24401018）。

③ 赵书峰.多学科交叉视野下的瑶族传统文化研究——2015 日本神奈川大学“瑶族的歌瑶与仪礼国际研讨会”述评［J］.人民音乐，2016（4）.

性主义视角与瑶族“坐歌堂”音乐与文化意义的多维建构研究，花瑶民歌的语言学考察，平地瑶音乐的历史建构与明代卫所制度之间的关系，这些问题都是当下瑶族音乐研究需要重新思考的。

五、加强瑶族音乐的海外民族志研究

目前来看，瑶族音乐的海外民族志研究力度较为薄弱，国内学者只关注到老挝优勉瑶民俗仪式音乐的考察，但在越南、泰国、欧美的瑶族音乐海外民族志研究尚无学者涉及。瑶族音乐的海外民族志研究应重点针对老挝、越南、缅甸、泰国、美国、法国等优勉瑶音乐的文化濡化与变迁问题，充分结合多点民族志、族群文化认同理论、文化身份问题研究展开瑶族音乐的海外民族志研究。其次，结合民族音乐学理论展开对海外瑶族传统音乐文化与中国勉瑶音乐之间的比较研究，有助于真正探索与梳理中国传统音乐文化海外传播的历史轨迹与文化传播的历史过程。目前笔者本人主要关注到老挝、泰国优勉瑶传统音乐文化的变迁问题，其中两次到老挝过山瑶区域内展开田野考察工作。同时本人承担的国家社科基金艺术学项目也是对中国过山瑶婚俗仪式音乐的比较研究。[①]目前中国民族音乐学家对于东南亚、欧美国家的优勉瑶的“还盘王愿”“婚俗”“丧葬”音乐缺乏系统的民族志关注。因此，亟待展开具有跨界性质的勉瑶传统音乐文化的发展与变迁的比较研究。

六、国内外瑶族音乐研究的学术史亟待梳理与总结、分析与研究

任何一门学术研究都需要在不断的回顾与反思中开拓前行，瑶族音乐研究也不例外，需要针对近 80 年以来的国内外瑶族音乐研究的学术史展开梳理与总结、分析与研究。纵观瑶族研究的学术史，主要集中在民族学、人类学界的研究，而音乐学界针对瑶族音乐的研究，则普遍认为黄友棣《连阳瑶人的音乐》[②]是 20 世纪 40 年代针对粤北瑶族较早的田野考察报告，从此拉开了瑶族音乐研究的序幕。截至当下，瑶族音乐研究已经走过了近 80 年的历程，相比来看，瑶

---

① 2015 国家社科基金艺术学一般项目《瑶族婚俗仪式音乐的跨界比较研究——以中、老瑶族为考察个案》（编号：15BD044）。

② 黄友棣.连阳瑶人的音乐［J].民俗（第一卷），1942（4）.

族音乐研究主要集中在国内学者的成果，尤其在田野的宏观与微观研究方面取得了很多重要的学术成果。如当下代表性研究学者主要有：何芸[①]、伍国栋、杨民康、蓝雪霏、周楷模、赵书峰，等等。因此，有必要针对20世纪40年代至当下的国内外瑶族音乐研究成果的学术史进行详细梳理、总结与反思，针对其存在的学术问题与研究盲区结合田野工作与跨学科方法展开针对性研究。

七、当下瑶族音乐研究关注勉瑶研究的较多，在其他支系的研究方面力度不够

目前的瑶族音乐研究主要针对过山瑶传统音乐文化进行考察研究，而且取得了很多重要的学术成果。但是在蓝靛瑶、布努瑶、花瑶等瑶族支系的传统音乐的系统研究方面力度不够，尤其针对其民俗节庆仪式音乐的考察研究力度较为薄弱。比如花瑶的“讨僚皈”民俗节庆仪式音乐文化认同的多层级构建问题，湘桂平地瑶民俗节庆音乐的考察研究等，亟待系统研究。尤其将过山瑶之外的其他支系音乐的历史构建与文化认同变迁问题的思考纳入重点研究内容，同时结合族群建构的非本质主义思考与国家民族区域自治政策进行综合分析比较，深入梳理与分析瑶族其他支系的音乐的族性建构形成与其特定的社会、历史之间的互动关系问题。

八、结束语

目前来看，有关瑶族传统音乐的共时性研究较多，对于其历史与当下互动关系的研究很少，因此，不但要关注当下活态的瑶族传统音乐的研究，同时对于其历史的发展变迁问题也要给予充分关注。比如明代卫所制度与平地瑶传统音乐文化的历史建构之关系，应结合历代的移民史、制度史、军事史、民族史等相关历史文献进行深入挖掘。当下的瑶族音乐研究不但要加强瑶族音乐历史与学术史的梳理与研究，而且要开展具有保护与传承、开发与创新性质的应用民族音乐学研究。要思考瑶族民俗节庆音乐如何促进其传统文化保护与地方旅游经济开发、乡村社会和谐治理，以及如何在构建瑶族音乐的多层级文化认同（族群认同、区域认同、国家认同、政治认同）方面发挥独特作用。比如对瑶族“盘王节”音乐的

---

① 何芸，伍国栋，乔建中.桂湘粤边界瑶族民歌考察 [J]. 中国音乐学，1985 (1)；何芸，伍国栋，乔建中.瑶族民歌 [M].北京：文化艺术出版社，1987.

应用民族音乐学研究。加强瑶族音乐的“再研究”（“重新研究”），即基于以往学者研究成果的基础上展开比较研究，重点关注瑶族音乐在不同的时空中的文化变迁研究。重点开展城镇化语境中的瑶族音乐文化的发展与变迁问题的考察。将瑶族世代流传的神话故事、丰富的传统音乐文化元素进行加工、创新和编创，结合现代舞台审美技术打造具有瑶族元素的系列舞台文化精品，为传承与传播瑶族音乐文化做出更多实际性的贡献。

立足瑶族文化　打造文艺精品

——关于江华瑶族文化研究传承如何哺育文艺创作情况的调研思考

◎ 魏佳敏 ①

【摘要】 瑶族先民与汉族先民共同为华夏文明奠定了最初的基石。江华瑶族自治县的瑶文化是湖湘文化的一个重要源脉，构成了锦绣潇湘最为神秘、奇丽的一道风景，其喷薄而出的文化能量，当与这块土地同样深邃、同样广阔，影响深远。党的十八大、十九大以来，江华文艺界切实增强本民族的文化自信，将瑶族文化传承研究、文艺创作繁荣与民族发展紧密结合，取得了不菲的成果。本文对如何抓好江华的文艺工作，不断推出新人新作，进行了专题调研，分析现状特色、短板弱项，提出“神州瑶都”建设的对策建议。

【关键词】 瑶族文化；研究传承；文艺创作。

瑶族作为一个伟大的古老民族，早在五六千年前，其先民蚩尤、三苗部落便与炎帝、黄帝部落“逐鹿中原”，共同开拓了黄河、长江中下游的广大地区，为华夏文明奠定了最初的基石。今天，拥有着瑶族人口34万之多、并分布有平地瑶、高山瑶等众多支系的江华瑶族自治县，不仅是湖南省唯一的瑶族自治县，还是全国瑶族人口最多的瑶族自治县。在这片生命沃土中孕育诞生的瑶文化，成为湖湘文化的一个重要源脉，构成了锦绣潇湘最为神秘、奇丽的一道风景，其喷薄而出的文化能量，当与这块土地同样深邃、同样广阔，影响深远。在江华，有独具魅力的民族节日，绚丽多姿的民族歌舞，特色鲜明的瑶家吊脚楼，众多的历史

---

① 魏佳敏，湖南省永州市文联工作，中国民间文艺家协会会员、湖南省作家协会会员、中国瑶族文化传承研究中心副秘书长。

文物，精美的民族民间工艺，艳丽缤纷的民族服饰，风味别具的民族食品等，构成了我县极为丰富、颇具特色的民族文化资源。根据相关史料记载和考证，自唐宋以来，江华一直是中国瑶族重要的中转站、大本营和发祥地。党的十八大、十九大以来，我们认真学习、深入贯彻落实习总书记“四个自信”的治国理政新理念新思想新战略，切实增强对本民族的文化自信，将瑶族文化传承研究、文艺创作繁荣与民族发展紧密结合，取得了不菲的成果。千里瑶山，涌现、走出了诸如叶蔚林、黄爱平、李祥红、周龙江、江南雨等一批颇有影响的作家、诗人。长江后浪推前浪，为真正做到“一代新人胜前人”，我们应如何抓好江华的文艺工作，不断推出新人新作，以无愧于时代，无愧于人民？我们为此进行了专题调研，现报告如下。

一、现状特色

1. 正确进行战略定位

自县第十一次党代会以来，江华县委、县政府坚持以“神州瑶都”建设为总揽，力争把江华建成中国瑶族文化的研究中心、传承中心、开发中心与展示中心这一战略思路，将“神州瑶都”作为江华在中国瑶族发展史上的定位，作为江华的民族形象和文化品牌，把“神州瑶都”打造成为江华的烫金名片，要让全国人民、世界瑶胞都知晓，“神州瑶都”就是江华，江华就是“神州瑶都”，江华是世界瑶族的朝觐圣地。通过这样一个定位，让江华成为瑶族文化之都，让“神州瑶都”得到全国瑶族同胞高度认可，让“神州瑶都”走向世界，让世界走进“神州瑶都”，让“神州瑶都”魅力彰显，让瑶族文化得到全面保护、传承和繁荣发展。县委、县政府、县人大、县政协每年将瑶族文化保护传承发展工作列为年度重点工作进行安排部署，每年以县委、人大、政协常委会和政府常务会等形式，多次研究瑶族文化保护传承发展工作，形成高度重视瑶族文化保护传承发展的正确导向和深厚氛围。同时，加强瑶族文化保护传承研究的机构建设，成立了非物质文化遗产保护工作领导小组，专门成立了江华瑶学会、湖南瑶族文化研究中心、民族歌舞团、民族艺校等机构，与县文联及其下属各协会，共同承担瑶族文化保护传承发展工作的重任，确保有专业人员开展专门工作。从中可看出，突破工作重点，是做好民族文化工作的重要前提。这既是我们最宝贵的工作经验，也是我们需要持之以恒一以贯之的重要工作原则。

2. 广泛开展挖掘研究

民族文化是民族地方发展的活力基因，民族的才是世界的。我们始终认为，江华最大的资源、最大的优势就是瑶族文化，这是我们作为民族地区繁荣发展的根本和基础。多年来，我县始终把瑶族文化的保护、传承和发展作为民族工作的重要内容和县域经济社会民生发展的重要组成部分，抓实抓细，抓出成效。为做好瑶族文化的保护、传承和发展，把江华瑶族发展成为中国瑶族的代表，我们首先明确了瑶族文化传承研究工作的思路：一是加强研究，充分挖掘、整理提炼瑶族文化精髓和丰富内涵。二是突出特色，全方位展现瑶文化元素。我们通过出台文件，将瑶族文化元素融入到全县经济社会民生的各个方面。比如，将瑶族传统建筑文化融入到新型城镇化、特色村镇建设中；将瑶族传统的服饰文化、歌舞文化、体育文化、饮食文化、民俗节庆文化融入到校园文化建设、群众文化生活和旅游文化中；将瑶族医学医药融入中医学中。三是打造品牌，建好瑶族文化传承展示的载体。“盘王节”是我们瑶族最悠久最神圣最隆重的传统节日，是集瑶族传统文化之大成、增强民族向心力、维系民族团结的民族盛典。我们通过打造“盘王节”，加强了与瑶族各族系之间的亲密联系与交融，实现了全国瑶族的团结奋进，共同繁荣。现在“盘王节”已成为湖南省四大民族节庆之一，成为中国瑶族文化的传承、发展和集中展示的重要载体。

3. 不断加大财政投入

每年由县财政预算经费，让专业人员心无旁骛地做好专业工作，保障瑶族文化保护传承发展工作顺利开展。为促进瑶族文化的传承发展，我们首先应把工作重点放在非物质文化遗产的保护和开发利用上。近年来，我们出台了《关于加强我县非物质文化遗产保护工作的意见》，成立了县非物质文化遗产保护工作领导小组以及县非物质文化遗产保护中心和非物质文化遗产保护工程专家委员会，建立非物质文化遗产保护工作联席会议制度，各乡镇也成立相应的领导协调机构。建立了政府主导、民间参与相结合的非物质文化遗产项目保护机制，有力地推动了项目保护工作的顺利开展。自 2006 年以来，全县投入 6370 万元资金开展非物质文化遗产的保护工作，重点包括非物质文化遗产的普查、挖掘、整理、抢救和项目申报工作；节目创作编排、宣传、展示、推介、交流工作；课题研究、征文、比赛、编辑出书工作；非物质文化遗产进校园、进社区工作；培训非物质文化遗产传承人员和培养瑶族文化艺术人才；举办民族民间文化旅游节活动等。同时吸纳社会资金 6000 万元，探索非物质文化遗产生产性保护，培育出了瑶妹子、凤妹子服装加工厂、江华瑶族织锦加工厂等一批生产性的典型，开发了以瑶族非物质文化遗产元素为重要内容的秦岩、九龙井、盘王殿等旅游景点景区。目前江华有国家非物质文化遗产 2 件，省级非物质文化遗产 6 件，非物质文化遗产保护工作走在了永州市乃至湖南省的前列，被评为“湖南省保护非物质文化遗产十强县”。

4. 积极打造载体平台

近年来，江华县始终将瑶族文化的传承研究工作贯穿于全县经济社会发展的全过程。一是在县委、县政府的大力支持与关心下，江华县文联创办了面向全国六个省区十三个瑶族自治县（或准瑶族自治县）发行的第一家瑶族文化综合性期刊《瑶风》，得到了全国广大瑶族地区文艺界、瑶学界的热烈好评与认可，成为江华县一张重要的文化名片。二是为实现县委的战略目标，县委、县政府先后出台《江华瑶族自治县申请“中国瑶族文化传承研究中心”工作方案》和《申报“中国瑶族文化传承研究中心”报告书》等多个相关文件，出台了一系列为创建“中国瑶族文化传承研究中心”的配套政策和措施。经半年多的努力筹备与积极争取，2017 年 9 月 20 日，中国民协正式发文，对江华申报“中国瑶族文化传承研究中心”进行了批复；10 月 16 日，中国民协对中国瑶族文化传承研究中心内设机构拟任人选进行了批复。这是目前中国唯一的瑶文化最高级别的研究机构，标志着国家认可了江华作为瑶文化传承研究中心的权威地位，也意味着江华真正抢占了瑶文化研究的制高点，拥了一个重要载体和平台。按县委、县政府的战略构想，中国瑶族文化传承研究中心中远期目标，是在“十三五”期间，完成 2 个以上国家级、5 个以上省级、10 个以上市级“非遗”项目申报工作，同时推进以永州江华为主的湘、粤、桂三省区“南岭地区瑶族文化生态保护区”等项目，推进瑶族文化的挖掘、保护和传承发展，促进瑶族文化参与国内外文化交流，让江华民族民间文化走向全国、走向世界。

二、短板弱项

1. 瑶味不够，欠缺信心

瑶族作为一个山地游耕民族，千百年来，人们就有一种封闭自我、示弱卑微的情结，面对时下文化不断大融合、大同化的全球化趋势，对自己本民族的文化自然就有一种轻视观念，譬如不少人都把“瑶人”这一称谓，看成是一个贬义词。这样，和其他兄弟民族一样，社会便会急于向同构、同质化的现代文明去看齐，去塑造，极力消除文化的差异性，内心里实是把自己本民族文化，如民风民俗、风土人情乃至服饰建筑，都看成是一种土气，一种落后，一种迷信与愚昧，甚至连本民族的语言都不再学习。最突出的是，整个县城大都是现代都市化的高楼大厦，连一些商家店铺的名字都是取自西方英译词汇，如维多利亚、爱塞丽雅等。瑶味非常淡化，瑶族特色也不够鲜明。

2. 人才缺乏，队伍不专

任何工作都需要人来推动。尽管近年来，江华县积极推动瑶族文化的研究与传承事业，经费也在逐年递增，但就本县的文化人才来说，大都是土专家，高水准、有见识、有学养、视野开阔的研究型、创作型人才却极其缺乏。其次人才队伍青黄不接、后继无人的状况日趋严重，特别是由于体制机制的限制，跨部门与行业引进人才也无法进行。

3. 成果不丰，任重道远

就瑶文化研究水准看，瑶学作为一门重要的显学，已是20世纪80年代的时期了，取得丰硕成果的当数广西瑶学研究，涌现了一大批瑶学大家，如奉恒高、玉石阶、莫金山、盘福东等。就湖南的瑶学研究水平，明显落后于广西与云南等省区，而关于江华的瑶学研究虽郑德宏郑艳琼父女、李本高、任涛等几位研究专家建树较丰，但在对瑶文化的挖掘、弘扬方面又明显输给了江永县。据民间流传，当年宫哲兵教授最初发现女书文本，本来是在江华的白芒营，可因为当时文化部门有关人士缺乏眼光拱手让给了江永，而成一大遗憾。近年来，尽管江华成立了瑶学会，但情况仍不容乐观。在文艺创作方面，江华除走出了叶蔚林这样的知名作家，但真正打响全国、有影响的文艺名家，也还没有出现。

三、对策建议

1. 依托平台，抓好瑶文化的研究传承

一是建议以中心为平台，组建高水准的科研团队，吸收国内外从事瑶族研究的专家学者，把中心建设成为国家级瑶族研究的高端智库。二是建议结合学术研究，站在保护中华民族传统文化的历史高度，尊重瑶族文化习俗，做好保护和发展瑶族文化的整体规划，推动文化的传承和发展。三是建议筹划举办好瑶族文化的高规格学术交流会议，特别关注国内外学者对瑶族的有关研究成果，推出更多专著，培养更多瑶族研究的各领域专门人才，促进瑶族文化研究的新发展。四是建议建立以瑶族文化为研究对象的科研课题，围绕瑶族传统文化的核心开展多学科研究，力争有所突破。五是建议注意避免片面性、功利性研究的倾向，研究对象和方式方法要体现瑶族文化的本真和灵魂，保护瑶族民间文化的独特性。六是建议采取切实有效措施，从人力、物力、财力等方面保证研究中心的持续发展。

2. 立足本土，打好瑶文化这张特色

一是加强文化遗产保护。建立政府主导、专家咨询和公众参与机制，将瑶族文化遗产保护纳入国民经济和社会发展整体规划，组织成立“潇水流域瑶族文化遗产保护中心”；充分发挥有关学术机构、大专院校、社会团体等各方面的作用；积极发挥非政府和非营利机构以及社会公众的作用；确保瑶族文化遗产保护工作的开展，以真正推动全县各方面的建设发展，都定位到建设“神州瑶都”这一重要战略布局上来，如城镇建设的规划编制，节庆活动的打造定位，旅游项目的实施等，都要做足做好“瑶”字特色。二是要坚持以人民为中心的创作导向，整合资源，狠抓优秀作品的创作，拉动文化品牌建设。加大文艺创作的推陈出新，巩固和提升“江华作家群”“瑶族画派”“瑶都摄影人”“瑶家火塘”等文化品牌，建好江华文艺资源库，加大对文艺品牌的宣传推介力度，办好高水准的文艺期刊，开辟网络文艺平台，充分利用现代传媒手段，宣传本土文艺名人名作，开展文艺精品理论研究、专题推介、展演、出版活动，重塑江华县文化品牌在全国的影响力。三是要以项目为载体，推动本土文艺创作。发挥本土文化优势，推动地方特色题材文艺创作，加强农村文化艺术交流，努力将江华建设成为中国瑶族文化的研究中心、传承中心、开发中心、展示中心。四是要以文化产业为基础，推进文化强县建设。要注重发挥文艺的市场效益，加大文化产业发展力度，做好文艺和旅游结合的文章，大力发展文艺培训等符合群众消费愿望和能力的文化娱乐品种。重视非物质文化遗产的保护和利用，努力使文化产业成为我县新的经济增长点。

3. 创新机制，抓好瑶族文化、文艺的繁荣发展

一是要争取建立好精品和重点项目创作扶持长效机制。对看好的优秀题材和重点作家“下订单”，全程跟踪服务，解除创作中的后顾之忧。实行精品项目扶持制。尽快制定出《江华市文艺精品项目扶持奖励管理办法》，建立文艺创作项目申报制度，对体现“瑶都元素、时代精神”的文艺精品创作和文化品牌活动，通过政府购买“文化惠民”服务或以奖代补形式用专项资金予以扶持，鼓励推出优秀原创作品。另外，还要有重点地推出文艺名人，支持或帮助他们举办研讨会、个人作品展览等，加强文艺网媒建设。邀请全国主流媒体和本地媒体进行集中宣传，进一步提高江华文艺家知名度，鼓励各类文艺人才创作更多弘扬正能量、讲好瑶都故事、传递江华声音的精品力作。二是要健全人才培养机制。要有计划地实施文艺人才培养工程，制定文艺人才发展规划，建立文艺人才库；注重培养和引进与现代文化产业结合，既热爱本土文艺事业，又掌握现代文化产业知识和市场经营管理的“复合型”人才，争取3—5年时间培养出一批国家级、省、市级文艺人才，促使优秀中青年文艺骨干脱颖而出。建立县级领导联系全国和省级知名文艺家制度，每年定期邀请江华籍和曾在江华工作生活过的国家级文艺名人回江华讲课、采风、创作、座谈等，带动我县文艺创作。建立文艺人才奖励机制，三年颁发一次“江华文艺奖”，五年评选表彰一次“德艺双馨文艺家”。实行本土文艺家在国家、省级文艺评选获奖的二次奖励制度。三是要加强阵地建设。利用现有的条件，继续打造好“瑶家火塘”文艺沙龙活动平台，不断提高其凝聚力与影响力。进一步办好《瑶风》期刊，将其真正打造成神州瑶都的一张重要文化名片。抓好网站论坛与微信公众号等自媒体的建设，让其成为宣传江华文艺作品与人才的重要展示平台。

4. 发挥优势，注重民族文化传承，丰富群众文化生活

一是要努力服务大局。各文艺协会要引导文艺工作者自觉坚守艺术理想，坚持“三贴近”，积极宣传党的方针政策，为主旋律鼓与呼。发挥艺术家的特长为民生工程和重点工程建设献计献策。二是要壮大基层文艺队伍。在加强学校教育和社区教育、家庭教育合作，提高民众对瑶族文化保护传承重要性的认识，增强民众的瑶族文化保护意识的基础上，健全传承人发掘、扶持、培养机制，大力培养瑶族文化专业人才，确保瑶族文化保护传承后继有人。三是要强化职能，与县民宗文体旅游局共同来有效引导民间文艺团体，将校园文化、社区文化、企业文化、民俗文化等有机整合，不断壮大繁荣基层文艺工作力量。四是要开展群众喜爱的活动。要多组织文艺工作者深入学校、社区、农村、企业开展文艺创作、文艺下乡和文艺志愿服务活动，弘扬优秀传统文化，丰富基层群众文化生活。

不忘本来，历久弥新塑瑶魂。江华县委、县政府始终将“神州瑶都”建设作为总目标，突出瑶族特色，以更加开放与包容的姿态面对世界，面对未来，不忘初心，新时代，新起点，我们坚信用文化传承发展和经济社会实力推动建设“神州瑶都”，瑶族文化文艺事业必将迎来新的辉煌！